KB262818

# 1920년대 한국사회주의운동연구

## - 서울파 사회주의그룹의 노선과 활동 -

## 1920년대 한국사회주의운동연구

서울파 사회주의그룹의 노선과 활동

초판 1쇄 발행  2006년  5월  30일
        2쇄 발행  2007년  7월  31일

지은이  전명혁
펴낸이  윤관백
편  집  이혜영
표  지  김지학
펴낸곳  

등  록  제5-77호(1998. 11. 4)
주  소  서울시 마포구 마포동 324-1 곳마루B/D 1층
전  화  02) 718-6252
팩  스  02) 718-6253
E-mail  sunin72@chol.com

정가 · 25,000원
ISBN  89-5933-046-9  93900

· 저자와의 협의에 의해 인지 생략.
· 잘못된 책은 바꾸어 드립니다.

# 1920년대 한국사회주의 운동연구

## 모스크바 우리츠키 광장에서 열린 코민테른 2차대회 축제

러시아의 화가 보리스 쿠스토디예프(Boris Kustodiyev : 1878~1927)의 1921년 작품. 성페테르스부르그 박물관 소장. 1920년 7월~8월에 열린 코민테른 2차대회가 끝날 무렵 세계 각국의 사회주의자들의 축제의 모습을 화폭에 담은 것으로, 그림 중앙 하단에 태극기가 선명히 나부낀다. 코민테른 2차대회에는 한인사회당의 박진순이 조선을 대표하여 참가하여 '민족ㆍ식민지문제 소위원회' 위원으로 활동하였다.

▲ 서울파 지도자 김사국의 영결식을 다룬 『동아일보』(1926년 5월 13일) 기사.

▲ 현재 망우리에 남아있는 김사국의 묘비. 그의 묘는 부인이자 동지인 박원희의 묘와 함께 2002년 국가보훈처에서 애족장을 추서받은 이후 대전 현충원으로 이장되었다. 묘비는 위부분이 약간 부러졌으나 '조선사회운동선구자김사국지묘' 라고 선명하게 새겨져있다.

▶ 김사국 묘비 뒷면. 1926년 5월 12일 조선사회운동단체연합 장의위원회가 묘비를 세웠음을 보여주고 있다.

▲ 김사국의 부인이며 동지인 박원희의 영결식을 다룬 『동아일보』(1928년 1월 11일) 기사. 1928년 1월 10일 경운동 천도교회관에서 1,000여명의 인파가 운집하여 거행되었다. 이영의 약력보고, 이현경, 박형병, 정종명 등의 애도사와 조문낭독이 있었다.

◀ 1928년 1월 5일 남편 김사국과 더불어 파란만장한 삶을 마친 박원희의 인생역정을 다룬 『동아일보』(1928년 1월 7일) 기사(3일간 연재됨).

▲ 박원희의 사진

▲ 현재 망우리에 남아있는 박원희의 묘비, 묘비 앞면에는 「여성운동선구자 박원희지묘」라고 쓰여있다. 묘비 뒷면에는 1928년 1월 9일 조선사회단체연합 장의위원회가 세웠다는 기록이 남아있다.

▲ 김사건(金史建) 여사와 남편 김상태(金尙泰)씨의 결혼식 장면 (1944년 1월 7일, 長谷川町(현 소공동) YMCA). 신부의 뒤쪽에 나비 넥타이에 정장을 한 사람은 주례를 본 정백(鄭栢). 신랑의 왼쪽편은 김상태씨의 형 김영태씨로 해방후 청양군 인민위원장을 하다가 보도연맹사건으로 희생당하였다.

▲ 김사국, 박원희의 유일한 혈육 김사건씨(1925년 생)의 모습(2005년 3월 파주시 자택).

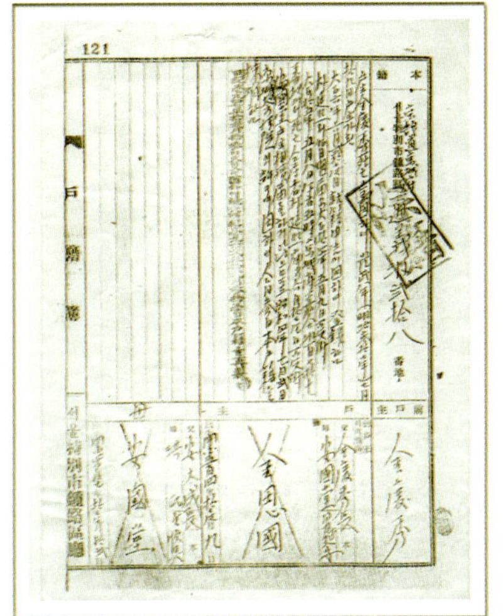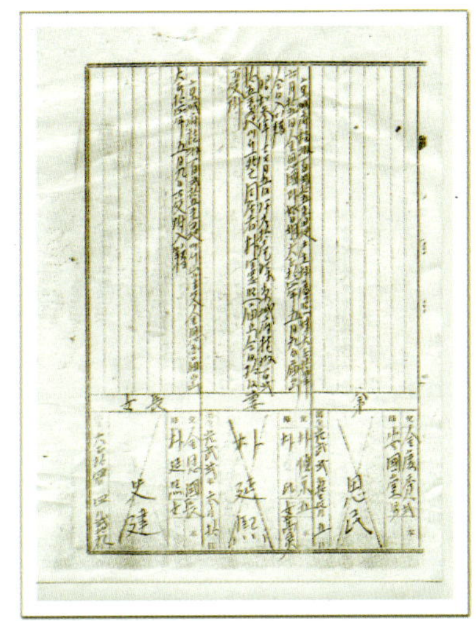

▲ 김사국 호적부. 延安金氏 김경수와 順興安氏 안국당의 장남으로 호적상에는 開國 504년(1895년)으로 기록되어있으나 실제는 1892년 생이다.

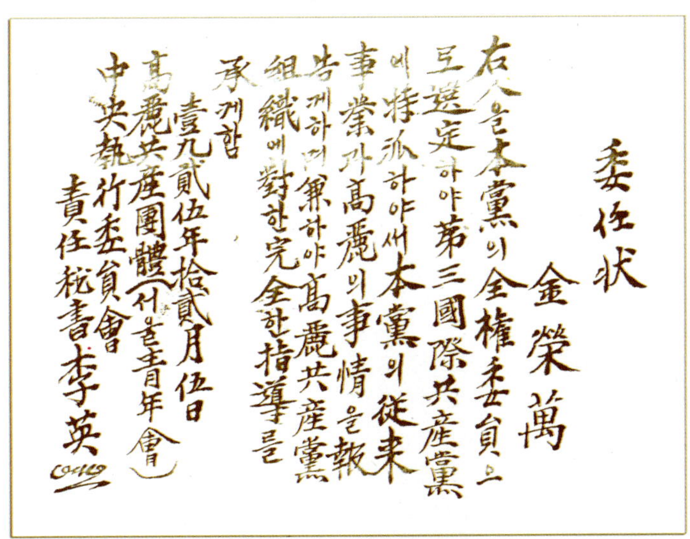

▲ 1925년 12월 5일 서울파 고려공산동맹 책임비서 이영(李英)이 김영만 (金榮萬)을 코민테른에 파견한 위임장. 김영만은 서울파의 최창익과 더 불어 모스크바에 파견되어 북풍파의 신철, 김영우, 조선노동당의 이남두 와 코민테른에 '통일적 조선공산당' 창건을 제안하였다.

◀ 충남 당진의 사회주의자 임종만
(林鍾萬)(1893~1933)의 사진.

◀ 왼쪽 두루마기를 입은 사람은 나
주의 유명한 사회주의자 이항발
(李恒發 : 1891~1957)씨로,
1948년 나주에서 제헌의원으로
당선되었다. 오른쪽 교복을 입은
사람은 임종만씨의 차남 임한묵
씨(1916년생)로 임종만이 사망한
이후 서울 수송동 이항발씨의 집
에서 거주하며 선린중학교에 재
학중이었다.

　이 책은 필자의 박사학위논문 『1920년대 국내사회주의운동 연구 ─서울파를 중심으로─』을 일부 수정하고 보완한 것이다. 처음 이 책을 구상한 것은 1990년대 초였다. 당시 한국사회는 '현존사회주의'의 몰락과 '맑스주의의 위기'라는 이데올로기가 학계와 사회운동 전반에 많은 영향을 주고 있었다.

　1980년대 한국사회가 직면한 여러 모순을 해결하기 위한 고민이 학생운동을 비롯하여 제기되고 있었고, 또한 80년대 중반 한국사회의 성격과 변혁의 전망을 밝히기 위한 사회구성체논쟁이 진행되기도 하였다. 이 가운데 'NL(민족해방)─CA(제헌의회)'라는 두 가지 경향의 운동그룹은 80년대를 대학에서 보냈던 필자에게 한국사회와 역사에 대한 치열한 의식을 제공해 주는 하나의 통로이기도 하였다.

　필자가 1920년대에 주목했던 이유는 그것이 1980년대라는 혁명적 열정이 분출되던 시기와 유사하였고, 다양한 사회운동단체와 노선을 달리하는 분파들의 치열한 투쟁과 활동이 폭발적으로 전개되던 시기였기 때문이었다. 일본제국주의의 폭력적인 식민지 지배가 본격적으로 이루어졌던 1920년대에 사회주의운동과 조선공산당의 출현은 결코 우연한 사회적 현상이 아니었다. 그것은 러시아혁명과 3·1운동이라는 국내외적 사상의 일대 전환의 계기 속에서 형성되고 주조된 것이었다.

1920년대 사회주의운동의 다양한 조류 가운데 필자는 특별히 '서울파'에 주목했다. 그 이유는 1920년대에서 해방후에 이르는 사회주의운동의 역사속에서 그들이 끊임없이 배제되었기 때문이다. 사회주의운동이 한 주류적 분파의 역사가 아니라 투쟁과 해방을 향한 의식적 전위들의 당운동의 역사라고 한다면, 그러한 요소들의 활동이 포괄적으로 다루어져야 하기때문인 것이다.

이 책은 총론과 보론을 포함하여 모두 3부로 구성되었다. 총론은 박사논문을 집필하는 과정 속에서 1920년대 국내 사회주의운동의 연구 현황과 필자의 문제의식을 정리한 글이다. 이 글은 역사학연구소에서 출간된 『한국공산주의운동사 연구-현황과 전망-』(아세아문화사, 1997)에 실린 바 있지만, 현재의 시점에서 그때의 문제의식과 연구현황이 그다지 변화된 지점이 없기 때문에 약간의 수정을 거쳐 게재하였다.

1부 사회주의사상의 도입과 분파형성은 서울파, 화요파, 북풍파, 조선노동당 등 국내의 주요 분파들의 형성과 그들의 활동을 다루었다. 분파형성에서 필자는 그것을 '파벌투쟁'이라는 부정적 측면이 아니라 다양한 경향과 의견그룹의 형성이라는 역동적 측면에서 바라보았다. 2부 조선공산당과 서울파의 당창건투쟁은 조선공산당의 결성과정과 더불어 서울파를 비롯한 북풍파, 조선노동당의 당창건투쟁을 다루었다. 특히 조선공산당 결성 과정 속에서 서울파가 배제되는 배경과 서울파의 독자적인 '3차당대회' 등을 당시 그들이 코민테른에 제출한 보고서 등에 기초하여 분석해 보았다.

3부 민족통일전선론과 서울파·ML파의 논쟁은 서울파의 조선민흥회가 신간회로 흡수되었지만 조선사회단체중앙협의회 계획을 통한 서울파의 민족통일전선 인식과 전략 등을 ML파와의 논쟁을 통해 살펴보았다. 마지막 보론은 서울파의 지도자 김사국의 삶과 민족해방운동에 대한 논문으로, 『한국근현대사연구』 23집(2002)에 게재된 글로서, 당시 서울파의 활동을 김사국의 삶을 통해 재조명한 글이다.

박사학위논문을 낸지가 엊그제 같은데 벌써 9년이란 세월이 흘러 버렸다. 짧지 않은 그 기간 동안 필자의 게으름으로 많은 보완없이 학위논문을 책으로 발간하게 되어 부끄러움이 앞선다. 그러나 이 책이 한국사회주의운동의 역사를 바로잡는데 조금이라도 기여할 수 있다면, 그리고 학계 뿐아니라 많은 대중들에게도 사회주의운동의 역사가 조금 더 가까이 다가갈 수 있기를 바라는 마음에서 출간을 결심하게 되었다.

필자가 이 책을 간행하기까지 무엇보다도 성대경 선생님과 지도교수이신 서중석 선생님의 가르침을 잊을 수 없다. 성대경 선생님은 아직도 우리들에게 영원한 스승으로서 역사와 인생에 대해 낮지만 단호하게 말씀해주신다. 또한 서중석 선생님께서는 뜨거운 학문적 열정으로 집필활동과 일본의 역사왜곡문제 등에 대한 활발한 활동을 하고 계신다. 또한 성대사학과와 역사학연구소의 여러 선배, 동료들의 학문적 자극은 필자에게 끊임없는 힘이 되었다. 특히 방대한 러시아자료를 제공해 주신 임경석 선배의 도움은 필자에게 언제나 큰 빚이다.

또한 대중적 역사서적과는 상당히 거리가 있는 필자의 학위논문을 간행토록 격려해주고 출간을 기꺼이 맡아주신 선인출판사의 윤관백 사장님과 작업과정에서 필자의 까다로운 요구를 묵묵히 받아준 직원 여러분께도 감사의 말씀을 전한다.

끝으로, 평생을 자식들을 위해 희생하시다가 돌아가신 어머님께 이 책을 바치고 싶다. 또한 대부분의 휴일을 연구실에서 보내느라 함께 많은 시간을 하지 못했지만 그동안 별탈없이 잘 자라온 사랑하는 아들 이담(莉淡)과 아내 현주에게 가슴 깊이 고마움을 전한다.

2006년 5월 18일
전명혁

CONTENTS

CONTENTS

CONTENTS

# 1920년대 한국사회주의운동
# 연구현황과 과제

## 1. 머 리 말

1980년대 중반부터, 특히 87년 6월 항쟁과 7~9월 노동자대투쟁을 겪으면서 우리 사회에서는 그 동안 억압적 반공 이데올로기 속에서 금기시되어 왔던 많은 출판물과 연구들이 봇물처럼 쏟아져 나왔다. 식민지 시대와 해방 직후 공산주의운동에 관한 연구들도 이러한 사회적 분위기에서 진보적 역사 연구자들 사이에서 조심스럽게 제기되기 시작했다. 특히 일제하 식민지시대에 대한 역사연구자들의 관심이 높아지면서 3·1운동 이후 민족해방운동사를 실질적으로 주도해왔던 사회주의운동사에 대한 연구가 활발하게 이루어졌다.[1]

---

1) 1990년대에 들어와 국내 사회주의운동사에 대한 집단적인 연구성과들로는 다음의 글들이 있다. 역사문제연구소,『민족해방운동사 – 쟁점과 과제 – 』(역사비평사, 1990); 한국역사연구회 1930년대 연구반,『일제하 사회주의운동사』(한길사, 1991); 역사문제연구소,『한국 근현대 지역운동사』Ⅰ·Ⅱ(여강, 1993); 한국역사연구회 근현대청년운동사 연구반,『한국근현대청년운동사』(풀빛,

　　최근 식민지시대 한국공산주의운동사연구는 그 정치적·이데올로기적 지향에 따라 몇 가지 경향으로 유형화볼 수 있다. 첫째, 부르주아적 객관주의의 이름으로 여전히 반공이데올로기를 벗어나지 못하며 공산주의운동에 대한 비판으로 일관하는 경향이다.2) 둘째, 1930년대 항일무장투쟁을 혁명전통으로 파악하는 경향이다.3) 셋째, 반공적 관점과 북한의 사회주의운동에 대한 공식적 해석에 모두 반대하면서 1920·30년대 국내공산주의운동을 민족해방운동의 주류로 파악하는 경향이다.4) 넷째, 과거 사회(공산)주의운동에 대한 '맑스주의적' 비판을 통해 그 功過를 평가하려는 경향이다.5)

　　이 글은 1920년대 조선공산주의운동에 대한 그동안의 연구를 정

---

1995).

2) 김창순, 「코민테른과 한인공산주의운동」, 『동아연구』 제7집, 1986.

3) 이러한 경향은 "20년대 민족해방운동사상에 나타난 지도이념과 노선의 '비주체성', '종파적분열'과 '탈대중성'을 극복하고", "1930년대에 들어와 우리나라 민족해방운동의 합법칙적 발전을 근원적으로 추동한 것은 항일무장투쟁"으로 파악한다[이재화, 「1930년대 민족해방운동의 올바른 이해를 위하여」, 『한국근현대민족해방운동사 − 항일무장투쟁사 편 − 』(백산서당, 1988), 23·25쪽].

4) 박종수, 「노동해방운동의 전진을 가로막는 북한의 '혁명전통론' 비판」, 『우리사상』 창간호, 1991; 박종수, 「일제하 당건설투쟁의 오류와 한계」, 『우리사상』 제2호, 1992.1에서는 북한의 '혁명전통론'에 대한 비판과 더불어 노동해방의 관점에 선 한국공산주의운동사연구를 제창하고 있다. 또한 윤석수도 "남·북한의 역사학계에서 냉대받아왔던 1920년대 공산주의운동을 복원해내고, 그의 연장선상에서 이 시기 운동을 객관적이고 과학적으로 평가"해야 된다는 관점을 가지고 있다[윤석수, 「조선공산당 2차 재건과정에 대한 비판적 검토 − '통일조공당'결성과 1950년대 말 북한학계 '논의'를 중심으로 − 」, 『벽사 이우성 교수정년기념논총』(창비사, 1990), 931쪽].

5) 안준범, 「한걸음 앞으로 두걸음 뒤로」, 『역사와 현실』 6호, 1991; 최규진, 「코민테른의 스탈린주의와 우리나라 사회주의운동의 '좌·우편향'」, 『역사연구』 제3호, 1994. 안준범과 최규진의 연구경향은 그 정치적 지형에서 상당한 차이가 있지만, 기존 연구에 대한 맑스주의적 입장의 새로운 시각을 제공하고 있는 점에서 동일한 유형으로 분류하였다.

리해보면서 성과와 한계 등을 짚어보고자 하는 의도로 쓰여진 글이다.6) 필자는 이 글에서 국내 공산주의운동의 기원이 된 러시아에서의 고려공산당에 대한 최근의 연구성과를 포함하여, 20년대 조선공산당의 창건과 해체에 이르는 각 시기별 활동과 문제점, 코민테른과의 관계 등을 검토해 보았다. 또한 조선공산당과 더불어 주요한 사회주의세력이었던 서울파의 활동에 대해서도 주목해보았다.

1918년 4월 러시아에서 한인사회당과 1921년 5월 고려공산당의 창립으로부터 시작한 식민지 조선 전위당의 역사는 국내에서 1922년 10월 고려공산동맹과 1925년 4월 조선공산당의 창건을 보기에 이르렀다. 일찍이 "노동자의 해방은 노동계급 자신의 행동이어야 한다"는 견해와 "전세계 노동자여, 단결하라!"7)는 요구를 들고 나왔던 국제노동자운동의 역사는 식민지 조선에서 "민족적 해방이 사회혁명의 전제"요 "이 역시 곧 세계혁명의 달성"8)을 위한 것으로 표출되었다.

"이전의 역사적 운동은 모두 소수의 운동이며 소수의 이익을 위한 것들이었다. 그러나 프롤레타리아운동은 거대한 다수의 자의식적이고 자주적인 운동이며, 거대한 다수의 이익을 위한 것이다."9) 이러한 목적을 위해 국제노동자운동은 다양한 경향의 정치적 조류와 투쟁하면서 프롤레타리아의 계급정당으로서 전위당을 조직하고 발전시켰다.

---

6) 필자의 오독으로 여러 연구자들의 진지한 문제의식을 잘못 재단해버리는 우를 범하지는 않나하는 우려가 앞선다. 그러나 필자는 한국사회주의운동사 연구자들 상호간의 비판적 분위기를 진작시켜 침체되어 가는 운동사 연구에 활력소가 되었으면 하는 바람에서 이러한 시도를 하였다.

7) F. 엥겔스, 남상일 역, 「1890년 독일어판서문」, 『공산당선언』(백산, 1989), 45쪽.

8) 「고려공산당 강령」, 1921.5[한대희 편, 『식민지시대사회운동』(한울림, 1986), 111쪽].

9) K. 맑스, F. 엥겔스, 남상일 역, 『공산당선언』, 위의 글, 1848, 85쪽.

당은 계급의 전위로서 계급과 밀접하게 결합되면서도 동시에 계급과 분명하게 구별되는 굳건하고 튼튼한 조직체이다. 그러나 당의 규율이 아무리 강력하다 해도 최종적으로 당은 여전히 계급에 종속되며 계급에 의존하는 것이었다. 레닌주의 당이론은 결코 당에 대한 충성을 물신화하지 않았다.10)

그러나 스탈린의 등장은 레닌주의 당이론을 곡해하고 왜곡하였다. 레닌주의 당이론은 이제 프롤레타리아의 혁명적 전위의 정수이자 그 조직에 대한 이론이 아니라 온갖 형태의 관료주의적인 조종과 냉소적인 배반을 정당화시키는 신화적 무오류성이 되어 버렸다.11) 스탈린은 당은 프롤레타리아트의 이해를 대변하는 '의지의 통일체'라고 했다. 이때 '의지'는 프롤레타리아트의 계급이해이자 곧 당내 다수파의 입장이다. 당은 다수파의 입장에 의해 선험적으로 통일된다. 이러한 당은 다수파의 절대성 즉 당 다수파의 입장이 절대적으로 프롤레타리아트의 계급이해를 반영한다는 선험적 규정은 당 다수파에 동의하지 않는 제반경향(소수파)을 이단으로 배제했다. 프롤레타리아 계급이해는 하나이기 때문에 당 다수파의 입장 이외의 의사는 곧 당내 부르조아사상의 유포자였다. 따라서 당의 결정은 만장일치제이어야만 했다. 당내 수평적 의견교환의 금지, 분파금지 등이 당의 철칙으로 규정되었다. 당의 지도노선은 '전달벨트'를 통해 하강하기만 하면 되었다. 오직 상명하달식의 복종만이 당을 의지의 통일체로 만드는 것이었다.12)

1925년 소련공산당 14차대회에서는 '국제혁명의 기지인 러시아

---

10) 존 몰리뉴, 『마르크스주의와 당』(책갈피, 1993), 93쪽.

11) 존 몰리뉴, 위의 글, 140쪽.

12) 권형기, 「공산당 조직원리의 변화과정에 대한 역사적 고찰」(서울대정치학과 석사논문, 1991.8), 66쪽.

소비에트의 보위'가 각국 공산당의 최대 임무로 규정되었다. 이러한 국제기지론은 각국의 사회주의운동이 그 나라 계급투쟁의 역관계와 정치정세에 규정되기 보다는 소련의 외교정책에 종속됨으로써 각국 공산당의 노선이 추상화되었다. 조선공산당은 이러한 국제적 정세속에서 출현하였다.

오늘날 '현존사회주의'가 몰락하고 위대한 혁명의 지도자로 추앙받던 레닌의 동상이 쓰러지고 철거되는 현실 속에서 과거 사회주의운동을 연구하는 작업은 과연 어떤 의미가 있는 것일까? 지나간 역사 속에 들어가 그들의 행적을 추적하는 것은 어쩌면 연구자들의 호사가적 취미는 아닐까?

그러나 E.H.Carr의 말대로 '역사는 과거와 현재와의 대화'라고 한다면, 역사 더우기 운동사에 대한 평가와 서술이 그 시대의 현상만을 기술하고 복원하는 것은 아니리라. 모든 행위가 하나의 정치적 의미를 갖는다면, 역사연구자들의 작업 역시 고도의 정치적 행위이며 거기에는 의식적이든 무의식적이든 자신의 '입장'이 개입될 수밖에 없을 것이다. 필자는 과거 사회주의운동에서 '스탈린주의'가 미쳤던 해악에 주목하면서 국내 공산주의운동 속에서 그 공과(功過)를 분석하고자 한다.13)

이하에서는 이러한 필자의 문제의식을 바탕으로 1920년대 식민지 시기 조선공산주의 운동을 주로 최근 국내의 연구 성과를 중심으로 살펴보면서, 이론적·실증적 내용에 대해 검토하고자 한다.

---

13) 이러한 작업을 위해서는 '현존사회주의'에 대한 평가의 문제, 스탈린주의의 문제점, 전위당에 대한 평가, 당내 민주주의, 분파문제, 통일전선문제 등 사회주의 이론 전반에 대한 이해가 필요할 것이다.

# 2. 조선공산주의운동의 기원

## 1) 한인사회당의 창립과 활동

초기 한인공산주의운동 연구는 1925년 4월 국내에서 창건된 조선공산당(이하 조공)의 前史로서 조공 성립과정과 관련하여 연구되어 왔다.14) 또한 최근 몇몇 연구들은 한국공산주의운동사의 확장이라는 점에서 한인사회당과 상해파, 이르쿠츠크파 고려공산당에 대한 연구가 진행되기도 했다.15)

상해파와 이르쿠츠크파 고려공산당에 대한 연구는 기존 연구16) 에서는 서로 다르게 설명되어 매우 혼란스러웠지만 최근 연구가 이루어짐에 따라 대체로 각 조직의 창립시기, 창립과정과 주체 등에 대해서는 어느정도 일치를 보고 있는 것 같다. 다만 노선에 대해서는 아직 명확히 밝혀지지 않고 있고 오히려 정반대의 해석이 존재하고 있는 실정이다.

---

14) 신춘식, 「조직주체를 중심으로 본 조선공산당 창건과정」, 『성대사림』 제8집, 1992.10; 박철하, 「조선공산당의 결성과정 – 꼬르뷰로 국내부를 중심으로」, 『숭실사학』 8집, 1994.

15) 이균영, 「김철수연구 – 초기 공산주의운동사은 다시 써야 한다 – 」, 『역사비평』, 1988년 겨울; 반병률, 「초기 한인 공산주의운동의 올바른 이해를 위하여」, M.T. 김 『일제하 극동시베리아의 한인 사회주의자들』(역사비평사, 1990.8); 권희영, 「한인사회당연구(1918~1921)」, 『한국사학』 11, 1990.11; 권희영, 「고려공산당연구(1921~1922)」, 『한국사학』 13, 1993; 임경석, 『고려공산당연구』(성대사학과박사논문, 1993.8).

16) 김준엽・김창순, 『한국공산주의운동사』 1~3(고대아세아문제연구소, 1967). 이 책은 1986년 청계연구소에서 재간행되었다. 서대숙, The Korean Communist Movement, 1918~1948, Princeton Univ.Press, 1967[『한국공산주의운동사』(화다, 1985)]; 이정식・스칼라피노, Communism in Korea – Part Ⅰ : The Movement, Univ.of California Press, 1972[『한국공산주의운동사』 1(돌베개, 1986)].

먼저 한인사회당의 창립과정과 창립시기를 살펴보자. 한인사회당
의 창립시기는 그 동안 여러 자료를 엄밀한 고증 없이 받아들여 매우
상이한 견해들이 많았다. 먼저 김준엽·김창순은 조선총독부의 자료
를 인용하여 1918년 6월 26일 하바로프스크에서 한인사회당 창립총
회를 개최하였다고 한다.17) 그러나 최근 몇몇 연구들은 운동 주체
측의 기록인 러시아 자료의 발굴을 토대로 이러한 혼란을 상당 부분
정정하게 되었다. 먼저 권희영은 러시아에서 출판된 『십월혁명 십주
년과 쏘베트 고려민족』(1927)에 의거하여 한인사회당의 창립시기를
1918년 4월 28일로 파악하였고 이후 한인사회당은 국내의 3·1운동
에 고무받아 1919년 4월 블라디보스톡 당대회에서 '신민단' 및 '사회
혁명단'과 연합하여 한인혁명운동을 주도하게 된다고 한다.18)

또한 임경석은 1912년 105인 사건 이후 러시아로 망명한 이동
휘 등 신민회원들이 1917년 러시아혁명 이후 '한인신보'그룹을 형성
하고, '한인신보'그룹의 '좌익대표자'들이 1918년 4월 28일(서력 : 5
월 10일)하바로프스크에서 한인사회당을 창립하였다고 한다.19) 또
한 그에 따르면 '한인신보'그룹의 '좌익대표자'들이란 다음과 같다. 즉
1918년 2월 이동휘의 주도로 하바로프스크에서 '한인신보'그룹의 회
의를 개최하는데, 주로 러시아혁명에 대한 조선인들의 태도를 확정하

---

17) 조선총독부경무국(고경 제4105호, 1923.1.15), 「고려공산당 및 전로공산당의 개
   요」(정보철, 1923), 553~554쪽; 김준엽·김창순, 『한국공산주의운동사』1, 163쪽.

18) 권희영, 「코민테른의 민족·식민지논쟁과 한국의 민족해방운동」, 『역사비평』,
   1988년 겨울, 187쪽.

19) 여기에서 '한인신보'그룹이란 즉 1917년 2월혁명 직후에 조직된 전로한족회중
   앙총회가 당시 이중 권력 하의 러시아임시정부인 케렌스키를 지지 한데 반대
   하는 세력(주로 비귀화인)이 블라디보스톡 신한촌에서 전로한족회중앙총회의
   기관지인 『청구신보』에 대항하는 『한인신보』를 발행하였고 여기에는 김립, 이
   한영, 오바실리예비치(오영준), 유스테판, 박이반(박창은) 등이 주요 간부로 포
   함되어 있었다는 것이다(임경석, 앞의 책, 38~50쪽).

는 문제와 러시아 극동지역 및 남·북만주 일대의 조선인 반일부대를 조직하는 문제가 주요한 의제였다. 그런데 이들 중 이동녕, 양기탁 등 민족주의계열은 조선인 무장부대의 시베리아 내전 개입을 반대하여 회의에서 퇴장을 하는데, 이들을 제외한 김알렉산드라, 김립, 김성무, 박애, 오성묵, 오하묵, 유스테판, 이한영, 윤해, 이동휘 등이 '좌익대표자'들이었던 것이다.[20]

한편 반병률도 이동휘, 김립, 이한영, 이인섭 등의 혁명적 비귀화 망명세력과 김알렉산드라, 오하묵, 박애(마뜨베이 박) 등 귀화 조선인 청년세력, 즉 러시아에서 태어난 한인 2세들의 두 계열로 한인사회당의 창립주체가 구성된 것으로 파악한다.[21] 그런데 그는 상해파의 지도자인 이동휘에 대한 연구[22]에서 한인사회당의 조직배경을 러시아혁명 이후 본격화된 노령 한인사회의 분화과정 속에서 설명하고 있다. 그에 따르면 1917년 2월 혁명 이후 고려족중앙총회(전로한족회중앙총회)를 중심으로 한 사회혁명당(SR) 계열에 대항하여 친볼셰비키적인 아령한인회계열의 김립, 오와실리(오영준), 유스테판 등 하바로프스크지역의 활동가들이 1918년 3월(러시아력 2월) '조선인정치망명자회의(1918년 2월 '한인신보'그룹 회의)'를 개최하고 이를 계기로 옴스크와 블라디보스톡으로부터 온 친볼셰비키 한인들과 연합하여 한인사회당을 조직하였다는 것이다.

반병률은 한인사회당의 주도인물을 신민회 또는 '한인신보그룹'으로 보는 임경석의 견해는 이동휘가 후일 하바로프스크 회합에서 신민회의 다수회원들을 확보하는데 실패하여 '탈퇴'했다고 진술한 점

---

20) 임경석, 위의 책, 47~49쪽.

21) 반병률, 앞의 글, 19~20쪽.

22) 반병률, 「이동휘와 1910년대 해외민족운동 - 만주·노령연해주 지역에서의 활동(1913~1918) - 」, 『韓國史論』, 1995.6, 33쪽.

으로 볼때 신민회를 한인사회당의 주도 그룹으로 볼 수 없다고 한다. 또한『한인신보』는 블라디보스톡 한민회의 기관지적 성격을 지녔는데『한인신보』는 10월 혁명 직후 고려족중앙총회와 그 기관지인『청구신보』와 함께 볼셰비키가 아닌 연해주농민대표를 지지한 사실을 볼때 '한인신보그룹' 역시 한인사회당의 주도세력이 아니라는 것이다. 후일『한인신보』가 친볼셰비키적 논조를 펼치게 되는 사실을 이전 시기까지 소급 적용한다는 것이다.23) 따라서 한인사회당의 주도세력은 노령에 광범한 지지세력을 갖고 있던 이동휘와 연해주지역의 유력한 볼셰비키 활동가였던 김알렉산드라, 끄라스노세코프등이 실천적으로 노력한 결과였다고 한다.

이상의 최근 연구 성과를 토대로 할때 최초의 조선인 사회주의당이었던 한인사회당의 성립 시기와 창립주체에 대해서는 거의 일치를 보는 것 같다. 단지 한인사회당의 창립 주도세력에 대해서 임경석과 반병률의 연구에 약간의 견해 차이가 보이고 있으나 사실은 동일한 창립 주체들을 임경석이 '구 신민회의 좌우 분열 속에서 조선인 최초의 공산주의단체가 조직'24)되었음을 강조한데 비해 반병률은 신민회로부터의 '전통'보다는 러시아출신 한인 혁명가들의 영향력을 더 강조하였던 것이다.

하바로프스크에 한인사회당이 창립된 이후 1918년 8월경부터 일본과 미국등 제국주의 열강들은 러시아혁명의 확산을 차단하기 위하여 시베리아에 무력간섭을 본격화하기 시작했다. 마침내 일본제국주의 후원 속에서 반혁명군인 깔미코프의 백위군은 하바로프스크를 점령하고 극동 인민위원회 정부는 붕괴되고 말았다. 이후 러시아 극동

---

23) 반병률, 「이동휘와 1910년대 해외민족운동」, 255~256쪽.
24) 임경석, 앞의 책, 50쪽.

지역에서 공산주의운동은 불법화되었으며 반혁명정부의 탄압을 받게 되었다.25) 이때 일찍이 러시아혁명 당시 볼세비키 일원이었던 여성 혁명가 알렉산드라 뻬뜨로브나 김 등은 하바로프스크에서 조선인 적위대를 조직하여 이에 대항하다가 1918년 9월 16일 백위군의 포로가 되어 총살당하는 비극적 사건이 일어났다.26) 이러한 상황 속에서 한인사회당의 핵심세력은 하바로프스크에서 아무르지역으로 이동했다가 1919년 4월 25일 블라디보스톡 신한촌에서 한인사회당 2차대회를 개최하였다.27) 한인사회당의 이 대회는 1919년 3월 국내에서 대규모 민중운동이 일어나는 정세 속에서 조선혁명에 대한 전술문제, 코민테른 가입문제, 코민테른에 한인사회당 대표를 파견하는 문제 등을 논의하여 박진순, 이한영, 박애 등이 모스크바로 가기도 하였다.

한편 김준엽·김창순에 따르면 블라디보스톡에서 1919년 7~8월 무렵 장도정 등의 '一世黨'이 만들어지고 '일세당'은 1920년 3월 김진, 전일 등을 간부로 하여 '한인사회당'으로 개칭되었다고 한다. 그리고 이 당은 이동휘 등의 한인사회당 세력이 상해로 이동하자 이를 계승하여 시베리아에서 세력기반을 상실하지 않기 위해 창립되었다고 하였다.28) 임경석은 장도정 등의 '연해주 한인사회당'과 이동휘 등의 '하바로프스크 한인사회당'과의 관련성에 대해 "재연해주 한인사

---

25) 임경석, 위의 책, 58~59쪽.

26) 마뜨베이 찌모피예비치 김, 『일제하 극동시베리아의 한인사회주의자들』(역사비평사, 1990), 115~119쪽.

27) 1919년 4월 25일 회의에 대해 김준엽·김창순은 한인사회당의 '대표자대회'(김준엽·김창순, 『한국공산주의운동사』1, 167쪽), 서대숙은 '당대회'(서대숙, 앞의 책, 23쪽), 이정식·스칼라피노는 "이동휘일파의 주도하에 여러 갈래의 친볼세비키적 한인들이 모여 회의를 가졌다"(이정식·스칼라피노, 위의 글, 44쪽)라고 언급하고 있다. 반면 임경석은 이것이 한인사회당 제2차대회이었고 종전의 한인사회당과 '신민단'의 통합대회라고 서술하고 있다(임경석, 앞의 책, 63쪽).

28) 김준엽·김창순, 위의 책, 113쪽.

회당은 한인사회당의 전체 조직체계 가운데 연해주에서의 조직활동을 전담하는 '지방위원회'와 같은 지위를 갖는 것이었고, 따라서 재상해 한인사회당 중앙위원회의 하부기관으로 위치했던 것"[29]으로 추정하고 있다. 그런데 최근 번역된 러시아 문서보존소 자료[30]에 따르면 당시 원동(극동)의 여러 지역(연해주, 아무르주, 자바이칼주 등)에 흩어져 있는 조선인 공산주의 조직이 1920년 12월 무렵 치따시의 '러시아공산당 중앙위원회 원동국' 산하 '조선인부'[31]로 통합되는 것 같다. 1920년 12월 "조선(고려; 인용자)공산당 중앙위원회와 자바이칼, 아무르, 연해주 조선인 공산주의단체 대표들은 러시아공산당 중앙위원회 원동국과 함께 자기들 중에서 조선과 러시아 원동지방과 중국 등 조선인들이 거주하고 있는 곳에서 조선공산당 대회를 소집하고 권위있는 중앙당 기관을 창설하기까지 당 사업의 임시 지도를 위하여 '5인조'를 선거하고 '러시아공산당 중앙위원회 원동국 조선인부'라는 명칭을 부여하였"[32]던 것이다. 여기서 '5인조'는 계봉우, 박애, 김진, 박창은, 장도정이었다.

이 문건에 따르면 "러시아 원동, 조선 및 중국에 존재하는 조선인

---

29) 임경석, 앞의 책, 84쪽.

30) 이 자료의 일부가 모스크바대학의 이창주 교수에 의해 번역되어 명지대 북한연구센터에서 출판되었다[이창주 편, 『朝鮮共産黨史(秘錄)』(명지대 북한연구센터 자료 제1집, 1996)]. 이 자료는 러시아의 한인공산주의운동에서 상해파·이르쿠츠크파와 코민테른 또는 러시아공산당 원동부와의 관련성, 상해임시정부·국민대표회의 등과의 관련성 등에 대한 귀중한 내용을 담고 있다. 그런데 내용이 체계적으로 배치되지 못하고 주요 인명, 조직명 등이 오역되어 있다. 앞으로 러시아자료는 계속 소개, 공간될 전망이다. 이 분야에 대한 전문적 소양과 지식을 가진 연구자들에 의해 체계적으로 번역, 공간되어야 할 것이다.

31) 임경석은 이를 '러시아공산당 극동국 한인부'로 명명하였다(임경석, 188쪽).

32) 「러시아공산당 중앙위원회 원동지도국 조선인부 권한과 역할」, 1920.12(이창주 편, 앞의 책, 102쪽).

공산주의단체의 대부분은 조선인부를 조선인 공산주의단체들의 임시 최고기관으로 인정하고 복종하고"[33] 있다고 한다. 또한 1920년 12월 14일 위 조선인부의 '5인조'는 러시아 내 조선인혁명운동에 대한 7가지 사항을 결정한다. 이 중 첫번째 사항인 '상해, 블라디보스톡, 이르쿠츠크 중앙위원회에 대한 문제'에 대해서는 "앞으로 당대회를 소집하고 거기에서(상해 : 인용자) 권위있는 조선공산당 중앙위원회를 창설할때까지 임시(로) 상해공산주의단체를 인정할 것이다. 블라디보스톡과 이르쿠츠크 당위원회는 그들을 주 당위원회로 개칭하고 중앙위원회를 해산할 것을 제의한다"[34]고 결정하였다.

어쨌든 '조선인부(한인부)'는 그때 상해에 있던 한인사회당과 긴밀한 관계가 있었던 것은 틀림없는 사실이었다. 그러나 '조선인부'는 이르쿠츠크에서 태동하고 있던 당창립 준비활동에 대해서는 반대의 태도를 보이고 있었다.[35] 이에 대해 이르쿠츠크 당위원회의 이성, 김철훈, 박승만, 채(그레고리)는 '조선인공산주의단체 중앙위원회와 동방인민부'소속이라는 명칭으로 '조선인부'에 대한 항의문을 발송하였다.[36] '상해파'-'조선인부'와 '이르쿠츠크파' 사이의 대립의 원인은

---


33) 「러시아공산당 중앙위원회 원동지도국 조선인부 권한과 역할」, 1920.12(이창주 편, 위의 책, 103쪽).

34) 「러시아공산당중앙위원회 원동지도국 소속 조선인부 회의결정서」Ⅰ, 1920. 12.14, No.3(이창주 편, 위의 책, 39~40쪽). 임경석은 이 부분을 "당대회가 소집될때까지 임시로 상해공산단체를 고려공산당 중앙위원회 기관으로 인정한다"고 번역하여 "상해의 한인공산당이 전한공산당 창립 이전까지 중앙기관의 역할을 수행하는 지위"에 있었다고 파악하고 있다(임경석, 앞의 책, 188·189쪽). 그러나 '결정서'의 전체적인 내용을 볼때 오히려 '조선인부'(한인부-임경석)가 지도적 위치에 있었던 것으로 파악된다.

35) 임경석, 위의 책, 294쪽.

36) 「조선인 공산주의단체 중앙위원회 항의문」, 1920.12.22(이창주 편, 앞의 책, 47~49쪽).

무엇을까? 아마도 이것은 통일전선을 둘러싼 의견의 차이에서 비롯되는 것 같다. 이 '항의문'에서 이르쿠츠크파는 "상해에서 고려공산당(구 한인사회당-대표 박애)은 의회적인 언론, 출판의 자유 등 요구를 주장하고 있는데 우리들 러시아공산당 소속 조선인 단체들은 이 요구를 반대하며 소부르주아 및 노동계급을 위하여 해로운 민주주의적 자유를 반대한다"[37]고 하면서 한인사회당의 상해 임시정부 참여에 분명한 반대의 뜻을 표명하고 있다. 1920년 10월 그들은 제1차 전러 조선인 공산주의단체대회를 개최하여 "과거 조선 귀족층과 한인사회당 대표들로 구성된 상해 임시정부는 부르주아민주주의 정부이며 이에 해당한 이데올로기에 입각하고 있으니 부르주아적 의회제도를 부인하는 공산당을 위하여서는 그것은 당이 복종하는 최고 기관으로 즉 그의 결정과 지시들이 당을 위하여 의무적인 것으로 될 수 없다"[38]고 자신들의 입장을 밝혔었다.

한인사회당의 이동휘는 1919년 9월 임시정부 국무총리 취임과 관련하여 상해로 들어온다. 그런데 이동휘는 1919년 10월말까지 내각 취임을 거부한다.[39] 1919년 2월 25일 연해주 니꼴리스크-우스리스크시에서 성립한 대한국민의회의 성원이기도 한 이동휘는 대한국민의회의 문창범의 단호한 임정 참여 거부에 난감해하다가 결국 참여하게 되었다. 이동휘, 김립을 비롯한 한인사회당의 사회주의계열과 민족주의계열의 '통일전선'이 이루어졌던 것이다. 그러나 대한국민의회는 결국 상해임정과의 '타협'을 거부하였다. 한성정부의 개조와 승인을 둘러싼 대립이 상해임정-한인사회당과 대한국민의회 사이에서

---

37) 「조선인 공산주의단체 중앙위원회 항의문」, 1920.12.22(이창주 편, 앞의 책, 47~49쪽).
38) 「상해임시정부에 대한 우리의 입장」 Ⅱ, 1920.10(이창주 편, 위의 책, 52쪽).
39) 임경석, 앞의 책, 75쪽.


총론 - 1920년대 한국사회주의운동 연구현황과 과제

벌어졌다. 대한국민의회는 그 내부에 한인사회당의 개조론을 지지하는 계열과 반대세력으로 분열되어 후자는 대한국민의회의 재건을 선언하고 1920년 4월 아무르주 지방으로 이전하였다. 1920년 9월 15일 대한국민의회는 다음과 같이 상해임정에 대한 자신들의 입장을 선언하였다.[40] 이후 그들은 '전로고려공산단체 중앙위원회'와 제휴하면서 이르쿠츠크파 고려공산당에 참여하였다. 이는 이후 '개조파'와 '창조파'[41]라는 통일전선문제를 둘러싼 상해파와 이르쿠츠크파 고려공산당의 노선투쟁으로 재연되게 되었다.

## 2) 상해파와 이르쿠츠크파 고려공산당

이르쿠츠크파의 창립과정과 시기에 대한 기존의 견해도 많은 편차를 보이고 있다. 김준엽·김창순은 일제 총독부 기록에 따라 1918년 1월 22일 이르쿠츠크에서 김철훈, 오하묵 등이 '이르쿠츠크 공산당 한인지부'를 결성했다고 말한다.[42] 임경석은 이르쿠츠크 당

---

40) "… 전조선 민족협의회(대한국민의회; 인용자)는 통치권을 잡으면서 우리 인민은 인민정권의 실현과 계급의 구분과 반목과 군주 전제 형태 국가제도의 근원인 자본의 괴멸을 목적하는 소비에트 러시아에 의하여서만이 구원될 수 있다는 것을 명확히 인식한다. 소비에트 러시아의 위대한 사상과 실천, 우리 인민에 대한 협력과 지원, 인권과 개선을 위한 굳건하고 결정적인 투쟁을 체험하고 우리는 소비에트 러시아가 보여준 길로 서슴없이 또 견고히 나아갈 것이다." [「전조선민족협의회(대한국민의회; 인용자)선언」, 1920.9.15(이창주 편, 앞의 책, 198~200쪽)].

41) 상해임정과 노령에서 국민대표회의 성립문제를 최초의 통일전선체 시도로서 파악하면서 임정의 참여를 통한 개조를 주장한 '개조파'와 임정의 존재를 부인하면서 새로운 지도기관 수립을 주장한 '창조파'에 대한 연구로서는 다음의 논문들이 있다. 조철행, 「국민대표회(1921~1923)연구 - 개조파·창조파의 민족해방운동론을 중심으로 - 」(고려대사학과 석사논문, 1995.7); 박윤재, 「1920년대초 민족통일전선운동과 국민대표회의」(연대사학과 석사논문, 1995.8).


1920년대 한국사회주의운동연구

대회 회의록에 게제된 활동보고 내용과 1922년 9월경에 쓰여진 『在魯高麗革命軍隊沿革』에 의거하여 原暉之43)와 권희영44)이 말하는 1920년 1월 22일이 이르쿠츠크 한인공산당의 창립시기임이 분명하다고 말한다. 이르쿠츠크 한인공산당이란 러시아공산당의 이르쿠츠크현 위원회 산하의 민족별 지부의 위상을 갖었다. 그들은 대부분 백위군에 반대하는 조선인 적군 빨치산부대에서 활동하면서 당활동을 하게 되었다.45)이후 이들은 1921년 5월 4일~15일 이르쿠츠크에서 '전로고려공산단체 중앙위원회'의 주도하에 고려공산당 창립대회를 열었다.46)

한편 상해에서 한인사회당은 곧바로 '공산주의그룹'의 조직에 착수하여 1920년 8월 당을 개편하고 1921년 5월 20~23일 상해에서 '고려공산당대표회'를 개최하였다. 이로서 상해파와 이르쿠츠크파의 두개의 고려공산당이 출현하게 된 것이다.

다음으로 상해파와 이르쿠츠크파의 대립과 관련된 문제이다. 이는 흔히 기존연구에서는 한국공산주의운동의 파벌적 측면을 부각시켜 공산주의운동의 부정적 측면을 드러내려는 요소로 작용하였다. 그러나 최근 연구는 양파간의 대립의 문제를 단순한 파벌의 문제가 아니라 노선의 문제로 접근하여 한층 발전된 측면에서 다루고 있다.

임경석은 이르쿠츠크파와 상해파의 조선혁명에 대한 노선을 다음과 같이 설명한다. 이르쿠츠크파는 사회주의혁명론에 입각한 소비에

---

42) 김준엽·김창순, 한공사 1, 110쪽.

43) 原暉之, 「러시아혁명, 시베리아전쟁과 조선독립운동」, 菊地昌典 編, 『러시아혁명론』, 1977.

44) 권희영, 「한인사회당연구」, 189쪽.

45) 임경석, 앞의 책, 123~124쪽.

46) 임경석, 위의 책, 252쪽.

트건설론에 있었고 이는 30년대 중반 '좌경'적 전략계획의 한 표본으로 부르주아민주주의적 단계를 부인하는 트로츠키주의적 설정으로 비판받았다는 것이다.47) 그러나 상해파는 민족해방혁명으로부터 사회주의혁명으로 성장·전화하는 연속혁명론이었다. 상해파의 경우는 민족해방혁명을 사회주의혁명에 선행하는 독자의 단계로 규정하고 있으나 이르쿠츠크파는 그것의 독자적 의의를 인정하지 않았다는 것이다.

또한 그는 베르흐네우진스크 대회에서 양파 통합의 실패를 정치사상적 기반의 공통성의 취약함에서 비롯되었다고 한다. 즉 민족통일전선 내에서 프롤레타리아트 헤게모니를 관철하는 방법상의 차이가 드러났다는 것이다. 상해파는 통일전선의 대상으로 민족주의진영내의 점진적 문화운동론자(민족개량주의자)까지도 포함하였으나, 이르크츠크파는 이들에 대한 고립화정책을 취했다는 것이다. 그는 반병률의 연구48)를 언급하면서 이르쿠츠크파와 상해파를 각각 지원한 코민테른 및 러시아공산당 간부들의 노선이 이르쿠츠크는 슈먀츠키, 보이찐스키 상해는 끄라스노셰코프였고 그들은 각각 '강경파'와 '온건파'의 입장이었다고 한다. 그리고 나용균의 인터뷰를 인용하면서 '이르쿠츠크파는 지노비예프파, 치따파(상해파)는 트로츠키파'로 분류한다. 즉 "코민테른 집행위원장 지노비예프를 중심으로 하는 코민테른 내의 일군의 간부들은 이르쿠츠크파 고려공산당을 지지하고, 트로츠키를 필두로 하는 또 다른 간부들은 상해파 고려공산당을 후원"49)했다는 것이다.

---

47) 최성우,『조선혁명에서 프롤레타리아트의 영도권 문제 : 조선공산당 행동강령 연구에 대하여』, 1935, 12쪽.

48) 반병률,「노령지역 한인정당의 결성과 변천 : 한인사회당과 상해 이르쿠츠크파 고려공산당을 중심으로」,『독립운동의 이념과 정당』(제5회 독립운동사 학술 심포지움 자료집, 1991).

임경석의 『고려공산당연구』는 초기 공산주의운동사의 혼란함을 상당부분 정리하였고 초기 공산주의운동에 대한 연구의 부재 속에서 방대한 자료수집을 통해 역사적 사실을 복원하고 있다는 점에서 커다란 의미를 지닌다고 할 수 있다. 그러나 이제 사회주의운동의 역사는 사실에 대한 복원에서 한발 더 나아가 운동노선과 조직문제 등에 대한 엄격한 개념규정이 필요하다. 예컨대 상해파의 변혁노선을 '민족해방혁명에서 사회주의로 성장전화하는 연속혁명론'으로 파악하면서 '트로츠키파'로 파악하는 부분은 필자로서는 이해될 수 없는 부분이다. 트로츠키는 '영구(연속)혁명론'에서 다음과 같이 말하고 있다.[50]

트로츠키의 이러한 혁명론은 1917년 4월 레닌에 의해 수용되어진다. 레닌은 프롤레타리아와 농민의 민주적 독재는 이제 '시대에 뒤떨어진', '과거의 이론'이 되었다고 인식하게 되었다. 레닌과 트로츠키의 개념간에 새로운 화합이 이루어졌던 것이다.[51] 따라서 임경석의 연속혁명론에 대한 견해는 부르주아혁명에서 사회주의혁명으로 성장전화하는 2단계혁명론의 틀 속에서 상해파의 '연속혁명론'을 파악하는 것이다. 그가 말하는 상해파가 '레닌과 트로츠키의 오랜 친구들'[52]

---

49) 임경석, 앞의 책, 416~417쪽.

50) "… 후진적인 부르주아 국가의 민주주의적 과제들은 우리 시대에는 직접 프롤레타리아 독재로 귀결되며 프롤레타리아 독재는 사회주의적 과제들을 당면 문제로 제기하게 된다 … 어느 정도 오랜 기간 동안의 민주주의를 거쳐서 프롤레타리아 독재에 도달한다는 전통적인 견해와는 달리 영구혁명론은 후진국에서의 민주주의를 향한 길은 직접 프롤레타리아 독재로 통한다는 사실을 정립시켜 준 것이다. 따라서 민주주의는 앞으로 수십년 동안 충분히 자족 할 수 있는 체제가 아니라 오직 사회주의 혁명을 위한 직접적인 서곡일 뿐인 것이다. 이 양자는 절단될 수 없는 고리로 서로 묶여 있는 것이다. 따라서 민주주의 혁명과 사회주의의 건설사이에서 혁명은 영구적으로 발전해 나아갈 수 밖에 없는 것이다."(레온 트로츠키, 정성진 역, 『영구혁명 –및 평가와 전망–』, 신평론, 1989, 136~137쪽).

51) 리브만, 『레닌주의연구』(미래사, 1985), 194쪽.

이었다면 그것은 올바른 노선이 아니었을까. 또한 이르쿠츠크파의 노선이 "30년대 중반 '좌경'적 전략계획의 한 표본으로 부르주아 민주주의적 단계를 부인하는 트로츠키주의적 설정으로 비판받았다"는 그의 지적은 레닌 사후 스탈린주의의 일괴암성과 동요성을 스스로 폭로하는 언급일 뿐이다. 1935년 코민테른 7차대회시기의 계급협조적인 인민전선(Popular Front) 노선은 중국과 스페인, 프랑스에서 재앙적인 결과를 가져왔던 것이다.

한편 권희영은 양파의 대립을 통일전선의 문제에서 찾고 있다. 그런데 임경석의 연구와 상반되는 결론을 내린다. 권희영은 1920년 코민테른 2차대회의 「민족·식민지문제에 관한 테제」와 박진순의 「혁명적 동방과 코민테른의 다음과제」의 분석을 통해 이동휘, 박진순 등의 상해파는 민족운동의 이해와 계급의 문제를 고찰함에 있어 지나치게 단순한 논리를 가졌고, 통일전선에 대한 올바른 인식을 가지지 못했으며 그 결과 상해임정에서 탈퇴했다고 한다. 또한 이르쿠츠크파는 전술적 유연성을 보여 대한국민의회를 끌어들임으로써 노령에서 통일전선을 구성하는데 성공했다는 것이다.53) 상해파와 이르쿠츠크파의 민족주의세력과의 '전선 통일'에 대한 권희영의 이러한 견해는 역사적 사실과는 다르며 오히려 그 반대의 해석으로 정정되어야 한다. 상해파의 이동휘, 김립 등은 임정에 적극적으로 참여하여 임정내에서 당의 전술을 실현하기 위해 노력하였다.54)

---

52) 임경석, 앞의 책, 417쪽.

53) 권희영, 「한인사회당연구」, 206쪽; 권희영, 「코민테른의 민족·식민지 논쟁과 한국의 민족해방운동」, 194쪽.

54) 1920년 11~12월 경 러시아 조선인 공산주의단체 중앙위원회대표였던 그레고리 채의 서한에는 상해임시정부의 국무총리(수상) 이동휘와 국무총리 비서였던 김립 등은 공산당의 프랙션이었던 것이다. 상해임시정부 내각의 9명중 5명이 공산주의자들로 구성되어 있었던 것이다[그레고리, 「중국혁명사업과 조선

　　상해파의 박진순은 한인사회당의 뛰어난 이론가로서 코민테른 집행위원회에 보고한 「조선에서의 사회주의운동」55), 「혁명적 동방과 코민테른의 다음과제」56)가 코민테른의 기관지인 『공산주의 인터내셔널』에 실렸다. 그는 1920년 7~8월에 열린 코민테른 2차대회에서 한인사회당 대표로 참가하여 '민족·식민지문제 소위원회'에 레닌, 카메네프를 비롯한 19개국 20명의 대표의 일인이 되었고 당시 코민테른의 원칙을 충실히 지켰다. 박진순의 글들을 통해 한인사회당, 즉 상해파 고려공산당의 조선혁명에 대한 전략과 전술, 통일전선에 대한 상을 파악할 수 있을 것이다. 1920년 7~8월에 열린 코민테른 2차대회에서 채택된 「민족·식민지문제에 관한 테제」에서 레닌이 언급하는 "장래의 프롤레타리아 당-명칭상으로서만이 아니라 진정한 공산당-의 분자들이 결집되어 그들 독자의 임무; 즉 자기 민족 내의 부르주아 민주주의 운동과 투쟁한다는 임무를 자각할 수 있도록 교육되어야 할 것을 조건으로 하고 있다. 코민테른은 식민지나 후진국의 부르주아 민주주의파와 일시적 협정 때로는 동맹도 맺어야 하지만, 그것과 융합해서는 안되며, 비록 맹아적 형태일지라도 프롤레타리아 운동의 자주성을 무조건 유지해야 한다"57) 는 몇가지 전제들은 한인사회당의 상해임정 참여가 원칙적으로 올바렀음을 사후적으로 승인하는 것이라고 생각된다.

---

임시정부(상해임정; 인용자)의 공산주의자 구성현황」(이창주 편, 앞의 책, 98~99쪽)].

55) Pak Chin-Sun, 「The socialist Movement in Korea」, 『Communist International』, N0.7~8(Dae-Sook Suh, 1970, Documents of Korean Communism 1918~1948, Princeton University, pp.44~52), 1919.

56) Pak Chin-Sun, "The Revolutionary East and the Next Task of the Comintern", Communist International, No.11~12, 1920.6~7, pp.315~320(Dae-Sook Suh, Documents of Korean Communism 1918~1948, pp.53~59).

57) 레닌, 「민족·식민지문제에 대한 테제」, 1920.7.28[『코민테른자료선집』 3(동녘, 1989), 230쪽].

상해파와 이르쿠츠크파에 대한 평가에 있어 샤브시나의 언급은 "러시아의 조선공산의자들의 사상적 형성은 계급투쟁이라는 시련 속에서 이루어졌는데 그들은 상해당에 내재한 상황의 복잡함을 충분히 고려하지 않았다. '상해 사람들(상해파-인용자)'에게 시급히 필요했던 원조대신 '이르쿠츠크 사람들(이르쿠츠크파-인용자)'은 그들에 반대하는 투쟁을 전개했다"[58]고 평가하면서 그녀는 이르쿠츠크파의 성급성을 비판하고 있다.

초기 공산주의운동에 대한 최근의 연구는 과거 무원칙한 파벌투쟁으로 인식되던 한계를 어느 정도 극복하였고 러시아 자료의 이용으로 한층 사실에 접근하였다는 측면은 있지만 여전히 양파의 변혁론은 아직 명확히 밝혀지지 못하였고 오히려 정반대의 의견이 존재하고 있다.

필자는 이시기 양파의 변혁론은 궁극적으로 코민테른의 민족·식민지문제에 대한 인식에 규정되어 있었다고 생각한다. 단지 차별성은 상해임정과 같은 민족주의계열과의 통일전선문제에 대한 입장의 차이에서 비롯되는 것이 아닌가 생각된다. 코민테른 2차대회와 3차대회에 양파의 이론가인 박진순과 남만춘[59]의 보고는 두개의 고려공산당의 조선혁명에 대한 인식을 확인해주는 주요한 근거라고 생각한다. 향후 이 문제에 대한 더욱 깊이 있는 연구와 분석이 이루어져야 할 것이다.

---

58) 샤브시나, 『식민지조선에서』(한울, 1996).
59) 남만춘, 「코민테른 제3차대회에서의 고려공산당의 보고」, 『극동의 제민족』(이르쿠츠크, 1921)(『역사비평』 계간6호 所收, 1989).

## 3) 코민테른과 꼬르뷰로, 오르그뷰로

1922년 10월 15일 베르흐네우진스크에서 열린 '고려공산당연합대회'가 이르쿠츠크파의 이탈로 실패하자 1922년 12월 코민테른 극동부(동양비서부) 산하에 꼬르뷰로가 설치된다. 꼬르뷰로가 설치되는 경과에 대해서 언급해 보자. 1921년 6월 자유시사변으로 상해파와 이르쿠츠크파의 대립이 무력충돌로까지 확대되자 코민테른 검사위원회의 벨라쿤, 쿠시넨, 사파로프는 1921년 11월 15일 「코민테른 검사위원회 결정서」를 통하여 "조선 내지 및 해외의 제단체의 대표로 구성된 대의원회를 소집할 때까지 양당은 서로 연합하여 쌍방 동수로서 임시중앙간부를 조직한다는 결정을 인정하고 … 원동비서부는 이를 준행할 책임을 갖는다"60) 는 결정을 내린다. 또한 1922년 4월 22일 코민테른 집행위원회의 브란델, 쿠시넨, 사파로프는 "조선(고려: 인용자)공산당중앙간부는 그 위치는 치따로 정함과 동시에 내지에는 조선부를 설치할 책임을 진다"61)는 결정을 내린다.

마침내 양파 통합을 위해, 1922년 10월 15일 베르흐네우진스크 대회가 개최되었다. 그러나 이 대회에서 이르쿠츠크파가 중도에 회의를 거부함으로써 상해파만으로 회의가 진행되었다. 베르흐네우진스크 대회에서 양파의 통합이 실패하자 코민테른은 1922년 11월~12월 제4차대회에서 片山潛, 陳獨秀, 쿠시넨, 보이찐스키 등 8인으로 구성된 '조선문제 위원회'를 구성하여 조선문제를 논의했으나 결론을 내지 못하고 이후 코민테른 확대집행위원회로 위임할 것을 결정하였다. 그

---

60) 「코민테른 검사위원회 결정서」, 1921.11.15[조선총독부경무국, 『대정11년 조선 치안상황』 2, 1922(고려서림영인, 1989), 450쪽].

61) 코민테른 집행위원회, 「조선문제에 대한 코민테른집행위원회의 결정서」, 위의 글, 1922.4.22, 441쪽.

리고 1922년 12월 집행위원회는 두개의 고려공산당의 해산 명령을 내리고 코민테른 동양부 산하에 꼬르뷰로를 설치하게 되었다.62)

박철하, 신춘식은 각각 꼬르뷰로에 주목하면서 꼬르뷰로가 국내에 당건설을 위해 파견한 신철과 김재봉이 1923년 8월 (5월 - 필자) 국내부를 건설하면서 국내 당건설의 기초가 마련되었다고 파악하고 있다.

박철하는 특히 꼬르뷰로 국내부의 국내활동에 주목한다. 당조직 책임자인 김재봉은 조직확대를 위하여 당시 조선노동연맹회와 서울청년회를 통일하여 당을 조직하기 위해 조선노동연맹회의 윤덕병·신백우, 무산자동맹회의 원우관, 서울청년회의 이영·김유인·임봉순 등과 만나 통일적 당조직을 논의했으나 서울청년회의 반응이 별로 없자 조선노동연맹회를 중심으로 당기관을 조직하기로 한다.63) 이후 김재봉과 김찬은 1923년 7월 7일 무산자동맹회와 조선노동연맹회의 지도그룹 등을 결합하여 신사상연구회를 결성한다. 또한 일본에서 활동하던 북성회의 김약수, 정우영, 백무, 김종범 등과 상해파의 이봉수 등을 규합하여 1923년 5월 김찬의 집에서 꼬르뷰로 국내부를 조직한다. 그런데 당창건준비기관인 국내부 조직에서 서울청년회가 완전히 배제되었고 그것이 사상적 조직적 통합이라기 보다는 각파 그룹의 대표들로 구성된 연합체의 형태이었으므로 매우 허약한 조직이었고 또한 분파투쟁의 요소를 내포하는 것이었다.64) 더욱이 국내부 책임자 김재봉, 신철은 코민테른이 파견하였지만 그들은 이르쿠츠크계열이었던 것이다.

---

62) 水野直樹, 「코민테른과 조선 - 각 대회의 조선대표의 검토를 중심으로」, 1984 [임영태 편, 『식민지시대 한국사회와 운동』(사계절, 1985), 330쪽].
63) 박철하, 앞의 글, 33~34쪽.
64) 박철하, 위의 글, 35쪽.

　　신춘식은 조선공산당의 조직주체로서 1922년 9월 결성된 '조선공산당 경성위원회'로 파악한다. 이는 일본에서 활동하던 김찬, 정재달, 정우영, 조봉암 등과 무산자동맹회의 김한, 원우관 등으로 국외의 이르쿠츠크파와 상해파를 모두 부정했다고 한다.65) 이들 중 정재달, 정우영, 조봉암이 1922년 10월 베르흐네우진스크의 고려공산당 연합대회에 국내대표로 참가하여 코민테른으로부터 꼬르뷰로 조직의 주체로 인정받게 되어 국내부를 조직하게 된다는 것이다. 국내부는 1924년 5월 코민테른의 지침을 계기로 '당창건준비그룹'으로 전환하며 그들은 1924년 11월 화요회를 결성하고 조공 창건의 주역이 된다.66)

　　그런데 여기서 꼬르뷰로 국내부와 국내 사상단체 그리고 일본에서 활동하던 북성회(이후 북풍회)의 관계에 대한 엄밀한 연구가 필요하다고 생각한다. 신사상연구회(이후 화요회)는 사실상 이르쿠츠크파 고려공산당 출신인 김재봉과 신철이 주도하였고, 꼬르뷰로 국내부의 합법적 사상단체로 조직되었다. 그뒤 이들은 무산자동맹회 등의 지도부를 장악하게 된다. 또 북풍회의 김약수도 일본공산당의 추천으로 국내로 들어오게 되는데67)이것은 북풍회의 성격 역시 코민테른과 밀접한 관련 속에서 파악해야 함을 시사해준다.

　　그밖에 코민테른 각 대회 때 참가한 조선 공산주의조직, 인물에 대해 규명한 水野直樹는 코민테른 5회대회(1924.6.17~7.8)당시 '민족·식민지문제에 관한 토론' 중 片山潛(가따야마)의 "서로 다른 공산주의 제그룹을 하나의 강력한 조선공산당으로 통합하려는 추세가 명백히 나타나고 있다 … 이르쿠츠크와 상해의 두 그룹이 존재하여 서

---

65) 신춘식, 앞의 글, 16쪽.

66) 신춘식, 위의 글, 64~66쪽.

67) 「조선의 민족적 당 창건 및 민족해방운동의 전략」, 1923.8.7(이창주 편, 앞의 책, 268~269쪽).

로 인맥적인 싸움을 하고 그것이 당의 분열과 완전한 무력화를 가져
왔다 … 국내에도 공산당 창설에 대한 강력한 희망과 운동이 존재하
고 있다."68)는 언급을 지적하면서 이는 조선에 대한 코민테른의 방침
변경, 즉 국외의 당조직을 국내 당조직으로 이동할 것을 천명한 것이
라고 한다.

코민테른이 해외에 있던 전위당을 해체한 이유에 대해 기존의
연구는 '일국일당주의'를 지적했는데 일국일당주의가 당시 코민테른
이 취한 올바른 방식이었나 하는 점도 더욱 연구가 필요하다. 또한
1925년 1월 러일조약의 결과 소련이 일본과 합의했던 사항 가운데
러시아지역의 한인사회주의 운동 철폐 사실에 대한 연구도 구체적으
로 요구된다.69) 레닌사후 1924~1925년 경부터 코민테른의 세계
혁명정책은 서서히 일국사회주의 정책, 즉 '사회주의 조국' 소련에
대한 방어정책으로 바뀌어 간다.70) 이 시기 소련의 대한 정책과 관
련한 연구도 아직 거의 이루어지지 않는 형편이다.

권희영은 꼬르뷰로가 한인공산당을 준비할 목적으로 결성되었지
만 실제로는 오히려 러시아 공산당 지부로서의 역할에 더 충실했다
고 지적하고 있다. 그는 1925년 1월 러일기본조약으로 러시아 한인
의 민족해방운동에 대한 소련의 공식적 지원이 금지되었다고 말한
다. 즉 공산당의 주도권이 국내의 공산주의자들의 손으로 넘어온 것

---

68) 水野直樹, 앞의 글, 332쪽.

69) 이에 대해서는 다음의 논문이 있다. 김경태, 「1925년의 蘇·日協約과 소련의 조
선정책」, 『韓國史學』 13, 1993.

70) 레닌 사후 코민테른에서 나타나는 스탈린주의의 문제점에 대한 비판적 연구는
다음의 글들을 참조할 수 있다. 던컨 헬러스, 『코민테른의 역사』(책갈피, 1994);
리브만, 『레닌주의연구』(미래사, 1985); Paolo Spriano, *Stalin and The European
Communists*, Verso, 1985; Fernando Claudin, *The Communist Movement −From Comintern to
Cominform* Ⅰ·Ⅱ, Monthiy Review Press, New York, 1975.

은 이와 같은 소련과 코민테른의 정책상의 변화 때문이라고 말한다.71) 더나아가 권희영은 이 글의 결론에서 "이로써 상해파와 이르쿠츠크파로 갈리어 해외의 망명자들 사이에서 벌이던 파벌투쟁의 시대는 일단 마감을 하게 되었다", "조선공산당의 결성이 이전의 해외 망명 한인들의 유산을 소화해 낼 수도 없었고 나아가서 발전시킬 수는 없었다. 조선공산당의 결성은 한인에 의한 최초의 사회주의정당 건설이 아니다. 그것은 이미 한인사회당에 의해 이루어졌다. 조선공산당의 역사적 의의는 국내에서 처음으로 공산주의를 지향하는 당이 결성되었고 그것이 코민테른으로부터 승인을 받았다는 사실에 있다"72)라고 말한다. 그런데 권희영의 이러한 주장은 한편으로는 스탈린주의의 폐해를 지적한다는 점에서 인정될 수 있지만, 시종일관 그가 공산주의운동 전체를 '파벌투쟁'으로 서술하고 있고 국내에 건설된 조선공산당이 조직적 취약성에도 불구하고 엄혹한 조건 속에서 이루었던 투쟁의 성과를 단지 "기계적인 유물론에 충실한 이상 … 민족운동의 문제라든지 계급의 문제에 대하여서도 그리고 차후의 전망에 있어서도 깊이 있는 이론을 가지고 있었다고도 보여지지 않는다"73)는 이론적 측면으로만 파악하는 것은 당시 운동에 대한 지나친 냉소적 평가라고 생각된다.

---

71) 권희영, 「조선공산당 성립과 코민테른」, 『한국사학』 13, 1993.

72) 권희영, 위의 글, 184~185쪽.

73) 권희영, 위의 글, 185쪽.

# 3. 1920년대 조선공산당의 창건과 활동

## 1) 당건설 방식과 '분파'[74]의 형성

1925년 4월 17일 창건된 조선공산당(이하 조공)은 국내에서 독자적으로 건설된 것이 아니라 코민테른과의 직접적 관련 속에서 창건되었다고 보는 것이 대부분 일치된 견해이다.

우선 조선공산당의 건설 방식에 대한 문제를 살펴보기로 하자. 유승렬은 조공의 건설방식이 핵심 사상이론가에 의한 대중운동의 지도→대중운동의 주도체건설→사상단체에 의한 지도→혁명운동의 참모부로서 사상단체의 규합에 의한 전위당 건설로 파악한다. 그는 조공의 이러한 당건설 방식이 대중적 토대에 굳건히 뿌리내리는 작업은 제쳐두고 파벌적 방식으로 소부르주아 인텔리출신의 활동가를 부분적으로 묶는데 급급했다고 비판한다.[75] 따라서 그는 결국 "1920년대 혁명운동은 종파주의자의 파벌적 책동으로 말미암아 당건설의 기본원칙들조차 고수되지 못하고 공개적 파쟁으로 인한 사상적 혼란이 가중되면서 대중적 근거를 완전히 상실하게 되었다 … 이

---

74) 프락션의 원어는 프락치야(ФраКЦиЯ)이며 러시아어로는 두가지 의미로 사용된다. ① 의회나 대중조직 내부에서 형성되는 당원집단이라는 의미(당그룹). ② 당내부에 형성되는 특수한 당원집단이라는 뜻(분파). 레닌시대에는 양자를 모두 ФраКЦиЯ라고 지칭했는데 스탈린시대의 「34년 규약」에서는 양자를 구별하여 전자를 그루페(Gruppe)라는 말로 후자를 프락치야라는 말로 지칭했다[藤井一行, 『볼셰비키당조직론』(두리, 1986), 81쪽]. 러시아의 프락치야(분파)에 해당하는 영어식 표현은 fraction이 아니라 faction이라는 표현이다. 또한 section은 '종파'로 번역된다. 통상 프랙션(또는 프락치)은 당의 기관으로 대중기관에 파견된 당원 일부를 의미하는데 이것은 '분파'가 아니라 '파견망'으로 표현할 수 있다.

75) 유승렬, 「1920년대 조선공산당의 조직위상에 대한 비판」, 『역사비평』, 1989년 겨울, 75쪽.

러한 1920년대 전위당 건설과정에 나타난 해악적 요소는 이후의 혁명운동에서도 청산되지 않은 채 오히려 심화·확대되었다"76)라고 평가한다.

레닌은 1903년 2차당대회를 분석하면서 마르토프 등의 당건설론에서 나타난 기회주의적 조직노선을 다음과 같이 비판하면서 원칙으로서 '위로부터 아래로의 당건설론'77)을 제기하였다. '아래로부터 위로의' 건설은 사실상 현실불가능한 관념일 뿐이다. 그러나 '위로부터 아래로'의 원칙 보다 선행되어야 할 평가의 기준은 건설된 당의 실천 내용이 되어야 할 것이다. 또한 당의 사회적 구성과 관련하여 '소부르주아 인텔리출신'이라고 비판하는 것은 반드시 올바른 비판은 아니다. 물론 혁명정당은 노동자계급의 당이다. 그리고 당은 프롤레타리아적이어야 한다. 그러나 신생조직이 구성면에서 소부르조아적인 것은 오히려 일반적이다. 물론 이는 끊임없이 노동자계급으로서 충원되어야 할 것이다. 1925년 창건된 조선공산당의 건설방식은 원칙상 '위로부터 아래로의 당건설' 방식이었다. 그러나 조선공산당은 진정한 혁명정당으로 모습을 갖추기에는 아직 이른 존재였다.

---

76) 유승렬, 위의 글, 81~82쪽. 이러한 해석은 20년대 조선공산당에 대한 북한 역사학계의 공식적인 평가였다. 북한의 역사연구에 대해서는 다음의 글들에서 정리, 소개하고 있다. 정용욱, 「1920년대 공산주의운동 연구」, 『남북한 역사인식 비교강의』 근현대편(일송정, 1989); 도진순, 「북한의 종파문제와 1920년대 민족해방투쟁에 대한 인식」, 『역사비평』, 1989년 가을.

77) "… 위로부터 아래로(from the top downwards)의 당을 건설해야 한다는 사상을 '관료주의적' 사상이라 하여 적대시하고 … 누구라도 스스로 당원이라고 자칭할 수 있도록 허용함으로써 아래로부터의 위로의 당 건설을 주장하였으며, 당원은 당이 인정하는 조직 중 하나에 소속해야 할 것을 요구하는 '형식주의'를 적대시하여 '조직관계를 관념적으로만 받아들이려고'하는 부르주아 지식인의 심성에 경도되었고, 기회주의적 심오함과 무정부주의적인 수다를 즐기고 중앙집권주의에 반대하여 자치주의로 기울었다."[레닌, 『일보전진 이보후퇴』(풀무질, 1995), 14쪽]

조선공산당은 국내에서 당을 건설한 이후 조봉암과 조동호를 파견하여 코민테른의 승인을 얻고자 하였다. 그러나 코민테른은 당을 승인하는 동시에 서울파의 고려공산동맹과 조선노동당(스파르타쿠스당), 북풍회를 각각 '꼼 그룹'으로 승인했다. 그리고 1926년 3월 다음의 결정을 내린다. "국제공산당은 세그룹의 공산단체가 조선에서 운동 성적이 조선공산당의 운동성적보다 낫고 우세할 경우에는 조선공산당 대표와 세 그룹 공산단체를 소집하여 통일적으로 하기 위하여 특별위원회를 선출하여서 이를 결정한다."78)

여기서 코민테른이 조공을 승인하면서 세그룹을 '꼼그룹'으로 인정한 이유는 무엇일까? 아마도 코민테른은 화요파의 조공과 나머지 그룹들을 일종의 '분파'로 인정한 것은 아닐까 추측된다. 샤브시나는 조선공산당 내의 분파문제에 관하여 대체로 긍정적인 평가를 하고 있다. 그녀는 "… 원칙적인 문제에 대한 조선공산당의 지도노선은 대체로 코민테른의 노선을 따랐고 공산주의자들에 의해 지지를 얻었다. 분파투쟁에 나타났던 사상적 이견의 요소들이 불가피한 논쟁을 야기했던 것은 오히려 바람직했던 일이다. 그것은 총노선의 실행방법에 관계된 것이었다."79)

레닌은 분파(faction)를 '당의 문제들에 대한 견해들이 특수한 정강에 의해 통합된 당내부의 조직'이며 '내부규율로 결속되어'있는(당내 기관의 소속 대표자를 자기 그룹에서 다수결로 선임하는 당)조직이라고 규정했다. 요컨대 특정한 정강과 규율로 결합된 당내의 당원집단, 즉 당내에 존재하는 당을 분파라고 하였다.80)

---

78) 京城地方法院檢事局 京高秘 第1692號, 「秘密結社朝鮮共産黨 及 高麗共産青年會 事件 第三次檢擧狀況」, 1928.3, 152~153쪽.

79) 샤브시나, 『식민지조선에서』, 293쪽.

80) 레닌, 「조정주의자 내지 관용주의자의 새로운 프락션에 대해」, 1911(藤井一行,


1920년대 한국사회주의운동연구

스탈린은 『레닌주의의 기초에 대하여』에서 「당의 통일에 대하여」라는 결의에 의거하여 '분파의 존재와 양립할 수 없는 의지의 통일체로서의 당'을 말하면서 분파금지를 보편화했다. 분파금지를 레닌과 볼키당조직론의 도달점으로 파악함으로써 이를 시공을 초월해 보편화시켜 버렸다. 그러나 분파금지라는 조치는 내전 뒤의 특수한 정치적 조건에 의해 규정된 일시적 조처에 지나지 않았다.

당내에는 항상 다양한 그룹―강령의 문제나 전술의 문제, 그리고 조직의 문제에 완전히 의견을 같이 하지 않는 여러 그룹이 존재할 수 있다. 그러나 전체 당 차원에서는 그룹에 대한 일정한 원칙이 있어야 할 것이고 당의 다른 부분의 그룹과 별개인 그룹이 당의 어떤 부분 속에 처음부터 형성되어 계속적으로 다른 견해와 입장을 표명해서는 안된다. 그리고 당은 각기 다양한 입장을 표명하는 그룹들을 포용하는 여러 부분들이 상호 밀접한 관계를 갖는 식으로 형성되어서는 안된다.

분파문제와 관련하여 1920년대 조선 사회주의운동에서 서울파의 전위조직인 고려공산동맹에 대한 객관적 평가가 이루어져야 할 것이다. 특히 서울파의 대중운동과의 결합, 활동에 대한 평가 속에서 1920년대 당운동의 역사에 대한 올바른 평가가 가능할 것이라고 생각된다. 서울파 전위조직은 조공과 같은 당조직은 아니었지만 1920년대 운동을 양분하는 역할을 수행했다. 두개의 전위조직이 존재하는 당시의 상황―이에 대해서는 코민테른의 지도 방향에도 문제가 있지 않았나 생각된다―을 어떻게 이해할 수 있을까. 물론 이러한 문제를 해결하는 능력은 오로지 당시 조선의 사회주의자들에게 달려있었다.

---

앞의 책, 89쪽).

## 2) 1차당대회와 강령문제

1925년 4월 17일 조선공산당 조직을 위한 창당대회는 일경의 눈을 돌리기 위해 표면적으로 전조선기자대회[81]와 전조선민중운동자대회를 준비하면서 비밀리에 개최되었다. 이것이 1차당 대회였다. 김인덕의 연구는 기존의 연구가 일제에 의한 1차~4차에 걸친 조공 검거에 따라 1차~4차당으로 구분한 것에 대해 당대회를 중심으로 한 조직의 변화와 활동을 통해 검토하고 있다는 점에서 주목할 만하다.[82] 그러나 이글에서는 1920년대 조선공산당의 활동을 서술의 편

---

[81] 1925년 4월 15~16일 양일간 개최된 전조선기자대회는 언론인들의 모임인 무명회에서 주최하였다. 당시 동아일보, 조선일보, 개벽사 등의 기자 500여명 참석하여 언론의 권위신장, 신문 출판물에 관한 법규 개정문제, 언론 집회 결사의 자유, 대중운동의 발전 등을 결의했다. 전조선기자대회 다음날 조공 창당대회가 개최된 것이 조공의 사전 계획이었는지는 밝혀지지 않았지만, 당시 조공 당원의 상당수가 신문사 기자로 활동하였음을 볼 때 가능한 일이었을 것이다. 전조선기자대회에 대해서는 다음의 글을 참조할 수 있다. 최준, 『한국신문사』(일조각, 1967); 최민지, 「일제하 기자운동의 전개 - 기자단 활동을 중심으로 - 」, 『일제하 민족언론사론』(일월서각, 1978).

[82] 김인덕, 「조선공산당의 투쟁과 해산」, 『일제하 사회주의 운동사』(한길사, 1991). 당대회에 따라 서술하는 것이 당사 서술의 원칙일 것이다. 그러나 1920년대 조선사회(공산)주의운동사는 당 창건과 해체에 이르기까지 활동의 주체가 일관되지 못했고, 창건 당시 이미 서울파의 전위조직인 고려공산동맹 등이 존재하였던 사실, 1, 2차당 사건으로 화요파가 와해되면서 새롭게 ML파가 등장하고 서울파 일부세력과 결합이 이루어졌으나 서울파가 새롭게 당대회를 열어 코민테른으로부터 승인을 얻으려고 했던 사실 등은 이러한 원칙을 적용하는데 많은 회의를 던져준다. 그러니까 25년 4월에 창립되어 28년 12월 해체된 조공의 역사만을 당대회를 통해 검토하는 것은 20년대 사회주의운동사 가운데 '화요 - ML파'의 역사만을 검토하는 것이고 20년대 조선 사회주의운동의 전체 역사에 대한 일면적 파악이라고 생각한다. 또한 코민테른의 승인을 받지 못한 사회주의운동은 우리 역사에서 배제되어야 하는 것인가 하는 문제도 제기될 수 있다. 오히려 24~25년 이후 코민테른의 국제운동에서의 잘못된 지도의 문제, 노선의 문제 등을 고려해 볼 때 각국의 혁명운동사에 대한 '전형적 서술방식'에서 벗

의상 1~4차당으로 표현하였다.

1920년대 조선공산당의 활동에 대한 연구는 의외로 적다. 1차당에 대한 개별 연구는 거의 없다. 1차당에 대한 연구는 당창건 과정과 관련된 박철하, 신춘식의 연구가 있지만 여기에서도 1차당 시기 조선공산당의 노선과 활동에 대한 설명은 없다.

러시아의 샤브시나는 『조선공산주의운동사』83)에서 1차당대회를 분석하면서 참석자, 조직현황 등에 대해 다음과 같이 언급하고 있다. 창립대회에는 김재봉, 김낙준(김찬-인용자), 김약수, 주종건, 윤덕병, 진병기, 조동호, 조봉암, 송봉우, 김상주, 유진희, 독고전, 정운해, 최원택, 이봉수, 김기수, 신동호, 박헌영, 홍증식 등 19명이 참석84)했고, 대회는 조선혁명의 과업 문제를 심의하였으며, 그것을 당면 단계에서는 민족해방혁명, 반제국주의 혁명으로 규정하였다. 대회는 국내의 모든 애국적 세력과의 동맹에서 공산주의자들이 적극적으로 투쟁하고 이 투쟁에서 공산주의자들의 전위적 역할의 필요성을 강조하였다.

대회는 당의 사회적 구성에 대해, 공산주의조직 가운데에서 노동자 농민은 극소수인데 반해 소부르주아지 인텔리겐차 및 학생들이 압도적인 점에 대해 주의를 기울였다. 이점을 고려하여 노동자 농민 계

---

어나 좀더 다양한 운동, 노선 등을 포괄하는 서술방식의 문제를 고민해야 될 것이다.

83) Шабшина Ф. И., ИСТОРИЯ КОРЕИКОГО КОММУНИСТИЧЕСКОГО ДВИЖЕНИЯ(1918~1945 ГГ.), АКАДЕМИЯ НАУК СССР, МОСКВА, 1988.

84) 1차조공의 책임비서인 김재봉은 진술에서 김재봉, 김낙준, 김약수, 주종건, 윤덕병, 진병기, 조동호, 조봉암, 송봉우, 김상주, 유진희, 독고전의 12명이 참석했다고 한다. 또한 당시 조직국 책임자인 김찬의 진술에는 본인(김찬)을 포함하여 정운해, 최원택, 이봉수, 김기수, 신동호, 박헌영, 홍덕유도 참석했다고 한다 [「金洛俊調書」, 『한국공산주의운동사』 자료편 Ⅰ(고려대 아세아문제연구소, 1979), 16쪽]. 김찬의 진술내용은 샤브시나가 거명한 19명과 일치하고 있다.

층의 확대를 위해서 노농국을 창설할 것을 결정했다. 대회와 이후 공산주의자들의 활동에서 본질적인 난관으로 부딪친 것은 민주집중제의 원칙을 최소한의 정도에서나마 실현하고 지방 당조직, 위원회, 야체이카를 창설할 수 없었다는 점이다.

당 지도부인 중앙집행위원회에는 김재봉, 김약수, 김찬, 유진희, 주종건, 조동호, 정운해 등이 들어왔다.[85] 비서는 김재봉이었다. 조직국은 김찬이 지도했다. 정치경제부는 유진희, 간부국은 김약수, 조사국은 주종건, 선전국은 조동호, 노농국은 정운해가 지도했다. 조선공산당 중앙위 검사위원에는 윤덕병, 조봉암, 송봉우가 선출되었다. 조선공산당의 창건을 알리고 코민테른 집행위의 승인을 얻기 위해 모스크바로 조동호를 파견할 것이 결정되었다.[86]

창건된 당은 강령과 규약을 채택하지 않고 이를 중앙집행위원회에 위임했다. 그뒤 1928년 조공이 해체될 때까지 세차례의 당대회를 통해 강령에 대한 공식적 논의, 채택은 없었던 것으로 추정된다. 그러나 상해에서 발행된 조공의 기관지『불꽃』에 수록된「조선공산당선언」은 1926년 7월자 조선공산당 중앙집행위원회의 이름으로 강령적 문헌이 제시되어 있다.[87] 이것은 1차조공사건 당시 검거를 피해 상해로 망명하여 활동하다가 1930년 체포된 화요파의 구연흠이 밝힌 내용과 완전히 일치한다. 구연흠은 이 진술에서 "조선공산당과 고려공산청년회는 과연 어떠한 사명을 띤 것인가? 이에 대해서는 1926년 6월 7일에 발표된 조선공산당선언서를 빌려 설명할 필요가 있다"고

---

85) 선출된 자들 가운데 3명은 '화요회' 성원이며, 두명은 '북풍회', 두명은 기타 콤그룹이었다.

86) 샤브시나, 위의 글, 100~101쪽.

87)「조선공산당선언」,『불꽃』제7호, 1926.9.1(『역사비평』, 1992년 겨울, 349~361쪽 所收).

하고 "'조선공산당은 어떤 강령을 세웠는가'라고 말하고 먼저 '당면한 투쟁의 목적은 일본제국주의의 압박으로부터 조선을 절대 해방하는 데 있다'고 말한후 '당면한 정치적 요구는 다음과 같다'고 하면서 『불꽃』의 강령과 동일한 내용의 강령을 제시하고 있다.[88]

조공의 이 강령 내용은 "민주공화국을 건설하되 국가의 최고 및 일체 권력은 국민으로부터 조직한 직접, 비밀(무기명투표), 보통 및 평등의 선거로 성립한 입법부에 있을 일", "주8시간 노동제실시, 직업조합의 조직 및 동맹파업이 자유, 야간노동금지, 아동노동금지, 산모의 산전 2주, 산후 4주간 노동금지", "대토지소유자, 회사 및 은행이 점유한 토지를 몰수하여 국가의 토지와 함께 농민에게 교부할 일, 소작료를 3할이내로 할 일, 농민조합을 법률로 승인할 일" 등 40개항에 이른다. 그 내용은 대체로 일반민주주의적 과제, 즉 부르조아민주주의혁명의 과제를 내용으로 하는 최소강령적 성격을 띠고 있다.

「조선공산당선언」에는 1910년 이래 일본제국주의의 조선 침략의 본질과 3·1운동, 6·10만세운동 등 조선민중의 투쟁에 대해서 약술하면서 "조선공산주의자들은 … 이 과업(조선의 완전한 해방 – 인용자)을 실행하기 위하여 일본제국주의에 대립한 조선의 모든 역량을 집합하여 민족혁명유일전선을 작성하고 적의 鬝壘에 향하여 정확한 공격을 준비 또한 개시하여야 할 것이다"라고 하여 '민족혁명유일전선'을 위해 전민족의 87%를 구성하는 노동자 농민계급과 도시소부르주아, 지식인 및 부르주아와의 연합을 제시하고 있다.[89] 또한 "조선공산당

---

88) 具然欽,「朝鮮共産黨과 高麗共産靑年會大獄記」, 在上海重光總領事,『공산당간부 구연흠의 취조에 관한 보고』, 1930.10.4[姜德相·梶村秀樹 편,『현대사자료』29 (ミスズ書房, 1972), 419~420쪽].

89)「선언」은 "부르조아는 혁명의 주력대로 될 능력이 없으나 그러나 그들도 또한 제국주의자들의 압박을 받아 불만족의 요소를 가지고 있고 따라서 아직까지 그 자체 내에 혁명적 소질이 없지 아니하므로 혁명의 선봉대와 직접 동맹할 수

은 세계사회주의혁명의 대본영 – 국제공산당의 – –分隊로 압박받는 조선군중을 세계 피압박민족의 해방운동과 세계 무산자혁명, 특히 일본의 그것(사회주의혁명 – 인용자)과 또 쏘베트사회주의연합공화국과 밀접한 동맹을 지어 그들의 제국주의자에 대한 투쟁을 지도할 것이다."[90]라고 하여 세계혁명운동과의 국제적 연대를 천명하였다.

1차당대회 다음날인 1925년 4월 18일 조공은 산하에 고려공산청년회(이하 공청)를 조직하였다. 공청은 15세부터 30세까지로 연령을 제한하였다.[91] 고려공산청년회 제1차창립대표회는 10개도에 산재한 28개세포회의 대표 19인과 조선공산당대표로 김찬 등 20인이 참석하였다. 박헌영과 조봉암이 1921년부터 1925년 4월까지 고려공산중앙총국의 사업경과를 보고하였다.[92] 공청은 국제공청 동양부위원회에서 제정한 고려공청강령을 채용하고 대회준비위원회에서 작

---

있을 것이다"라고 하여 부르주아계급까지를 민족해방투쟁의 동맹세력으로 파악하였다(「조선공산당선언」, 앞의 글, 353쪽).

90) 「조선공산당선언」, 위의 글, 353쪽.

91) 조선총독부경무국, 「조선공산당사건의 검거전말」, 1926.8(『조선공산당관계잡건』1(고려서림, 1990), 683쪽에는 「고려공산청년회칙」이 실려 있다. 「회 칙」은 보안상의 이유로 「영국무산청년회칙」으로 쓰어졌다. 회칙 2장 4조에는 "본회의 회원은 연령을 15세부터 30세까지로 제한한다"라고 되어 있다. 그러나 「조선공산당칙」 2장 당원의 10조에는 "25세까지의 청년은 반드시 공산청년회를 경유하여 입당시키고 공산청년회중앙집행위원회의 결의를 요한다"라고 되어 있어 나이의 상한이 약간 다르게 규정되어 있다(같은 글, 625쪽). 고려공산청년회의 조직과 활동에 대해서는 박철하, 「1920년대 전반기 사회주의 청년운동과 고려공산청년회」, 『역사와 현실』 9호, 1993을 참조할 수 있다.

92) 「고려공청 일반진행정황」과 「고려공산청년회 제1차 창립대표회 회의록」. 이 자료는 최근 임경석씨가 러시아문서보관소에서 발굴한 것으로 고려공산청년회의 조직경과와 국제공청, 조공과의 관계 등에 대한 중요한 내용을 담고 있다. 「고려공청 일반진행정황」에서는 1921년 국제공산청년회(КИМ) 제2차대회 이후인 1921년 8월 국제공청의 지시로 조직된 고려공산청년회중앙총국이 조직되었는데 공청은 이를 자신의 조직적 연원으로 파악하고 있다.

성한 규약을 통과시켰다. 또한 공청은 1925년 4월 21일 제1차 공청 중앙간부회를 열어 책임비서로 박헌영을 선출하였다.93)

　조공은 무엇보다도 당조직의 확대에 노력을 기울였다. 그러나 이 시기 서울파 세력의 막강한 대중적 토대는 조공에게 위협적 존재였다. 김재봉을 책임비서로 하는 1차 조공이 25년 11월 '신의주사건'으로 치명적인 조직적 타격을 받고 난 후 검거를 면한 화요파 사회주의자들은 같은해 12월 강달영을 책임비서로 하여 조직을 재정비하였다. 조공의 당규약은 1926년 6월~7월에 걸친 조공의 2차 검거 당시 압수된 증거물에서 보여진다. 당규약인 「조선공산당당칙」은 "1926년 3월부터 5월까지 강달영, 홍덕유 등이 작성하여 이를 국제공산당에 보고한 것으로 그 내용은 총칙, 당원, 기관, 기본기관, 군(부)기관, 도기관, 중앙기관, 재정기관, 프랙션, 벌칙, 고려공산청년회와의 관계 및 부칙의 12장 95개조로 이루어져 상세히 규정"94)되어 있다.


## 3) 당과 대중운동과의 관계

　당과 대중운동 또는 계급과의 관계를 해명하는 문제는 당시 사회주의운동의 대중적 영향력을 밝히는 핵심적인 주제이다. 그러나 이 주제에 대한 구체적 연구는 아직 많이 이루어지지 않았다.

　윤석수는 6·10만세운동에서 조공과 학생조직과의 관련에 주목하면서 당시 조공이 중앙위원이며 고려공청 책임비서인 권오설의 제

---

93) 「고려공산청년회 제1차 창립대표회 회의록」, 7쪽.

94) 조선총독부경무국, 「조선공산당사건의 검거전말」, 1926.8[『조선공산당관계잡건』 1(고려서림, 1990), 564~565쪽; 姜德相·梶村秀樹 편, 위의 글, 37쪽].

의로 '6·10운동투쟁지도특별위원회'를 구성하고, 조공학생부 프랙션 조직인 '조선학생과학연구회'등을 통해 6·10만세투쟁을 실질적으로 지도하는 내용을 규명하고자 했다. 그는 이 연구에서 조공이 학생 내부의 프랙션뿐만 아니라 천도교 구파세력과도 일정한 연관을 가지고 있었음을 언급하고 있다. 박래원 등은 천도교 청년동맹간부이면서 조공 서울야체이카 책임자였던 것이다.95)

김경일은 식민지시대 노동운동 특히 인쇄출판업에서 사회주의운동과의 관련성에 주목한다. 그는 화요파 계열의 서울인쇄직공조합, 서울인쇄직공청년동맹과 서울파의 서울인쇄직공동맹, 전조선인쇄직공총동맹 등 인쇄출판업의 분화, 발전과정에서 사회주의세력의 조직적 역할을 언급한다. 그는 조공이 창건되기 직전에 조직된 인쇄직공조합은 제2차 조공의 야체이카였다고 말한다. 민창식, 박래원, 도정호, 박봉연 등은 인쇄노동자로서 조공의 당원이었던 것이다.96)

한편 신주백은 전남지방 사회운동에 대한 연구를 통하여 조선공산당의 창건에서 해체에 이르는 시기에 전남지역의 사회주의운동 조직의 현황과 활동을 1926년 중반에 결성되었다가 1928년 8월에 와해된 조공 전남도당을 중심으로 검토하고 있다. 그는 전남지역이 서울청년회계 세력이 우세하였다고 말하면서 "서울청년회계로 분류되는 전남지방의 지도적인 인물들 가운데 다수가 1924년 고려공산동맹 전남조직 또는 1925년 전남해방운동자동맹이 결성되기 이전부터 즉 비밀결사 조직활동 속에서 이미 동지적 관계를 맺고 있었음을 알 수 있다"97)고 한다.

---

95) 윤석수, 「조선공산당과 6·10항일시위운동」, 『역사비평』, 1989년 봄, 104쪽.
96) 김경일, 「1920·1930년대 인쇄출판업에서 노동조합 조직의 발전」, 『경제와 사회』 4집, 1990, 204쪽.
97) 신주백, 「1925~1928년 시기 전남지방 사회운동 연구」, 『한국근현대지역운동

또한 1·2차조공사건으로 화요회계열의 전남지역 인맥은 단절되면서 이후 운동은 상대적으로 일제의 탄압으로부터 자유로웠던 서울계에 의해 이루어졌고 이로 인해 제3·4차 조공 전남도당은 전남지방의 서울청년회계열 성원들이 파벌청산에 호응하여 대거 입당함으로써 광주와 전남의 남서부, 북부지역을 중심으로 복구가 되었다. 이는 강석봉, 김재명 등 통일세력들의 선도적 노력의 결과였다고 말한다.98)

신주백의 연구는 조공 중앙의 하부조직인 도당위원회, 야체이카, 프랙션의 활동과 중앙과의 유기적 연관에 대한 연구가 거의 이루어지지 않은 상태에서 전남도당의 형성과정과 활동들을 분석했다는 데에서 의의가 있다. 그런데 여기서 의문점은 서울파의 기반이 확고함에도 불구하고 왜 서울파의 전위조직인 '고려공산동맹'으로 포괄되지 못했는가 하는 점에 대한 명확한 설명이 없는 점이다. 1926년 12월 서울파(신파)와 안광천 등 ML파와의 '결합'을 통한 3차당의 성립을 바라보는 입장의 차이는 전남지역의 사회주의자들은 심각한 정치적 혼란에 빠뜨렸을 것이다.

향후 조공 등 전위조직과 연관된 노동, 농민운동을 비롯한 대중조직의 구체적 활동에 대한 풍부한 연구가 이루어져야 할 것이다.


## 4) 2차당대회와 당 통합문제

2차 조공 시기에 주목할 수 있는 부분은 화요파의 조공과 서울파의 고려공산동맹 사이에 통일적 당조직을 건설하기 위한 움직임이 존

---

사』Ⅱ(여강, 1993), 134쪽.
98) 신주백, 위의 글, 146쪽.

재했던 사실이다. 이것은 1925년 11월 28일~1926년 5월 16일까지
의 세 차례에 걸친 양파간의 회합이었다.99) 이 회합은 26년 5월 8일
서울파의 지도자인 김사국의 사망과 조공의 일방적 통합조건으로 결렬
되었는데, 그 회합의 성격과 결렬의 구체적 내용, 이유에 대한 명확한
조사와 연구가 필요할 것 같다. 3차당 시기 조공의 '통합'은 2차당시기
의 '통합논의'의 기조에 따라 이루어졌다.

6·10만세사건으로 화요파의 2차조공이 다시 일제의 검거로 와해
되지만 검거를 피한 김철수 등은 임시집행부서를 구성하고 1926년 11
월 28일 중앙위원회를 열어 12월 6일 2차당대회를 소집할 것을 결정
한다. 2차당대회에서는 1·2차 조공사건으로 와해된 당조직의 정비와
서울파, 즉 고려공산동맹과 결합이 이루어진다. 이것이 3차조공, 즉
'통일조공'의 성립이었다. 대회는 "노농총동맹을 노동총동맹과 농민총
동맹으로 분맹할 일", "정우회, 전진회를 위시하여 재래의 모든 사상단
체를 해체할 일" 등의 방침을 정했다. 또한 안광천, 한위건, 김준연, 정
학광, 권태석, 김남수, 하필원 등 7인의 중앙집행위원을 선출했다.100)

'통일조공' 결성의 과정에 대해서 윤석수는 1926년 3월 5일 양
명, 한빈, 김월성, 고광수, 이정윤, 이재하, 한명찬 등이 조직한 '레닌
주의동맹'에서 찾고 있다.101) 박종린은 '레닌주의동맹'의 주체세력을
북경 혁명사102)의 양명, 고려공산청년회 만주총국의 한빈과 김월성,

---

99) 이에 대한 자세한 내용은 고려공산동맹이 1926년 5월 하순경 코민테른집행위
    원회에 보고한 「Report concerning organizational problems of C.P.K」에 실려있다(박
    종린, 「1920년대 '통일'조선공산당의 결성과정에 관한 연구」(연대사학과 석사
    논문, 1993.12), 47~49쪽 참조).

100) 「조선공산당 제2차 당대회문건」, 1926.12.7.

101) 윤석수, 「조선공산당 2차재건과정에 대한 비판적 검토」, 위의 글, 949쪽.

102) 1925년 1월 북경에서 양명, 김성숙, 장지락(김산) 등이 조직한 혁명사의 동경
    책임자 허장환은 1925년 12월경 일월회의 핵심멤버인 안광천 등과 접촉하였

동방노력자공산대학의 고광수 등으로 더욱 구체화103)하였다. 그리고 이들이 코민테른의 지령으로 귀국하여 국내의 '서울신파'와 접촉하면서 화요파(조선공산당)의 고려공산청년회와 서울파(고려공산동맹)의 청년조직인 고려공산청년동맹의 '합청(合靑)'(1926년 9월)과 '통일조공'결성(1926년 12월)을 주도하게 된다는 것이다.

'통일조공' 결성에 대해 윤석수는 당시 조선 프롤레타라아 운동의 주·객관적 조건의 변화에 조응하는 것이었고 당시 코민테른의 지도방침과 파벌해소와 통일적 당의 지향과 부합되는 것이라고 평가한다. 그러나 그는 통일조공 결성과정에서 제기되었던 조직노선의 대립은 현실에 대한 구체적 분석이 결여되었고, '합청'은 "대중적 투쟁을 통한 전선통일을 지향한 것이 아니라, 수공업적, 고립분산적 활동방식의 연장으로서 지도분자의 외교 수단에 의한 형식적 통합으로 흐르고 말았다"104)고 지적한다.

박종린은 '합청'은 사회주의운동의 주도권이 화요파나 서울파에서 '레닌주의동맹'으로 변화하는 계기를 주었고, 이후 통일조공의 결성은

---

다. 1926년 7월 허장환이 귀국하자 안광천이 혁명사 동경 책임자가 되어 활동하였던 사실은 양명과 안광천의 관계가 일찍이 시작되었음을 알 수 있다. 혁명사와 일월회는 사상단체의 통일, 운동전선의 통일을 강조한 사상적 공통성을 가졌던 것 같다(박종린, 위의 글, 14~17쪽; 김인덕 「재일조선인 민족해방운동연구-1925~1931년 시기 사회주의운동을 중심으로-」(성대사학과 박사논문, 1995.10), 37쪽.

103) 그는 'ML파'가 만주공청파와 서울신파, 일월회 계열로 구성되었다는 기존의 견해에 대해 레닌주의동맹을 구성하는 혁명사, 만주공청, 서울신파 그리고 일월회의 결합으로 파악해야된다고 한다. 특히 25년 1월 북경에서 조직된 혁명사의 비중을 강조한다. 일월회의 안광천 또한 혁명사의 동경책임자 였던 것이다(박종린, 위의 글, 1993.12, 62쪽). 만주공청의 형성에 대한 자세한 내용은 임경석, 「20년대 중국 동북지역의 조선인 만주공청그룹」, 『五松李公範敎授停年紀念 東洋史論叢』(지식산업사, 1993.9).

104) 윤석수, 위의 글, 977쪽.

"한국사회주의운동의 가장 커다란 장애였던 파벌주의를 극복하고 국내외에서 활동하고 있던 대부분의 사회주의자들을 단일한 지도아래 편성하였다는 점과 그를 기반으로 다른 공산주의그룹에 비하여 가장 올바른 계급적 입장에 입각하여 사회주의운동을 지도하였다는 점에서 한국사회주의운동사에 커다란 발자취를 남겼다"[105]고 높이 평가하고 있다.

또한 3차당 시기 조공의 활동에 주목한 박철규[106]는 조선노농총동맹의 노총과 농총으로의 분립, 조선청년총동맹의 강화, 조선사회단체중앙협의회의 비상설화, 민족협동전선으로서 신간회 창립 등을 검토하면서 당의 통일적 지도방침의 부재와 대중성 획득의 미흡으로 실효를 거두지 못했다고 평가한다. 그는 3차조공이 3파연합에 기초했다는 사실에 주목하여 통일조공이라고 불리는 것조차 문제가 있다고 본다.

한편 그는 각 도위원회의 대중활동을 높이 평가하면서 "각 도 이하 제지역의 주의자들은 … 당 중앙과는 달리 대중운동에 충실히 복무하려고 노력했다 … 특히 ML주의의 보급과 구체적인 대중활동공간 속에 뿌리내림으로써 대중과의 결합도를 높이고 핵심역량의 확대를 위해 노력한 것은 당중앙의 분파적, 권위적 모습과 비교할때 긍정적으로 평가"[107]될 수 있다고 말한다. 그는 노동계급의 미성숙과 일제의 혹심한 탄압으로 인한 잇따른 검거라는 주·객관적 조건이 당내 분파를 넘어선 파벌주의, 강고한 통일당 건설의 실패, 굳건한 대중성을 확보하지 못한 점 등을 염두에 둔다면 당시의 조공을 진정한 노동자계급의 전위정당으로 인정할 수 없으며 이러한 임무와 역할을 담보

---

105) 박종린, 위의 글, 78쪽.
106) 박철규, 「1920년대 조선공산당의 조직적 전개와 활동 – 제3차 조선공산당을 중심으로 – 」, 『釜大史學』 제17집, 1993.6.
107) 박철규, 위의 글, 518쪽.

하려 했으나 실패했다고 평가한다.

조공 3차당과 관련하여 박철규는 파벌주의, 대중성 확보의 결여를 지적하면서 '진정한 노동자계급의 전위정당'으로 인정할 수 없음을 지적한다. 그러나 그가 말하는 전위정당은 혹시 노동자계급의 대표 또는 노동자계급 그 자체인 광범한 당이라는 개념이 아닌가. 일제의 억압적 상황 속에서 노동자계급 전체를 대표하는 광범한 대중정당은 불가능했다. 엄격한 규율, 효율성의 필요는 러시아에서 이미 직업적 혁명가의 개념을 고안해 내게 했다. 그러나 그것은 소수의 음모적 집단이 아니라 역사적으로 한정된 것일 뿐이었다.

# 4. 코민테른과 서울파 · ML파 조선공산당

## 1) 서울파의 전위당 조직

그동안 1920년대 국내 사회주의운동사 연구에서 서울파의 활동에 대한 연구는 거의 주목받지 못해왔다. 그러나 서울파는 화요파 조공과 동등하게 대중운동에서 영향력을 가지고 있었고 1920년대 전반기에는 오히려 압도적인 세력을 확보하고 있었다. 서울파에 대한 연구는 이달호에 의해서 처음으로 이루어졌다.108) 그는 서울파의 형성과 분열, '춘경원공산당'109)의 조직, 후계당조직 과정을 재구성하였

---

108) 이달호, 「1920년대 '서울파'사회주의운동의 조직활동과 노선」(한양대사학과 석사논문, 1990).

109) 고려공산동맹 이후 서울파의 전위당조직은 1927년 12월 춘경원이라는 요리집에서 결성되었다고 하여 춘경원공산당, 비정통파 조선공산당, 비이론파조선공산당, 신조선공산당이라고 불리워졌다. 화요 · ML파의 조선공산당과 구별하기 위한 것이지만 서울파 역시 1920년대 사회주의운동에서 독자적인 노선

다. 최근 한동민의 연구는 서울파의 내부 분열의 원인과 '신조선공산당'의 조직과정, 성격 그리고 서울파 당의 일본부인 '조선운동'그룹의 성격 등을 분석하였다.110) 여기에서 필자는 최근 연구성과를 검토하면서 몇가지 문제의식을 덧붙이고자 한다. 앞으로 1920년대 국내 사회주의운동에 대한 전체상을 파악하기 위해서는 서울파의 활동에 대한 더욱 구체적, 객관적연구가 이루어져야 할 것이다.

1920년대 사회주의운동에서 화요·ML파와 더불어 한 획을 그은 서울파의 역사는 1921년 1월 27일 서울청년회의 창립으로부터 비롯된다. 서울파의 김사국, 이영, 한신교 등은 조선청년회연합회 내111)에서 민족주의 세력과 대립을 벌이다가 서울청년회를 지지하는 18개 청년단체와 더불어 탈퇴하였다. 이들은 서울청년회내의 장덕수, 김명식, 오상근 등 민족주의계열을 제명하고 1923년 3월 24일 94개 단체 대표 154명, 개인참가 50여명의 출석으로 전조선청년당 대회를 개최한다.112)

서울청년회는 1924년 4월 21일 총 223개 단체의 대표와 6~7백여명이 참석한 가운데 조선청년총동맹은 창립총회를 개최하였다. 조선청년총동맹은 25명의 중앙집행위원 가운데 대부분이 서울청년회 출신

---

을 추구하면서 적극적으로 민족해방투쟁에 복무했던 사실을 볼 때, 이러한 명칭은 정정되어져야 한다고 생각된다. 필자는 이를 서울파 (전위)당 또는 서울파 '조선공산당'이라고 명명하였다.

110) 한동민, 「1920년대 후반 서울계 사회주의자들의 운동론-'신조선공산당'과 「조선운동」그룹을 중심으로-」(중앙대사학과 석사논문, 1996.5).

111) 조선청년회연합회의 성립과 활동, 분화에 대해서는 안건호, 「1920년대 전반기 조선청년회연합회에 관한 연구」(숭실대사학과 석사논문, 1993.6)(「조선청년연합회의 조직과 활동」, 『한국사연구』 88, 1995)을 참조할 수 있다.

112) 李江, 「조선청년운동의 사적 고찰」 중, 『현대평론』 제9호, 1927.10, 18쪽. 이강은 이 글에서 조선청년당대회의 개최를 "조선민중운동사상에 있지 못하던 조선청년운동의 계급적 진출의 제1막을 열게 되었다"고 평가하고 있다.

이었다. 조선노농총동맹에서도 상당한 토대를 구축한 서울파는 국내에
서 전위당을 건설하려는 계획을 하게 되었다. 1922년 10월 김사국을
책임비서로 하는 서울파의 전위당인 고려공산동맹이 건설되었다.113)

서울파의 전위당인 고려공산동맹의 조직상황과 활동에 대해서는
많은 연구가 있어야 할 것이다.114) 고려공산동맹은 1924년 12월 6
일 이영, 정백, 이정윤, 박형병, 한신교, 김영만, 이낙영, 최창익(최
창석) 등 50여명의 발기로 표면단체인 사회주의자동맹을 창립했다.
일제의 경찰자료는 "1924년 11월 25일 창립된 북풍회가 코민테른의
승인을 얻고자 대표를 파견하자 서울청년회는 사회주의자동맹을 만
들어 블라디보스톡 코민테른 극동총국에 대표를 파견하여 코민테른
의 승인을 얻고자 했으나 실패했다"115)고 전하고 있다. 이것은 서울
파가 국내에서는 처음으로 전위당을 만들고 코민테른의 승인을 받으
려고 했던 사실을 지적해주는 것이 아닌가 생각된다.

이후 서울파는 화요파의 전위당 건설계획이 진행되는 것을 감지

---

113) 함경남도, 「서울계공산당검거개황」 1930.7, 13~14쪽[방인후, 『북한 '조선노동
    당'의 형성과 발전』(고려대 아세아문제연구소, 1967), 25쪽]. 책임비서 김사국
    을 비롯하여 조직부 김사국, 선전통신부 이영, 교양부 김유인・정백, 청년부
    이정윤, 사회부 박형병, 노동부 이병의, 민족부 김영만, 연락부 이항발, 검사부
    강택진 등이 선출되었다. 또한 서울파 고려공산청년회는 책임비서로 이정윤,
    중앙간부에 임봉순, 장채극, 김병일, 조기승, 이인수 등을 선출하였다.

114) 아직 고려공산동맹에 대한 조직, 활동, 해체에 대한 구체적인 연구는 거의 없
    다. 그러나 일제 관헌 자료를 통해서도 고려공산동맹의 실체는 명확히 입증될
    수 있다. "… 당시 서울계에서도 별도로 공산당을 조직하려 했었다. 서울계는
    1924년 10월 김사국을 책임비서로 하여 중앙간부를 조직하고 각 도의 책임자
    를 결정했으나 코민테른의 신임을 얻지 못하고 마침내는 화요계의 조선공산
    당에 합류했다." 조선총독부 경무국, 「일제하 조선의 치안상황」, 1933(竝木眞
    人 외, 『1930년대 민족해방운동』(거름, 1984), 22쪽.

115) 경기도경찰부, 「치안개황」, 1925.5[이재화・한홍구 편, 『한국민족해방운동사
    자료총서』 2(경원문화사, 1988), 282쪽].


총론 − 1920년대 한국사회주의운동 연구현황과 과제

하면서 화요파가 1925년 1월 3일 북풍회, 조선노동당 등 150여명의 재경사회운동자간친회를 개최하자, 조선노동당을 통해 화요파에게 '전조선사회주의운동자대회'의 개최를 제안한다. 이어 1925년 1월 17일 전조선노동교육자대회 개최를 선언하고 화요파의 전조선민중운동자대회 계획에 맞서 1925년 3월 8일 서울청년회를 비롯한 11개 단체 23명으로 재경조선해방운동자 단체연합 간친회를 개최하면서 운동의 분위기를 고조시키며 선전작업을 수행한다. 1925년 4월 5일에는 232개 단체가 참가한 가운데 전조선민중운동자대회 반대단체 전국연합위원회를 계획한다. 4월 20일까지 총 451개의 단체들이 여기에 결합하게 되었다.116)

이러한 서울파의 노력은 결국 화요파에 의한 조선공산당의 결성으로 위축되고 말았다. 그러나 1925년 11월과 1926년 6월의 두차례에 걸친 화요파 조공에 대한 대대적인 검거는 서울파의 고려공산동맹이 조공에 들어가는 계기를 주었다.


## 2) 서울파의 내부 분화와 '3차당대회'

화요파 조공은 와해된 당조직을 복구하기 위하여 서울파와 당통합을 논의하였다. 그러나 1925년 11월 28일~12월 22일, 1926년 1월 27일~2월 20일, 1926년 5월 6~5월 16일까지 세차례에 걸친 양파간의 통일을 위한 회합은 끝내 결렬되었다. 첫번째 회합에는 고려공산동맹의 대표로 최창익과 정백이, 두번째 회합은 이영과 박형병이 세번째 회합은 이영과 이정윤이 참석하였다.117) 한편 1926년

---

116) 김창순·김준엽, 『한공사』 2, 236~255쪽.
117) 박종린, 위의 글, 47~49쪽.

3월 5일 혁명사 출신의 양명은 '분열된 운동선의 통일'을 위한 '레닌주의동맹'[118]에 서울파의 이정윤, 이인수, 이재하, 이계심, 정의식, 한명찬 등이 참여하였다.[119]

그러나 2차당의 책임비서 강달영이 1926년 3월 "작년(1925년 : 인용자) 국제당의 지령에 의해 본당에서는 분해정책을 실시한 바, 현재 확실히 서울청년회 내부를 양파로 분열할 수 있었다"[120]라고 코민테른에 보고한 내용과 강달영이 1926년 4월 상해연락부 김찬에게 보내는 편지에서 "서울청년회파에서는 김사국파와 분해운동이 奏效하여 개인입당자가 연일 속출한다"[121]는 내용을 종합해볼 때 두 분파의 당 통합논의가 진행되는 동시에 서울파의 일부는 조공에 가입하고 있었음을 확인할 수 있다. 그런데 여기에서 '25년 코민테른의 지령'의 내용이 무엇인지는 아직 확인할 수 없지만, 서울파 내부를 분열시키는 지령이 사실이라면 이것은 국제공산주의운동을 지도하는 참모부로서 많은 문제를 내포한 이중적인 방침이라고 생각할 수밖에 없다.[122]

화요파 조공은 1926년 6·10만세투쟁으로 또 한차례의 검거를 받고 괴멸적인 타격을 받는다. 그러나 1926년 8월 일월회의 안광천의 국내활동개시, 9월 김철수에 의한 당집행부서 정비 그리고 11월

---

118) 레닌주의동맹에 대해서는 앞절 「2차당대회와 당 통합문제」에서 언급하였다.

119) 「서울계공산당검거개황」, 1930.7, 34~35쪽(방인후, 위의 글, 37쪽).

120) 「報告書－思想運動ノ 狀況ト 黨ノ 影響」, 1926.3, 『朝鮮思想運動調査資料』第1輯, 1932, 31쪽.

121) 高等法院檢事局 思想部, 「朝鮮共産黨事件證據物寫」 2, 1932.12, 27~28쪽.

122) 한편으로 당대 당의 통합을 논의하면서 다른 한편으로 서울파를 분열시키는 전술을 취했다는 것, 그리고 화요파 당이 코민테른의 권위를 통해 서울파세력을 흡수하려고 했던 방식은 강령과 전술적 입장에 대한 기본적인 인식의 공유없이 세력을 확장하려 했던 기회주의적 조직노선이었다.

15일 일월회계의 「정우회선언」은 종래 조공의 '정통'인 화요파가 일월회계를 중심으로 하는 'ML파'로 대체되었다. 11월 16일 서울파 고려공산동맹의 일부가 조공에 가입하였다. 이것은 와해된 조공의 당세력을 확장시키는데 기여하였다.[123] 1926년 12월 6일 조공 2차당대회는 사실상 서울파의 전위조직인 고려공산동맹의 해체를 의미하였다.

1927년에 들어서도 서울파의 조공가입은 계속되었다. 이영은 1927년 4월에 박형병은 1927년 7월에 조공에 입당한다.[124] 이운혁도 1927년 7월경 안광천의 권유로 가입하고, 이정윤은 1927년 8월경 소련에 있을 때 양명의 권유로 가입하여 1928년 1월에 귀국한다.[125] 1928년 2월 2일 조공에 대한 세번째 검거('ML당사건')가 있었다. 당시 일제 관헌자료에는 50여명의 관련자가 기록되어 있는데 이 가운데 대략 18명이 서울파 출신이었고 일월회 출신은 7명에 불과하였다.[126] 이러한 사실은 '3차당'의 성격에 대한 근본적인 재평가를 요구한다.

---

123) 「조선공산당 제2차 당대회 보고서」 1926.12.6.

124) 강만길·성대경 편, 『한국사회주의운동인명사전』(창작과 비평사, 1996), 218·350쪽. 26년 2월 26일 조공 3차중앙집행위원회에서 이미 이영과 박형병의 개인가입 여부가 토의되었다(경성지방법원검사국, 「제2차조선공산당사건 검거에 관한 보고철」, 1926; 김준엽·김창순, 『한국공산주의운동사』 자료 Ⅱ, 99쪽).

125) 한동민, 위의 글, 14~15쪽.

126) 50명 가운데 김준연, 최창익, 정백, 이정윤, 강철, 김창수, 도정호, 김철, 김강(니콜라이), 조기승, 김병일, 송영섭, 김병수, 김재명, 강대홍, 이낙영, 한명찬, 이인수 등은 서울청년회 또는 고려공산동맹에서 활동하였다. 일월회 출신인 안광천, 하필원, 송언필, 김세연, 온낙중, 김영식, 김광수 등과 혁명사의 양명, 화요파의 고광수, 상해파의 김철수를 제외한 나머지 22명 중에서도 상당수가 서울파와 긴밀한 관계를 가지고 있었을 것으로 추정된다(京城地方法院檢事局, 「第三次朝鮮共産黨·高麗共産靑年會事件檢擧ノ件」, 1928.3, 5~14쪽).

한편 1927년 9월 이영, 이운혁 등 서울파 세력은 조공을 탈퇴하고 서울파만의 독자적인당대회를 계획한다. 마침내 1927년 12월 20~22일 서울파는 '3차당대회'를 개최하였다. 서울파의 당대회에 참석한 각 도별 대표는 다음과 같다. 경성 이병의, 전남 서태석, 경남 강대홍, 함남 장기욱, 함북 이운혁, 강원 함연호, 평안 염영화, 충청 정학원 등이다. 대회에서는 책임비서 및 정치부장 이영, 정치부원 이운혁·박형병, 조직부장 홍도, 조직부원 이낙영·이병의, 선전부장 한상희, 선전부원 서태석 등이 선출되었다.127) 대회는 김영만을 모스크바로 파견하였다.

김영만은 1928년 3월 6일 코민테른집행위원회 정치서기국에 서울파의 3차당대회의 합법성을 인정할 것을 요구하였다. 그는 "그들 (안광천 등 ML파)의 지지자들은 전체 당원의 10% 미만에 불과했다; 13개의 도당과 지방부국 중에서 두개만이 그들 편이었고; 50개의 당 야체이카 가운데 3개만이 그들 편이다. 그들은 공산당 프락치 속에서 자신의 대표자들을 갖지 못하며, 3개의 조선 노동, 농민, 청년 총동맹 중앙집행위원회에도 그들의 대표를 갖지 못하고 있다."128) 고 하면서 ML파에 대한 서울파의 조직적 우위를 강조했다. 또한 그는 안광천 그룹을 '조선 트로츠키-후꾸모도파의 좌익사상으로 은폐된 우익기회주의적 투항정책'으로 비판하면서 이에 대한 근거로 그들이 1927년 코민테른집행위원회의 조선문제에 대한 「4월 결정」을 위반하였음을 지적하고 있다.129)

---

127) 경성지방법원검사국, 「사상사건기소장결정판결사철」, 1932년 刑公 제1244호, 80~83쪽(김준엽·김창순, 『한공사』 3권, 313쪽에서 재인용).

128) 김영만, 「코민테른집행위원회 정치서기국에게 보내는 신고서」, 1928.3.6.

129) 김영만, 「코민테른집행위원회 정치서기국에게 보내는 신고서」, 1928.3.6. 그러나 여기서 김영만이 후쿠모도주의를 트로츠키주의와 동일시하는 것은 전혀

한동민은 1927년 「4월 결정」이 김철수가 코민테른으로부터 가져온 "'11개조 지령'을 뜻하는 것 같다"[130]고 하였다. 샤브시나의 『조선공산주의운동사』에서 인용된 코민테른의 「4월 결정」의 내용은 분명히 '11개조 지령'의 내용과 동일하였다. 코민테른은 「4월 결정」을 통해 조선에서 통일전선의 필요성을 강조하였다. 또한 고려공산동맹과의 통합을 「코민테른 결정서」에 의한 일보전진으로 평가하고 있다.[131] 또한 김영만이 지적하는 '1926년과 1927년에 조선문제에 대한 두가지의 기본결정'[132]은 바로 1926년 3월 31일 「조선문제에 관한 코민테른 상임집행위원회의 결정」[133]과 1927년 「4월 결정」을 의미하는 것이었다.

그러면 서울파의 일부가 조공에서 탈퇴하여 독자적으로 '3차당대회'를 개최한 이유는 무엇일까? 1927년 7월경 김철수를 통해 국내에 전달된 「4월 결정」은 서울파를 고무시켰다. 또한 코민테른의 일본공산당 재건 방침인 1927년 7월의 「일본문제에 관한 결의」(「27년테제」)에서 산천균주의와 복본주의를 각각 '청산주의'와 '섹트주의'로 비판한 점[134], 이것은 서울파에게 '안광천그룹'을 복본주의(후

잘못된 인식이다. 이것은 당시 스탈린 – 부하린 지도부가 트로츠키의 좌익반대파를 당내에서 축출하면서 전일적 권위를 행하고 있었던 당시의 분위기를 반영하는 것이다. 이에 대해서는 다른 지면을 통해서 논구되어야 할 것이다.

130) 한동민, 앞의 글, 27쪽.

131) Шабшина Ф. и., 위의 글, 131쪽. '11개조지령'의 내용은 「秘密結社朝鮮共産黨 及 高麗共産靑年會事件 第三次檢擧狀況」, 1928.3, 164~165쪽에 실려있다.

132) 김영만, 위의 글, 156쪽.

133) 1926년 3월의 「코민테른 결정서」는 통일적인 민족혁명전선의 창립을 기본과제로 제시하였다. 그리고 화요파의 조공을 승인하면서 서울청년회, 북풍회, 조선노동당 내에 존재하는 3개의 '콤그룹'을 동시에 승인하였다(Шабшина Ф. и., 위의 글, 109쪽. 「秘密結社朝鮮共産黨 及 高麗共産靑年會事件 第三次檢擧狀況」, 1928.3, 154쪽).

쿠모도주의)로 비판하는 주요한 근거가 되었다. 이러한 코민테른의 방침전환은 이영 등의 서울파가 조공에서 탈퇴하여 독자적인 조공 당대회를 조직하여 코민테른의 승인을 얻고자하는 이론적 근거를 주었던 것이다. 그러나 코민테른은 서울파를 승인하지 않았다.

이러한 복잡한 과정 속에서 서울파는 내부 분화를 겪게 되었다. 1926년 3월 레닌주의동맹에 참여하는 서울파의 일부세력('서울신파')과 이영을 비롯하여 1927년 4월 무렵 조공에 참여했다고 1927년 12월 서울파의 독자적인 당대회를 개최하여 코민테른의 승인을 얻고자하는 세력, 그리고 처음부터 끝까지 조공과의 통합을 거부하고 서울파를 유지하려했던 세력 등 세가지로 분화되고 말았다.135) 두번째와 세번째 세력은 서울구파로 불리워지는데 이들이 분화되는 이유는 통일전선의 성격과 당과의 관계문제를 둘러싼 견해의 차이에서 비롯되는 것같다. 당시 국내는 통일전선의 성격과 위상을 둘러싸고 각 분파간의 격렬한 논쟁이 벌어지고 있었다. 조공의 신간회가 성립되었지만 서울파의 세번째 분파는 조선사회단체중앙협의회의 상설론을 제기하면서 조공의 전술에 투쟁하였다. 이들은 진정한 의미에서 서울파라고 할 수 있을 것이다. 상설론을 주장한 박원희, 이

---

134) 小山弘健, 한상구·조경란역, 『일본 마르크스주의사 개설』(이론과 실천, 1991), 84~87쪽; 立花隆, 박충석역, 『일본공산당사』(고려원, 1985), 100~124쪽.

135) 한동민은 서울파를 4개의 경향으로 세분하였다. ① 조공과 합동을 반대하며 서울계당의 고수를 주장하는 서울계 고수파(김사국, 박원희, 한신교, 이항발, 김유인) ② 26년 초반 조공에 참여하는 신파로 완전히 서울계라는 파벌의식을 탈각시킨 인물들로 ML화되는 부류(한명찬, 이계심, 박태선) ③ 26년 초반 조공에 참가하는 사람들로서 다시 27년 신조선공산당을 조직하는 신조선공산당파(이영, 권태석, 김영만, 허일) ④ 27년 중반에 조공에 가입하면서 신조선공산당에 참가하지 않고 4차당에 잔류하는 부류(정백, 이정윤, 최창익)(한동민, 위의 글, 19쪽). 그의 이러한 분류는 필자의 생각과도 상당히 일치한다. 단지 ②와 ④를 다시 나누는 것에 대한 조직적, 사상적 근거가 필요할 것 같다.


총론 - 1920년대 한국사회주의운동 연구현황과 과제

항발, 한신교, 임봉순 등은 서울파의 '3차당대회'에도 참여하지 않고 비타협적인 노선을 걸었다. 이들에 대한 더욱 진전된 연구가 이루어져야 할 것이다.

## 3) 조선공산당 3차당대회와 정치노선

조공은 1928년 2월 27~28일 마지막 당대회였던 3차당대회를 통해 규약을 개정하고 「코민테른 결정서」를 토의했다. 「코민테른 결정서」는 1928년 1월 상해국제위원회으로부터 이정윤이 받은 것으로 파벌청산, 당을 노동자출신으로 강화할 것, 공장, 광산, 철도 등에 당세포를 조직할 것, 산별노조의 조직, 신간회를 프롤레타리아트의 요소로서 형성할 것 등을 지시했다. 조공은 「결정서」 가운데 '파벌청산문제'에 대해서는 코민테른의 지시를 거부하고 "조선에서의 파쟁은 1927년 상반기 이후는 완전히 소멸되어 현재의 소당파는 전혀 비공산주의단체이므로 평화수단에 의한 해결의 필요를 인정하지 않는다"라고 수정하여 가결했다.[136] 대회는 전형위원으로 이경호, 정백, 이정윤을 선정했다. 이들은 「결정서」에 따라 노동자출신 차금봉을 책임비서, 안광천을 정치부장, 김한경을 조직부장으로 하는 4차당을 조직 인선했다.

또한 대회는 코민테른에 보내는 보고서인 「국내정세에 관한 보고서」(「논강」)[137]를 토의하고 승인했다. 「보고서」는 29개항으로 구성되어 당시 조선의 정세분석과 혁명의 성격, 투쟁슬로건 등을 담고 있

---

136) 「秘密結社朝鮮共産黨竝高麗共産靑年會事件 檢擧ノ件」, 『현대사자료』 29, 1928. 10, 80·118~120쪽.

137) 「秘密結社朝鮮共産黨竝高麗共産靑年會事件 檢擧ノ件」, 같은 글, 1928.10, 126~ 133쪽.



1920년대 한국사회주의운동연구

는 강령적 성격을 띠고 있다. 「보고서」 7항의 "조선의 노농계급은 기억해야 한다. … 중국혁명은 위대한 교훈이고, 국민당은 그 좋은 예이다. 곧 부르조아지와 부르조아 인텔리켄차는 매우 신뢰하기 어려운 동맹자이며 그들은 혁명운동의 결정적 순간에 이르러 이를 배반하는 자이다. 그러나 그것은 대중의 광범한 집단이 이 운동에 참가하고 사실상 혁명적 전술이 성립한 그때의 일이다!" 라는 부분은 1927년 장개석의 4·12 쿠테타로 인한 코민테른의 민족부르조아지, 즉 국민당에 대한 입장의 변화를 당시 조공도 그대로 수용하고 있음을 확인할 수가 있다.

1928년 3월 조공은 중앙집행위원회에서 「조선민족해방운동 관한 테제」(「정치논강」)138)를 채택한다. 이 테제는 안광천이 기초한 것으로 당시 조선의 혁명의 성격을 부르주아민주주의혁명으로 파악하고 있다. 또한 통일전선139)의 위상에 대한 당시 서울파의 이항발의 견해를 '좌익소아병적 견해'로 권태석과 장일성(신일용)의 견해를 '청산주의적 견해'로 비판하고 있다. 이 테제에서는 "조선의 장래 권력형태는 조선사회의 정세에 기초한 혁명적 인민공화국이어야 한다. 조선에 소비에트공화국을 건설하는 것은 좌익소아병적 견해이고 부르주아공화국을 건설하는 것은 우경적 견해"라고 하면서 "조선의 장래 권력 조직은 조

---

138) 임영태 편, 「민족해방운동에 관한 논강(테제)」, 위의 글, 347~355쪽.

139) 반제통일전선체로서 신간회의 창립과 통일전선의 위상을 놓고 전개된 논쟁을 정리한 글로서 다음의 글들이 있다. 이현주, 「신간회에 참여한 사회주의자들의 운동론 ─ ML당계를 중심으로」, 『한국민족운동사연구』 4, 1989; 윤종일, 「1920년대 민족협동전선을 둘러싼 사회주의자들의 제논쟁 검토」, 『경희사학』 16·17집, 1990.12; 김승, 「신간회 위상을 둘러싼 '양당론'·'청산론' 논쟁연구」, 『釜大史學』 제17집, 1993.6; 한상구, 「1926~1928년 신간회의 민족협동전선론」(서울대국사학과 석사논문, 1993.8); 김형국, 「1920년대 식민지 조선의 사회운동론과 '청산론'」, 『淸溪史學』 10, 1993.12.

선사회의 실정에 기초한 혁명적 인민공화국에 있어야 한다"고 '인민공화국'을 권력형태로 상정하고 있다. 이는 2월의 당대회에서 채택한 「보고서」의 9항에서 "현재 광범한 프롤레타리아계급의 앞에 소비에트공화국을 건설하는 것은 불가능하다. 따라서 시민적 공화국을 건설하는 것도 불가능하다. 투쟁은 노농대중의 민주주의적 집권자를 갖는 인민공화국을 위한 것이어야 한다."140)와 일맥상통하는 것이다.

그러면 여기서 언급하고 있는 '(혁명적)인민공화국'이란 구체적으로 어떠한 정치적 내용을 갖는 것일까? 조공의 「보고서」 10항에는 "조직적 국민회의는 보통선거권 위에 소집되어야 한다. 각도에서도 각각의 방법으로 도인민회의가 선출되어야 한다. 각촌에서는 농민 및 소작인으로 이루어진 농민소비에트가 선출되어야 한다"141)는 부분이 있다. 우동수는 이 내용을 "보통선거에 기초한 대표기관과 생산지역을 중심으로 조직되는 소비에트를 기반으로 성립하는 국가"142)인 혁명적 인민공화국으로 파악한다. 그는 "이것은 부르주아지의 정치참여를 현실적으로 인정하면서 농촌소비에트를 통해 그들을 견제하고자 한 것 … 이 방침은 부르조아지, 소부르주아지 상층을 민족해방운동 속으로 적극적으로 포섭하기 위한 고려에서 나온 것"이었고 "결국 조선공산당이 상정한 혁명적 인민공화국은 노농소비

---

140) 「秘密結社朝鮮共產黨竝高麗共產靑年會事件 檢擧ノ件」, 같은 글, 1928.10, 132쪽.

141) 「秘密結社朝鮮共產黨竝高麗共產靑年會事件 檢擧ノ件」, 같은 글, 1928.10, 132쪽.

142) 우동수, 「1920년대말~1930년대 한국사회주의자들의 신국가건설론」, 『한국사연구』 72, 1991.3, 106쪽. 그런데 「보고서」 10항은 "민족해방운동 소위 자치운동을 적극적으로 반대하지 않으면 안된다"라는 자치운동파에 대한 반대로부터 시작되고 있음을 볼 때 이 항을 소비에트국가에 대한 내용으로 직접 연결시키는 것은 무리가 있다. 일제와 민족주의 우파의 자치운동에 대한 조공의 직접민주주의에 대한 인식이 반영된 것으로 파악할 수 있겠다.

에트국가를 현단계에서 건설하는 것은 현실성이 없다는 인식하에서 노농소비에트국가의 전단계로 설정된 과도적 중간정부"143)였다고 해석한다.

임경석은 우동수의 견해는 1935년 코민테른 7차대회 이후 제기된 '인민공화국'슬로건에 대한 설명으로는 타당하지만 당시 정황으로는 설득력이 없다고 하면서 당시 조공은 "민주주의 혁명강령에 입각해 있었고 4대계급의 동맹에 기초한 통일전선전술을 취하고 있었으며, 나아가 통일전선에서 프롤레타리아 헤게모니의 직접적 전취를 주장한 점 등을 고려할 때", 혁명적 인민공화국이란 "노농민주독재의 국가형태로서 제시된 것"144)이라고 말한다. 또한 그는 조공의 이와 같은 '통일전선정권론'이 1928년 「12월테제」 이후 3계급동맹에 기초한 '소비에트슬로건'으로 변화했고 이것은 "종전의 민족통일전선 정책을 사실상 폐기하고 민족주의 고립화론을 채택케하는 역할을 했다"145)고 한다.

김승에 따르면 「정치논강」을 기초한 안광천은 코민테른 제8차 확대집행위의 「중국문제에 관한 결의」(1927년 5월 30일)에 의거하여 '혁명적 인민공화국'을 중국의 무한정부와 같은 권력형태를 상정했다고 한다. 그는 「중국문제에 관한 결의」에서 "무한정부를 소비에트로 이행해 가는 과정에서 일반민주주의 개혁을 단행하는 과도단계의 권력형태로 파악"하였고, 따라서 "'혁명적 인민공화국'역시 노농소비에트로 이행하기 위한 전단계의 전술적 권력형태였다"고 파악하고 있다.146)

---

143) 우동수, 위의 글, 106~107쪽.

144) 임경석, 「일제하 공산주의자들의 국가건설론」, 『大東文化硏究』 제27집, 1992, 217쪽.

145) 임경석, 위의 글, 218~219쪽.

　　또한 서중석은 인민공화국의 성격을 "보통선거에 의해 국민회의
－도인민회의－농민소비에트의 실현을 주장한 것으로 보아 중앙정부
형태는 부르주아민주공화국에 가깝고, 지방정권은 인민위원회 또는
소비에트에 가까운 것"147)으로 '절충적인 성격'을 띠고 있다고 파악
한다. 인민공화국의 정치적 내용에 대한 여러 연구자들의 분석은 각
각 '사실'에 대한 一端을 말해주고 있다. 그러나 이에 대한 평가는 전
혀 다른 내용을 가질 수가 있다.

　　먼저 우동수와 김승이 노농소비에트의 과도단계로서 상정하고 있
는 '중간정부'와 '전술적 권력형태'는 부르주아혁명에서 사회주의혁명
으로 성장전화한다는 2단계혁명론에서 말하는 부르주아민주주의혁명
의 과정과 어떤 차이가 있을까?

　　소비에트정부의 수립과 시민적 부르주아정부의 수립을 각각 좌,
우편향으로 비판하면서 조공이 권력형태로서 제기한 인민공화국은
아마도 프롤레타리아독재와 부르주아권력의 중간적 형태로서 '노농의
혁명적 민주주의적 독재'를 상정하는 것 같다. 그러나 역사적으로 혁
명의 과정은 중간적 과정, 즉 제3의 길을 허용하지 않았다. 부르주아
독재인가, 프롤레타리아독재인가 하는 두가지 길만이 있을 뿐이다.
따라서 '노농의 혁명적 민주주의적 독재'라는 슬로건은 화합될 수 없
는 두가지 길을 절충하려고 했던 시도였다. 당시 「정치논강」의 내용
을 볼 때 조공은 결국 부르주아민주주의적 과제를 제시하였다. 그리
고 부르주아민주주의혁명(1단계)의 과정을 거친후에 사회주의혁명(2
단계)으로 순차적으로 발전한다는 단계적 과정으로 인식하였다. 이러
한 2단계혁명론은 당시 코민테른과 조선의 사회주의자들에게는 '철의

---

146) 김승, 위의 글, 558쪽.
147) 서중석, 「해방후 주요 정치세력의 국가건설방안」, 『大東文化硏究』 제27집,
　　　1992, 234~235쪽.

원칙'이었다.

그러나 부르주아 민주주의혁명의 기본적인 과제, 조공의 슬로건에서도 제기되어 있는 토지혁명을 비롯한 노동자와 농민의 기본적 권리보장 등의 해결은 그것의 완수와 동시에 연속적인 혁명의 과정을 수반하게 된다. 또한 부르조아민주주의적 과제의 완성은 사회주의혁명의 과정 속에서 완수될 수 있는 것이었다. 조공이 제시한 프롤레타리아독재의 과도기로서 '노농의 혁명적 민주주의적 독재'와 그것의 권력형태로서 '인민공화국'은 결국 역사적으로 부르주아 혁명의 틀속에 혁명을 가둬두는 것이고 사회주의로의 이행에 만리장성을 쌓는 것일 뿐이었다.

노동계급이 농민의 지지를 받아 권력을 장악하면 그 권력은 부르주아혁명에 머무는 것이 아니라 프롤레타리아 독재를 수립하는 사회주의혁명으로 나아갈 수밖에 없다. 프롤레타리아 독재와 대립되는 민주주의독재의 이론은 결국 정치에 환상과 허구를 끌어들이고 동양의 프롤레타리아의 권력장악투쟁을 마비시키며 식민지 혁명의 승리를 속박하게 되는 것이다. 1925~1927년 중국혁명의 과정은 이러한 과정을 비극적으로 증명하였다.[148]


## 4) 조선공산당의 해체와 코민테른의 「12월테제」

4차조공은 1928년 7월부터 10월에 이르기 가지 계속적인 일제의 검거로 책임비서 차금봉이 구속되는 등 조직이 와해되었고 코민테

---

148) 트로츠키, 위의 글, 291쪽; 던컨 핼러스, 『우리가 알아야 할 코민테른의 역사』 (책갈피, 1994), 173~179쪽; Isaacs, *The Tragedy of the chinese Revolution*(New York, 1968).

른의 「12월테제」의 지침에 따라 노동자와 빈농에 기초한 당 재건운
동으로 나아가게 된다.

水野直樹는 코민테른의 1차～7차 대회에 참가한 조선인 사회주의
자와 그들의 조직을 분석하고 각 시기 조선의 혁명노선과 코민테른의
관련을 분석하면서 「12월테제」 채택 이전인 1928년 11월경 코민테
른 집행위원회의 「조선공산당조직문제에 대한결정」(이하 「결정」으로
줄임)149)에서 이미 6차대회의 코민테른 지부승인을 취소하는 결정
이 내려졌다고 언급한다.150) 코민테른의 「결정」에 대해 무라다(村
田)는 "이 결정은 때때로 코민테른이 조선공산당의 승인을 취소한 문
서처럼 해석되어 왔지만, 그렇지 않은 것은 제6회 대회가 명시적으로
조선공산당을 지부로서 승인하고 있는 것으로도 명확하다. 서로 싸우
는 분파의 누구도 당의 대표로서 인정할 수 없다는 것을 서술하여 당
의 통일의 조급한 실현을 요구한 것에 다름아니다"151) 라고 코민테
른의 입장을 변호론적으로 해석하고 있다.

한편 김인덕은 「결정」에서 "조선의 어느 공산주의자 그룹도 국제
당 지부로 승인 할 수 없다"는 내용은 분명히 "조공을 해산시킨 지부
승인 취소의 내용이었다"라고 평가한다. 그는 이어서 코민테른의 「12
월테제」는 조선공산주의운동에서 파벌적요소의 잔존, 조직구성에서
지식계급, 학생중심의 편향, 주의자의 조직활동의 불철저성을 지적한
점에서 올바르지만 당시 조선의 정세에 부합하지 않는 편향을 범했다
고 평가하고 있다.152)

---

149) 코민테른집행위원회, 「조선공산당 조직문제에 대한 결정」, 1928.11, 村田陽一
　　　편, 『코민테른자료집』 제4권(대월서점, 1981), 486쪽.
150) 水野直樹, 「코민테른과 조선」, 위의 글, 338쪽.
151) 村田陽一, 위의 글, 608쪽.
152) 김인덕, 「조선공산당의 투쟁과 해산」, 위의 글, 79～81쪽.

이균영은「코민테른 강령」153)과 코민테른 6차대회에서 쿠시넨이 기초한「식민지반식민지국가의 혁명운동에 관한 테제」,「12월테제」,「9월테제」등을 분석하면서 "26년 4월 코민테른 간부회의에서 점정적으로 가입을 승인받았던 조공은 제6회 대회에서 정식 코민테른 지부로 승인되었"고「결정」역시 조공의 승인취소를 결정한 문서는 아니었다고 해석한다.154) 또한 그는「12월테제」는 "조공의 승인을 취소하거나 해체를 지시한 것이 아니라 … (이를) 전제로 한 조공의 재건지침이었다"155)고 말한다.「12월테제」는 명시적으로 조공의 해체를 지시하지는 않았다. 그러나 코민테른이 제시한 노동자·농민에 기초한 당재건의 과제는 조선의 사회주의자들에게는 과도한 요구였다. 따라서 많은 조선의 사회주의자들에게 이것은 실질적인 조공의 해체지침으로 받아들여졌다. 이후 코민테른의 일국일당주의에 따라 30년 3월에 조공의 만주총국156)이 31년 10월에 일본총국157)이 각각 해

---

153)「코민테른 강령」의 제1차초안은 1922년 4차대회에서 부하린에 의해 제출되었다. 이밖에도 독일공산당, 불가리아공산당, 이탈리아공산당에서도 초안이 제출되었고 대회는 강령채택에 신중을 기하기 위해 강령위원회를 구성하고 최종결정을 5차대회에서 내리기로 하지만 24년 5차대회에서 다시 연기되어 4년 후인 28년 6차대회에서는 주로 부하린이 기초한 2차초안이 그와 스탈린의 이름으로 제출되어 만장일치로 채택되었다.「코민테른강령」에서 스탈린과 부하린의 오류에 대해서는 트로츠키, 對馬忠行 역,『레닌사후의 제3인터내셔널』(現代思潮社, 1957)를 참조할 수 있다. 또한 코민테른의 중요대회와 회의에 대한 객관적인 자료로서는 Jane Degras 편, 荒畑寒村 외역,『コミンテルン・ドキュメント』Ⅰ~Ⅲ(1919~1943), 현대사조사, 1977을 참조할 수 있다.

154) 이균영,「코민테른 제6회대회와 식민지 조선의 민족문제」,『역사와 현실』7호, 1992, 312~314쪽.

155) 이균영, 위의 글, 316쪽.

156) 만주총국과 만주지역의 조선인 사회주의운동에 대해서는 다음의 글이 있다. 신주백,「만주지역 한인의 민족운동 연구(1925~1940) – 민족주의 및 사회주의 계열의 동향과 통일과정을 중심으로 – 」(성대사학과 박사논문, 1995.10).

157) 조선공산당 일본총국과 재일본 조선인 사회주의운동에 대해서는 다음의 논문

체되었다.

「12월테제」의 내용 해석은 코민테른 6차대회의 전체적 기조, 즉 자본주의의 전반적 위기테제라는 낙관적 정세론과 사민주의를 사회파시스트로 규정하는 당시 스탈린주의화 된 코민테른에 대한 정확한 이해 속에서 가능할 것이다.[158]

# 5. 맺음말

이 글은 1920년대 한국공산주의운동사를 최근 연구 성과를 바탕으로 하여 필자의 문제의식을 보충하는 방식으로 재구성한 것이다. 글을 맺으며 1920년대 조선공산주의운동사 연구가 지니는 긍적적 의미와 필자가 생각하는 최근 연구에서 나타나는 몇가지 문제점을 지적하면서 이를 통해 향후 사회주의운동사 연구의 몇가지 과제를 제시하고자 한다. 또한 이러한 과제에 선행하여 최근 '현존사회주의'의 몰락이라는 국면이 과거 사회주의운동의 역사를 바라보는 관점에 어떠한 영향을 미치고 있는가 하는 점을 언급하여야 할 것이다. 과거 사회주의운동이 '현존사회주의'의 몰락과 무관하지 않고 연속적인 과정의 일부분이라고 한다면, 과거를 규정하고 있는 현실의 문제와 현실을 규정해온 과거에 대해 연구자 나름의 입장(견해, 분석의 틀)을 확정하

---

을 참조할 수 있다. 김인덕, 『재일조선인 민족해방운동연구 – 1925~1931년 시기 사회주의운동을 중심으로 – 』(성대사학과 박사논문, 1995.10).

158) 초기 코민테른과 24년 5차대회 이후 스탈린주의화되기 시작하는 코민테른의 오류에 대한 비판적 연구로서 다음의 글을 참조할 수 있다. 최규진, 「코민테른의 스탈린주의와 우리나라 사회주의운동의 '좌·우편향'」, 『역사연구』 3호, 1994.7.

고자 하는 노력이 따라야 할 것이다. 이러한 연구자의 문제의식이 투영되지 않는다면 역사연구는 과거의 사실에 대한 복원 이상의 의미를 갖기 어려울 것이다.

따라서 필자는 이러한 문제의식 속에서 '현존사회주의'몰락에 대한 몇몇 견해들을 정리하면서 향후 사회주의운동사 연구의 방향과 몇 가지 과제들을 제기하고자 한다. 90년대 들어 '현존사회주의'의 몰락이라는 국면은 자본주의 모순의 변혁적 지양으로서 사회주의에 대한 본질적인 의문을 제기하게 되었다. 국내 학계에서 그 모습은 대체로 세가지 경향을 띠면서 오늘날 한국사회에 대한 그 나름의 대안적 전망을 제시하고 있다.

첫째는 '라끌라우와 무페의 담화이론에 대한 비판적 정정을 통해 포스트맑스주의와 급진적 민주주의론의 발전을 의도하는' 경향이다.159) 둘째는 프랑스 공산당의 이론가이면서 맑스주의 철학자인 알뛰세르의 이론을 국내에 소개하면서 그가 말한 '맑스주의의 위기' 속에서 맑스주의를 '전화'시키고자하는 경향이다.160)

---

159) 이병천, 「민주주의론의 새로운 발전을 위하여 - 프롤레타리아 독재론을 비판한다-」, 『창작과 비평』, 1992년 봄, 403~410쪽. 이에 따르면 "현존사회주의의 붕괴는 왜곡된 프로독재론이 아니라, 본래의 프로독재론 그 자체의 파산을 의미하는 것이다." 또한 이 경향은 '전위당이론'을 계몽된 전위만이 역사의 근원적 운동법칙, 공산주의로의 필연적 운동법칙과 방도를 알 수 있고 또 그 길로 이끌 수 있다는 관념적·폐쇄적 확신이라고 비판하면서 여기서 전위당 독재, 좌익전체주의의 싹이 잉태된다고 한다.

160) 윤소영, 「알뛰세르를 다시 읽으며 '마르크스주의의 위기'를 생각한다」, 『이론』 1, 1992년 여름, 44~62쪽. 그는 '맑스주의의 위기'는 그 근원이 '맑스의 맑스주의의 모순'으로까지 필연적으로 소급될 수밖에 없고 따라서 맑스 사상의 난점과 공백의 재정립을 통해 현실운동에 개입한다는 것이다. 이 경향은 80년대 논쟁의 이데올로기적 지반에 대한 회고 속에서 신식민지국가독점자본주의/ 민중민주주의(PD)론이 북한의 '혁명전통론'의 오류에 대한 비판적 정정의 의미를 가질 수 있다고 하면서, 민중민주주의론의 역사적 운명

마지막으로 '현존사회주의'를 노동자계급에 대한 관료적 국가자본
가의 독재기구인 국가자본주의로 파악하면서 그것의 붕괴는 사회주
의의 부활도 아닌 자본주의의 재편성에 불과하다고 보는 견해이
다.161) 한국사회의 변혁과 전망에 대한 다양한 견해는 대체로 위에
서 언급한 세가지 경향으로 정리할 수 있다.162)

마지막 경향은 과거 사회주의역사 속에서 스탈린주의가 지배하던
시기가 진정한 노동자계급이 해방된 국가가 아닌 관료적 국가자본의
독재시기로서 파악하면서 대체로 1924년 이전까지만이 진정한 사회
주의 정치를 실현한 시기로 파악한다. 이러한 견해는 스탈린주의의
문제, '현존사회주의'에 대한 평가 등에서 광범한 반론을 불러일으키
기도 하지만 오늘날 사회주의 문제에 대한 가장 설득력있는 해석이

---

은 현 정세 속에서 '맑스주의의 위기'에 대한 비판적 대안을 제시할 수 있는
가의 여부에 달려 있다고 관조적으로 말하고 있다.

161) 정성진, 「다시 '10월'로」, 『창작과 비평』 1992년 봄, 88~97쪽. 이에 따르면 '현
존사회주의'=스탈린주의 체제의 붕괴는 '맑스주의의 위기'가 아니라 스탈린
주의에 의해 압살된 혁명적 맑스주의의 전통이 재생하는 계기이다. 스탈린주
의는 노동자계급의 착취와 억압을 변호하고 은폐하는 관료적 국가 부르조아
지의 지배이데올로기이며 맑스주의와 무연한 것이다. 또한 진정한 사회주의
란 "자본주의하에서 분리된 노동자와 생산수단의 한층 고차적 수준에서의 결
합, 생산수단에 대한 노동자계급의 밑으로부터의 민주적 통제를 기본으로 하
는 자유로운 생산자의 연합체"이며 그것의 역사적 가능성은 1871년 빠리꼬뮌
과 1905년, 1917년 러시아 혁명시기의 소비에트에서 발견될 수 있다는 것이다.

162) 첫번째 경향은 과거 사회주의운동 전체를 전위당 노선의 폐해라는 부정적 결
과로 평가하면서 그 가운데 레닌주의(·맑스주의)와 스탈린주의의 엄격한 구
별을 하지 못하고 그 차별성을 동일시하여 결국 '맑스주의'라는 이름으로 자
본주의에 투항하는 부정적 결과를 초래하게 된다. 두번째 경향은 맑스주의에
대한 발본적 문제를 제기하면서 운동에 대한 근본적 인식론적 지반을 넓혀주
었다는 점에서 긍정적일 수 있지만, 향후 전망의 부재, 모호함 그리고 구체적
현실에 대한 맑스주의적 분석보다는 점차 사변화되어 관념론으로 흐를 우려
를 주고 있다.


1920년대 한국사회주의운동연구

아닌가 생각된다.

그러나 이러한 관점을 수용하는 것이 반드시 과거 존재했던 혁명운동의 역사와 경험을 모두 스탈린주의라고 치부하여 무위로 돌리는 것은 아니라고 생각한다. 필자는 이러한 관점 속에서 향후 사회주의운동사 연구 방향과 관련된 몇가지 과제를 제시하고자 한다.

첫째, 맑스주의와 레닌주의라는 이름으로 국제노동자운동을 가로막았던 그리하여 1920년대 중반 이후 소련의 대외정책의 수단으로 전락된 코민테른과 그 지도부의 잘못된 사상 그리고 그것이 식민지 조선에 미쳤던 해악적 영향에 대한 올바른 검증을 통해 당시 운동에서 '산 것과 죽은 것'이 무엇이었는가를 밝혀야 할 것이다. 이를 위해서는 각국의 운동사를 규정해온 코민테른의 전체 역사와 코민테른에서 토의, 결정된 각종 자료에 대한 천착이 필요할 것이다. 이러한 문제와 관련해서 코민테른이 서울파의 전위당에 대해 모호한 태도를 취했던 이유, 서울파의 '3차당대회'에 대한 코민테른의 입장과 코민테른 내부에서의 입장의 대립 등이 더욱 명확하게 밝혀져야 할 것이다. 코민테른집행위원회의 조선문제에 대한 인식과 정치적 태도는 세계혁명운동사, 특히 중국과 일본문제에 대한 코민테른 테제의 비교연구를 통해 더욱 명확히 해명될 수 있을 것이다.

둘째, 정치투쟁은 언제나 경제투쟁에 따르고 따라서 정치의식은 경제투쟁으로부터 유기적으로 성장할 것이라는 경제주의자들은 레닌이 자발적 요소를 과소평가하고 의식을 과대평가한다고 주장했다. 그러나 노동자들의 자발적 열기가 중요하지 않은 것이 아니다. 그 중요성은 바로 자발적 열기가 의식과 조직에 대하여 제기하는 요구에 있다. 레닌은 이를 '대중운동의 자생성에 굴종'이냐 혹은 대중운동이 새로운 이론적 정치적 조직적 과제를 제기하느냐를 의미한다고 말한다. 혁명운동의 발전에서 자생성과 의식의 관계, 대중운동과 당의 관계에 관한 이러한 문제는 '결정론'과의 근본적 결별이기 때문에 진정으로 혁명적인 당이론의 필연적인 출발점이다.163) 1920년대 조선 사회주의운동과 노동자운동의 전체 역사 속에서 당과 계급, 의식성과 자생성의 결합을 통해 운동사를 바라보아야 할 것이다. 이러한 문제와 관련해서 조공과 서울파 전위당과 밀접한 연관이 있었던 노동, 농민운동의 활동내용, 조직적 관련성, 투쟁에서 당의 개입문제 등의 구체적 사실이 더욱 풍부히 연구되어야 할 것이다.

셋째, 분파의 문제이다. 그동안 대부분의 연구에서 조선사회주의운동 내부의 '파벌'의 문제가 많은 악영향을 미쳤다고 바라보고 있다. 그러나 분파투쟁이 당시 운동에 미쳤던 긍정적인 영향은 전무한 것인가? 분파의 문제가 발생하게 된 원인은 무엇인가? 상해파, 이르쿠츠크파, 서울파, 화요파, ML파 등으로 불리우는 사회주의자들의 각각의 정치적, 조직적, 사상적 차이와 상호 관계 등에 대해서도 많은 연구가 있어야 할 것이다.

'노동자계급의 자기해방의 과정'이라는 관점 속에서 맑스주의와 당, 그리고 계급의 문제를 사고하면서 우리의 운동사에서 유의미한 역사적 경험으로 축적되는 요소들을 구체적으로 해명할 것이 요구된다. 이를 위해서는 끊임없이 변화하는 '현실의 끈'을 부여잡으려는 자기의식적 노력이 필요할 것이다.

---

163) 존 몰리뉴, 『맑스주의와 당』(책갈피, 1994), 47쪽.

# 1. 연구현황과 과제

한국공산주의운동사에 대한 연구가 시작된 것은 1960년대 초부터였다. 냉전과 반공이데올로기가 팽배해 있던 이 시기에 공산주의운동을 연구한다는 것은 단순한 연구 작업만은 아니었다. 1967년 김준엽·김창순의 『한국공산주의운동사』[1]의 간행과 서대숙[2], 스칼라피노·이정식의 연구[3]가 모두 미국의 지원으로 이루어졌다는 것은 한국공산주의운동사 연구가 미국이 제3세계 일반에 걸쳐 놓은 전략적

---

1) 김준엽·김창순, 『한국공산주의운동사』 1~5(고대아세아문제연구소, 1967~1976)(청계연구소, 1986년 복간).

2) Suh Dae Sook, *The Korean Communist Movement, 1918~1948*, Princeton University Press, 1967[서대숙, 『한국공산주의운동사』(화다, 1985)].

3) Robert A. Scalapino & Chong－Sik Lee, *Communism in Korea－Part I : The Movement*, University of California Press, 1972[스칼라피노·이정식, 한홍구 역, 『한국공산주의운동사』 1(돌베개, 1986)].

관심의 테두리 안에서 이루어졌다는 추론을 가능케 한다.

그러나 1985년 이후 이 3종류 연구서의 번역, 복간은 국내 역사 연구자들에게 이들 연구의 오류와 한계를 극복하여 새로운 한국공산주의운동사像을 제시해야 한다는 과제를 남겼다. 1980년대 중반 이후, 특히 1987년 6월 항쟁과 7~9월 노동자대투쟁을 겪으면서 우리 사회에서는 그 동안 억압적 반공 이데올로기 속에서 금기시되어 왔던 많은 출판물과 연구들이 봇물처럼 쏟아져 나왔다. 이러한 사회적 분위기 속에서 진보적 역사 연구자들은 식민지 시대와 해방 직후 공산주의운동에 관한 연구들을 조심스럽게 제기하기 시작했다.

필자가 1920년대 국내 사회주의운동에 주목했던 이유는 첫째로, 그것이 형성과 발전, 소멸의 자기 역사를 가지고 있다는 것이었다. 둘째로는, 그 운동의 역사를 몇가지 주요 측면, 즉 당건설과 통일전선, 코민테른과의 관계 등에서 다시 정리할 필요가 있음을 느꼈기 때문이었다. 이것은 '현존사회주의' 몰락이라는 현실 속에서 과거 사회주의운동의 역사를 다시금 검토해야 한다는 문제의식 속에서 비롯되었다. 1990년대 들어 '현존사회주의'의 몰락이라는 국면은 자본주의 모순의 변혁적 지양으로서 사회주의에 대한 본질적인 의문을 제기하였다.4) 셋째로는, 그동안 한국공산주의운동사 연구의 '사실 자체'를 근본적으로 재조명해야 한다는 것이다. 최근 발굴된 '러시아 문서보존소'의 방대한 자료는 일제하 사회주의운동 주체들이 직접 코민테른에 보낸 보고들로 구성되어 있다. 그동안 연구들은 주로 일제의 관헌 측 자료에 의거하여 많은 혼란을 가져왔다. 그러나 이 러

---

4) 필자는 국내학계에서 제기된 '현존사회주의'에 대한 입장을 세가지 경향으로 분류해 본 적이 있다. 이에 대해서는 전명혁, 「1920년대 공산주의운동의 기원과 조선공산당」, 역사학연구소 편, 『한국공산주의운동사연구 - 현황과 전망 - 』(아세아문화사, 1997).

시아 자료는 한국사회주의운동사의 구체적 사실 자체를 상당 부분 정정할 것으로 생각한다.

1920년대 국내 사회주의운동 전체를 다룬다는 것은 방대한 작업일 수밖에 없다. 따라서 본 연구는 1920년대 국내 사회주의운동의 주도 세력인 각 분파의 형성과 활동에 주목하면서, 특히 이 시기 조선공산당에 포괄되지 않으면서 국내 사회주의운동의 하나의 큰 축을 이루었던 서울파의 형성과 활동, 소멸의 역사를 다루어 보고자 한다. 필자가 1920년대 사회주의운동에서 특히 서울파의 형성과 그들의 활동에 주목한 이유는 1920년대 운동과정 속에서 가장 활발히 대중운동 속에 뿌리를 내렸던 그들의 활동을 너무나 축소해서 이해해 왔기 때문이었다. 또한 그들은 조선공산당이라는 이른바 '정통 (orthodoxy)' 노선에 대립하여 그들 자신의 독자적인 조직과 노선을 가지고 운동하였기 때문이었다.

레닌은 계급의 전위로서 계급과 밀접하게 결합되면서도 동시에 계급과 분명하게 구별되는 굳건하고 튼튼하게 조직된 당을 원했다. 당의 규율이 아무리 강력하다 해도 최종적으로 당은 여전히 계급에 종속되며 계급에 의존하는 것이었다. 레닌주의 당이론은 결코 당에 대한 충성을 물신화하지 않았다.5) 그러나 스탈린의 등장과 이른바 '정통' 노선은 레닌주의 당이론을 곡해하고 왜곡하였다. 1925년 소련공산당 14차대회에서는 '국제혁명의 기지인 러시아 소비에트의 보위'가 각국 공산당의 최대 임무로 규정되었다. 이러한 국제기지론은 각국의 사회주의운동이 그 나라 계급투쟁의 역관계와 정치정세에 규정되기 보다는 소련의 외교정책에 종속됨으로써 각국 공산당의 노선이 추상화되었다. 조선공산당은 이러한 국제적 정세 속에서 출현하

---

5) 존 몰리뉴, 이진한 역, 『마르크스주의와 당』(책갈피, 1993), 57 · 59쪽.

였다.

　필자는 1920년대 국내 사회주의운동을 세계사회주의운동의 흐름과 관련하여 4 시기로 구분해 보았다. 첫번째 시기는 1920년에서 1922년까지의 시기이다. 이 시기는 1920년 코민테른 2차대회부터 1922년 코민테른 4차대회까지의 시기이다.6) 이 시기는 1917년 10월 러시아혁명과 1919년 독일혁명 직후의 시기로 국제적으로 혁명운동이 고양되던 시기였다. 국내에서는 1919년 3·1운동을 경험하면서 혁명운동이 형성됨과 동시에 급격히 고양되는 시기였다. 또한 이 시기는 국내에서 사회주의 각 분파들이 형성되는 시기였다.

　두번째 시기는 1923년부터 1924년까지의 시기이다. 이 시기는 국제공산주의운동 즉, 코민테른 내에서 커다란 전환점이 일어난 시기였다. 1923년 10월 독일혁명의 좌절은 국제적 계급세력 균형의 변화를 가져 왔다. 1924년 12월에는 스탈린의 일국사회주의론이 제기되었다. 이제는 국제사회주의 혁명에 대한 관심이 아니라 소련의 외교정책에 기초한 관심이 갈수록 코민테른을 지배하게 되었다.7) 국제주의를 견지한다는 것은 '모험'으로 간주되었다. 이 시기는 국제운동사에서 "논쟁의 소지가 있는 결정들이 되도록 회피되거나 확정이 뒤로 미루어졌던 일종의 중간적 시기, 즉 당 문제와 소비에트 문제의 휴지기 또는 공백기"8)였다. 그러나 국내에서는 '전위당' 건설이 본격적으로 진행되었다. 또한 노동자, 농민, 청년들의 전국적 조직체인 조선노농총동맹과 조선청년총동맹도 결성되었다. 이 시기를 필자

---

6) 코민테른 4차대회는 혁명적 사회주의 전통이 '진정한 혁명적 공산주의자대회로 여긴 마지막 대회'였다[던컨 핼러스, 오현수 옮김, 『우리가 알아야 할 코민테른 역사』(책갈피, 1994), 103쪽].

7) 던컨 핼러스, 위의 책, 149~152쪽.

8) E. H. *Carr, Interregnum 1923~1924*, London, 1969, 5쪽.

는 사회주의조직의 대중조직 건설과 당건설 모색기로 구분하였다. 세번째 시기는 1925년부터 1927년까지의 시기이다. 이 시기는 중국에서 혁명운동이 최고점에 달한 시기이면서 동시에 좌절된 시기였다.9) 이 시기 국내에서는 화요파 조선공산당이 성립하였고, 반제통일전선체의 성립을 둘러싸고 격렬한 대립과 논쟁이 전개되었다. 필자는 1925~1927년까지의 시기를 당건설과 통일전선 모색기로 구분하였다.

마지막 시기인 1928년은 국제운동에서 '초좌익적' 경향이 지배하던 시기였다. 1928년 7~8월에 열린 코민테른 6차대회는 자본주의의 안정화('2기')의 종식과 자본주의의 전반적 위기('3기')를 선언하였다. 또한 사회민주주의를 '사회파시즘'으로 규정하여 파시즘보다도 그들을 '주된 적'으로 간주하였다.10) 이러한 인식은 국제노동운동에서 해악적 영향을 미쳤다. 국내 사회주의운동 역시 코민테른의 '초좌익'노선으로의 선회에 영향을 받았다. 4차에 걸친 탄압에도 불구하고 당을 이끌어 왔던 조선공산당은 이와 같은 코민테른의 노선에 따라 마침내 해체되는 비극적 운명을 맞게 되었다. 필자는 1928~1929년 시기를 당운동의 쇠퇴기로 구분해 보았다.

한편 1920년대 국내 사회주의운동을 언급할 때 우리에게 시종일관 부딪치는 문제로 '파벌투쟁'의 문제를 들 수 있다. 일제의 고등경찰은 당시 사회주의자들의 운동을 '세력을 자파의 수중으로 장악하려 하는 욕망과 당파적 증오심'11)으로 서술하고 있고, 해방 이후

---

9) エム. ア. チエシコフ,「コミンテルン文書(1920~1927)における植民地社會構造の分析」, 國際勞動運動硏究所編, 國際關係硏究所 譯,『コミンテルンと東方』, 1971, 159쪽.

10) 던컨 핼러스, 앞의 책, 186~187쪽.

11) 경기도경찰부,『치안개황』, 1925.5[이재화・한홍구 편,『한국민족해방운동사

장복성의 『조선공산당파쟁사』는 일제하 조선공산주의운동의 내부투쟁을 '조선시대 당파싸움의 연장'으로 파악하고 있다.12) 이러한 국내 사회주의운동에 대한 인식은 김준엽·김창순에서 "비록 표면상 파쟁을 초극한 전선의 통일을 달성한 것으로 되어 있기는 하나 근본적으로는 무원칙한 파벌적 주도권 싸움이 지속"13)되는 것으로 서술되고 있다.

해방 직후 좌파 학자 37명이 공동집필한 『사회과학대사전』도 일제하 사회주의운동의 '파벌운동'이 격심함을 지적하면서 안광천 등 ML파가 "조선내의 무원칙한 파쟁에 '엄정중립'적 태도를 취하기로 하고 1925년 1월 3일 동경에서 사상단체 일월회를 조직하였다"14)고 하면서 ML파의 한 주체인 일월회를 높이 평가하는 반면, 화요파와 서울파의 대립을 '무원칙한 파쟁'으로 서술하고 있다. 북한 학계는 『조선근대혁명운동사』에서 "분파분자들은 각각 파벌을 형성하여 조선혁명을 위해서가 아니라 자기의 공명과 출세를 위해 자파세력을 확장하고 노동운동과 공산주의운동의 대열내에 이른바 '헤게모니' 탈취를 위한 무원칙한 파벌투쟁을 수행했다"15)라고 평가를 하고 있다. 金森襄作은 거대한 민족해방투쟁의 고양 속에서도 왜 조선민족은 스스로 민족적 해방을 달성하지 못하고 타율적 해방을 맞이하였는가 라는 의문을 던지면서 그것은 '파벌대립의 극한상황' 때문이라고 하였다. 그것은 그에게 '민족적 책임의 문제'로까지 거슬러 올라간다.16)

---

자료총서』 2(경원문화사, 1988), 297쪽].
12) 張福成, 『조선공산당파쟁사』(대륙출판사, 1949).
13) 김준엽·김창순, 앞의 책 2, 220쪽.
14) 이석태 편, 『사회과학대사전』(문우인서관, 1948), 566쪽.
15) 과학원역사연구소 편, 「1920년대 조선혁명운동에 미친 분파의 해독성」, 『조선근대혁명운동사』, 1961, 259쪽.

　　1920년대 사회주의운동에서 '파벌' 문제는 우파와 좌파 모두에게 사회주의운동을 분열시키고 나아가 민족해방운동 전체를 훼손시킨 심각한 문제였다는 인식이었다. 그러나 필자는 '파벌투쟁' 즉 분파투쟁의 문제를 무원칙한 폐해로 인식하는 부정적인 의미에서 한 걸음 나아가 각 분파 사이의 조직적, 정치적 노선의 차이에서 발생하는 운동발전의 자연스러운 과정으로, 오히려 운동의 활발함과 역동성을 불러일으키는 긍정적 의미를 띤 것으로 인식하고자 했다.

　　그동안 1920년대 국내 사회주의운동사 연구에서 서울파17)의 활동에 대한 연구는 거의 주목받지 못했다. 그러나 서울파는 화요파·ML파가 중심이 된 조선공산당에 버금가는 영향력을 대중운동에서 가지고 있었고, 1920년대 전반기에는 오히려 압도적인 세력을 확보하고 있었다.

　　서울파에 대한 연구는 일제하 사회주의운동사 연구 속에서 조선공산당의 역사를 서술하는데 부수적으로 연구되어 왔다. 해방후 북한에서 발간한 『조선민족해방투쟁사』에서 崔昌益은 일제하 조선 프롤레타리아계급 운동이 일정한 단계에 도달하자 필연적으로 자기의 혁명적 정당을 요구하게 되었고, 이러한 정세하에서 코민테른이 직접 지도한 결과 역사적인 조선공산당이 결성되었다고 서술하면서 이 시기

---

16) 金森襄作, 『1920年代 朝鮮の社會主義運動史』(未來社, 1985), 4·78쪽.

17) 서울파라는 명칭은 서울청년회에서 비롯된다. 그런데 서울청년회 내부에는 비밀공산주의 단체가 존재했기 때문에 서울청년회 성원을 모두 서울파라고 지칭하는데 무리가 있기도 하다. 그러나 본 연구에서는 서울청년회와 서울청년회 내부의 꼼그룹인 고려공산동맹에서 활동하던 성원들을 모두 서울파라고 지칭하였다. 왜냐하면 서울청년회의 기본적인 방침은 고려공산동맹에 의해 결정되었고 따라서 대부분의 서울청년회 성원들은 고려공산동맹의 영향하에서 활동하였기 때문이다. 그러니까 본 연구에서 서울파라는 지칭에서 특별한 수식이 없는한 고려공산동맹의 영향하에 있던 서울청년회성원(고려공산동맹원을 포함하여) 전체를 지칭하는 것이다.

2개의 공산주의그룹의 대립을 다음과 같이 지적하고 있다.[18]

그것은 화요회를 중심으로 상해파, 이르쿠츠크파, 기타 그룹이 참가한 화요파로 국내 운동을 코민테른의 지도하에 둠과 동시에 국내외의 全 투쟁역량을 집중시킬 것을 주장했고 다른 하나는 서울청년회를 중심으로 한 것으로 서울파로 불리워졌고 국내 세력을 오직 하나의 기초로서 그 발전의 방향을 결정하려고 주장했다. 이 두 개의 그룹은 동일한 목적으로 동일한 농민, 노동자를 대상으로 하면서 통일될 수 없었다. 그리고 화요회를 중심으로 하는 동지들은 코민테른의 지령을 받아 당조직에 돌입하고, 서울파도 단독으로 준비하여 똑같이 4월 17일 대회를 갖고 공산주의그룹으로 출발하여 코민테른의 인가를 받았다.[19]

그런데 서울파가 화요파 조선공산당과 같은 시기에 당대회를 열었고 동일하게 코민테른으로부터 승인을 받았다는 최창익의 주장은 사실과 다르다. 서울파는 1923년 2월 고려공산동맹이란 전위조직을 결성하여 코민테른의 승인을 받으려 했지만, 그것은 좌절되었다. 또 1924년 5월에 '13인회'를 통해 국내에서 통일적인 당을 건설하려고 했지만 이 또한 화요파가 탈락하여 실패했으며 조선공산당은 화요파 단독으로 결성되었던 것이다.

方仁厚는 북한의 조선노동당의 형성의 前史로서 해방전 공산주의운동을 서술하면서 서울파의 형성과 동향을 서술하고 있다.[20] 김준엽과

---

18) 조선역사편찬위원회 편, 『조선민족해방투쟁사』, 1949[朝鮮歷史硏究會 譯, 『朝鮮民族解放鬪爭史』(三一書房, 1952), 265쪽].

19) 조선역사편찬위원회 편, 위의 책, 276~277쪽.

20) 方仁厚, 『北韓 '朝鮮勞動黨'의 形成과 發展』, 高麗大 亞細亞問題硏究所, 1967. 그는 「서울系共産黨檢擧槪況」이라는 일제의 검거 기록에 의거하여 1924년 10월에 화요파의 조선공산당보다 먼저 서울파의 공산당 조직이 성립되었다고 말하고 있다. 그런데 그는 일제하 사회주의운동을 자파의 이익을 위한 음모와 파벌투쟁이 난무하는 것으로 서술하는 등 많은 문제를 내포하고 있다.

김창순은 방인후가 언급한 서울파 공산당조직이 다른 일제의 기록에 근거하여 高麗共産同盟임을 밝히고 있다.21) 그러나 그들은 고려공산동맹의 실체에 대해서 해명하지 못했고 '서울당' 또는 '서울콤그룹'으로 이들을 불렀다.22) 그들은 서울파의 지도자인 金思國을 '악착스럽게 화요회 반대를 견지하는 파쟁주의자의 한 사람'23)으로 묘사하고 있고 서울파를 배타주의적이고 무원칙한 파벌적 주도권 싸움을 지속하는 집단으로 서술하는 등 서울파에 대해 부정적 시각을 가지고 있었다.24)

서울파를 주제로 한 연구는 3편의 연구논문이 있을 뿐이다.25) 그러나 그것도 관련 자료가 부족하여 매우 제한적으로 이루어졌다. 이달호는 서울파의 형성과 분열, '춘경원공산당'26)의 조직, 후계당조직 과정을 재구성하였다. 이현주는 서울청년회의 창립배경과 초기활

---

21) 김준엽·김창순은 京城地方法院檢事局,「思想事件起訴狀決定判決綴」, 1932『韓國共産主義運動史』資料編 Ⅱ(고대 아세아문제연구소, 1980) 가운데「李雲赫外 11人 豫審終結及判決文」에 의거하여 고려공산동맹에 대해서 언급하고 있다. 이운혁은 1924년 5월 1일에 고려공산동맹이 조직되었다고 말한다.

22) 김준엽·김창순, 앞의 책 2, 215쪽.

23) 김준엽·김창순, 위의 책 2, 436쪽.

24) 김준엽·김창순, 위의 책 2, 220쪽.

25) 이달호,「1920년대 '서울파' 사회주의운동의 조직활동과 노선」(한양대사학과 석사논문, 1990); 李賢周,「서울靑年會의 초기조직과 활동(1920~1922)」,『國史館論叢』第70輯, 1996; 한동민,「1920년대 후반 서울계 사회주의자들의 운동론 - '신조선공산당'과 「조선운동」그룹을 중심으로 -」(중앙대사학과 석사논문, 1996).

26) 고려공산동맹 이후 서울파의 전위당조직은 1927년 12월 春景館이라는 한식집에서 결성되었다고 하여 춘경원공산당, 비정통파 조선공산당, 비이론파조선공산당, 신조선공산당이라고 불리워졌다. 화요·ML파의 조선공산당과 구별하기 위한 것이지만 서울파 역시 1920년대 사회주의운동에서 독자적인 노선을 추구하면서 적극적으로 민족해방투쟁에 복무했던 사실을 볼 때, 이러한 명칭은 정정되어져야 한다고 생각된다. 필자는 이를 서울파(전위)당 또는 서울파 조선공산당이라고 명명하였다.

동에 대한 연구에서 서울청년회를 구성하는 인맥과 그들의 이념적 지향의 분화과정을 추적하여 서울파가 형성되는 전단계의 조직상황과 활동 등을 밝혔다. 한동민은 서울파가 분열하는 원인과 '신조선공산당'의 조직과정, 성격 그리고 서울파 당의 일본부인 '조선운동'그룹의 성격 등을 분석하였다.

서울파를 주제로 한 연구는 아니지만 몇몇 연구에서는 1920년대 조선공산당의 창건과 관련하여 서울파의 활동을 다루고 있다. 먼저 신춘식은 李鐵岳의 「노동계급 전위의 당면 임무」에 근거하여 '13인회'를 처음으로 언급하였다.27) 박철하는 '13인회'의 조직과정과 구성원들을 밝혔으나 일제 관헌 측 자료에 근거하여 사실과는 차이가 있다. 또 그는 '13인회'를 중심으로 한 당조직의 통일적 교섭이 서울파가 반대하여 무위로 돌아갔다고 주장하고 있다.28) 그러나 뒤에서 자세히 살펴 보겠지만, 오히려 화요파가 '13인회'의 결정사항을 파기하고 코민테른의 권위에 의존하여 블라디보스톡의 오르그뷰로의 방침에 따라 당창건을 시도함으로써 국내의 통일적 당창건운동이 좌절되었다.

필자는 '러시아국립사회정치사문서보존소'의 자료를 통해 서울파 전위조직인 고려공산동맹의 조직시기와 조직체계, 강령 등 서울파의 구체적인 실체를 밝히려 한다. 이로써 필자는 처음으로 서울파의 조직 상황 및 대중운동, 통일적 당건설운동 그리고 민족통일전선운동 등에 대해서 해명하려 한다. 서울파는 1922년 10월 11일 공산주의 그룹을 조직하고 1923년 2월 20일 고려공산동맹이란 명칭을 부여하고 김사국을 블라디보스톡의 코민테른집행위원회 원동부에 파견하여

---

27) 신춘식, 「조직주체를 중심으로 본 조선공산당 창건과정」, 『成大史林』 제8집, 1992.

28) 박철하, 「1920년대 전반기 조선공산당 창립과정 – 꼬르뷰로국내부를 중심으로
 –」, 『崇實史學』 제8집, 1994, 129~131쪽.

조선공산당으로 승인을 받으려 했던 경험을 가지고 있었다.[29)]

서울파는 자신의 독자적인 강령과 조직체계, 정치노선을 가지고 화요파, ML파 등 이른바 '정통' 조선공산당 노선에 대립하거나 연합하면서 민족해방과 계급해방을 위해 투쟁하였다. 필자는 서울파의 노동·농민·청년운동 등 대중운동과 민족통일전선 활동을 밝힘으로써 그동안 축소·왜곡되어 왔던 서울파의 운동이 1920년대 민족해방운동과 사회주의운동의 역사 속에서 커다란 축을 이루고 있었음을 해명하고자 한다. 앞으로 1920년대 국내 사회주의운동과 이시기 노동·농민·청년운동 등 대중운동에 대한 전체상을 파악하기 위해서는 서울파의 활동을 더욱 구체적이고 객관적으로 연구해야 할 것이다.


## 2. 주요자료현황

이 글은 서울파와 관련된 가능한 모든 문헌자료를 연구, 분석하고자 했다. 1차적으로는 이 연구의 주제인 서울파, 즉 서울청년회와 고려공산동맹 등이 존재하던 시기의 문헌들이 그 대상이다. 그것은 우선 운동 주체 측의 기록인 보고서, 기고문, 회고록, 신문, 잡지연재물 등이다.

먼저 러시아국립사회정치사문서보존소(이하 러시아문서보존소)의 소장 자료를 들 수 있다. 이 자료는 각 공산주의단체가 코민테른에 자신의 조직에 대한 정보를 담고 있는 「보고문」의 형식을 띠고 있기 때문에 매우 구체적이다. 그리고 이것은 당시 조선공산당을 비롯한 사회주의 각 분파들의 상황과 운동에 대한 인식, 조직문제 등을

---

29) 전명혁, 앞의 글, 102쪽.

구체적으로 담고 있는 귀중한 문헌이다. 그러나 각 공산주의그룹의 보고서는 자신 조직의 활동을 과장하고 다른 그룹의 활동을 비판하는 내용들도 보이고 있으므로 해석상 면밀한 사료 분석이 요구되었다. 또 이 자료 가운데는 코민테른집행위원회가 조선문제에 대해 채택한 여러 가지 중요한 결정들이 포함되어 있었다. 이 자료는 러시아어와 일어, 한글, 영어, 독일어 등으로 기록되어 있다. 이 문헌들은 앞으로 조선공산주의운동사의 지형을 바꾸어 놓을 정도의 내용들을 담고 있다. 러시아문서보존소[30] 자료 가운데 본 논문에서 활용했던 주요한 자료를 간략히 소개하면 다음과 같다.

① КимЕнман · Цойцаник, Исполкому Комунистического Интернационала, 1926.2(김영만 · 최창익, 「코민테른집행위원회에게 : 서울청년회 내부에 현존하는 공산주의 조직 '고려공산동맹' 전권 대표로부터」, 1926.2) : 고려공산동맹의 창립시기와 강령 · 조직상황을 상세하게 담고 있다.

② 崔昌益 · 李廷允, 「高麗共產同盟(ソウル靑年會內部に組織された秘密クルプの)事業報告」, 1926.10.25 : 일본어로 된 1926년 시기 고려공산동맹이 코민테른에 보낸 활동 보고이다. 고려공산동맹의 영향력 하에 있는 노동 · 농민 · 사상 · 청년단체 등 대중단체의 조직 상황과 천도교, 기독교, 불교 등 종교단체들의 상태를 분석하면서 그 내부에서 민족혁명적 분자들의 활동에 대해 다루고 있다. 또한 6·10만세투쟁 시기 서울파의 활동도 다루고 있다.

③ СИНЧЕР и КИМЕНУ, ИСПОЛКОМУ КОМИНТЕРНА, 1926.2.11(신철 · 김영우, 「코민테른집행위원회에게 : 까.엔.당(북풍회 내부의 비합법적 그루빠)대표의 보고」, 1926.2.11, 81~100쪽) : 북풍회 내부의 전위조직인 까엔당의 성립과 활동 등 북풍파의 약사를 보고하고 있다. 또한 화요회, 북풍회, 조선노동당의 '3단체합동'의 성립과 분열의 원인을 밝히고 있다.

---

30) 코민테른 문서보존소는 1943년 코민테른이 해체되면서 소련공산당 중앙위원회 문서보존소로 이관되었고, 소련해체 이후 1992년 러시아현대사문서보존연구센터로 명칭이 바뀌었다가 1999년 현재의 이름으로 개칭되었다.


1920년대 한국사회주의운동연구

④ Линамду, Исполкому КИМ : Доклад, 1926.2.16(이남두, 「국제공산청년회 집행위원회에게 : 노동당 내에 현존하는 비합법적인 공산주의 조직 '스파르타쿠스당'의 대표자의 보고」, 1926.2.16); 李南斗(朝鮮勞動黨 裏面にある秘密共産團體 '朝鮮スパルタカス黨'代表), 「國際共産黨執行委員會 貴中」, 1926.2.3 : 조선노동당의 전위조직인 스파르타쿠스당의 내력과 활동 그리고 그들과 대중조직의 관계를 밝히고 있다.

⑤ T.H.Cho, Report : Delegate of KCP, Aug.8, 1925; Чо‐Донго член ЦК и официальный делегат при Коминтерне, Работа со времени 1‐й конференци и 17 апреля 1925 г., 1925.8.22 : 조선공산당 1차당대회에서 코민테른에 파견한 조동호의 보고이다. 조선공산당 창립 당시 조직 상황, 각 지역 대표자들의 분포, 중앙집행위원회의 구성 및 활동상황 등을 알 수 있다.

또한 이 시기 여러 운동주체들은 각각 자신의 기관지를 가지고 있었다. 예컨대 조선청년회연합회 기관지인 『我聲』, 조선노동공제회의 기관지인 『共濟』, 상해파 국내부 기관지인 『新生活』, 북성회(북풍파) 기관지인 『斥候隊』·『解放運動』, 조선공산당(화요·ML파) 기관지인 『朝鮮之光』·『大衆新聞』·『불꽃』 그리고 『現代評論』·『新興科學』·『理論鬪爭』·『現階段』 등을 들 수 있다. 이 기관지에 실린 글을 통해 각 분파들의 사회운동에 대한 인식과 정치노선 등을 파악할 수 있었다.

그리고 해방이후 출간된 각종 회고록과 전기들은 1920년의 시대상과 그들의 정서 등 사회적 분위기를 파악하는데 생생한 도움을 주었다. 李駿烈의 『松崗小史』, 金錣洙의 「본대로 드른대로 생각난 대로, 지어만든대로(김철수친필유고)」, 『秋汀任鳳淳先生小傳』, 『畊夫 申伯雨』, 平洲 李昇馥先生 望九頌壽紀念會에서 간행한 『三千百日紅』 등을 들 수 있다. 1920년대 사회주의자들에 대한 전기, 회고문 등은 1920년대 사회주의 분파가 형성되는 과정을 이해하는데 도움을 주었다. 또한 1927~1928년 경에 『동아일보』, 『조선일보』 등 일간지에 가명 또는 실명으로 연재되었던 민족통일전선과 관련한 격렬한 논쟁 등은 이 시기 사회주의자들의 정세분석, 당과 통일전선 등에 대한 인식을 포착하는데 많은 도움을 주었다.

다음은 일본총독부의 경찰기구인 고등경찰이 사회주의운동을 탄압하려는 목적으로 펴낸 보고자료, 동향보고, 사상교육용 팜플렛, 思想月報 등과 검거된 사회주의자들에 대한 법정심문서, 조서 등이다. 이 일제 관헌 자료는 사실을 고의적으로 왜곡, 축소하였고 사회주의운동에 대한 비전문성에서 비롯되는 오해 등으로 이 자료를 그대로 이용하는데에는 많은 분석과 상황을 고려해야 했다. 『朝鮮治安狀況』, 『治安槪況』, 『思想月報』, 『高等警察報』 등과 여러 사회주의자들의 「訊問調書」, 「判決文」 등이 그것이다.

또 당시 사실을 '객관적'으로 기록, 보도한 『東亞日報』, 『朝鮮日報』, 『時代日報』 등 일간지의 기사와 사설은 이 시기 많은 사건들의 연대와 구체적인 내용을 확인할 수 있는 가장 기본적인 자료였다. 그러나 이 시기 일간지도 편집진의 변동에 따라 정세를 파악하는 데 상당한 인식의 차이를 내포하고 있었다. 민족혁명적 단체였던 천도교의 기관지 『開闢』 등의 잡지도 이 시기 정황과 주요한 활동가들과의 대담 내용을 담고 있어서 각 분파의 정세 인식을 이해하는데 많은 도움을 주었다.

# 1부  사회주의사상의 도입과 분파형성

# 1장

# 사회주의사상의 국내도입과 수용

'현존사회주의' 몰락의 역사적 현실 속에서 과거 사회주의운동의 역사를 되새기는 것은 무슨 의미가 있을까. 사회주의와 맑스주의의 근원적 문제점이 지적되고 있는 이 시점에서 과거 실패한 역사적 경험 속에서 '희망의 불꽃을 피우려'하는 것일까.

1919년 식민지 조선에서 일본제국주의에 항거하는 전민족적·혁명적 항일봉기였던 3·1운동이 일어난 이후, 국내에서는 민족주의의 사상적 무기력함이 드러나면서 식민지 민중들에게 사회주의사상이 보급되기 시작했다.

특히 1917년 10월 러시아혁명의 물결은 중국과 일본 그리고 식민지 조선에서도 거센 파도처럼 밀려들어와 식민지 지식인들에게 민족해방운동의 한 이념적 무기로서 자리잡게 되었다.

조선공산주의운동의 독특함은 그것이 국내보다 국외 즉 러시아에서 직접적으로 시작되었다는 것이다. 국외 러시아에 존재했던 두 개의 고려공산당은 코민테른과 직접적인 관련 속에서 활동하였고, 이러한 조건 속에서 국내에서 사회주의 분파들은 형성되었다. 따라서 국내 사회주의 분파의 형성은 그 성립 초기부터 단지 맑스주의 이론의 선전의 차원이 아니라, 일본제국주의의 독점적 식민지로부터의 해방이라는 정치적 실천활동과 국외 전위당과의 긴밀한 연관 속에서 형성되었다. 그리고 이러한 실천활동에 대한 전략·전술의 차이는 국내에 다양한 스펙트럼의 사회주의 분파를 형성시켰다.

국외 러시아에서 최초의 조선인 사회주의정당인 한인사회당의 창립의 경험을 가지고 있는 우리에게 사회주의사상은 과연 어떠한 경로를 통하여 국내로 도입되었고 수용의 주체는 누구였을까? 또 민족주의, 무정부주의 등 다양한 사조 가운데 사회주의사상이 어떠한 이유로 식민지 민족해방의 지배적 사상으로 자리잡게 되었을까? 식민지시대 사회주의운동이 여러 분파로 분화된 원인은 무엇인가? 각 사회주의분파들의 전위당 건설을 둘러싼 대립과 조선공산당의 창건과 그 의미와 한계는 무엇인가?

# 1. 사회주의사상의 도입과 수용

사회주의사상의 형성·발전과정은 자본주의의 형성과 더불어 성장했던 노동자운동과 맑스주의의 융합의 과정이었다. 그러나 서구와는 달리 우리나라는 일본제국주의의 식민지라는 특수한 조건 속에서 성립한 식민지 자본주의 하에서 사회주의사상이 유입되었고 이것은 곧바로 민족해방과 계급해방을 동시에 추구하는 목적을 갖게 되었다.

1919년 3·1운동은 식민지 민중에게 일본제국주의의 폭압성과 대중적인 정치의식을 각인시키는 거대한 역사적 경험이었다.[1] 3·1


1부  사회주의사상의 도입과 분파형성

운동에 영향을 준 사상적 배경으로 우리는 흔히 윌슨의 민족자결주의를 거론한다. 그러나 1917년 10월 러시아혁명과 레닌의 '민족자결권 테제'는 이에 앞서 식민지 민중들에게 커다란 영향을 주었다.

3·1운동 직전 동경 유학생들의 「2·8독립선언서」에 "이미 군국주의적 야심을 포기하고 정의와 자유를 기초로 한 러시아는 신국가의 건설에 종사하는 중이며 … 정의와 자유를 기초로 한 민주주의 상에 선진국의 모범에 따라 신국가를 건설 …"이라고 하며 러시아혁명의 결과에 따른 세계사의 새로운 분위기를 나타내고 있다. 또 3·1운동 직후 한용운은 「조선독립의 서」에서 "정의·인도, 즉 평화의 신은 독일 인민들의 손을 빌어 세계의 군국주의를 타파함이니, 곧 전쟁 중의 독일혁명이 이것이다. 독일혁명은 사회당의 손에서 일어난 즉, 그 유래가 오래되고 또한 러시아의 자극을 받은 바 있나니 …"라고 하여 러시아혁명의 영향을 받은 1918년 독일혁명의 의의를 언급하고 있다.

박은식은 1920년 『독립운동지혈사』에서 다음과 같이 러시아혁명에 대한 벅찬 감격과 기대를 서술하고 있다.

러시아 공산당은 서두에 적기를 내걸과 전제정치를 타도하여 민중에게 자유와 평등을 가져오고 제민족의 자유와 자결을 선포하였다. 과거에 극단적인 침략주의자가 극단적인 공화주의자로 바뀌었다. 이것은 세계개조의 최

---

1) 조선인 혁명가 김산(본명 장지락)의 일대기를 그린 『아리랑』에서 3·1운동 당시 김산은 자신의 역사적 경험을 다음과 같이 회고하고 있다. "이것이 나로서는 처음으로 정치의식에 눈을 뜨게 된 계기였다. 대중운동의 힘이 내 존재를 뿌리로부터 뒤흔들어 놓았다. 나는 하루종일 거리를 뛰어다녔고 아무 시위에나 가담하여 목이 터져라 외쳐댔다. … 나는 힘의 의미와 무저항의 공허함을 깨달았다. … 전국에서 도합 200만 명 이상이 시위에 참가하였다. 재산도, 농삿일도, 일신상의 안전도 애국열의 물결 속에서 모조리 잊어버렸다. 이것은 인류역사가 시작된 이래 가장 특이한 운동이었을 것이다."[님 웨일즈, 조우화 옮김, 『아리랑』(동녘, 1992), 63~65쪽].

초의 신호탄이 되었다.

식민지하에서 사회주의사상은 1910년대 말 러시아혁명의 영향과 1차대전 직후 고양된 국제혁명운동의 영향, 민족자결주의론에 대한 자각 등의 국제적 조건과 일제의 가혹한 식민통치에 따른 민족적, 계급적 모순의 첨예화, 3·1운동 이후 정치의식의 고양 등을 계기로 국내 신문, 잡지 등의 언론매체를 통해 수용되었다.[2]

이 무렵 일간지와 정기 간행물은 유물사관, 소비에트 혁명정부와 레닌에 관한 기사를 종종 다루고 있었다. 1921년 6월 3일부터 8월 31일까지 무려 73회에 걸쳐 「니콜라이 레닌은 어떠한 사람인가」라는 표제하에 동아일보는 그의 일생, 활동, 볼세비키혁명 등을 연재하였다.

국내에서 3·1운동을 거치면서 일부 민족주의자와 식민지 지식인들은 자신의 이론적·실천적 무기력함을 고백할 수밖에 없었고 무정부주의, 사회주의, 맑스-레닌주의 등 다양한 사회사상을 소개하면서 민족해방운동의 이념적 무기로서 수용하게 되었다.

그들은 지역적 관계, 학맥, 친소관계로 맺어져 동지적 관계를 형성하였고 대중적 실천을 경험하면서 점차 성장해갔다. 예컨대 '서울파'의 리더인 김사국은 3·1운동 시기인 1919년 4월 23일 '국민대회사건'으로 체포되어 2년형을 선고받고 1920년 10월 말에 석방되었다.[3]

---

2) 유시현, 「사회주의사상의 수용과 대중운동」, 역사학연구소 편, 『한국공산주의운동사연구 - 현황과 전망 - 』(아세아문화사, 1997), 38쪽.

3) 金思國은 1892년 11월 9일 충남의 빈한한 가정에서 출생하여 10살 때 부친을 잃고 편모슬하에서 동생 金思民과 모친을 따라 금강산 楡岾寺에 들어가 한학을 배우다가 그후 서울에 올라와 보성학교에서 수학하다가 중도에 퇴학하였다. 1910년 한일합병이 되자 불만을 품고 만주와 시베리아로 유랑하며 동지의 결속에 노력하다가 1919년에 3·1운동이 일어나기 전에 국내로 들어와 '국민대회'사건으로 체포되었다.

출옥 후부터 김사국은 서울청년회 안팎의 자신의 동지들과 맑스주의 학습을 계속해 왔던 것 같다. 그가 1922년 중반 이후 '서울파'의 가장 탁월한 지도자로 부상하게 되는 것은 이러한 사실을 반증해 주는 것이다. 1921년 초부터 1922년 4월 무렵 김사국의 활동[4]은 민족에 대한 뜨거운 애정을 지닌 한 개인이 급속히 사회주의자로 변모하게 되는 과정을 응축적으로 보여주고 있다. 이것은 아마 식민지 조선의 민족적, 계급적 해방을 동시에 열망했던 대다수 사회주의자들이 형성되는 과정이었을 것이다.

또한 1916년 가을 동경에서 김철수 등이 신아동맹단을 결성하고 "아세아에 있어서 일본제국주의를 타도하고 새 아세아를 세우는데 전력을 다할 것"을 선언하였다. 이후 신아동맹단은 3·1운동의 대중적 열기에 고무되어 1920년 6월 서울에서 5차대회를 열고 명칭을 사회혁명당으로 바꾸었다. 이들은 "계급타파와 사유제도의 타파, 무산계급 전제정치와 전국인구의 10분지 7되는 무산자들과 함께 혁명운동을 실행할 것" 등을 주장하였다. 1921년 5월 중국 상해에서 고려공산당(상해파) 창립대회에 8명의 대표를 파견하면서 상해파 국내지부로의 위상을 갖게 되었다.[5]

---

4) 그는 1920년에 출감한 후 노동운동의 필요롤 절실히 느끼고 노동대회에 간부가 되어 활동하였고 1921년 春에 청년연합회의 편집부 위원으로 선출되는 동시에 서울청년회를 조직하였다. 1921년 11월에 동경에 건너가 『5·1신보』를 발기하였다. 김사국은 1921년 11월 29일 동경에서 黑濤會 창립에 참여하였다. 박열, 김약수 등이 주도하여 흑도회가 창립되었을 무렵 일본 사상계는 생디칼리즘, 아나키즘이 풍미하였던 시기였다. 일본의 저명한 무정부주의자인 大杉榮, 岩佐作太郎과 사회주의자인 堺利彦·高津正道 등의 후원하에 흑도회는 창립되었다. 이후 흑도회는 1922년 9월 내부의 사상적 대립으로 공산주의 분파와 아나키스트 분파로 분화되어 해체되었다.

5) 이현주, 『국내 임시정부 수립운동과 사회주의세력의 형성(1919~1923) - 서울파, 상해파를 중심으로 - 』(인하대사학과 박사논문, 1999), 132~144쪽; 이애숙,

1920~1922년 무렵 국내에서 발간된『개벽』,『공제』,『신생활』,『아성』등 잡지에는 크로포트킨 등 무정부주의에 대한 글이 빈번하게 소개되는 등 민족주의, 무정부주의, 사회주의 등이 혼재되면서 그 내부에 분화과정이 일어나는 시기였다. 김사국은 1924년 3월 코민테른에 '조선내 공산주의운동의 발생과 분화'에 대해 다음과 같이 보고하고 있다. "유죄판결을 받은 '독립단'의 모든 성원들은 1921년에 형기를 마치고 자유의 몸이 되었다. 그러나 그들은 이미 '문화주의자들', '테러리스트들', '마르크스―공산주의자들' 등 독자적 사상을 가진 3개의 그룹으로 나뉘어졌다. 문화주의자들은 혁명적 활동의 방법을 부인하였고, 진화론을 선전하였다. 테러리스트들은 조직적인 테러와 점령기관의 파괴를 위해 크고 작은 테러의 시도를 적극 옹호했다. 공산주의자들은 지하조직을 강화하고 주로 산업노동자와 혁명지향적인 청년들의 조직사업을 수행하였다."6)

이와 같이 러시아혁명과 1919년 3·1운동을 커다란 분수령으로 국내외에서 많은 식민지 지식인들은 사회주의를 수용하고 사상단체, 비밀 공산주의그룹들을 조직하면서 민족해방과 계급해방을 위해 투쟁하였다.


## 2. 국외 전위정당 결성과 활동

우리나라에서 사회주의사상이 도입되는 과정에서 특이한 점은

---

「1922~1924년 국내의 민족통일전선운동」,『역사와 현실』28호(한국역사연구회, 1998), 94쪽.

6) 코민테른 집행위원회에 대한 김사국의 보고 제1호,「조선내 공산주의조직의 발생과 활동 약사」, 1924.3.17, 1쪽.


1부  사회주의사상의 도입과 분파형성

1917년 러시아혁명으로 성립된 최초의 사회주의국가인 러시아와 지역적으로 인접하다는 점이다. 국내에서 사회주의사상의 유입과 동시에 사회주의단체가 조직되기 시작했던 이유는 바로 이러한 특수성에 있었다. 즉 러시아지역에서 한인사회주의단체의 존재와 밀접한 연관이 있었다.

1919년 국내에 사회주의사상이 본격적으로 도입, 수용되기 이전 러시아 지역에 이주해간 조선인들은 러시아혁명을 직접 경험하고 참가하면서 자연스럽게 사회주의를 수용하게 되었다. 이러한 이유 때문에 그들은 사회주의사상 수용과정에서 일반적으로 경험하는 다른 사상적 조류와의 갈등을 겪지 않고 곧바로 전위당을 창립하게 되었다.

1919년 3·1운동의 정치적 세례와 1920~1921년 내전시기에 조선인 공산주의그룹은 활발히 출현하였다. 1920년 말에는 소비에트 러시아의 극동과 시베리아 지역에 16개 이상의 조선인 당 조직이 존재하고 당원 및 후보자수는 2,305인이었다. 조선인 사회주의자들은 각지에서 대규모 선전활동과 군사, 조직 활동을 수행했다. 조선어 전단과 소책자가 발행되고 조선인 적군 부대가 편성되어 일본 점령군과 백위군에 항거하여 투쟁했다.

조선인 사회주의자는 전위당 창립에 노력하여 1918년 4월 이동휘 등이 중심이 되어 한인사회당을 결성했다. 1919년 3월 국내에서 대규모 민중운동이 일어나는 정세 속에서 1919년 4월 한인사회당은 블라디보스톡에서 2차당대회를 열고 신민회 '좌파'세력을 포함하여 당조직을 확대하였다. 이 대회에서 한인사회당은 조선혁명에 대한 전술문제, 코민테른 가입문제, 코민테른에 한인사회당 대표를 파견하는 문제 등을 논의하여 박진순 등이 모스크바에 파견되었다.[7] 이후 한인사회당은 이동휘가 상해임시정부의 국무총리로 부임하면서 활동무대를 상해로 옮기게 된다. 이들은 1921년 5월 고려공산당(상해파)을 창립하였다.

한편 1920년 1월 러시아의 이르쿠츠크에서 러시아공산당 이르쿠츠크현 위원회 산하에 한인공산당이 창립되었고 이들도 1921년 5월 고려공산당을 창립하였다. '상해파'와 '이르쿠츠크파'라는 두 개의 고려공산당이 동시에 결성된 것이다. 이들은 국내의 정세에 끊임없이 관심을 기울이면서 국내에 전위정당을 조직하기 위해 노력하였다.

상해파 고려공산당은 강령에서 "민족적 해방이 사회혁명의 전제"요 "이 역시 곧 세계혁명의 달성"[8]을 위한 것이라고 하였다. 상해파는 러시아와 중국에서 주로 활동하였지만 그들의 목적은 국내 식민지 조선을 일본제국주의로부터 해방시키고 동시에 사회주의국가를 세워야겠다는 것이었다. 고려공산당 「선언서」는 맑스 엥겔스의 '공산당선언'에 입각하여 민족해방운동과 무산대중의 해방을 토로하였고 고려공산당 「강령」은 "우리는 무산계급의 執政을 자본주의의 폭위로부터 인류를 해방하는 최선의 방법으로, 또 보편적 절대 자치의 소비에트 정치를 무산계급 집정의 유일의 政體"라고 하였다.[9] 이와 같이 상해파 고려공산당은 「강령」에서 프롤레타리아트 독재에 의한 소비에트 정부의 수립을 최대 강령으로 선명하게 밝히고 있었다.

---

7) 엠.아.뻬르시츠,「ロシアにおける東方の國際主義者と民族解放運動の若干の問題(1918~1920.7) 國際勞動運動研究所 編, 國際關係研究所 譯,『コミンテルンと東方』, 1971, 62쪽; 임경석,『고려공산당연구』(성대사학과 박사학위논문, 1993), 38~50쪽; 전명혁,「1920년대 공산주의운동의 기원과 조선공산당」, 역사학연구소 편『한국공산주의운동사연구 - 현황과 전망 - 』(아세아문화사), 75쪽.

8) 「고려공산당 강령」, 1921.5[한대희 편,『식민지시대사회운동』(한울림, 1986), 111쪽].

9) 「고려공산당 선언서・당강령・당규」, 1921.5, 한대희 편,『식민지시대사회운동』(한울림, 1986), 106~110쪽.


1부  사회주의사상의 도입과 분파형성

　상해파와 이르쿠츠크파의 대립은 강령이나 노선 상의 차이보다는 통일전선의 대상과 관련된다. 첫번째 대립은 상해임정 참여 문제였다. 상해파는 고심 끝에 임정 참여를 결정하지만 이르쿠츠크파는 이에 반대하고 대한국민의회 계열과 상해임정과의 '타협'을 거부했다. 또 상해파는 베르흐네우진스크의 통합대회에서 통일전선의 대상으로 민족주의진영내의 점진적 문화운동론자를 포함하였으나 이르쿠츠크파는 이들에 대해 고립화 정책을 취했다.

# 3. 사회주의 분파의 형성과 당창건 투쟁

## 1) 분파 문제에 대한 인식

　3·1운동이 일어난 이후 국내에서 본격적으로 형성되기 시작했던 사회주의 각 분파들은 직접적으로 당건설을 목적으로 하는 비합법적 조직체의 건설로 시작되었다. 그러나 그 조직이 아무런 사상적 기초도 없이 그러한 친소관계로 지속되었던 것은 결코 아니었다. 각 사회주의 조직들은 강령 속에서 맑스주의적 당을 지향하는 성격을 분명히 밝혔고 조선에서 유일한 사회주의 정당을 조직하기 위해 노력하였다. 그들은 민족해방과 계급해방을 위해 합법 또는 비합법의 다양한 운동단체들을 조직해가면서 때로는 대립을 때로는 연합을 통해, 국내에서 전체 사회운동을 포괄하고 지도하는 전위정당을 조직하기 위해 고통스러운 투쟁을 벌여나갔다.

　이러한 움직임은 바로 '사상단체'라는 합법적인 표면적 조직체로서 등장하기 시작하였다. 그러나 그 이면, 내부에는 비밀공산주의그룹들이 먼저 존재하면서 각각 합법적인 표면단체('사상단체' 등)들을 조직하고 지도하였던 것이었다. 思想團體라고 하는 맑스주의 써클들이 이 시기 우후죽순처럼 조직되었던 것은 결코 우연한 일이 아니었다. 이들이 사회주의 조직을 만들게 되는 것은 국외에서의 전위당이 이미 형성되었던 경험을 가지고 있었기 때문에 가능하였다.

그렇다면 이러한 전위당 결성의 맹아인 분파10)가 형성되는 원인은 무엇이었을까? 사회주의운동에서 분파는 부정적인 의미만을 담고 있는 것일까? 사회주의운동사 연구에서 제기되는 '파벌투쟁', 즉 분파투쟁의 문제를 단지 자기 정파의 이해에 기반한 주도권투쟁의 차원이 아니라 구체적 운동의 현실 속에서 제기되는 사안에 대한 각 분파 간의 전술의 차이와 조직적 문제에서 기인하는 노선투쟁으로 인식할 수는 없을까.

당시 일제의 고등경찰은 당시 사회주의자들의 운동을 '세력을 자파의 수중으로 장악하려 하는 욕망과 당파적 증오심'으로 서술하고 있고, 해방 이후 출판된 장복성의 『조선공산당파쟁사』는 일제하 조선공산주의운동의 내부투쟁을 '조선시대 당파싸움의 연장'으로 파악하고 있다. 또 김준엽·김창순은 『한국공산주의운동사』에서 "비록 표면상 파쟁을 초극한 전선의 통일을 달성한 것으로 되어 있기는 하나 근본적으로는 무원칙한 파벌적 주도권 싸움이 지속"되는 것으로 서술되고 있다.

한편 북한의 『조선근대혁명운동사』(1961) '1920년대 조선혁명운동에 미친 분파의 해독성'이란 절에는 "분파 분자들은 각각 파벌을 형성하여 조선혁명을 위해서가 아니라 자기의 공명과 출세를 위해 자파세력을 확장하고 노동운동과 공산주의운동의 대열내에 이른바 '헤게모니' 탈취를 위한 무원칙한 파벌투쟁을 수행했다"라고 악의적 평가를 하고 있다.

---

10) 분파 개념에 대해서는 앞의 총론의 주74)를 참조.


1부 사회주의사상의 도입과 분파형성

또한 'ML파'의 활동가였던 고경흠은 1931년 「조선전위당 볼세비키화를 위하여」라는 문건에서 당내에 존재하는 '불순한 무원칙적인 파쟁'이 "당의 실천적 투쟁을 완전히 저해하고 규율을 완전히 파괴하고 당의 비밀을 지배계급에게 팔아먹는 도배까지 나타나게 하여 당에 대한 대중의 계급적 신임을 유린해 버렸다"라고 말하면서 당의 과거의 일체의 과오와 실패는 "당이 진정한 볼세비키 당이 아니라 노동대중으로부터 분리된 섹트적 조직이었던 데에 원인이 있다"라고 평가하였다.

이와 같이 식민지시대 사회주의운동에서 분파문제는 좌우를 막론하고 무원칙한 '파벌투쟁'으로 파악하고 있다. '파벌', 즉 분파의 문제는 1920년대부터 시작하여 해방 후에 이르기까지 우리나라 사회주의운동사에서 뿌리깊은 대립의 연원을 가지고 지속적으로 반복, 재연되고 있기 때문이다.

1921년 3월 10차당대회에서 레닌은 「당의 통일에 대하여」라는 결의를 채택하면서 분파를 금지하게 된다. 그러나 이것은 1918년~1920년 러시아를 황폐시켰던 내전, 이로 인한 경제적 타격으로 인한 불가피한 조처였다. 그럼에도 불구하고 E.H.Carr가 지적하듯이 볼세비키당은 "중요한 공공정책에 관해서 어떠한 당에서도 그 관행을 찾기 힘든 토론의 자유와 공개성"을 향유하였다.11)

그러나 스탈린은 1924년 『레닌주의의 기초에 대하여』에서 '분파의 존재와 양립할 수 없는 의지의 통일체로서의 당'을 말하면서 분파금지를 보편화했다. 분파금지를 레닌과 볼키당조직론의 도달점으로 파악함으로써 이를 시공을 초월해 보편화시켜 버렸다. 이러한 규정은 이후 사회주의운동에서 당내 민주주의의 문제를 위해 '필수적인' 요소

---

11) M. 리브만, 안택원 역, 『레닌주의연구』(미래사, 1985), 309~310쪽.

였던 '분파의 권리'가 압살되어야 했던 중요한 원인의 하나가 되었다.

분파는 당이 존재하는 상황 속에서 형성되는 것이었다. 그러나 식민지시대 여러 분파들은 아직 당이 존재하지 않는 상황 속에서 형성되었고 각 분파들은 제각기 전위당 건설을 임무로 가지고 있었다. 그렇다면 이것은 엄밀히 분파라고 부르기보다는 당 이전의 하나의 '그룹(그루빠)'이라고 보아야 할 것이다. 그런데 문제는 이들 '그룹'들은 1925년 조선공산당이 건설된 이후에도 여전히 당 내에서 하나의 '경향(tendency)'을 가지고 있었다.

예컨대 1925년 11월 조공 내에서 '북풍파'가 '종파행위'로 축출당한 예가 그것이다. 또한 1926년 12월 조선공산당 2차당대회에서 '서울파'의 고려공산동맹이 대거 입당하였지만 그들이 1927년 12월 '조선공산당 3차당대회'를 개최하게 되는 사실들에 대한 문제이다. 따라서 분파가 당내에 존재하는 여러 '경향'들 중에서 독자적인 정강을 갖는 '당내에 존재하는 당'으로 정식화될 수 없는 독특함이 식민지 시대 사회주의운동 속에서 발생했던 것이다.


## 2) 국내 사회주의 분파의 형성과 대중운동

러시아에서 한인사회당 그리고 고려공산당은 코민테른과 긴밀한 연관 속에서 국내에 전위당을 건설하려는 노력을 끊임없이 견지하였다. 그러나 코민테른의 자금을 둘러싼 문제와 전위당 건설에 대한 견해의 차이는 이들 사이에 최초의 대립을 초래하였다. 그리고 그것은 국내의 사회주의자들에게 신뢰를 상실케 했다.

이무렵 국내에서는 합법적인 모습으로 수많은 운동단체들이 조직되기 시작하였다. 또한 조선청년회연합회기성회와 조선노동공제회 등


1부　사회주의사상의 도입과 분파형성

이 전국에 존재하는 노동 농민 청년단체를 망라하는 위상을 가지고 조직되었다. 이들 내부에는 민족주의자, 무정부주의자, 사회주의자 등 다양한 사상적 스펙트럼을 가진 사람들이 혼재되어 있었다.

1921년 서울청년회, 1923년 북성회(1924년 북풍회), 1923년 신사상연구회(1924년 화요회), 1924년 조선노동당 등은 제각기 그 이면에 비합법적 공산주의그룹들을 가지고 있으면서 이후 합법적인 표면단체인 사상단체라는 이름을 내걸었다.

서울청년회 내부의 비합법적 조직은 고려공산동맹이 북풍회 내부에는 까엔당이 그리고 조선노동당 내부에는 스파르타쿠스당이 존재하였다. 화요회는 코민테른과 직접적으로 조직적 관계를 맺으면서 주로 러시아의 이르쿠츠크파 계열의 사회주의자들과 긴밀한 연관을 가지면서 활동하였다. 이들은 1924년 초부터 조선노농총동맹과 조선청년총동맹 등 전국적인 대중운동체를 조직한 이후 본격적으로 국내에 전위당을 결성하려고 하였다.

이무렵 사회주의 분파들이 독자적인 모습을 띠고 등장하게 되는 데에는 1922년 1월 '김윤식 사회장사건'[12]과 1922년 4월 '사기공산당사건'[13]이 하나의 계기가 되었다.

---

12) 한말 대제학을 지냈고 한일합방 후 일제로부터 작위를 수여받았던 김윤식의 장례를 둘러싸고 상해파 국내부와 국내 사회주의 세력 사이에 의견 대립이 일어났던 것이다. 상해파 국내세력이 주도하고 민족주의세력이 참가한 '김윤식 사회장 장의위원회'에 대항하여 무산자동지회, 조선노동공제회 등에서는 '김윤식 사회장반대회'를 결성하여 적극적인 반대투쟁을 벌여 마침내 사회장은 취소되었다. 당시 무산자동지회의 김한은 김윤식 사회장반대운동은 "귀족사회를 파괴하고 자본가계급 타파와 사회개량가의 매장"을 위한 투쟁이었다고 규정하였다. 임경석은 '자본가계급의 타파'란 김윤식 사회장을 주장했던 기독교 세력과 동아일보그룹에 대한 투쟁을 뜻하며 '사회개량가의 매장'이란 문화운동 세력과의 연합을 추진하고 있던 상해파에 대한 반대투쟁으로 해석하였다 (임경석, 「서울파 공산주의그룹의 형성」, 『역사와 현실』 28, 1998, 37쪽).

1921년 1월에 조직된 서울청년회는 '김윤식 사회장사건', '사기공산당사건'을 겪으면서 그들 내부에 존재했던 이론적 경향들이 대립을 보이게 되었다. 그리고 이들 가운데 사회주의세력이 주도적 세력을 형성하게 되었다. 이후 김사국, 이영을 비롯한 서울청년회 인물들은 1922년 10월 '공산주의그룹'을 조직하게 되었다. 그들은 독자적인 강령과 조직체계를 갖춘 전위당을 지향하는 그룹이었다. 사회주의 분파로서 서울파가 형성되었던 것이다.

그들은 1922년 10월 자유노동자대회를 개최하는 등 대중운동에 본격적으로 자신의 모습을 드러내기 시작하면서 공업지역과 항만지역 등 산업 중심지에 조직적 기반을 확대하기 위해 노력하였다. 1923년 2월 '공산주의그룹'은 고려공산동맹이라는 이름을 가지게 되었다. 그들은 김사국을 블라디보스톡에 있는 코민테른집행위원회 원동부에 파견하여 코민테른으로부터 조선공산당으로 승인받기를 원했으나, 그들의 희망은 좌절되었다. 고려공산동맹은 1923년 3월 전조선청년당대회를 열었다.

서울파가 사회주의 분파로서 자기의 모습을 드러내는 때에 김약수 등을 중심으로 하는 북성회 그룹도 까엔당(К.Н.Дан)이라는 비합법 전위조직을 창립하여 활발한 대중사업을 전개하기 시작했다.14) 그들

---

13) '사기공산당사건'이란 상해파 고려공산당의 국내간부가 코민테른으로부터 받은 자금의 일부를 사적으로 남용하였다고 하여 이들을 주요 대중단체인 조선청년회연합회, 노동공제회, 서울청년회에서 축출하는 사건이었다. 이 과정 속에서 서울청년회 내부 분화를 겪으면서 김사국을 비롯한 서울파가 출현하였다. 화요파의 배성룡은 「조선사회운동소사」에서 "사기공산당사건관계자의 제명을 역설한 서울청년회는 그 존재가 세상에 드러나는 동시에 그 자체가 아주 무산청년운동의 색체를 띠게"되었다고 말하고 있다.

14) 전명혁, 「1920년대 전반기 까엔당과 북풍회의 성립과 활동」, 『성대사림』 12·13합집, 1997; 박철하, 「북풍파 공산주의그룹의 형성」, 『역사와 현실』 28, 1998.

은 1924년 11월에 북풍회라는 표면적 사상단체를 통하여 자신들을 드러내기 시작했다. 1920년 5월 조선노동공제회 내부의 맑스주의 학습써클에서부터 시작하여 1921년 10월 '꼼그룹'을 형성한 북풍파는 주로 일본 등지에서 재일 조선인 유학생들을 조직하면서 노동운동과 결합하면서 조직을 확장시켜 나갔다.

김약수를 비롯하여 정태신, 김종범, 송봉우, 李憲 등은 일본에서 1923년 1월 15일 북성회라는 합법 사상단체를 조직하여 『척후대』, 『전진』, 『해방운동』 등 기관지를 발행하면서 사회주의 조직으로서의 성격을 드러내었다.

1923년 8월 무렵부터 그들은 국내에 들어와 전국을 순회하면서 선전사업을 수행하면서 조직화 사업을 벌여나갔다. 1924년 1월부터는 경남노농운동자간친회, 남선노농동맹, 전라도노농연맹 등을 조직하고 마침내 1924년 4월 조선노농총동맹 결성하는데 하나의 축을 형성하여 일제 식민지하 노동자, 농민운동에 커다란 기여를 하였다.

그들은 1924년 4월 17일 까엔당이라는 비합법 조직과 합법단체 건설사를 조직하고, 1924년 11월 25일 까엔당의 표면단체였던 建設社와 焰群社 그리고 개별 사회주의자들을 망라하여 마침내 북풍회를 결성하기에 이르렀다. 이것은 조선노동공제회 내부에서 비롯하여 일본의 北星會로 이어지면서 국내 유력한 사회주의 분파로서 자리잡게 되는 '북풍파'의 성립을 의미하는 것이었다.


## 3) 사회주의 분파의 당건설투쟁

1922년 12월 블라디보스톡 코민테른 원동부하에 설립된 꼬르뷰로는 국내 당건설을 위해 신철과 김재봉을 파견하였다. 그들은

1923년 4월과 5월에 서울에 들어와서 국내 사회주의 각 분파의 인물들을 접촉하면서 꼬르뷰로의 당건설 방침과 계획을 전달하면서 그들을 조직하려는 활동을 하였다. 이들은 '북풍파'의 김약수 등과 '상해파'의 이봉수 등과 1923년 5월 김찬의 집에서 꼬르뷰로 국내부를 조직한다.

당창건준비기관으로서 꼬르뷰로 국내부는 김재봉을 책임비서로 간부에 신백우, 김약수, 이봉수, 원우관 그리고 공산청년회 책임비서에 신철 간부에 김찬(김낙준), 안병진 등으로 구성되었다. 이후 국내부는 윤덕병, 홍증식, 홍덕유 등 30여명을 조직으로 끌어들이고 각 지역별 야체이까 건설에 착수했다. 1923년 7월 국내부는 그들의 합법적인 표현단체로서 신사상연구회를 조직하고 이를 통하여 사회주의 선전활동 등을 하였다. 그들은 1924년 11월 이름을 화요회로 바꾸면서 화요파라고 불리게 되었다.

1923년~1924년 무렵 조선노농총동맹 건설을 둘러싸고 국내의 각 분파는 서로 대중적 토대를 확보하기 위해 경쟁하였다. 서울파는 조선노농대회준비회를, 북풍파는 남선노농동맹을, 화요파는 조선노동연맹회를 통하여 전국적 노동·농민운동체를 건설하려는 전망을 가지고 있었다. 이 과정에서 각 분파는 대립을 보이기도 했지만, 마침내 1924년 4월 조선노농총동맹이 건설되었다.

1924년 4월에 조선노농총동맹, 조선청년총동맹 등 전국적 노동·농민·청년운동 단체를 건설하면서, 국내에 대중적 기반을 확립하기 위해 활발한 조직사업을 벌이고 있던 당시 국내의 각 공산주의 단체들은 1924년 5월에 조선에 존재하는 공산주의그룹의 각 대표들 그리고 개별 공산주의자들이 회합하였다. 이들은 '조직국'을 창립하고 통일적 조선공산당을 창립하기 위하여 전력을 다하였다. 이것이 이른바 '13인회'였다.

13인은 '서울파'(고려공산동맹) 5인, '화요파' 2인, '북풍파'(까엔당) 3인, '상해파' 2인, 조선노동당(스파르타쿠스당) 1인으로 구성되었다. 또한 임시중앙위원 6명은 '북풍파'의 1인(김약수), '상해파' 2인(유진희, 이봉수), '서울파' 3인(김사국, 이영, 이혁로)으로 구성되었다. 이와 같이 '13인회'는 '화요파', '북풍파', '노동당', '상해파' 등 국내의 모든 분파가 총망라되어 있었다.

1924년 5월 '조직국' 창립회의에서는 '단일한 당창건'이라는 '조직국'의 창립 목적, 창당대회 전까지 각 분파의 활동을 지도할 권한, 각 분파의 통일을 저해하는 '파벌투쟁'에 대한 중지, 특히 '화요파'의 '기만적 행위'를 엄중히 비판했다.

그러나 이 결정에도 불구하고 1924년 6월 서울에 와있던 이성과 전우는, 조선의 전 공산주의 조직이 조선공산당 창립을 위하여 블라디보스톡에서 꼬르뷰로가 해체된 이후 재차 창립된 '고려공산당창립대표회 준비위원회' 즉 오르그뷰로에 종속될 필요성을 주장했다. 국내의 모든 공산주의단체들의 조직적 기초에 의거한 통일적 당건설투쟁, 즉 국내 '조직국'의 활동은 1924년 5월에서 9월까지의 5개월만에 블라디보스톡의 오르그뷰로의 '권위'와 '화요파'만의 편향된 결합에 의하여 결국 좌절되고 말았다.

# 2장

# 서울청년회의 성립과 고려공산동맹

　서울파는 화요파와 더불어 1920년대 국내 사회주의운동에서 화요파, 북풍파와 더불어 사회운동을 양분하였던 세력을 지닌 사회주의 분파였다. 그러나 그동안 서울파에 대한 연구는 대단히 제한적으로 이루어져왔다.

　서론에서 언급하였듯이 이달호, 이현주, 한동민의 연구는 서울파의 사회주의운동에 주목했지만 자료상의 제약으로 서울파의 전위조직인 고려공산동맹의 실체를 밝히지 못하고 주로 서울청년회의 합법적인 활동과 일제에 의해 드러난 사실을 중심으로 서울파의 형성과 활동을 재구성하는 한계를 지니고 있었다. 그러나 최근 몇몇 연구들에 의해 러시아 측 자료에 근거하여 그동안 밝혀지지 않았던 서울파의 형성과 전위조직에 대한 새로운 사실들이 해명되기에 이르렀다.[1]

---

[1] 임경석, 「서울파 공산주의그룹의 형성」, 『역사와 현실』 28, 1998; 전명혁, 『1920년대 국내사회주의운동연구 – 서울파를 중심으로 – 』(성균관대 사학과 박

'서울파'는 1921년 1월 27일 서울청년회의 성립에서 비롯되었다. 이후 서울청년회는 '사기공산당사건', '김윤식 사회장반대사건' 등의 사안을 둘러싸고 그 내부에서 '민족주의적' 경향과 '사회주의적' 경향의 노선대립을 겪으면서 점차 사회주의 분파가 조직을 주도하게 되었다. 1922년부터 사회주의 분파는 분명한 대세를 이루게 되었고, 마침내 그들은 1922년 10월 11일 서울청년회 내부에 비밀리에 '공산주의그룹'을 조직하고 1923년 2월 20일 이를 고려공산동맹이라고 칭하게 되었다.

高麗共産同盟과 그것의 前身인 서울파 공산주의그룹에 대해서는 연구가 전무하였다. 고려공산동맹 자체에 대한 문헌이 거의 존재하지 않았기 때문일 것이다. 또한 고려공산동맹의 창립시기와 부서, 구성원에 대해서도 그동안의 연구는 일제의 관헌자료에 의거했기 때문에 부정확하고 혼란스러웠다.

해방 후 출간된 『사회과학대사전』에는 1922년 11월 서울파 공산주의그룹이 조직되었다가, 1925년 6월에 고려공산동맹으로 발전하였다고 서술되어 있다.2) 방인후는 함경남도, 「서울계공산당검거개황」(1930년 7월)에 의거하여, 고려공산동맹은 1924년 10월에 김사국을 책임비서로 하여 창립되었다고 하였다.3) 김준엽·김창순는 이

---

사학위논문, 1998); 전명혁, 「서울파의 민족통일전선론연구 – ML파와의 논쟁을 중심으로 – 」, 『역사연구』 6호, 1998.

2) 李錫台 編, 『社會科學大辭典』(문우인서관, 1948), 196·600쪽.

3) 방인후는 일제의 검거 자료에 의거하여 다음과 같이 조직부서를 파악하였다. 책임비서 김사국을 비롯하여 조직부 김사국, 선전통신부 이영, 교양부 김유인·정백, 청년부 이정윤, 사회부 박형병, 노동부 이병의, 민족부 김영만, 연락부 이항발, 검사부 강택진 등이 선출되었다. 또한 '서울파' 고려공산청년회는 책임비서로 이정윤, 중앙간부에 임봉순, 장채극, 김병일, 조기승, 이인수 등을 선출하였다[方仁厚, 『北韓 '朝鮮勞動黨'의 形成과 發展』(高麗大 亞細亞問題研究所, 1967), 25쪽].



1부  사회주의사상의 도입과 분파형성

를 무비판적으로 수용하였다.4) 그러나 '서울파' 측이 코민테른에게 보내는 공식적인 「보고」에 의거하여, 1922년 10월 11일 서울파 공산주의 조직인 '공산주의그룹'이 성립되었고, 4개월 후인 1923년 2월 20일 고려공산동맹이 창립된 것으로 밝혀지게 된 것이다.5)

즉 서울청년회라는 합법적 공간의 틀을 유지·이용하면서, 그 내부에 실질적으로 이를 지도하는 비합법적 사회주의 전위조직으로서 고려공산동맹이 존재하였던 것이다. 이 장에서는 합법조직인 서울청년회와 비합법 조직인 고려공산동맹의 성립 과정을 통해 '서울파'의 형성 과정과 활동을 고찰하고자 한다.


# 1. 서울청년회의 분화와 서울파의 성립

## 1) 서울청년회의 성립

1920년대 사회주의운동에서 화요·ML파와 더불어 한 획을 그은 '서울파'의 역사는 1921년 1월 27일 서울청년회의 창립으로부터 비롯된다.6) 화요회 출신의 사회주의자 裵成龍은 서울청년회의 창립에 대하여 다음과 같이 서술하고 있다.

---

4) 김준엽·김창순, 『한국공산주의운동사』 2(청계연구소, 1986), 221쪽.

5) 서울청년회 내부에는 비밀리에 조직된 고려공산동맹에 대해서는 КимЕнман·Цойцаник, Исполкому Комунистического Интернационала, 1926.2(김영만·최창익, 「코민테른집행위원회에게 : 서울청년회 내부에 현존하는 공산주의 조직 '고려공산동맹' 전권 대표로부터」, 1926.2)(러시아문서보존소 ф.495 оп.135 д.125, 101~112쪽)에 상세히 기술되어 있다.

6) 京畿道警察府, 『治安槪況』, 1925.5, 369쪽. 그런데 『동아일보』 1926년 1월 5일자의 「서울청년회 탐방기사」에는 1921년 1월 23일이라고 기록되어 있다.

… 전 조선청년연합회기성회가 조직된 이후에 재경청년단체로서 동연합
회에 참가하여 그 총기관을 운전할 역원을 파송하여야 되겠다는 필요에 의
하여 경성에서 처음으로 조직되었으니 이것이 金翰, 李得秊, 洪璔植, 金思國,
李英, 張德秀, 金明植, 吳祥根 등 제군의 발기로 출현하여 이후에 조선사회운
동 특히 청년운동에 많은 功效를 나타내인 서울청년회가 있다.[7]

　　창립 당시의 임원진은 이사장 李得秊, 이사 吳祥根, 金明植, 金思國,
張德秀, 尹滋英, 韓愼敎 등이었다.[8] 서울청년회는 어떠한 목적으로, 어
떠한 생각을 하는 사람들이 어떠한 계기로 창립되었을까? 서울청년회
에 참여한 구성원의 분석을 통해서 그들이 어떠한 이유로 서울청년회
라는 조직과 관련을 맺게 되었는가를 파악할 수 있을 것이다. 그리고
이를 통해 서울청년회에 참여하여 1922년 이후 이를 주도한 '서울파'
라는 사회주의 분파가 형성되는 과정을 추적할 수 있을 것이다.
　　이현주는 서울청년회가 대체로 다음의 3개 그룹의 연합으로 구성
되었다고 파악하고 있다.[9] 첫번째는 이득년과 오상근 등의 민족주의
자 그룹, 두번째는 장덕수, 김명식, 윤자영 등의 '사회혁명당'[10] 그룹,
세번째는 김사국, 한신교(韓愼敎), 이영 등의 사회주의그룹이었다.
　　그러나 이들이 처음부터 이와 같은 세가지의 사상적 경향을 가지
고 조직적으로 연합되었다기 보다는 이들 참여자들의 민족운동 등 과

---

7) 裵成龍, 「朝鮮社會運動小史」 2, 『조선일보』 1929.1.2.

8) 京畿道警察府, 『치안개황』, 1925[한홍구 · 이재화 편, 『한국민족해방운동사자
료총서』 2(경원문화사, 1988), 369쪽].

9) 李賢周, 「서울靑年會의 초기조직과 활동(1920~1922)」, 『國史館論叢』 第70輯,
1996, 11~14쪽 참조.

10) 여기에서 사회혁명당은 1920년 6월 신아동맹단이라는 반일단체가 서울에서 제
5회대회를 열고 사회혁명당으로 개명한 단체이다. 김철수, 장덕수 등이 여기에
관여했으며 이들은 1921년 5월 상해에서 열린 '상해파' 고려공산당 창립대회에
참석했다. 따라서 이들은 '상해파' 고려공산당의 국내지부로 파악된다(임경석,
앞의 글, 33쪽).


1부　사회주의사상의 도입과 분파형성

거 활동의 경험과 지연·학연 등의 여러 가지 정서적인 유대감이 3·1
운동의 경험과 정치적 세례를 통해 민족적·계급적 의식을 획득하게
되었고, 이것이 서울지역 청년운동의 지도부 건설, 즉 서울청년회라
는 조직을 통해 통합되었던 것이다. 그러나 이들은 서울청년회 결성
이전부터, 즉 1920년 6월 중순 무렵 조선청년회연합회 창립과정 속
에서 조직문제를 둘러싸고 두가지 경향으로 대립하게 되었다. 그 대
립은 '상해파' 국내부와 '서울파' 사회주의 세력의 대립을 의미하였다.

서울파의 핵심인물인 李英은 朝鮮靑年會聯合會(이하 연합회) 조직
방법, 서울청년회 창립을 둘러싼 대립 그리고 서울청년회 창립이 이
미 1920년 6월경부터 논의되었음을 언급했다. 즉 이영은 연합회의
발기 당시 두가지 조직방안의 대립을 지적하고 있다. 첫째는 각 지방
의 청년단체를 연합하여 발기하는 것이요, 둘째는 서울청년회를 조직
한 이후 서울청년회가 중심이 되어 연합회를 발기하는 것이었다. 결
과적으로 첫번째와 두번째 조직안이 '절충'되어 전국적인 청년회의 연
합체라는 위상에 걸맞게 서울지역의 청년회 즉 서울청년회를 다른 지
방 청년회와 동일한 위상으로 '하향조정'한 상태에서 연합회를 건설하
자는 방안으로 결정되었다.11)

이러한 방식에 따라 1920년 6월 28일 조선청년회연합회기성회
(이하 기성회)가 결성되었다.12) 이러한 사실은 기성회를 구성하는
여러 세력 가운데 이영과 뜻을 같이하는 인물들이 최소한 1920년 6
월경에 서울청년회를 조직하려고 하는 움직임이 존재했음을 의미한

---

11) 李英, 「旣成會의 胚胎된 內容」, 『我聲』 제2호, 1921.5.15, 85쪽. 안건호는 朝鮮靑
   年會聯合會旣成會의 결성 직전인 1920년 6월 17일에 이영 등과 함께 서울청년
   회조직에 노력한 자들을 '서울청년회그룹'으로 파악한다(安建鎬, 「1920年代 前
   半期 朝鮮靑年會聯合會에 關한 硏究」(崇實大 史學科 碩士論文, 1993.6), 23쪽(「조
   선청년연합회의 조직과 활동」, 『한국사연구』 88, 1995).
12) 편집부, 「연합회휘보」, 『我聲』 제1호, 1921.3.15, 85쪽.

다. 그런데 서울파의 지도자가 되는 김사국은 1919년 4월 23일 '국민대회사건'13)으로 체포되어 아직 석방되지 않은 상태였다. 김사국은 이 사건으로 2년형을 선고받고14) 1920년 10월 말에 석방되었다.15) 또한 김사국이 석방된 직후인 1921년 3월 조선청년회연합회의 기관지 『我聲』에 기고한 글들을 보면, 그가 아직은 사회주의사상을 습득하고 있다고 보기는 어렵다.16)

그러나 김사국은 출옥 후부터 서울청년회 안팎의 동지들과 맑스주의 학습을 계속해 왔던 것 같다.17) 그가 1922년 중반 이후 '서울파' 의 가장 탁월한 지도자로 부상하게 되는 것은 이러한 사실을 입증해주는 것이다. 1921년 5월부터 1922년 4월 무렵 김사국의 활동은 민족에 대한 뜨거운 애정을 지닌 한 개인이 급속히 사회주의자로 변모하게 되는 과정을 응축적으로 보여주고 있다. 이것은 아마 식민지 조선의 민족적, 계급적 해방을 동시에 열망했던 대다수 사회주의자들

---

13) 3·1운동 직후인 1919년 4월 23일 국내 13도 대표들이 서울 서린동 奉春館에 모여 조선국민대회를 개최하고 이를 통해 임시정부('한성정부')를 수립하여 일반 민중에게 선포했다. 이 '국민대회' 개최에 김사국 등이 적극적으로 활동하다가 일제 당국에게 체포된 사건을 말한다[경성지방법원, 「金思國 等 豫審終結決定」, 1919.8.30(독립운동사편찬위원회 편, 『독립운동사자료집－3·1운동 재판기록－』 제5집, 高麗書林, 78~79쪽]. '국민대회사건'과 한성정부에 대해서는 이현주, 앞의 글, 4~7쪽 참조.

14) 경성지방법원, 「김사국 등 판결문」, 1919.12.19(독립운동사편찬위원회 편, 위의 글, 133쪽).

15) 김사국은 예심에서 2년을 선고받고 장채극은 3년을 선고받았으나 이후 상소권을 포기하면서 1년 6개월 형을 받았다. 「김사국 등 상소권포기선청서」, 1920.3. (國史編纂委員會 편, 『韓民族獨立運動史資料集－三一 運動 Ⅸ』 19, 1995, 83쪽).

16) 解光(김사국), 「사회생활을 대상으로 한 신도덕의 수립」, 『我聲』 제1호, 1921. 3.15; 金思國, 「我人生觀」, 같은 글.

17) 당시 서울파의 인식의 정도를 파악하기 위해서는 다음의 글을 참조할 수 있다. 김사국, 「현대적 경제조직의 결함」, 『개벽』 18호, 1921년 12월호; 정백, 「민중정신의 일고찰」, 『신생활』 제1호, 1922.3.11.

이 형성되는 과정이었을 것이다.

김사국은 1921년 7월에는 그의 평생의 동지이기도 하였던 朴元熙와 결혼하고, 11월 동경에 건너가서 『5·1신보』 발기에 참가하고[18] 1921년 11월 29일 黑濤會 결성에 참가하였다.[19] 또한 1922년 1월 19일에는 이영과 무산자동지회에 참가하고[20], 같은 해 2월 4일 『조선일보』에 「전국노동자 제군에 격함」(일명 「동우회선언문」)을 金若水, 鄭泰信(정우영), 鄭泰成(鄭南局) 등 12인과 함께 발표했다.[21]

이러한 정황을 종합해 볼 때 1921년 1월 서울청년회 창립을 곧바로 '서울청년회그룹'[22] 또는 '사회주의그룹'[23], 즉 '서울파'의 형성으로 파악하기는 어려운 점이 있다. 이영 등은 1920년 6월 17일 서울청년회를 조직하여 이를 중심으로 조선청년회연합회를 결성하려고

---

18) 『동아일보』 1926.5.10. 『5·1신보』의 성격에 대해서는 알 수 없지만 아마도 메이데이를 의미하는 것으로 보아 노동자계급의 해방을 지향하는 성격으로 추정된다.

19) 坪江汕二, 『朝鮮民族獨立運動秘史』(巖南堂書店, 1959), 285쪽.

20) 김사국은 무산자동지회가 창립되고 무산자동맹회로 바뀔 무렵 일본 동경에 있었던 것으로 생각된다. 1922년 일제 경무국의 기록은 김사국 김약수 鄭泰信(鄭又影) 등을 '재동경 요주의인물'로 파악하고 있다(朝鮮總督府警務局, 『大正 11년 朝鮮治安狀況－其ノ一(鮮內)』, 1922, 159쪽).

21) 「동우회선언문」은 "우리 동우회는 일본의 주요사상단체 및 노동단체와 제휴하여 노동대학의 설립, 잡지 『同友』의 발행 등으로 노동운동을 전개할 것이며, 이제는 고학생 및 노동자의 구제기관임을 버리고 계급투쟁의 직접적 행동기관임을 선언함"이라는 내용이었다(조선총독부경무국, 『조선치안상황』, 1922, 17쪽; 경기도경찰부, 『치안개황』, 1925, 6쪽). 김사국이 사망한 이틀후 그를 애도하는 기사와 그의 약력이 『동아일보』 5월 10일자에 실렸는데 거기에는 1922년 봄에 귀국하였다고 하고 있다. 1922년 1월 무산자동지회 참여와 2월 「동우회선언」은 그가 일본에 있는 상태에서 이루어 진 것인지 혹은 그의 귀국이 1922년 1월인지는 확인이 필요하다.

22) 안건호, 앞의 글, 23쪽.

23) 이현주, 앞의 글, 11~14쪽.

했으나 이를 관철시키지 못하고 6월 23일 이영 등 15인은 "서울청년
회조직은 留案하고 그에 쓰는 정력과 고심을 가지고 연합회를 발기하
되 그 발기하는 방법은 경성 각계를 연락하여 기성회를 조직하는 것
이 가장 便宜한 첩경이란 의견이 만장일치로 결정"이 되자 "각방면의
有志者의 연락을 취키 위하여 노동, 종교, 신문, 학생, 실업 각계에
교섭하기를 각자 분담하기로 約定"24)하였던 것이다.

1920년 12월 1일 조선청년연합회가 정식으로 발기총회를 개최
하고 다음날인 12월 2일 창립총회를 개최하였다. 집행위원장은 吳祥
根이었고, 집행위원은 尹滋瑛, 李英, 安廓, 張道斌, 安浚, 張德秀, 朴一
秉, 權永洛, 崔鍾徹, 朴海暾, 金信根, 李一, 張基郁, 李時琓, 金明植 등
이 선정되었다.25) 집행위원가운데 윤자영, 장덕수, 김명식 등은
1921년 5월 '상해파' 고려공산당의 국내부 당원이었고, 이영을 비롯
하여 안준, 이시완 등은 서울파의 주요 인물이었다.

이와 같은 사실을 통해 1921년 1월 서울청년회가 정식으로 출범
하기 전, 조선청년회연합회를 창립하는 시기부터 조직문제를 둘러싼
심도깊은 논쟁이 있었음을 알 수 있었다. 이러한 내부적 대립을 안고
서울청년회는 창립되었다.


## 2) 서울청년회의 분화

1921년 1월에 창립된 서울청년회는 "① 우리는 조선의 해방을
기함 ② 우리는 무산계급의 이익에 합치하는 사회질서의 실현을 기함
③ 우리는 무산계급에 필요한 지식의 흡수에 노력함"26)이라는 「강

---

24) 이영, 앞의 글, 86쪽.
25) 편집부, 앞의 글, 91쪽.


1부  사회주의사상의 도입과 분파형성

령」을 가지고 있었다. 서울청년회는 '조선의 해방'과 '무산계급의 이익'을 위한다는 강령과는 달리 그 내부에 민족주의적 경향, 사회주의적 경향 등 여러 사상적 경향이 혼재되어 있었다. 그리고 위에서 살펴본 바 처럼 서울청년회는 창립 이전부터 조직적·사상적 문제를 안고 있었다. 그러나 이러한 임시적인 '봉합'은 몇가지 '사건'을 통하여 서울청년회의 내부 대립과 분화를 가져왔다.

첫번째 계기는 '김윤식 사회장사건'이었다. 1922년 1월 21일 金允植[27]이 78세로 병사하자 동아일보사 간부들이 중심이 되어 '김윤식 사회장발기'를 하였다.[28] 여기에는 동아일보 초대사장인 박영효와 청년회연합회 위원장이며 서울청년회 이사인 오상근과 장덕수 등이 포함되어 있었다.[29]

이에 무산자동지회를 비롯하여 조선노동공제회원, 조선학생대회, 고학생구제회 등은 격렬한 반대를 제창하였다. 이것은 곧 "계급적 여론으로 化하여 일반 文化運動者의 사회장 찬성과 그와는 견해를 달리한 자들의 同 반대의 주장이 아주 階級意識的 色彩를 가지고 대립"[30]하게 되었다.

무산자동지회에는 김사국을 비롯하여 이영, 김한 등 서울청년회의 핵심 인물들과 후에 '화요파'를 형성하는 윤덕병, 신백우, 박일병, 이준태, 원우관 등의 인물들이 포진하고 있었다. 이들은 결국 자신들

---

26) 京畿道警察府, 『치안개황』, 1925(한홍구·이재화 편, 앞의 책, 369쪽).

27) 한말에 규장각 대제학을 지냈고, 한일합방 뒤에 중추원 부의장이 되어 일제로부터 자작의 작위까지 수여받았으나, 3·1 독립문서사건으로 징역을 언도받고 작위를 박탈되었다. 당시 민족주의 진영으로부터는 추앙받았다고 한다(『동아일보』 1922.1.22).

28) 裵成龍, 「朝鮮社會運動小史」 3, 『조선일보』 1929.1.5.

29) 이현주, 앞의 글, 20쪽.

30) 배성룡, 앞의 글.

의 주장을 관철시켜 김윤식의 사회장은 무산되고 말았다. 화요회 출
신의 배성룡은 다음과 같이 이 투쟁의 의의를 기록하였다.

> 3·1운동 이후에 처음있는 격렬한 여론적 투쟁이었으나 그(김윤식 사회장
> -인용자)는 결국 주최자 측의 발기취소에 의하여 중지되고 말았었다. 물론
> 이 문제가 직접적으로는 조선사회운동에 하등의 관계가 있음이 아니었으나
> 그러나 그(김윤식 사회장반대투쟁 - 인용자)는 확실히 조선에서 처음있게 된
> 일대도전 즉 貴族階級 兩班閥 또는 장래에 사회에서 우월한 계급의 지위를
> 점령하려고 몽상하는 자들과 저 民衆本位의 평등한 사회를 이상하는 자들과
> 의 큰 挑戰이었었다.[31]

1922년 1월 '김윤식 사회장사건'이 서울청년회내의 오상근, 장덕
수, 김명식 등 '상해파' 국내세력에게 상당한 타격을 주고 얼마 안 있
어, 다시 이들에게 돌이킬 수 없는 손상을 준 사건이 발생했다. 즉
'사기공산당사건'이란 것이었다. 이는 '상해파' 고려공산당이 코민테
른으로부터 받은 자금의 일부[32]를 국내의 조선노동공제회와 청년회
연합회의 간부인 최팔용, 오상근, 장덕수 등 9인이 이 양대 단체의
사업수행의 비용을 빙자하여 이를 사적으로 남용했다는 사실이 드러
나면서 서울청년회의 김사국, 김한 등이 이들을 '문화운동자' 또는
'仮裝사회운동자'라고 비판하면서 당시 사회운동에 일대 풍파를 일으
켰던 사건이었다.[33]

---

31) 배성룡, 위의 글.
32) "그 금액수는 혹은 4만원이라하고 혹은 8만원이라한다"(배성룡, 위의 글). 또한
    일제의 관헌 자료에는 최팔용이 8만원을 받아 新生活社를 비롯하여 당시의 사
    회운동단체의 간부 및 출판업계의 인사들에게 나누어 주었다고 한다(京畿道警
    察部「第三次朝共黨高共靑事件檢擧ノ件」, 京鍾高秘 第2530号ノ1, 1928年 3月 17
    日, 368~369쪽)[김준엽·김창순, 『한국공산주의운동사』 1(청계, 1986), 236쪽에
    서 재인용].
33) 배성룡, 앞의 글.


1부  사회주의사상의 도입과 분파형성

    마침내 서울청년회의 김사국, 김한 등은 1922년 4월 조선청년회연합회 제3회 정기총회에서 이들에 대한 불신임안을 제출하고 간부 재선출을 요구하였다. 격렬한 논쟁이 있었으나 그들의 요구가 부결되자 김사국, 김한 등은 "연합회의 사업을 쇠퇴케 하며 進하여 荒廢凋殘의 憶境에 몰락된 조선인사회생활의 재건을 목적으로 하고 온갖 분투의 노력을 盡하는 청년운동의 진로를 미혹케 한 책임자 오상근 김명식 장덕수 등 간부재선의 불신임을 이유로"34) 라는 내용의 「성명서」를 발표하고 서울청년회 外 18개 단체35)와 연합회 탈퇴를 단행하였다.

    이후 서울청년회는 1922년 6월 13일 임시총회를 소집하여 "… 조선민중의 부활운동에 대한 일반의 갈망이 심대히 조선청년회연합회로부터 일반 인심을 이반케 하여서 연합회의 존재를 위태케함과 동시에 일반 청년단체의 향상발전에 대하여 비상한 타격"을 주어 "이제 본회(서울청년회－인용자)는 본회의 체면과 일반사회의 여론을 존중하며 아울러 조선민중의 장래를 위하여 부득이 단연한 행동을 행치않키 不可"36)하다는 「제명 이유서」를 결의하여 장덕수, 김명식, 오상근, 최팔용, 이봉수 등 5인을 제명하고 그 이유를 전조선의 청년단체에 통지하였다.

---

34) 李江, 「朝鮮靑年運動의 史的考察」 中, 『현대평론』 1927.10, 22쪽.

35) 서울청년회를 비롯하여 연합회를 탈퇴한 18개 단체의 명단을 알 수 없지만 1923년 1월 '서울파'가 주도하는 '전조선청년당대회주최단체'(서울청년회, 천도교유신청년회, 楊州청년회, 조선불교청년회, 連浦청년회, 鳳山청년회, 尙州청년회, 高靈청년회, 南面청년회, 眞海청년회, 蔚山청년회, 進永청년회, 共濟會, 배달청년회, 鷺城청년회, 義城청년회, 檜川청년회, 寶城청년회, 浦項청년회, 大倧敎중앙청년회, 조선불교여자청년회) 20여단체와 일치한다고 볼 수 있을 것이다(李江, 위의 글, 16쪽).

36) 이강, 위의 글, 22~23쪽.

　또한 조선노동공제회에도 '사기공산당사건'의 여파는 밀려 왔다. 1920년 4월 11일 창립된 조선노동공제회도 그 집행부의 상당수가 '사기공산당' 관련자들이 맡고 있었다.[37] 1921년 4월 조선노동공제회 제2회 정기총회 당시 대표 61명 가운데 윤덕병, 신백우, 홍증식 등은 이후 '화요파'에서 활동하였고 김명식, 장덕수, 오상근, 유진희, 윤자영 등은 '상해파' 국내간부였다.

　1922년 4월 3~4일 조선노동공제회 제3회정기대회때 서울청년회의 김사국, 김한등은 車今奉, 崔上德 등을 통해 장덕수, 김명식 등 '사기공산당' 관련자들의 제명처분을 요구하였던 것이다. 이후 조선노동공제회는 신백우, 윤덕병, 차금봉 등 20명으로 집행부가 대폭 개편되었다.[38] 이후 노동공제회는 윤덕병, 신백우 등의 무산자동맹회계열(이후 '화요파')이 조선노동연맹(1922년 10월 15일 창립)을 준비하면서 조선노동공제회는 노동공제회를 고수하는 차금봉 등 서울파세력과 이후 '화요파'의 조선노동연맹으로 분리되었다.

　서울청년회는 1922년 4월 무렵 새롭게 조직체계와 집행부를 개편하였다. 기존의 理事制를 집행위원제로 바꾸고 "역사적 진화의 필연인 신사회의 건설을 목표로 하여 돌진한다. 또 계급적 자각과 단결로서 무산대중 해방운동의 전위임을 기한다"[39]는 내용의 강령을 발표했다.

　'사기공산당사건'과 관련한 서울청년회의 내부 대립은 결국 서울청년회 또는 청년운동 내부에 존재하는 '민족주의적 경향'과 '사회주의적 경향'의 대립의 성격을 갖는다고 볼 수 있다. 장덕수, 김명식,

---

37) 창립총회에서 선출된 임원은 회장 朴重華, 총간사 朴珥圭, 이사장 吳祥根, 집행위원 박이규, 朴敦緖, 車今奉, 申伯雨, 외 25명, 평의원 장덕수, 김명식, 오상근 외 17명이었다(『동아일보』 1920.4.12).

38) 김준엽·김창순, 앞의 책 2, 65~67쪽; 『동아일보』 1922.4.5.

39) 조선총독부 경무국 편, 『最近に於ける朝鮮治安狀況』, 1938, 30쪽.


1부　사회주의사상의 도입과 분파형성

오상근, 최팔용, 이봉수 등은 '상해파' 고려공산당의 국내부에 가입하여 활동하던 인물들이었다. 그러나 그들은 대체로 '민족주의적 경향'의 인물들이었다. '상해파'의 민족주의에 대한 '유연한' 통일전선노선이 그들로 하여금 동아일보계의 민족주의진영을 포괄하려고 계획하였는지 모르겠지만, 결국 그들의 민족주의자에 대한 태도는 동아일보가 일제 총독부의 '문화정치' 속에서 문화운동론 즉 민족개량주의를 선전하는 방향을 저지하지 못했다.

반면 김사국, 김한 등 서울청년회내 '좌파'는 민족주의진영내의 비타협적 부위들과의 연대를 강화해나갔다. 1922년 무렵 민족주의 내부가 타협적·개량적 요소와 비타협·혁명적 요소로 분화되는 과정에 있었고, 비타협적 혁명적 민족주의자들이 점차 사회주의적 경향을 가지게 되는 시기였다. 서울청년회의 내부 분화는 민족주의진영과 사회주의진영의 다양한 스펙트럼과 굴곡을 보여주고 있다. "사기공산당사건 관계자의 제명을 역설한 서울청년회는 그 존재가 세상에 드러나는 동시에 그 자체가 아주 무산청년운동의 색채를 띠게"[40]되었던 것이다.

이와 같이 서울청년회는 '김윤식 사회장반대투쟁'과 '사기공산당관련자제명'을 통해 초기의 민족주의적 경향을 止揚하면서 1922년 4월경부터는 점차 사회주의적 경향을 띠게 되었다. 서울청년회에 참여했던 인물들은 그들의 활동의 경험 속에서 자신의 사상적 경향을 변모시켜 나갔다.

서울청년회 초기의 조직적 변화를 통해 1920년대 초 국내에 사회주의가 형성되어 가는 일반성을 추출해 볼 수 있다. 이것은 사상이 개인의 조직적 활동 속에서 더욱 첨예화되고 간다는 사실을, 또한 하나의 사상이 완전히 정립된 상태에서 그 조직을 형성하고 지도한다기

---

40) 裵成龍, 앞의 글.

보다는 미분화되고 혼재된 사상이 조직적 활동 속에서 단련되고 명확해지는 과정을 확인할 수 있게 해 준다.

## 2. 서울파 공산주의그룹과 서울파의 형성

### 1) 서울파 공산주의그룹의 조직 배경

1922년 4월~6월 무렵 '김윤식 사회장사건'과 '사기공산당사건'을 통해 노동공제회와 청년회연합회에서 장덕수 등의 세력을 축출한 서울청년회의 김사국, 이영 등은 본격적으로 태동하기 시작하는 조선의 노동자 농민 청년운동에 자신의 조직적 세력을 확장하는 노력을 기울이면서, 비밀리에 '공산주의그룹'을 결성하였다.41) 이것은 1920년 중반부터 서울청년회를 조직하려고 하던 이영 등의 인물들이 김사국의 출옥 이후 1921년 1월 서울청년회를 조직하고, 이후 내부 투쟁을 거치면서 하나의 독자적인 분파로 형성되는 과정을 보여주고 있다. 이때부터 국내 사회주의 분파로서 '서울파'의 역사는 사실상 시작되는 것이다.

1921년 5월 이르쿠츠크에서 성립된 고려공산당은 8월에 북경에서 李适, 金鎬盤, 朴憲永, 당 대표로서 南萬春, 국제공산청년회(КИМ) 대표로서 趙勳 등 5인으로 구성된 고려공산청년회 중앙총국을 결성했다. 공청의 사업을 국내로 집중시키기 위하여 노력하다가 이괄이 체포되자 1922년 3월에 金丹冶, 林元根, 高俊(安秉珍)42), 박헌영,

---

41) КимЕнман · Цойцаник, 앞의 글, 101~112쪽.

42) 고준의 본명은 안병진으로 이르쿠츠크파 고려공산당 상해지부에서 활동한 안병찬의 동생이다. 안병진은 1902년 평북 의주 출신으로 1922년 국내에 들어와


1부  사회주의사상의 도입과 분파형성

조훈 등 5인은 2차로 중앙총국을 구성했다. 중앙총국은 국제공산청
년회(КИМ)의 지도하에 국내에서 활동하기 위하여 들어오다가 박헌
영, 김단야, 임원근 3인이 체포되고 안병진만이 국내로 들어오게 되
었다.[43]

1922년 8월 국제공청(킴 : КИМ)의 지도하에 3차 중앙총국이 서
울에서 구성되었다. 중앙총국은 "前 위원 일인(안병진 - 인용자)과 조
선노동연맹회의 전우(정재달), 서울청년회의 金思民과 내지 중립공산
당 대표로 金思國과 킴의 대표 일인(조훈 - 인용자)"[44]으로 구성되었
다. '중립공산당 대표'로 김사국이 참가하게 되었다. 1922년 6월 무
렵 국내에서 조직된 조선공산당('중립당')[45]은 김사국과 이영·김한

---

휘문고등보통학교 2학년에 편입했다. 1924년 모스크바 동방노력자공산대학에
입학했다. 이후 신간회 신의주지회에서 활동하다가 1930년 '화요파조선공산당
재조직사건'으로 검거되었다[朝鮮總督府 警務局, 「火曜派朝鮮共産黨再組織事件
檢擧ニ關スル件」(朝保秘 第1025號, 1930.7.25); 梶村秀樹·朴慶植 編, 『現代史資
料』29(みすず書房, 1972), 232~257쪽].

43) 「高麗共靑 一般 進行 情況」, 2~3쪽. 이 자료는 1925년 4월 17일 조선공산당 창
건 다음날인 4월 18일에 박헌영과 조봉암이 고려공산청년회 창립대회 때 보고
한 문헌이다. 고려공산청년회 제1차 창립대표회의 결정사항은 다음의 문헌을
참조할 수 있다. 「고려공산청년회 제1차창립대표회」, 15~17쪽(러시아문서보존
소 ф.533 оп.10 д.1891).

44) 「高麗共靑一般進行情況」, 3쪽.

45) 임경석은 정재달(전우)의 보고(История и деятельность нейтральной коркомпарт
ии : Доклад делегата Тену(「중립조선공산당의 역사와 활동 : 대표자 전우의 보
고」)에 의거하여 1922년 3월 31일 무산자동맹회의 결성과 국내 조선공산당('중
립당')의 성립이 일치한다는 사실과 김사국의 보고[Доклад КимСагук во ИККИ
No.1, Краткий исторический и возникновения коммунистической организации в
Kopee, 1924.3.17(ф.495 оп.135 д.96 л.47~57), (코민테른집행위원회로의 김사국의
보고 - 조선에서 공산주의 단체의 형성과 활동 약사」)]에 의거하여 1921년 10월
東京에서 결성된 사회혁명당이 1922년 국내로 들어와 활동하다가 1922년 6월
사회혁명당을 해산하고 '통일조선공산당 창립대회 소집준비위원회' 즉 조선공
산당('중립당')이 결성되었다는 두가지 사실을 소개하고 있다. 이때 조선공산당

등의 이후 서울파와 申伯雨, 元友觀, 尹德炳 등의 이후 화요파 등으로 구성되어 있었다. 1922년 3월에 결성된 무산자동맹회는 사실상 조선공산당('중립당')의 합법적인 단체였다.

그런데 '중립당'의 김사국과 김사민이 중앙총국에 참여한지 1개월만인 1922년 9월에 각각 중앙총국을 탈퇴하였다.46) 김사국과 김사민이 탈퇴한 이유는 무엇이었을까? 이무렵 코민테른은 상해와 러시아에 각각 존재하는 '상해파'와 '이르쿠츠크파' 고려공산당을 통일하여 단일한 당을 창립하기 위해 1922년 10월 베르흐네우진스크에서 고려공산당연합대회를 개최하려고 하였는데, 이에 대한 입장의 차이가 발생하였던 것이다. 국내의 당('중립당') 대표인 김사국으로서는 국내에 아무런 기반을 갖지 못한 '상해파'와 '이르쿠츠크파'가 당통합을 주도하는 것은 올바른 방식이 아니라고 생각하였던 것이었다.

1922년 말 무렵 김사국과 이영은 김한47)의 의열단 관련 문제로 '중립당'에서 탈퇴하였다. 그러나 그들의 '중립당' 탈퇴는 사실상 국제공산청년회(킴 : КИМ) 3차 대회(1922년 12월 4일~16일) 참여문제에 대한 견해차이로 발생한 것이었다.48) 이 무렵부터 김사국 등은 '서울파'로서 독자적인 행보를 시작하였다. 공청중앙총국은 1922년 10월 4차 지도부를 중립당의 김한과 서울청년회의 이영 등으로 대체, 보선하였다. 그런데 이무렵 서울파는 전조선청년당대회의 준비에

---

은 상해파 이르쿠츠크파의 두 파에 모두 혐오감을 가지고 있어 이러한 태도 때문에 조선공산당은 '중립당'이라는 별칭을 갖게되었다고 한다. 여기에 참가했던 인물들이 김사국, 이영, 원우관, 김한, 정재달 등이었다(임경석, 「서울파 공산주의그룹의 형성」, 『역사와 현실』 28, 1998, 38쪽).

46)「高麗共靑 一般進行情況」, 11~12쪽.

47) 김한은 1923년 1월 의열단원 김상옥의 종로경찰서 투탄사건에 연루되어 6년형을 받았다.

48)「高麗共靑一般進行情況」, 11~12쪽.


1부　사회주의사상의 도입과 분파형성

박차를 가하면서 '공청중앙총국'과 대립하기 시작했다. 이에 국제공청
은 1923년 4월 서울파의 이영 대신에 신용기(신철)를 '공청중앙총국'
책임권자로 교체하였다.

국내외 사회주의운동을 총망라한 통일적 당건설의 문제, 이것이
당시 1922년 10월을 전후한 시기에 긴급히 제기되었던 초미의 과제
였고, 이에 대한 각 분파간의 입장의 차이는 결국 해소되지 못한 채
이후 한국사회주의운동은 복잡한 대립의 모습을 띠면서 전개되었던
것이었다.


## 2) 서울파 공산주의그룹의 결성과 활동

1922년 10월 11일 서울에서 '조선 공산주의 단체'가 조직되었
다.49) 이 그룹은 아직 명칭을 갖지는 않았다.50) 당시 조직은 金思國,
李英, 金榮萬, 任鳳淳, 李重珏, 張彩極, 金裕寅 등 15명의 동지들로 창
립되었다. 이들은 주로 서울파의 지도자인 김사국과 3·1운동을 전후
한 시기부터 동지적 관계를 맺고 있던 인물들로 구성되었다. 김사국
은 그의 동생이며 동지인 金思民과 금강산 楡岾寺에서 한학을 수학하
다가 서울에서 보성학교를 다녔다. 한일합방이 되자 만주와 러시아에
서 독립운동을 모색하다가 1919년 2월 26일 국내로 들어왔다. 그는
1919년 3월말 무렵 朱翼51)의 소개로 김유인을 알게 되었다.52)

---

49) КимЕнман · Цойцаник, 앞의 글, 101쪽.

50) 원자료에는 서울파의 내부 공산주의조직(고려공산동맹)이라고 서술되어 있다.
고려공산동맹에 ( )가 있고 "1923년 2월 20일 고려공산동맹 창립을 위한 대표자
회의가 소집되었다"라는 내용을 볼 때, 1922년 10월 11일 성립된 서울파의 내
부 공산주의조직은 고려공산동맹이 아니라 서울청년회 내부 비밀 그루빠 즉,
서울파 '공산주의그룹'의 공식적인 창립을 의미하는 것이었다(КимЕнман · Цойц
аник, 위의 글, 101쪽).

金榮萬은 충남 논산 출신으로 1919년 3월 와세다대학 정치경제과를 수학했다.53) 1920년 2월 조선노동대회 결성에 참여하고 간사가 되었다. 1923년 3월 서울청년회 간부로서 전조선청년당대회를 준비했다. 任鳳淳은 1897년 경기도 양주 출신으로 1919년 중앙고등보통학교 4학년에 때 3·1운동에 참가했다가 구속되었다. 이후 상해로 갔다가 1921년 東京에서 고학을 하다가 1922년 와세다 대학 政經科에 입학했다. 그는 스스로 빈궁 속에서 노동을 하면서 공부하는 입장에 있으므로 노동자 계급의식이 자연스럽게 형성되었다. 이무렵 사회주의사상에 동감하기 시작했다. 또한 이때 김사국을 알게되어 동지적 교분을 맺게 되었다. 그는 1921년 11월 김사국이 동경에서 『5·1 신

---

51) 朱翼은 경성법률 전수학교 출신으로 3·1운동 당시 학생연락 총책의 역할을 하였다. 1919년 4월 '국민대회사건'을 주도했다. 이후 1921년 11월 주익은 조선인 유학생학우회 주최로 한위건 등과 만세시위운동을 주도하기도 했다. 3·1운동 이후 그도 일본에 유학을 가서 학우회에 참여하는 것 같다(강만길·성대경, 위의 책, 526쪽). 주익에 대해서는 『現代史資料』 25권 454·470·506쪽 참조; 秋汀 任鳳淳先生傳記編纂委員會 編, 앞의 책, 18쪽 참조.

52) 「김사국 등 공판시말서」 5, 1919.11.26, 國史編纂委員會 편, 『韓民族獨立運動史資料集 - 三 一 運動 IX』 19, 1995, 30~31쪽.

53) 조선총독부경무국, 『國外容疑朝鮮人名簿』, 1934.7. 이 자료에는 그가 "조선공산당에 속하고 트로츠키(를) 숭배"했다고 하는 기록이 있어 주목을 끈다. 그러나 오히려 김영만이 1928년 안광천 등 'ML파'를 '조선 트로츠키 - 후꾸모도파의 좌익사상으로 은폐된 우익기회주의적 투항정책'(Ким Енман, Заявление - В Политсекретариат ИККИ -, 1928.3.6, 17쪽, 러시아문서보존소 Ф.495 ОП.19 Д.579 김영만, 「코민테른집행위원회 정치서기국에게 보내는 신고서」, 1928.3.6)으로 비판하였음을 볼 때 일제의 이러한 기록은 근거가 없다. 아마도 당시 코민테른과 각국 공산주의운동에서 반대파를 '트로츠키주의자'로 몰아 숙청의 명목으로 삼는 것이 일반화되어 있는 '스탈린주의'의 폐해가 이 시기 조선공산당 '정통'에 대항하는 '서울파' 또는 '상해파'에 대해 일제 당국이 이러한 오해를 한 것으로 생각된다. 김영만 등 '서울파'가 'ML파'를 '트로츠키 - 후쿠모도주의'라고 비판하는 것은 당시의 이와 같은 분위기를 반영하는 것이다. 트로츠키주의와 후쿠모도주의는 하등의 이론적, 실천적 연관이 없다.


1부  사회주의사상의 도입과 분파형성

보』발기에 참가했을 때, 김사국과 만나게 되면서 '서울파'와 관련을 맺게 되었다. 그는 1922년 국내에 와서 서울청년회에 가입하였다.[54]

李重珏은 1920년 2월 16일 조선노동대회 창립에 김영만과 같이 참가하여 이후 집행위원으로 활동하다가 1923년 3월 26일 '의열단사건'에 관련하여 경찰에 조사를 받다가 縊死했다.[55] 장채극은 3·1운동 당시 '국민대회사건'으로 김사국과 같이 투옥되었던 인물이었다. 그는 1898년 함북 부령 출신으로 당시 보성고등보통학교 4년생이었다. '국민대회사건'으로 2년형을 받았다. 그는 1924년 12월 서울파의 사회주의자동맹의 집행위원으로 활동하였고, 1925년 4월 서울파의 조선사회운동자동맹 발기에 선전부 상무위원으로 참여하는 등 서울파의 적극적인 활동가였다.[56] 김유인은 1894년 함남 북청 출신으로 1918년 12월 31일 명치대 유학생으로 귀국하여 '국민대회사건'을 주도하였으나 검거를 면하였다. 그는 1924년 12월 '서울파'의 사회주의자동맹의 집행위원으로 활동하다가, 이후 1930년 '서울계공산당검거사건'으로 검거되었다.[57]

서울파 '공산주의그룹' 창립 멤버의 활동 경력을 통해 서울파 '공

---

54) 秋汀任鳳淳先生傳記編纂委員會 編,『秋汀任鳳淳先生小傳』, 1969, 4·29~30쪽.

55) 청년당대회 3일째 되는 날(1923.3.27)에 의열단 사건의 혐의로 체포되었다가 비참한 최후를 한 이중각에 대해 당시 日本大學 사회과 학생이었던 張日煥이 그의 죽음에 대한 의연금을 모금하자고 발언하였다. 장일환은 북성회 대표로 대회에 참여했으나 이후 박형병·이정윤 등과 북성회를 탈퇴하고 서울청년회에 가입했다(京高秘 第5699號,「全鮮靑年黨大會集會禁止ノ件」, 1923.3.31,『韓國歷史硏究會編』, 앞의 책, 117~119쪽).

56) 경성지방법원,「金思國 等 豫審終結決定」, 1919.8.30, 독립운동사편찬위원회 편, 위의 글, 78~79쪽;『동아일보』 1924.12.8;『동아일보』 1925.4.17.

57) 경성지방법원,「김사국 등 판결문」, 1919.12.19, 독립운동사편찬위원회 편, 위의 글, 133쪽;『동아일보』 1924.12.8;「金裕寅 訊問調書」, 함경남도『서울계공산당검거개황』, 1930.7(方仁厚, 앞의 책, 24~25쪽 참조).

산주의그룹'이 창립 이전에 국내의 청년단체 뿐만 아니라 노동단체 등에도 조직적 뿌리를 내리고 있었음을 알 수 있다. 김영만과 이중각 그리고 김사민 등은 1920년 2월 조선노동대회의 창립 초기부터 활동 해왔다. 그들은 노동대회의 文鐸 등 지도부가 일제에 타협적인 태도 를 취하자 그들을 축출하고 1922년 9월 7일 노동대회 임시총회를 열고 조직을 실질적으로 장악하였다.58)

서울파 '공산주의그룹'은 13명으로 구성된 중앙(총)국을 창설하 였다. 중앙(총)국 내부에는 ① 비서부, ② 정치부, ③ 조직부, ④ 선 동부, ⑤ 검사부, ⑥ 노동부, ⑦ 농민과, ⑧ 청년과, ⑨ 여성과, ⑩ 연 락과 등 6개의 部와 4개의 과를 두었다.59) 각 부, 과의 책임자는 언 급되지 않았다.

서울파 '공산주의그룹'은 창립 당시 강령을 채택했는데, 주요한 내용은 다음과 같다.

① 우리 당은 굳건히 1848년 K. 맑스와 F.엥겔스가 작성한 공산당선언을 습득했고, 그 선언은 우리 당의 강령의 근본적인 지주이다. 이 과제를 진실로 실현하기 위하여 그리고 확고히 수행하는데 있어 우리 당은 코 민테른의 직접적이고 확고한 지도하에서 전진하는 것을 자신의 임무라 고 생각하고 있다.

② 우리 당은 나라의 정치적 경제적 생활의 측면을 고려하여, 첫번째로 일 본제국주의 권력과 제국주의의 주요한 세력을 구성하는 그의 수많은 하 수인들 박멸하는 것이 필수적이라고 생각한다. 그리고 나서 그곳에 프롤 레타리아트의 계급혁명의 발달을 방해하지 않을 조선의 근로 인민대중 의 자주적인 공화국을 건설하는 것이 필수적이라고 생각한다.

③ 우리 당은 최단 시일내에 최소한의 정치적 과제를 실현하기 위하여 조

---

58) 이현주, 앞의 글, 33~36쪽. 조선노동대회는 1925년 3월에 경성노동회로 개편된 다.

59) КимЕнман · Цойцаник, 앞의 글, 102쪽.


1부 사회주의사상의 도입과 분파형성

선의 모든 혁명세력을 민족해방운동의 통일전선의 슬로건하에 단일한 중앙으로 집중시켜야 하는 것을 필수적이라고 생각한다. 이와 동시에 근로대중이 이 운동의 중요한 세력이 되도록 노력하는 것이 요구된다.
④ 우리의 정치적 과제를 최소한 그리고 최대한 실현하기 위하여, 우리 당은 코민테른의 직접적인 지도하에서 프롤레타리아트와 半프롤레타리아트의 가장 혁명적인 운동을 그리고 식민지에서 피억압민족의 해방운동을 지도하는 세계 각국의 당들과 긴밀한 연락과 상호협력을 가져야 할 것이다.[60]

「강령」의 첫번째 항목에서 서울파 '공산주의그룹'은 맑스, 엥겔스의 1848년 「공산당선언」을 '우리 당의 강령의 근본적인 지주'라고 하였고 "코민테른의 직접적이고 확고한 지도하에서 전진하는 것을 자신의 임무"라고 생각했다. 서울파는 창립 시기에 이미 전위당으로서의 조직적, 정치적 임무를 가지고 등장하였던 것이다.

두번째 항목 가운데 프롤레타리아혁명을 방해하지 않는 조건하에서 '인민대중의 자주적인 공화국'을 수립한다는 내용에는 코민테른 2차 대회 당시 레닌의 「민족·식민지문제에 관한 테제」의 정신이 그대로 살아 있는 것으로 파악된다. 1926년 6·10운동 시기에 서울파 고려공산동맹은 "총독부 강도 정치를 구축하자! 조선인민 공화국을 건설하자! 토지는 농민에게 공장과 광산은 노동자에게! 진정한 애국자는 단결하라!"[61] 등의 슬로건을 내걸었다. 1922년 10월 서울파 공산주의그룹의 '인민대중의 자주적인 공화국건설'은 1926년 6월에 '인민공화국 건설'이라는 내용으로 발전되었음을 확인할 수 있다. 이러한 사실은

---

60) КимЕнман·Цойцаник, 위의 글, 101~102쪽. 1923년 2월에 창립된 고려공산동맹은 강령에 대한 언급이 별도로 제시되지 않은 것으로 볼 때, 서울파 '공산주의그룹'의 강령이 고려공산동맹에 그대로 계승된 것으로 보인다.

61) 崔昌益·李廷允, 「高麗共產同盟(ソウル靑年會內部に組織された秘密クルプの)事業報告」, 1926.10.25, 138쪽(러시아문서보존소 Ф.495 Оп.135 д.125).

서울파가 인민공화국의 수립이라는 최소강령하에서 최대강령인 프롤레타리아혁명을 동시에 추구하는 정치노선을 가지고 있었던 것으로 파악된다.

세번째 항목에서 서울파는 '인민대중의 자주적인 공화국'의 수립이라는 최소강령적 요구의 실현을 위한 전술적인 정치적 과제로서 반제민족통일전선을 제기하고 있는 것으로 생각된다. 이 강령이 제시된 시기가 1922년 10월인 것으로 볼 때 국내 사회주의운동에서 서울파는 최초로 민족통일전선을 제기한 조직이었다.

「강령」의 마지막 항목은 서울파가 민족해방과 계급해방이라는 두 가지 정치적 과제를 실현하기 위해 세계 각국의 혁명운동세력과의 긴밀한 연대, 즉 프롤레타리아 국제주의적 원칙을 제기한 것으로 파악된다.

이상 서울파 '공산주의그룹'의 강령을 통해서 이 조직이 단순한 '사상단체'가 아니라 식민지 조선의 민족해방이라는 최소강령과 계급해방의 최대강령적 요구를 동시에 지향하는, 사실상 당(party)을 표방하였음을 알 수 있다.

서울파 '공산주의그룹'은 1922년 10월 20일 13개도에 오르그를 임명하였다.[62]

충청남도-김영만, 충청북도-이중각, 경상남도-강영순, 경상북도-안봉(Анфон 안준 : 인용자), 전라남도-김병숙, 전라북도-임표(임종환), 함경북도-이운혁, 함경남도-강기적, 강원도-박태선, 황해도-정백, 평안남도-한해, 평안북도-이병의, 경기도-김사민

13개도에 오르그를 파견, 임명한 것으로 볼 때 서울파 '공산주의

---

62) КимЕнман · Цойцаник, 앞의 글, 102쪽.



1부   사회주의사상의 도입과 분파형성

그룹'은 처음부터 전국적 관점 속에서 당건설을 전망한 것으로 파악된다. 각지방의 오르그 책임자는 가능한 그 지방 출신자를 선정해서 배치하였다. 서울파의 주요인물과 각 오르그 대표자들의 약력은 〈표 1〉과 같다.

| 표 1 | 서울파의 주요인물

| 이름 \ 구분 | 출생년도 | 출생지 | 학력 | 직업 | 활동단체 |
|---|---|---|---|---|---|
| 金思國 | 1892 | 충남 연산 | 한학 | | 흑도회, 사회주의자동맹 |
| 金思民 | 1898 | 충남 연산 | 한학 | | 조선노동대회, 고려공산청년회중앙총국 |
| 李英 | 1889 | 함남 북청 | 오성학교, 강년제일실업학교(남경) | 영어교사 | 신인동맹회, 무산자동맹회, 13인회, 사회주의자동맹, 전진회 |
| 鄭栢 | 1899 | 강원도 김화 | 양정고보 | 신생활 기자 | 고려공산동맹, 전진회 |
| 李廷允 | 1897 | 전북 순창 | 오성학교, 와세다대 | | 북성회, 고려공산동맹, 전진회, 조선공산당 |
| 李雲赫 | 1894 | 함북 경성 | 함일실업학교 | | 조선청년총동맹, 전진회 |
| 韓愼敎 | 1893 | 황해도 옹진 | 경신학교 | | 조선청년회연합회, 조선청년총동맹, 전진회 |
| 金榮萬 | 1899 | 충남 논산 | 와세다대 | | 조선노동대회, 고려공산동맹, 사회주의자동맹, 경성노동회 |
| 任鳳淳 | 1897 | 경기도 양주 | 중앙고보, 早稻田大 | 동아일보 기자 | 고려공산동맹, 사회주의자동맹, 전진회 |
| 張彩極 | 1898 | 함북 부령 | 보성고보 | 동아일보 청진지국장 | 고려공산동맹, 사회주의자동맹, 전진회 |
| 姜鎮淳 | 1902 | 경남 진영 | 경성고보, 法政대학 | | 조선청년당대회, 進永청년회, 전조선노농대회, 신흥과학연구회 |
| 金炳璿 | 1893 | 전북 김제 | | | 김제청년회, 전북민중운동자동맹, 조선노농총동맹, 조선공산당 |

| 이름＼구분 | 출생년도 | 출생지 | 학력 | 직업 | 활동단체 |
|---|---|---|---|---|---|
| 李丙儀 | 1896 | 경기도 파주 | 매동공립<br>보통학교 | | 조선노동대회, 사회주의자동맹,<br>조선사회단체중앙협의회 |
| 林豹<br>(林宗桓) | 1884 | 전북 이리 | | 농업 | 이리노동조합, 민중운동자동맹,<br>전조선노농대회, 조선공산당 |
| 朴泰善 | 1898 | 강원도 고성 | | | 원산사회과학연구회,<br>원산노동청년회,<br>조선노농총동맹,<br>조선사회단체중앙협의회 |
| 鄭栢 | 1899 | 강원도 김화 | 양정고보 | 신생활기자,<br>조선지광<br>사원 | 고려공산동맹, 사회주의자동맹,<br>전진회 |
| 安浚 | 미상 | 경남 창원 | | | 조선청년회연합회,<br>고려공산동맹, 전조선노농대회 |
| 姜基迪 | 1901 | 평북 영변 | | | 조선공산당 |
| 韓海 | 1900 | 함남 북청 | | | 평양노동동맹, 조선노농총동맹,<br>황포군관학교 |

출전 : 강만길·성대경 편,『한국사회주의운동인명사전』(창작과 비평사, 1996); 梶村秀樹·姜德相 編,『現代史資料』29(みすず書房, 1972); 金俊燁·金昌順 編,『韓國共産主義運動史』資料篇 Ⅰ·Ⅱ(高麗大亞細亞問題研究所, 1979).

국내 각 오르그 책임자들의 약력을 통해서 알 수 있듯이 이들은 대체로 각 지방 청년회 또는 노동단체에 기반을 두면서 서울파 '공산주의그룹'에 가입하여 그 지방의 민중운동을 위해 활동하고 있었다. 이들은 대부분 끝까지 '서울파(고려공산동맹)'의 강령과 조직 방침에 따라 활동하였다.

1922년 10월 21일 서울파의 지도자 김사국은 李恒發[63) 등 조선

---

63) 이항발은 1891년 전남 나주 출신으로 경성고등보통학교, 연희전문학교를 수학하였다. 1922년 서울청년회에 참여했다. 자유노동조합 결성취지문 문제('신생활사필화사건')로 2년 6개월 형을 받았다. 출옥후 나주노동연맹, 나주농민연맹 위원으로 활동하고 1927년 조선사회단체중앙협의회 창립을 주도했고 1930년 11월 신간회 중앙집행위원으로 선출되었다. 이항발과 나주지역의 사회운동에

노동대회의 주최로 당시 지게꾼 사정에 관한 강연회를 열었다. 400명이 참석하였고 그중 2/3가 노동자였다. 이항발은 사설지게꾼 취체사무소의 불법징세와 무법착취에 대한 조사결과를 보고하였다. 이것은 당시 노동자들에게 커다란 반향을 불러일으켰다.64) 서울파 '공산주의그룹'의 13개도 오르그 체계가 완성된 다음날에 개최된 이 집회에서 서울파 '공산주의그룹'은 노동문제에 커다란 관심을 기울였다.

이어서 10월 25일 '자유노동자대회'를 개최하고65) 10월 29일에는 서울한양여자강습소에서 지게꾼, 막벌이꾼 등 자유노동자 200여 명이 참석한 가운데 '자유노동조합' 발기총회를 개최하였다.66) 당시 자유노동자대회, 자유노동조합결성 등은 서울파 '공산주의그룹'의 계획적인 지도에 의해 진행되었다.

서울파가 노동운동에 주력하고 있을 무렵 '신생활사 필화사건'이 일어났다. 이것은 1922년 11월 22일 잡지『신생활』11월호를「러시아혁명 제5주년」을 기념하는 특집호로 간행했는데「자유노동조합선언문」이 게재되었다는 이유로 당시 사장 朴熙道, 주필 金明植, 기자 辛日鎔, 金思民, 兪鎭熙 등이 新聞紙法, 制令 7호 위반으로 기소되는 사건이었다.67)

---

대해서는 박찬승,「일제하 나주지역의 민족운동과 사회운동」, 역사문제연구소 편,『한국근현대 지역운동사』II 호남편(여강, 1993) 참조.

64)『동아일보』1922.10.23.

65) 자유노동자대회의 결의사항은 다음과 같다.
　① 지게꾼 취체사무소를 파괴할 일.
　② 그 사무소를 허가한 本町署에 대하여 취소를 교섭할 일.
　③ 자유노동자의 단결을 건전하게 하기 위하여 조합을 조직할 일.
　(『동아일보』10월 27일)

66)『동아일보』1922.10.31.

67) 최민지, 앞의 책, 648쪽.

　　국내에서 발생한 최초의 '사회주의 필화사건'[68]에 서울파의 김사민, 이항발, 신일용 등이 관련되었다. 배성룡은 당시 『신생활』과 『동명』이 각각 유물사관과 유심론적 견해를 선전, 지향했고 이들의 대립을 사회주의와 민족주의 간의 격렬한 사상투쟁으로 파악하였다. 『신생활』의 기자인 정백, 이성태, 신일용 등이 모두 서울청년회와 고려공산동맹의 성원, 즉 서울파의 주요한 성원이었다. 이러한 사실은 상해파 국내 간부인 김명식과 유진희가 주필과 기자로 있는 '상해파' 국내부의 기관지적 성격을 갖는 『신생활』을 '서울파'가 장악하기 위해 노력하고 있었던 것으로 보인다. 그러나 필화사건으로 신생활은 1923년 1월 8일 '발행금지'를 당하고 말았다.[69]

　　자유노동조합의 창립을 마치고 '신생활사 필화사건'이 발생할 무렵, 1922년 11월 김사국은 서울파 '공산주의그룹'에 의해 조직과 공산주의적 선전을 하기 위하여 간도와 만주에 파견되었다.[70] 그가 간도와 만주에 파견되어서 어떤 활동을 했는지는 알 수 없다. 그러나 이후 그가 간도와 만주 등지에서 동양학원, 대동학원을 설립하여 사회주의를 보급하는 활동을 했던 사실을 볼 때, 간도와 만주 지역에서 서울파 '공산주의그룹'을 선전하고 조직을 확장하기 위한 목적이었던 것이다. 또한 이무렵 코민테른 4차대회가 1922년 11월 5일~12월 5일에 러시아에서 개최되었는데 그의 파견이 이것과 전혀 무관하지는 않을 것이다.[71]

---

68) 배성룡, 「조선사회운동소사」 4, 『조선일보』 1929.1.6.

69) 金根洙 編, 『韓國雜誌槪觀 및 號別目次集』 韓國學資料叢書 제1집, 1973, 265쪽.

70) КимЕнман · Цойцаник, 앞의 글, 102쪽.

71) 코민테른 4차대회에 참석한 조선인이 누구인지는 분명히 확인되지는 않았지만 水野直樹는 '상해파' 고려공산당의 이동휘와 '이르쿠츠크파'의 한명세로 추정한다(水野直樹, 앞의 글, 329~330쪽). 김사국은 코민테른 4차대회에 참석하지는 않았지만, 그가 간도와 만주에 파견된 것이 4차대회 개최와 상당한 관련이 있


1부　사회주의사상의 도입과 분파형성

서울파 '공산주의그룹'은 1922년 말 서울, 용산, 원산, 상주, 진영, 울산, 북청, 청진, 전주, 함일, 군산 등에 모두 13개의 야체이까를 조직하였다. 전 성원은 38명이고 후보는 30명이었다.[72] 서울파 '공산주의그룹'은 대체로 공업이 상대적으로 발달한 지역과 항만지역 등 산업 중심지에 자신의 지방조직을 건설하려고 노력하였던 것으로 파악된다.

## 3. 고려공산동맹의 성립

### 1) 고려공산동맹의 결성

서울파 '공산주의그룹'은 마침내 1923년 2월 20일 高麗共産同盟 창립을 위한 대표자 회의를 소집하였다. 강령에는 '黨'이란 표현을 직접 사용하면서 정식 명칭에는 '同盟'이라고 칭한 것은 아마도 코민테른의 정식 승인 절차를 의식하였기 때문인 것으로 보인다. 또한 그들의 통일적 당건설을 위한 신중함을 반영하는 것일 수도 있다.

고려공산동맹 창립 대회에는 전국에 존재하는 19개의 야체이까 가운데 19명의 대표가 참가했다. 이 19개의 야체이까에는 이미 57명의 정회원과 36명의 후보가 있었다. 불과 2~3개월 사이에 서울파 조직은 6개의 야체이까가 신설되고 25명의 성원이 증가했음을 알 수 있다. 그들로부터 김사국, 김영만, 이영, 임봉순, 장채극, 김유인, 강택진(姜宅鎭) 등을 비롯한 17명의 중앙위원이 선출되었다. 17명 전원의 이름

---

었던 것으로 추정된다.

72) 이 수로 볼 때 각 야체이까에는 3명의 정멤버와 2~3명의 후보멤버가 참가한 것으로 보인다.

은 기록되지 않았지만 1922년 10월 20일에 선출된 13도 오르그 대
표73)들은 대부분 중앙위원으로 판단되므로 사망한 이중각과 '신생활
사필화사건'으로 투옥중인 김사민을 제외한 11인과 중앙위원으로 확인
된 7인을 합한 18인 가운데 1인을 제외한 17인이 중앙위원이었다.

고려공산동맹 창립대회는 코민테른과의 상설적인 연락기관의 설
치와 코민테른으로부터 조선공산당의 승인을 받는 일을 만장일치로
결정했다. 대회는 이 결의를 실행하기 위하여 김사국을 대표로 블라
디보스톡의 코민테른집행위원회(ИККИ) 원동부에 파견했다. 김사국은
이에 따라 블라디보스톡에 가서 코민테른의 승인을 받기 위해 노력했
으나 아무런 성과를 얻지 못했다.74)

김사국은 블라디보스톡에 파견되었다가 1923년 3월에 간도 龍井
에 가서 方漢民, 金正琪, 李明熙 등과 협력하여 대성중학교의 부설학
교로 東洋學院을 창설한다.75) 동양학원은 간도의 조선인 혁명가를
양성하기 위한 정치사상훈련소로서의 의미를 지니고 있었다. 일제는
그해 8월에 '작탄매설사건'을 조작하여 그것을 구실로 50여명의 학생
들을 체포함으로써 끝내 동양학원을 폐교시켜 버렸다. '동양학원사건'
으로 김사국은 다시 블라디보스톡으로 건너가게 되었다. 그곳에서 김
사국은 계속해서 국내와 연락을 취하면서 코민테른과 고려공산동맹
의 관계를 위해 노력하였다. 그후 그는 寧古塔에 가서 동양학원의 후

---

73) 1922년 10월 20일 서울파 '공산주의그룹'의 각도별 오르그는 충남 김영만, 충북
   이중각, 경남 강영순, 경북 안준, 전남 김병숙, 전북 임종환, 함북 이운혁, 함남
   강기적, 강원 박태원, 황해 정백, 평남 한해, 평북 이병의, 경기 김사민 등 13인
   이었다(КимЕнман · Цойцаник, 앞의 글, 102쪽).

74) КимЕнман · Цойцаник, 앞의 글, 103쪽. 김사국이 블라디보스톡에 갔을 때 코민테
   른집행위원회 산하 원동부의 책임자는 보이찐스키였다.

75) 한생철, 「혁명적 열의로 들끓던 배움터 – 대성중학교」, 『연변문사자료』 제6집,
   1988.12, 32~33쪽.

신으로 大同學院을 설립하고 역시 운동자 양성에 노력 중 중국관헌에
게 해산을 당하고 또 다시 노령으로 가서 조선사회운동의 통일을 위
하여 노력하였다.76) 이와 같이 김사국은 1923년~1924년 무렵 만
주지역과 블라디보스톡 등지에서 한인사회주의 조직을 건설하기 위
해 헌신적인 노력을 다했다.


## 2) 고려공산동맹의 활동

고려공산동맹은 1923년 1월부터 그해 3월까지 전조선청년당대
회(이하 '청년당대회')를 개최하기 위해 모든 노력을 기울였다.77) 고
려공산동맹(이때는 '서울파 공산주의그룹')은 1923년 1월 말 다음과
같은 「主催文」을 발표하였다.

　… 민중을 떠난 그 단체 그 운동은 도저히 생명있는 존재를 영속치 못할

---

76) 『동아일보』 1926.5.10; 이석태 편, 앞의 책, 96쪽. 또한 1924년 3월 31일 김사국
이 코민테른에 보낸 보고에 따르면 김사국은 1924년 1월 中東線(K.B.Ж.Д.)의 지
역담당 청년총국에서 활동하였음이 밝혀지고 있다. 김사국의 정보 보고에 따
르면 1924년 1월 24일 중동선 지역담당 청년총국대회가 열렸는데 이때 14개 단
체 1,000여명이 참가하여 "인간 사회의 발전에 따라서, 우리는 조속하게 새로
운 사회의 형태 즉 사회주의적인 사회의 형태가 성립할 수 있도록 전력을 다할
것" 등의 「강령」과 "대회는 일본 제국주의와의 투쟁을 위해 모든 혁명 단체들
의 통일전선을 창설하기 위해 백방으로 노력하고 협조할 것" 등의 「결정」을 채
택하였다[「Овьединеное Бюро Молодежи По Полосе К.В.Ж.Д./ Информация Ким－Ca
－Кгк」, 1924.3.31, 67쪽(Ф. 495 ОП. 135 Д.98)(「К.В.Ж.Д 지역 담당 청년총국－김사
국의 정보－」)].

77) КимЕнман Цойцаник, 위의 글, 103쪽. 조선청년당대회와 1920년대 청년운동에 대
해서는 안건호, 「1920년대 전반기 청년운동의 전개」, 한국역사연구회, 『한국근
현대청년운동사』(풀빛, 1995); 이현주, 「전조선청년당대회 연구」, 『한국근현대
사연구』 8집, 1998.

것이로다. 이러한 느낌에서 인간으로서의 당연한 요구인 동시에 세계 대세
와 합치되는 조선민중해방운동에 大動機가 될까하여 이에 오등 단체의 연합
주체로 일시적 전조선청년당대회를 소집하노니, 此에 共鳴하는 각지 청년단
체는 일제히 내참하여 胸襟을 토로하며 肝膽을 相照하여 당면의 사활문제를
爛議解決하여써 구체적 실현을 촉진하는 동시에 대중운동의 신활로가 개척
되기를 期望하노라.[78]

청년당대회 발기에는 청년연합회에서 탈퇴한 서울청년회를 비롯
한 18개 단체와 종교단체들이 참여하였다. 1923년 2월 12일 전조선
청년당대회 준비위원회를 조직하고, 2월 23일 준비위원으로 서울청
년회의 한신교·이영, 천도교유신회의 강인택, 불교청년회의 李鍾天,
불교여자청년회의 禹鳳雲, 대종교중앙청년회의 申明均, 閔中植, 포항
청년회의 姜禹, 진영청년회의 강영순 등이 임명되었다.[79] 이 가운데
이영, 강영순은 고려공산동맹 중앙위원이었다.

서울청년회는 2월 24일 청년당대회 후원회를 조직하여 청년당대
회의 취지를 선전하는 「선전문」[80]을 발표하고 모금사업 등을 벌였
다. 후원회의 발기인으로는 李丙儀, 崔上德, 蔡奎恒, 朴舜秉, 金漢卿
등 29인외 117명이 참여하였다.[81] 이들은 모두 서울청년회 출신이

---

78) 『동아일보』 1923.1.30.

79) 『동아일보』 1923.2.24.

80) 후원회는 "청년당대회는 실로 … 지대한 포부를 유함과 동시에 조선에서는 처
음되는 역사적 대회라, 그 대회 개최 진행에 이르기까지 상당한 난관과 지장
이 있을 것도 물론 용이히 상상되는 것이다. … 이에 우리들은 그 대회의 성공
을 기도하여 전조선청년당대회후원회를 일으키는 동시에 그 본지를 사회일반
에 선전하노니 인습의 질곡에 얽혀 있고 境遇의 牢獄에 갇혀있어 모든 고통,
번뇌, 비애를 느끼는 형제여 당신의 자유를 얻고저 또는 해방의 域에 이르고저
협력의 섬광과 인위적 의분과 양심의 운동을 그대로 발로하여서 직접 간접으
로 단체 혹은 개인으로 철저히 그 대회의 성공을 위하여 필요한 각양 원조를
여할지어다"라는 내용의 의 「선전문」을 발표했다(李江, 「조선청년운동의 사적
고찰」 中, 『현대평론』 10월호, 1927.10, 17쪽).

146

었고 이병의는 고려공산동맹 중앙위원이었다.

준비위원회는 3월 3일 「진술서」를 발표하여 미참가단체의 가입을 촉구하고 교육 경제 종교 민족 노동 여성 청년 등 각 부문운동에 대한 토의안건과 요구조건을 제시하였다.[82] 마침내 1923년 3월 24일 94개 단체 대표 154인의 출석과 개인참가 50여명의 출석으로 전조선청년당대회가 개최되었다.[83] 대회는 30일까지 1주일 동안 거행되었고, 3분과로 나뉘어 교육 종교 여성문제(1분과), 노동 경제문제(2분과), 민족문제 사회문제 청년단체존립 및 발전책(3분과) 등을 토의하고 결정했다.[84]

각 분과의 결정사항은 사실상 전체 운동의 모든 분야를 망라하는 거대한 과제들이었다. 1분과에서는 교육문제에 있어 "부분적이 아니고 전체적이며 압박적이 아니고 해방적이며 주입적이 아니고 계발적인 곧 자연교육을 실시할 일 … 00(유산-인용자)계급과 투쟁하기 위하여 발기하는 금일 무산자의 지적 욕구를 계발시킬 목적으로 노동야학 및 노동일요학교를 설치할 일"[85] 등이 결정되었다. 또한 가부장적 가족제도의 타파, 현모양처주의의 박멸 등 여성해방에 대한 문제와 종교문제 등이 결정되었다.

2분과에서는 경제문제와 관련하여 "자본주의 경제조직을 절대로 00(타파-인용자) … 무산자가 자본가와 지주에게 경제적으로 00(지배-인용자)를 당한 것이 모든 질서 내 굴복과 사회적 비참과 정

---


81) 京畿道警察部(경고비 제4147호), 「全鮮靑年黨大會ニ關スル件」, 한국역사연구회 편, 앞의 책, 1923.3.9, 101~102쪽; 李江, 위의 글, 18쪽.

82) 『동아일보』 1923.3.4.

83) 李江, 앞의 글, 18쪽.

84) 李江, 앞의 글, 18~22쪽.

85) 李江, 앞의 글, 19~20쪽.

신상 타락과 정치상 정복의 근저가 됨"등을 결의하고 "노동의 생산물은 사회 곧 사회의 전성원에게 속한 것임으로 그 전성원은 일반적 노동의무를 負하고 각자 생활상 상당한 평등 분배의 권리가 유함"이라 하여 노동생산물의 사회적 평등의 문제를 제기하였다.

3분과의 「민족문제」에서는 "경제적 및 정치적으로 의미한 민족주의는 00(지배－인용자)계급의 모든 사회적 기회를 이용하여 000(피지배－인용자)계급에게 주입 조장시켜준 것임으로 이것을 의미한 오인은 국경과 민족관계를 철폐함. 또 민족적 투쟁은 경제상 계급투쟁으로 전환할 것" 등이 결의되었다. 「사회문제」에서는 유산계급을 옹호하는 모든 통신 언론기관의 배척, 동아일보의 비매동맹 실행 또는 선전, 노동조합 조직, 농민조합 조직, 동척이민철폐, 물산장려 박멸, 민중의 자치교육 장려 등이 결의되었다. 「청년단체존립 및 발전책」에서는 "각지방청년단체를 근본적으로 개조하여 대중적 해방운동전선의 전위대가 되게 할 事", 청년당대회를 매년 1번씩 임시대회로 개최할 것 등이 결의되었다.

대회는 마지막 7일째인 3월 30일 오후 일제에 의해 집회가 금지되어 동대회의 선언과 결의안은 부득이 각 분과회의 대표위원회에서 결정하게 되었다.[86] 교육·여성·종교·경제·노동·민족·사회문제에 대한 청년당대회의 결의안의 내용은 사실상 자본주의의 모순을 철폐하고, 계급없는 사회 즉 사회주의 정치의 실현을 지향하고 실천하려는 의지로 가득차 있었음을 알 수 있다. 이것은 단순히 청년운동단체의 결의 내용이 아니었다. 이것은 서울청년회 내부의 전위조직인 고려공산동맹이 청년당대회라는 '합법적'인 공간을 이용하여 사실상 그들의 정치적 지향을 대중에게 선전하고 실현하려는 계획을 구체적

---

86) 배성룡, 「조선사회운동소사」 5, 『조선일보』 1929.1.20.


1부 사회주의사상의 도입과 분파형성

으로 표현하였던 것이다.

대회는 1923년 3월 31일 「全朝鮮靑年黨大會宣言」[87]을 발표했다. 그 全文은 다음과 같다.

오인은 그 불합리한 현대경제조직 및 사회제도와 차에 부속한 법제 전통 습관 사상 예술 등의 부르조아적 모든 문화를 근본적으로 00(타파 – 인용자)하고서 인간성의 진리에 적합한 사회 생활을 창조하여 빈부의 현격이 없는 사회, 계급의 알력이 없는 사회 곧 모든 인간이 노동하고 모든 최고문화적 향락생활을 균형케하는 신사회의 실현을 목표로 삼음.

오인은 국적의 구별 인종의 차별이 없는 자유인 사회, 평등인 사회 정의인 사회 평화인 사회 우애인 사회를 건설하기 위해서는 동일한 처지에서 연대적 감정을 가진 만국무산자동맹주의를 철저히 실행하는 데에 있는 것을 절대로 주장함.

오인은 以上의 목표에 도달하기 위하여서의 가장 유효한 방법으로는 오직 계급의식에 각성한 무산계급의 대동단결과 조직적 훈련으로서 종래의 支配壓伏00(有産 – 인용자)계급을 공포 전율케함에 있는 것을 절대로 확신함.

본대회는 이상과 如한 목표 주장 신념을 모든 행동의 기초로 삼기를 맹약하고서 차 선언과 각분과회 결의안을 채용함.

전조선청년당대회 개최를 축하하는 電文이 국제공산청년회 집행부 및 일본공산청년회 중앙총국으로부터 왔다. 국제공청은 「전조선청년당대회를 축하하며」라는 성명서에서 일본과 동양의 착취계급뿐만 아니라 전세계 부르주아계급을 박멸할 계획을 수립할 필요를 주장하면서 "전고려(조선)청년당대회만세! 동양의 무산혁명만세! 고려노농소비에트정부만세! 전세계의 혁명적 청년단결 만세! 전세계 무산혁명의 총참모부 국제공산당 만세!"를 내걸었다. 또한 국제공청 집행위원회는 "전세계 무산자여 단결하라!", "진정한 남녀평등과 여자

---

87) 李江, 앞의 글, 19쪽.

의 해방은 오직 공산사회에서만 실현된다! 할 일을 깨달은 여자여! 奮起하라!! 무산자와 일치하여 적을 박멸하는 계급전선으로 勇進하라!!", "세계혁명은 가까이 오고 있다" 등을 슬로건으로 내걸었다.88)

또한 일본공산청년회 중앙총국도 「전한청년당대회를 축하함」이란 성명서에서 "전한청년당대회만세! 한국노농민중해방만세! 동양의 혁명적 무산청년단결만세! 전세계무산혁명만세! 전세계의 혁명적 청년운동을 총지휘하는 국제공산청년회 만세!" 등을 슬로건으로 내걸었다.89)

김준엽·김창순은 청년당대회를 '좌익운동의 소아병적 극좌오류'라고 비판하고 있다. 일제 식민지 아래 조선에서는 아직도 민족통일전선의 구축이 급선무였을 것이며, 이 민족통일전선 아래서의 반일민족해방투쟁의 전개만이 민족운동의 가장 중요하고도 혁명적인 노선일 수 있었는데 청년당대회는 이 점을 무시하여 '극좌모험주의'를 범하였고 국제공청 집행부와 일본공청 역시 동일한 오류를 범하였다는 것이다.90) 한편 'ML파'의 이론가 李江(梁明)은 전조선청년당대회의 개최를 "조선민중운동사상에 있지 못하던 조선청년운동의 계급적 진출의 제1막을 열게 되었다"91)고 평가하였다.

1923년 초에 국제공산주의운동은 코민테른 2차대회의 「민족·식민지문제에 관한 테제」와 4차 대회의 「전술에 관한 테제」 등에서 명시된 원칙들을 견지하려고 노력하였다. 예컨대 혁명적 민족운동을 지지하면서 동시에 프롤레타리아 운동의 자주성을 유지해야 한다는

---

88) 京畿道警察部 京高秘 第5992號ノ1, 「共產主義宣傳文書郵送ノ件」, 한국역사연구회 편, 앞의 책, 1923.4.4, 184~186쪽.

89) 위의 책, 187~188쪽.

90) 김준엽·김창순, 앞의 책 2, 128쪽.

91) 李江, 앞의 글, 18쪽.



1부 사회주의사상의 도입과 분파형성

것과 프롤레타리아 국제주의와 통일전선에서 공동투쟁에 대한 강조 등이 그것이었다.

전조선청년당대회에서 고려공산동맹은 이러한 원칙을 강조했으나 민족통일전선을 결코 부정하지 않았다. 그들은 '개량적'·'타협적' 민족운동을 반대하였지, '혁명적'·'비타협적' 민족운동을 반대하지 않았다. 민족개량을 선도하는 점에서『동아일보』에 대한 불매운동을 전개하였고, '중산계급의 이기심의 발로'라는 점에서 물산장려운동 등을 비판하였던 것이다. 청년당대회에 참가했던 94개 단체들은 결코 '계급지상주의적' 단체들이 아니었다. 그들은 3·1운동을 전후하여 국내에서 성장해 온 민족적·혁명적 청년단체, 노동단체, 종교단체들이었다.

청년당대회가 일제 당국의 금지로 해산된 이후 장일환과 이종천 등은 '評論雜誌 靑年黨'을 발간하기 위한 활동을 준비하였다. 1923년 4월 14, 15일 靑年黨社 창립을 결의하고 「취지서」를 발표하였다. 청년당사 발기인으로는 김유인, 정학원, 임종만, 안준, 장채극, 이시완, 김영만, 장채극, 이병의, 임봉순, 이영, 한신교, 강영순 등 고려공산동맹의 중앙위원 및 핵심인물 등과 '북풍파'의 지도자 김약수와 당시 북성회 회원이었던 이정윤, 장일환 등도 참여하였다.92)

아울러 이영 등은 5월 13일『조선일보』에 "… 우리는 공명정대한 양심에서 솟아오르는 합리적이고도 인간의 당연한 요구와 이상을 토로하고자 하였음에 그친다 … 우리의 대중운동에 위대한 자극을 남겨 놓은 사실을 기억하지 아니할 수 없을소냐 …"93)라면서 일제당국의

---

92) 京畿道 警察部(京高秘 제7907호), 「評論雜誌靑年黨發行計劃ノ件」, 한국역사연구회 편, 앞의 책, 1923.4.24, 255~261쪽. 이정윤과 장일환(장적파)은 이후 '서울파'에서 활동한다.

93) 京畿道警察部(京高秘 第7907號), 「全鮮靑年黨員ノ行動ニ關スル件」, 한국역사연

청년당대회 금지에 항의하며 대회의 의의와 향후 계획을 담은 「성명서」를 발표하였다.

한편 조선노농총동맹 결성 주도자인 김찬, 박일병 등은 서울파의 청년당대회에 대항할 수 있는 새로운 청년단체 조직에 착수하려 하였다. 1923년 8월 28일 김찬, 박일병, 민태홍, 이호 등 22명은 토요회 임시총회를 개최하여 토요회를 해체하고 새로운 무산청년회를 조직하려 하다가 실패하고 1924년 2월 11일 김찬, 신철, 전무, 박일병, 최현, 박순병, 이호, 민태홍 등 23명이 신흥청년동맹을 결성했다.94)

신흥청년동맹은 결성 직후 지방순회·강연회 등을 통해 조직의 확대를 위해 노력하였다. 당시 『동아일보』 기자이며 이르쿠츠크 고려공산당의 재상해 고려공산청년동맹에서 활동하던 박헌영과 조봉암 등도 신흥청년동맹에 가담하여 활동하였다.95) 신흥청년동맹을 주도했던 세력은 사실상 이르쿠츠크 고려공산당 출신들이었다.

이후 서울파는 "1923년 말부터 1924년 4월까지 전조선적 단체 연합창립대회의 예비작업"에 전력을 기울였다. 서울청년회는 1924년 4월 21일 총 223개 단체의 대표와 6~7백여명이 참석한 가운데 조선청년총동맹은 창립총회를 개최하였다. 조선청년총동맹은 25명의 중앙집행위원 가운데 대부분이 서울청년회 출신이었다.

당시 서울파계열의 청년운동에 대한 영향력은 절대적이었다. 마침내 1924년 2월 11일 서울청년회의 한신교, 이영, 임봉순 등은 조선청년총동맹의 발기준비회를 개최하였다. 당시 『동아일보』는 "조선청년회연합회, 전조선청년당대회의 발기 본영인 서울청년회와 기타 지방 각 유력 단체가 합동하여 새로운 주의강령을 세워가지고 조선청년

---

구회 편, 위의 책, 1923.5.9, 391~397쪽.

94) 『동아일보』 1924.2.13.

95) 『동아일보』 1924.3.10.

총동맹을 발기하게 된다는데 금일 조선사회와 같이 모든 분규와 알력이 많은 환경에서 이와 같이 자각있는 청년들의 대동단결이 표현된다 함은 실로 우리 사회 전체가 누구든지 기뻐하지 아니할 수 없는 바"[96]라고 청년총동맹의 의의를 표현하였다.

1924년 3월 2일 100여 단체로 구성된 조선청년총동맹 발기준비회는 "아등은 계급적 대단결을 목표로 청년운동의 통일을 도하기 위하여"라는 선언과 "대중본위인 신사회의 건설을 기도함, 조선민중해방운동의 선구가 되기를 기함"이라는 강령을 발표했다.[97]

마침내 1924년 4월 21일 총 223개 단체의 대표와 6~7백여명이 참석한 가운데 조선청년총동맹은 창립총회를 개최하였다. 조선청년총동맹은 함연호, 이운혁, 최창익, 김교영, 임봉순, 이영, 이길용, 정백, 최창순, 박원희, 연재준, 최창섭, 안준, 전도, 조기승, 김두수(이상 서울청년회계), 조봉암, 김찬, 감단야, 인동철, 신태악(이상 신흥청년동맹계) 등 25명의 중앙집행위원을 선출했다. 조선청년총동맹은 224지부 43,000명의 회원을 가졌다.[98]

조선청년총동맹은 당시 소작(농민)운동, 노동운동, 사상운동, 여성운동, 청년운동 등 각 부문운동에서 전위를 자임하였다. 조선청년총동맹 산하의 각 청년회는 농민강습, 노동교육 그리고 소작조합과 노동조합과 결합하면서 계급의식을 고취시키는 역할을 수행하였다.[99]

이와 같이 1923년 2월에 서울파의 전위조직인 고려공산동맹이 성립된 이후 서울파는 서울청년회 내부에 전위조직으로서 고려공산동맹을 두고 이를 통해 국내외의 대중운동에 참여하였다. 1923년 3

---

96) 『동아일보』 1924.2.13.

97) 『동아일보』 1924.3.2.

98) 『동아일보』 1924.4.25.

99) 鄭栢, 「조선청년운동의 금차-과거 1년을 회고하야-」, 『조선일보』 1925.1.1.

월의 전조선청년당대회와 1924년 4월 조선청년총동맹의 결성에 서
울파의 활동이 두드러진 것은 고려공산동맹의 조직적 활동의 결과로
설명될 수 있을 것이다.


1부  사회주의사상의 도입과 분파형성

# 북풍회의 성립과 까엔당

국내 유력한 '사상단체'의 하나인 북풍회의 기원에 대해서는 그동안 일제의 경찰서장 출신인 坪江汕二의 『朝鮮民族獨立運動秘史』와 이에 의거한 金俊燁, 金昌順의 기록이 거의 정설로 받아들여져 왔다. 그에 따르면 1921년 11월 29일 일본인 岩佐作太郎[1] 등의 지도에 의해 金判權, 權熙國, 元鐘麟, 金科佺(金若水), 朴準植(朴烈), 林澤龍, 張貴壽, 金思國, 鄭泰成(鄭南局 − 필자), 曺奉岩 등 20명이 모여 黑濤會를 결성하였으나, 이후 朴烈 등 무정부주의자와 김약수 등 공산주의자의 대립으로 1921년 12월 흑도회는 해산되었다고 한다.[2]

---

1) 岩佐作太郎(1879~1967)은 1901년 도미하여 미국의 사회주의자, 무정부주의자와 교류하였고 1906년 幸德秋水와 사회혁명당 결성에 참여했다. 1920년 일본 사회주의동맹의 결성에 관여하여 기관지 『社會主義』의 편집책임자가 되었다[鹽田庄兵衛, 『日本社會運動人名辭典』(靑木書店, 1986), 80~81쪽].

2) 坪江汕二, 『朝鮮民族獨立運動秘史』(巖南堂書店, 1959), 285쪽; 金鍾範・金東雲, 『해방전후의 조선진상』(조선정경연구사, 1945)(돌베개, 1983, 178쪽).

이후 1923년 1월 15일 東京에서 김약수, 金鍾範, 宋奉瑀, 卞熙鎔, 金章鉉, 李如星 등 60여명이 北星會를 조직하였다.3) 북성회 멤버들은 국내에 사회주의사상을 전파하기 위하여 1923년 10월 23일 서울 齊洞에서 김약수, 김종범, 馬鳴(鄭宇洪), 李憲, 金在明 등 160여명이 모여 建設社를 조직한다. 그리고 1924년 11월 25일 김약수, 김종범, 마명, 鄭雲海, 南廷哲, 徐廷禧, 朴昌漢, 朴世熙, 신용기(신철), 송봉우, 李浩 외 13명이 주동이 되어 북성회의 국내본부로 北風會를 결성하였다는 것이다.4)

그런데 최근 러시아문서보존소의 소장 자료가 발굴됨에 따라 북풍회와 그 내부에 까엔당(К.Н.Дан)이라는 '공산주의단체'가 존재하였음이 처음으로 밝혀졌다. 1926년 2월 북풍회의 신철과 김영우가 「코민테른 집행위원회에게 보내는 보고서」(이하 「보고」)5) 중에는 북풍회의 역사와 까엔당의 역사를 구별하여 보고하고 있다. 아래에서는 그 내용을 검토해보고 사실에 대한 검증과 해석을 덧붙이고자 한다.

1920년대 전반기에는 국내사회주의 여러 그룹들이 조직되면서 주요한 분파들이 형성되고 분화되는 시기였다. 이 시기 화요파, 서울파 등 주요 사회주의 분파와 더불어 식민지 시대 민족해방운동에서 특히 노동·농민운동을 비롯한 반제민족통일전선에서 하나의 획을 그었던 '북풍파'6)의 형성과 활동에 대하여 살펴보고자 한다.

---

3) 이석태 편, 『사회과학대사전』(문우인서관, 1948), 566쪽; 전명혁, 「일월회의 성립과 활동」, 『殉國』, 1996.7, 26쪽.

4) 김준엽·김창순, 『한국공산주의운동사』 2(청계연구소, 1986), 38쪽.

5) СИНЧЕР и КИМЕНУ, ИСПОЛКОМУ КОМИНТЕРНА, 1926. 2. 11(러시아문서보존소 ф.495 оп.135 д.125 л. 81~100) 신철·김영우, 「코민테른집행위원회에게 : 까.엔.당(북풍회 내부의 비합법적 그루빠)대표의 보고」, 1926.2.11, 81~100쪽(러시아문서보존소 ф.495 оп.135 д.125).

6) 이 글에서 '북풍파'는 북풍회의 일본 조직인 북성회와 그 내부의 공산주의 조



1부  사회주의사상의 도입과 분파형성

# 1. 북성회의 성립

북풍회 내부의 비합법적인 그루빠 까엔당의 대표로 파견된 신철과 김영우가 1926년 2월 11일 코민테른에 보내는 「보고」에는 까엔당과 북풍회의 성립에 대하여 다음과 같이 언급하고 있다.

> 1920년 5월 서울에서 노동자 조직인 '노동공제회' 내부에 작은 맑스주의 써클이 형성되었고, 그곳에 김약수, 정운해, 정양명 등 7명이 들어갔다. 이러한 방식으로 맑스주의 학습의 일보가 시작되었다.[7]

이러한 내용은 1920년 4월 창립된 조선노동공제회 내부에 김약수를 비롯한 정운해, 정양명 등이 비밀리에 조직한 맑스주의 학습 써클로부터 까엔당과 북성회(이후 북풍회) 즉 '북풍파'라는 분파의 조직적 연원을 밝히고 있음을 의미한다.

> 1921년 봄 이 써클은 자신의 주요 세력을 일본의 東京으로 보냈고 그곳에서 '대중시보사'를 조직하고 월간지 『大衆時報』를 발행하기 시작했다. … 여기에서 그들은 한편으로는 일본에 있는 조선인 공산주의 인자들을 집합시켰고, 다른 한편으로는 자신의 세력을 조선으로 이동시키면서 맑스주의 원칙을 조선으로 확산시키는데 전력을 다하였다. 이때부터 현 조직은 공산주의적 특성을 선명히 드러내고 있었다.[8]

위의 사실은 1921년~1922년 무렵 김약수의 일본에서의 활동과 관련이 깊은 내용으로 생각된다. '북풍파'의 대표적인 인물인 김약수

---

직인 까엔당을 포괄하는 의미로 사용하였다.

7) СИНЧЕР и КИМЕНУ, 앞의 글, 84쪽.

8) СИНЧЕР и КИМЕНУ, 위의 글, 84 · 93쪽.

는 1919년 3·1운동 직후 귀국하여 조선노동공제회에 참여하고 기관지 『共濟』 1·2호를 편집하다가 일본에 건너가서 日本大學 전문부 사회과에 입학하여 2년간 수학하였다. 1921년 봄 그는 『大衆時報』 발행을 주도하여 일본 노동운동과 사회주의운동을 소개했다. 이 무렵 그는 堺利彦이 주도한 사회주의단체 코스모스구락부에 출입하고 1921년 11월 흑도회 결성에 참여하고 일본 공산주의단체 曉民會가 주최하던 집회와 강연회에 출입했다.9) 이러한 사실에 비추어 볼 때 1921년 무렵 김약수 등은 일본에 목적의식적으로 건너가서 그곳에서 일본의 사회주의자들과 광범위한 교류를 통해 그들의 사상, 조직, 활동 방법 등을 습득하였다는 것을 알 수 있다. 신철과 김영우가 "이때부터 현 조직(까엔당-인용자)은 공산주의적 특성을 선명히 드러내고 있었다"10)라고 언급하고 있는 사실에서 초기부터 김약수 등이 국내에 전위당을 만들기 위한 맑스주의적 사고를 지니고 있었음을 알 수 있다.

또한 다음의 내용은 1921년 10월 무렵 까엔당의 직접적인 前身으로서 '꼼그룹'이 조직되고 이들이 일본과 국내에서 노동자, 농민운동을 조직하는 사업에 착수하고 있었음을 알 수 있게 해 준다.

> 1921년 가을, 이 맑스주의 써클은 소규모의 비합법적 공산주의 조직으로 재조직되었다. 이때부터 또한 일본에 존재하는 노동자·농민의 정세를 연구하기 시작했고 노동운동을 조직하기 시작했다. 그와 동시에 그들은 南鮮에 일꾼을 파견하여 그곳에서 노동-농민운동을 조직했다.11)

---

9) 강만길·성대경 편, 『한국사회주의운동인명사전』(창작과 비평사, 1996), 91쪽.
10) СИНЧЕР и КИМЕНУ, 앞의 글, 93쪽.
11) СИНЧЕР и КИМЕНУ, 앞의 글, 84~85쪽.


1부  사회주의사상의 도입과 분파형성

이 '꼼그룹'에 참여했던 인물은 밝혀지지 않았지만, 이후 북성회에 참가한 인물 가운데 이시기 일본에 유학하면서 1920년 1월 조선고학생동우회, 1921년 11월 흑도회 등에 관여했던 김약수, 宋奉瑀, 정태신(정우영), 김종범 등으로 추정된다.12) 그들은 1922년 7월 信濃川 수력발전공사장에서 조선인 노동자 학살사건에 대한 조사, 항의운동을 계기로 재일본조선노동자 상황조사회 등을 만들고 1922년 11월에는 동경조선노동동맹회를 건설하였다. 12월에는 大阪시에서 조선노동자동맹회 창립총회가 개최되었는데 여기에 일본재류조선노동자 상황조사회에서 김약수, 김종범 등 4, 5명이 출석하고 일본노동동맹회에서도 간부가 참석하였다.13)

'꼼그룹'은 또한 "1922년 가을, … 정양명14)을 대표자로 선출하여 그를 베르흐네우진스크의 고려공산당 통합 대회에 파견했고 그는 그곳에 참가했다. … 이후 코민테른 4차대회 위원회의 결정에 따라, 코민테른집행위원회 극동(원동)부 하의 꼬르뷰로 성원으로 그들 조직으로부터 한 대표가 참가하였다. 우리의 대표 김약수 동지는 일본공산당의 추천으로 꼬르뷰로 성원으로 들어갔다"15)

1922년 11월 5일~12월 5일에 개최된 코민테른 제 4차 대회에서는 1920년 2차 대회의 레닌의 「민족·식민지문제에 관한 테제」를 구체화하여 「동양 문제에 관한 일반테제」를 확정하고 '반제국주의 통

---

12) 김준엽·김창순, 앞의 책, 31쪽 참조.

13) 朴慶植, 「在日本思想團體 北星會, 一月會に ついて」, 『在日朝鮮人 私の靑春』(三一書房, 1981.4), 116쪽. 정현이, 「1920년대 전반기 사상단체와 노동운동 - 전국적대중조직건설을 중심으로 - 」(숙명여대사학과 석사논문, 1992.12), 20쪽.

14) 정양명(Тенянмен)은 정우영(정태신)으로 1923년 8월 13일 부산에서 북성회 순회 강연 도중 익사했다(『동아일보』 1923.8.15).

15) СИНЧЕР и КИМЕНУ, 앞의 글, 85쪽.

일전선'을 슬로건으로 내걸었다.16) 또한 4차 대회에서 코민테른은 8인의 위원으로 구성되는 조선문제위원회를 구성하여 1922년 12월 조선문제에 관한 결정서를 작성하여 코민테른 집행위원회에 제출하였다. 이 결정서에는 1922년 10월 15일 상해파와 이르쿠츠크파 고려공산당의 통합대회가 무산되자 두 개의 고려공산당을 해산하고 1922년 12월 블라디보스톡에 있는 코민테른 집행위원회 원동부 산하에 꼬르뷰로(고려국)를 설치하여 조선공산주의운동을 통일적으로 지도한다는 내용이 들어 있었다.17) 신철과 김영우의 「보고」는 까엔당의 전신인 '꼼그룹' 대표로 김약수가 일본공산당18)의 추천에 의해 1922년 12월 조직되는 블라디보스톡의 꼬르뷰로 성원으로 들어갔던 것을 의미한다. 김약수 등은 이 무렵 코민테른과 일본공산당과 밀접한 관계를 가지고 있었던 것이다.

마침내 1923년 1월 15일에 '꼼그룹'은 일본에서 북성회라는 합법적인 사상단체를 조직하였다. "1923년 봄 '北星會'가 공식적으로 조직되었다. 그들은 기관지 월간 『斥候隊』(전위라는 뜻)를 발행했고 일본에서도 조선에서도 실천적, 조직적 활동을 위해 전력을 다했다."19)

---

16) 水野直樹, 「코민테른의 민족통일전선론과 신간회운동」, 『역사비평』 봄호, 60쪽.

17) 임경석, 『고려공산당연구』(성대사학과 박사논문, 1993), 401~418쪽.

18) 일본공산당은 1922년 7월 15일 비밀리에 堺利彦, 山川均, 近藤榮藏, 吉川守邦 등에 의해 창립된 후 1922년 11월 코민테른 4차대회에서 일본지부로 정식으로 인정되었다. 일본공산당은 사회주의사상단체인 水曜會(山川均, 德田球一 등), 曉民會(高津正道, 高瀬淸 등)와 노동조합 계통의 총동맹계(山本懸藏, 野坂參三 등), 비총동맹계 노조활동가(渡辺政之輔, 杉浦啓一 등), 京都, 名古屋, 大阪지역의 활동가, 재미활동가 등으로 이루어졌다[정혜선, 『1920~1930년대 일본 공산주의 운동 연구－일본공산당과 코민테른의 관계를 중심으로－』(숙명여대사학과 박사논문, 1995), 41~44쪽].

19) 신철과 김영우는 「보고」에서 "바로 이때가 운동을 지도한다는 의미에서 진정으로 생산적이고 또한 조직적인 실천적 활동을 열심히 수행한 때이다."(85쪽)


1부　사회주의사상의 도입과 분파형성

북성회에는 김약수를 비롯하여 金鍾範, 宋奉瑀, 卞熙瑢, 李如星, 安光泉, 李憲, 白武 등 60여명이 참여했다. 북성회는 기관지『斥侯隊』와 변희용 주간의『前進』을 일본에서 발행하였다.20) 기관지는 부득이 일본에서 발행되었다. 잡지는 아카데미적 성격보다는 오히려 실천적이고 전술적 성격을 띠기 시작했다. 1923년 봄과 여름 동안에 북성회의 기본세력이 운동의 조직과 지도의 의미에서 더욱 생산적인 활동을 할 목적으로 조선 내부로 이동했다.21) "이때부터 조선의 중앙과 지방에서 조직적 활동이 시작되었고, 지방 야체이까의 조직에 따라 우리 공산주의 조직은 그들을 지도했다."22)

## 2. '북풍파'의 성립과 활동

### 1) 까엔당과 북풍회의 결성

1921년 10월 무렵부터 일본에서 조직된 비합법적 '꼼그룹'은 1923년 1월에 북성회라는 합법조직을 표면에 내걸고 활동하다가 국내에 들어와 1923년 5월 꼬르뷰로 국내부의 결성에 참여하였다.23) 그러나 "1923년 말, 꼬르뷰로 내부에 불화가 나타났고 다음해(1924

---

라고 밝히고 있다.

20) 이석태 편,『사회과학대사전』(문우인서관, 1948), 566쪽.

21) СИНЧЕР и КИМЕНУ, 앞의 글, 93쪽.

22) СИНЧЕР и КИМЕНУ, 위의 글, 85쪽.

23) "1923년 5월에 코민테른집행위원회 원동부하의 꼬르뷰로 산하에 국내부가 구성되었다"(СИНЧЕР и КИМЕНУ, 앞의 글, 85쪽). 꼬르뷰로 국내부의 건설시기도 '6월설'(김준엽・김창순, 앞의 책 2, 203~204쪽)과 '8월설' 등으로 분명하지 않았지만,「보고」에 따르면 5월에 창립된 것이 틀림없는 것으로 생각된다.

년) 봄, 후자는 북풍회와 화요회의 두 부분으로 분해되었다. 따라서 4월에 공식적으로 꼬르뷰로는 해산되었다."[24]

이러한 사실은, 꼬르뷰로 국내부가 "1924년 3월말 신용기(신철 –인용자)를 '사보타지'의 이유로 제명하고 안병진 역시 간부를 辭하는 동시 임원근 박헌영 조봉암 김00(김단야–인용자)를 간부에 보선"[25]하였다는 것과, "1924년 봄 김두전(김약수–인용자) 및 이봉수를 '사보타지'의 이유로 제명"[26]한다는 내용에서 명확해진다. 이와 같이 1924년 1월부터 3월에 이르는 시기에 꼬르뷰로 내부에 '신사상연구회' 경향(이후 '화요파')과 '북성회' 경향(이후 '북풍파')이 대립하다가 마침내 후자의 축출로 이어졌다.

꼬르뷰로 내부의 대립으로 '탈퇴'[27] 또는 '제명'된 김약수, 신철 등은 까엔당이라는 '꼼그룹'을 정식으로 조직하고 건설사라는 '합법적'인 간판을 내걸었다. 다음의 「보고」는 이를 구체적으로 확인시켜 준다.

1924년 4월 17일, 서울에서 야체이까 대표자(17명)로 구성된 첫번째 회의가 소집되었다. 이 회의에서 다음이 결정되었다. 즉 전 공산주의그룹과 전일적으로 나뉘어진 그룹들을 통일하여 유일한 조선공산당을 창립할 것이 결정되었다. 여기에서 또한 자신의 조직이 본 까엔당(К.Н.Дан)이라고 이름지어졌다. 그리고 합법조직은–건설사라고 이름지어졌다.[28]

---

24) СИНЧЕР и КИМЕНУ, 앞의 글, 85쪽.

25) 「金燦豫審終結決定書全文」 3, 『조선일보』 1932.5.12.

26) 「金燦豫審終結決定書全文」 2, 『조선일보』 1932.5.11.

27) 1931년 북풍파의 신철(신용기)은 "1924년 4월에 이르러 대립은 드디어 표면화되어 나는 청년회의 책임의 지위도 사직하고 또한 그로부터 완전히 탈퇴해버렸다."고 진술하고 있다[「金洛俊調書」, 1931, 金俊燁·金昌順 編, 『韓國共産主義運動史』 資料篇 I(高麗大 亞細亞問題研究所, 1979), 44쪽].

28) СИНЧЕР и КИМЕНУ, 앞의 글, 93쪽.



1부 사회주의사상의 도입과 분파형성

　이상의 내용을 통해서 1924년 4월 17일 북성회 내부의 비합법 조직인 '꼼그룹'의 야체이까 대표자 1차회의에서 '建設社'라는 합법조직을 국내에 조직하였음을 알 수 있게 되었다. 김준엽·김창순은 건설사의 창립시기가 일제 관헌 측 기록에는 1924년 3월 23일[29]로 나타났으나 실제로 조직에 착수한 것은 이보다 6개월 전인 1923년 10월 23일로 보고 있다.[30] 그러나 필자는 신철과 김영우의 「보고」에 따라 건설사의 창립시기를 1924년 4월 17일로 파악하고자 한다.

　　1924년 봄 서울에서 합법조직 '建設社'가 조직되었다. 그것은 다양한 운동의 맹아에 지도를 주었다. 잡지 『척후대』는 1924년 9월까지 출판되었으나 검열기관에 의해 금지되었다. 다른 잡지 『해방운동』도 출판을 시도했지만 세상에 나오자 마자 역시 일본 검열기관에 의해 금지되었다.[31]

　이를 통해 북성회는 국내에서 건설사라는 합법적인 조직을 통해서 활동하였고, 일본에서 『척후대』와 『해방운동』 등의 기관지를 출판하면서 선전활동을 계속하였음을 알 수 있다.

　또한 같은 날에 그들 내부의 비합법적인 '꼼그룹'을 까엔당(К.Н.Дан)[32]이라고 명명하였던 것이다. 당시 까엔당은 다음과 같은 강령을 가지고 있었다.

　① 까엔당은 칼 맑스의 「공산당선언」을 목적으로 승인하고 그것이 당의

---

29) 경기도경찰부, 『치안개황』, 1925, 76쪽.

30) 김준엽·김창순, 앞의 책 2권, 38쪽.

31) СИНЧЕР и КИМЕНУ, 앞의 글, 93~94쪽.

32) 까.엔.당은 러시아어 К.Н.Дан을 그대로 음역한 것이다. К.Н.이 어떤 단어의 이니셜인지는 알 수 없지만 Корейский Народный 즉 '조선민중(또는 인민)' 당이 아닐까 추측된다.

견해라고 간주한다. 또한 코민테른의 지도와 강령을 일반적인 당의 임
무로 간주한다. 그리고 코민테른의 지도하에서 조직적 세력과 강제적
혁명의 방법으로 그것을 실현하는 것을 지향한다.

② 일반 정치운동의 부문에서 까엔당의 주요한 임무는 조선에서 일본 제
국주의와 그의 동조자를 추방하고 분쇄하는 것에 있다. 또한 적극적으
로 프롤레타리아 혁명운동을 방해하지 않으면서, 국가로서 조선을 해
방하고 자주적인 민주주의 공화국을 창건하는 것이다.

③ 이 목적을 실현하기 위하여 유일한 민족혁명전선에 모든 혁명세력을
집합시키고 그것(광범한 민족당을 조직하는 것)을 구체화한다. 또한 그
것을 자신의 지도와 전위의 임무로 삼는다.

④ 까엔당은 조선의 근로대중을 지도하고 조선해방을 위한 투쟁에 주요한
전투부대로 된다. 동시에 그들을 교육하고 조직하고 지도하여 그들이
당면 프롤레타리아 혁명에 유일한 수장이 되도록 고무한다.

⑤ 코민테른하에서 자신의 최대·최소 강령을 실현하기 위하여, 코민테른
의 직접적이고 평범한 영향하에 있는 혁명적 대중과 코민테른의 지부
와 긴밀한 관계를 지향한다.[33]

까엔당은 자신의 「강령」을 통해서 무엇보다도 '일본제국주의의
분쇄와 조선의 해방' 그리고 '자주적인 민주주의 공화국' 건설을 1차
적 목적으로 하였음을 알 수 있다. 또한 까엔당은 이를 위하여 광범
한 민족당 조직을 임무로 하였다. 까엔당은 조선의 근로대중이 프롤
레타리아혁명으로 나아가도록 지도하고 고무한다고 하였다. 그러나
그들이 근로대중의 전위당이 되는 것을 직접적인 목적으로 내걸지는
않았음을 알 수 있다.

또한 까엔당은 다음과 같은 조직체계를 가지고 있었다. 즉 까엔
당은 모든 야체이까를 지도하고 까엔당을 대표하는 중앙국을 두었다.
중앙국은 11명의 성원으로 구성되고 책임비서, 정치부, 조직부, 선동

---

33) СИНЧЕР и КИМЕНУ, 앞의 글, 83~84쪽.



1부  사회주의사상의 도입과 분파형성

부, 검사위원회, 부장회의 등의 부서로 구성되었다. 부장회의에는 책임비서와 각 부장들이 참가할 권리를 갖었다.

조직의 기본단위인 야체이까는 정식 야체이까(제1형)와 후보 야체이까(제2형)34)로 구별되었다. 제1형은 총 24개로 조선 국내에 20개[서울, 하동, 진주, 마산, 김해, 부산, 대구, 광주, 순천, 광양, 대련(大連), 사리원, 태인, 홍원, 성진(?)(Сяндин), 강계, 영흥, 원산], 중국에 3개(상해, 뻬이징, 툰진탄), 일본에 1개(동경)를 두었다. 제2형은 총 11개로 조선에 10개[동해, 인천, 울산, 부안, 영천, 신진(?)(Шиндин), 회령, 함흥, 영덕], 만주에 1개를 가지고 있었다. 1925년 1월말 현재 정회원은 183명, 후보회원은 76명이었다.35)

1924년 11월 10일 까엔당 중앙국은 총회를 통해 北風會라는 이름으로 그들의 합법조직을 부르기로 결정하고 1925년 11월 25일 건설사와 염군사 그리고 단체에 소속되지 않은 개별 사회주의자들이 참가하여 北風會를 결성하기에 이르렀다. 이러한 사실은 신철과 김영우의 「보고」에서 구체적으로 확인할 수 있다.

> A. 1924년 11월 10일, 까엔당 중앙국 총회가 성립되었고 그 결정에 따라 그 합법조직은 '북풍회'라고 명명되었다. 그리고 후자(북풍회 - 인용자)는 몇가지 자신의 선언과 강령을 발표하였다. 또한 자신의 기관지 - 월간 『해방운동』을 출판했다.36)
>
> B. 1924년 11월 25일 '建設社'는 '焰群社'와 또한 개별적인 공산주의적 인

---

34) 까엔당은 제2형의 야체이까, 즉 후보야체이까를 다음과 같이 규정하였다. 즉 그것은 하나 또는 두 명의 정회원과 동시에 후보회원으로 조직되어 있고, 거기에는 3명의 정회원이 존재하지 않았다. 이러한 후보 야체이까 6개가 제 1형의 야체이까, 즉 정식 야체이까로 확정되었다(СИНЧЕР и КИМЕНУ, 위의 글, 82쪽).

35) СИНЧЕР и КИМЕНУ, 위의 글, 83쪽.

36) СИНЧЕР и КИМЕНУ, 위의 글, 86쪽.

자들과 통합하여 '재조직되고' '北風會'로 개칭되었다. 이때부터 현조직
은 선언과 최소강령을 발표했고 민족혁명적 통일전선의 슬로건을 당면
과제로 제기했다.[37]

건설사는 1924년 4월 17일에 창립된 북성회의 국내조직으로 건
설사에 참여하는 사람은 김약수, 김종범, 金在明, 馬鳴(鄭宇鎬), 李憲
등이었다. 염군사는 1922년 10월경 宋影, 金斗洙, 朴容大, 尹基鼎,
李浩, 崔承一 등이 결성한 사회주의 문예단체였다. 이들 중 李浩, 崔
承一 등이 1924년 11월 북풍회 결성에 참여하였다. 이외에 徐廷禧,
宋奉瑀, 朴世熙, 朴昌漢, 南廷哲 등이 참석하였다.[38]

이와 같이 1924년 11월 25일 북풍회가 결성됨으로써 까엔당이
라는 비합법적인 '꼼그룹'을 내부에 지닌 '북풍파'라는 하나의 사회주
의 분파가 형성되었다. '북풍파'는 서울청년회와 내부의 꼼그룹인 고
려공산동맹 즉 '서울파'[39]와 화요회와 꼬르뷰로 국내부 즉 '화요파'
등과 함께 1920년대 주요한 사회주의 분파 가운데 하나였다.

1924년 11월 창립된 북풍회에 참가하여 활동한 사람들의 약력
은 〈표 2〉와 같다.

---

37) СИНЧЕР и КИМЕНУ, 위의 글, 94쪽.

38) 京畿道警察部,『治安槪況』, 1925.5, 李在華 · 韓洪九 編,『韓國民族解放運動史資料
　　叢書』2, 京沅文化社, 391쪽.

39) '서울파'는 1921년 1월에 창립된 서울청년회와 서울청년회 내부에 비밀리에 조
　　직된 1922년 10월 11일 '서울꼼그룹', 그리고 1923년 2월 20일 고려공산동맹의
　　창립에서 비롯된다[전명혁, 「1920년대 공산주의운동의 기원과 조선공산당」,
　　역사학연구소 편,『한국공산주의운동사 – 현황과 전망 – 』(아세아문화사, 1997),
　　102쪽].


1부　사회주의사상의 도입과 분파형성

| 표 2 | 북풍파의 주요인물

| 이름 \ 구분 | 출생년도 | 출생지 | 학력 | 직업 | 활동단체 |
|---|---|---|---|---|---|
| 金鐘範 | 1892 | 경남 창원 | 일본에서 대학수학 | 동아일보 부산지국장 | 북성회, 오오사까 조선노동동맹회 |
| 馬鳴 (鄭宇鎬) | 미상 | 경북 대구 | | | 건설사, 연문사 |
| 裵德秀 | 1896 | 경남 김해 | | | 김해청년회 |
| 徐廷禧 | 1877 | 전남 광주 | 한학, 관립영어학교 | 광주법학강습소 교사 | 조선노동공제회, 광주소작인연합회, 조선공산당 |
| 宋奉瑀 | 1901 | 경남 하동 | 중앙고보중퇴, 正則영어학교(동경), 日本대학(동경) | | 북성회, 경성청년회, 조선공산당 |
| 辛鐵 (辛容箕) | 1901 | 경남 통영 | 양정보통학교, 明治대학 중퇴, 이르쿠츠크 군정학교 | | 꼬르뷰로, 고려공산청년회 중앙총국, 13인회, 해방운동사 |
| 李奎宋 | 1899 | 함북 성진 | 선린상업학교, 早稻田 대학 | | 신인회 |
| 李憲 | 1892 | 전북 정읍 | 일본 유학 | | 조선인고학생동우회, 북성회, 재일본무산청년회, 건설사, 조선공산당 |
| 鄭雲海 | 1893 | 경북 대구 | 한일합방후 망령하여노령, 남북만주에서 독립운동 | | 조선노동공제회 대구지회, 남선노농동맹, 해방운동사, 조선공산당 |
| 金若水 (金科佺) | 1892 | 경남 동래 | 正則영어학교, 금릉대학(남경) 수학, 日本대학 | | 조선노동공제회, 흑도회, 조선고학생동우회, 북성회, 13인회 |

출전 : 강만길·성대경 편, 『한국사회주의운동인명사전』(창작과 비평사, 1996); 梶村秀樹·姜德相 編, 『現代史資料』 29, みすず書房, 1972; 金俊燁·金昌順 編, 『韓國共産主義運動史』(資料篇 Ⅰ·Ⅱ), 高麗大 亞細亞問題研究所, 1979.

## 2) '북풍파'의 노동·농민, 청년운동

'북풍파'는 1920년 조선노동공제회 내부에서 시작된 맑스주의 학습써클로부터 시작하여 북성회와 까엔당, 그리고 건설사, 염군사 등을 망라하는 사회주의 분파였다. 그들은 또한 1924년 12월 11일 京城靑年會를 조직하여 청년운동에까지 자신의 영향력을 미치려 하였다. 그 주요 슬로건과 강령은 다음과 같다.40)

> • 주요 슬로건
> 조선의 해방을 위해 전위로서 투쟁에 참가하자!
> 청년운동은 청년 자신의 임무!
> 청년단체 성원의 연령은 25세까지!
>
> • 최소 강령
> 조선해방투쟁을 전진시키기 위해(전위로써)청년대중에게 근로청년의식과 조직을 정착시킨다. 민족통일전선으로 전세력을 단결시키고 전진시키면서 조선청년총동맹을 창립(가까운 기본 임무를 실현할 목적으로)한다.41)

'북풍파'는 국내 노동운동조직에 뿌리내리기 위한 작업에 노력했다. "1922년 봄 중앙지도기관의 분열때문에 노동공제회의 132개42)의 나머지 지방조직이 청산되었고, 그들은 대구(府규모의 도시 이름)의 지방조직에 근거를 두고 분산된 조직상황 속에 존재하는 지방의

---

40) СИНЧЕР и КИМЕНУ, 위의 글, 98~99쪽.

41) 일제의 관헌자료에는 "무산계급청년에 대해 마르크스사상의 교양과 계급적 단결을 목적으로서 국제적 청년운동을 모방하여 조선청년운동의 선구가 됨을 기한다."라고 경성청년회의 「강령」을 밝히고 있다(경기도경찰부, 『치안개황』, 한홍구·이재화 편, 앞의 책, 1925, 393쪽).

42) 노동공제회의 '132개의 지방조직'은 府, 郡, 面 규모의 모든 산하 단체를 망라한 수로 생각된다.


1부 사회주의사상의 도입과 분파형성

수평적 관계의 방향으로 노력했다."[43]

여기서 1922년 봄 '중앙지도기관의 분열'은 1922년 4월에 있었던 조선노동공제회와 조선청년회연합회 제3회 정기총회에서 일어난 '사기공산당사건'[44]과 관련하여 김명식, 장덕수, 오상근, 이봉수 등 '상해파' 고려공산당의 국내간부를 제명하면서 발생한 것이었다. 이후 노동공제회는 신백우, 윤덕병, 차금봉 등 20명으로 집행부를 대폭 개편하였으나 이후 1922년 10월 15일 윤덕병, 신백우 등의 무산자동맹계열(이후 '화요파')의 조선노동연맹회 결성을 둘러싸고 차금봉 등 조선노동공제회를 고수하는 '서울파'세력과 대립이 발생하게 되었다.

조선노동공제회는 조선노동연맹회와 분립함으로써 지방지회에 대한 기반을 상실하게 되었고, 조선노동연맹회에 가맹하지 않은 지회들 예컨데 대구지회는 1923년 1월 28일 제 4회 정기총회에서 명칭을 대구노동공제회로 바꿀 것을 결의하였다.[45] 이와 같이 조선노동공제회의 내부 대립은 이 무렵 대중조직에 뿌리내리려던 서울파, 화요파 그리고 북풍파의 세 분파의 대립으로 표출되었다. 북풍파는 대구를 비롯하여 광주, 진주 등에 조직적 기반을 가지고 있었다.

이어 '북풍파'는 "1923년 봄 조선 서부지역에 노동 · 농민 운동의 관계를 확립하고 지도를 향상시키기 위하여 책임 일꾼을 파견했"고

---

43) СИНЧЕР и КИМЕНУ, 앞의 글, 94쪽.

44) '사기공산당사건'이란 '상해파' 고려공산당이 코민테른으로부터 받은 자금의 일부를 국내의 조선노동공제회와 청년회연합회의 간부인 최팔용, 오상근, 장덕수 등 9인이 이 양대 단체의 사업수행의 비용을 빙자하여 이를 사적으로 남용했다는 사실이 드러나면서 서울청년회의 김사국, 김한 등이 이들을 '문화운동자' 또는 '仮裝사회운동자'라고 비판하면서 당시 사회운동에 일대 풍파를 일으켰던 사건이었다(裵成龍, 「朝鮮社會運動小史」 3, 『조선일보』 1929.1.5).

45) 『동아일보』 1923.2.7; 朴愛琳, 「조선노동공제회의 활동과 이념」(연세대사학과 석사논문, 1992), 62~70쪽.

"1924년 1월 10일 남선노동동맹의 창립에 주도권을 잡았고, 1924
년 3월에 창립된 남선노동동맹에서 지도적 역할을 수행했다."[46]

이러한 사실은 다음의 일제 관헌 기록에서도 확인할 수 있다.

> 북성회계의 김종범, 정운해 등은 작년(1923년 - 인용자) 9월 중 齊多(치타
> - 인용자) 공산당으로부터 주의 선전 및 기관 설치를 위해 선내에 파견된 혐
> 의를 받는 신용기, 김병칠(이상 경성), 장두건 등과 연락했다. 그들은 노농대
> 회준비회의 운동을 방해하고 더불어 노농총동맹회 측의 세력을 부식할 목적
> 으로 진주노동공제회, 부산노동동맹회 및 마산노농동우회 등 3단체 주최하
> 에 참가단체 33, 출석인원 56명으로 1월 10일부터 4일간 경상남도 진주에서
> 경남노농운동자간친회를 개최하고 노동문제 소작문제 기타 여러 사회문제
> 를 결의하고 최종일에 남선노농동맹회 창립 발기의 결의를 하였다.[47]

> 1924년 1월 10일부터 3일간 진주에서 60여개의 단체가 참가한 가운데 '경
> 남도 노농운동자 간친회'가 개최되었다.[48] 간친회는 노동자상황조사, 노동단
> 체 조직, 노동강습소 설치 및 사상선전을 위한 책자 배포 등 노동문제와 소
> 작권보장, 소작료 4할 이내 감량, 동척의 이민, 農監폐지 등 농민문제 및 청
> 년, 여성지도 문제를 결의하였다. 또한 간친회는 조선노농운동에 큰 영향력
> 을 가진 남한 각지 단체의 단결을 위하여 '남조선노농동맹'의 발기총회를 가
> 졌다.[49]

북풍파는 1924년 3월 4일부터 3일간 광주에서 '전라도노농연맹'

---

46) СИНЧЕР и КИМЕНУ, 앞의 글, 94쪽.

47) 朝鮮總督府警務局, 『勞農運動槪況 - 노농총동맹해산에 이르기까지의 정황 - 』,
大正 13년(1924년) 6월, 24~25쪽. 삼일째인 1월 12일에는 약 400여명의 청중 앞
에서 안광천의 「무산자의 현행교육」, 정운해의 「소작운동과 청년」, 정종명의
「신여성이 본 현사회」, 서정희의 「소감」, 김종범의 「계급운동의 의의」 등의 강
연이 있었다.

48) 『동아일보』 1924.1.19. 경상남도 노농운동자 간친회는 辛鐵, 金炳七, 張斗建, 金
鍾範, 徐廷禧, 鄭雲海 등이 주도하였다.

49) 『동아일보』 1924.1.22.



1부 사회주의사상의 도입과 분파형성

을 결성하였다.50) 전라도노농연맹의 가맹단체는 78개이며, 지도적 인물은 서정희, 김종범, 정운해 등이었다.51) 1924년 3월 9일부터 2일간 최원택, 박이규, 정운해, 서정희 등이 중심이 되어 대구에서 '南鮮勞農同盟' 창립대회가 개최되었다. 총가맹단체 141개, 출석대표 58명으로 제1일의 회의가 진행되었다. 제2일에는 "① 노농민의 서로 관계에 대한 일은 물론 연락을 취할 일. ② 각 지방 소작상황 조사의 건 … ⑩ 생산과 소비조합에 관한 건 ⑪ 농촌고용에 관한 건 ⑫ 군농회에 관한 일 ⑬ 동양척식회사의 건 ⑭ 청년단체 조직의 건 … ⑰ 여성단체조직의 건" 등 결의사항과 "一. 우리는 단결의 힘으로써 노동계급의 해방을 기함. 一. 우리는 완전무결한 사회의 실현을 기하는 동시에 각각의 복리증진과 생활향상을 도모함. 一. 노동운동의 전력을 집중하기 위하여 전국적 총단결의 촉성을 기함." 이라는 「강령」을 채택했다.52)

한편 '서울파' 또한 1923년 9월 18일 노농대회준비회를 조직하고 1924년 1월 30일 노농대회주최단체총회를 개최하였다. 마침내 서울파는 1924년 4월 5일 조선노농대회준비위원회를 정식으로 발족하기에 이르렀다.53) 이 무렵 전국적인 노농단체를 조직하기 위하여 북풍파와 화요파의 연대가 이루어지고 있었고 이에 대해 서울파의 조직적 대립이 치열하게 벌어지고 있었다.

북풍회 내부의 까엔당은 조선노농총동맹 창립의 필요성을 결정하고, 이 결정을 실천하기 위하여 서울에 자신의 대표를 파견했다. 그들은 여러 그룹들과 회담을 했고 그 결과 조선노농총동맹 창립준비위

---

50) 『동아일보』 1924.3.8; 『치안개황』, 1925, 11쪽.

51) 조선총동부경무국보안과, 「재조선사회운동단체계통일람표」(坪江汕二, 앞의 책, 128쪽에 수록).

52) 『동아일보』 1924.3.14.

53) 丁玄珌, 앞의 글, 66~70쪽.

원회가 창립되었고 그들은 여기에 참가를 동의했다. 1924년 4월 20일 창립된 조선노농총동맹 중앙집행위원 50명 가운데 18명이 북풍회의 지지자였다.54) 이와 같이 북풍파는 1924년 4월 조선노농총동맹 건설에 주요한 견인차 역할을 했다.

조선노농총동맹 중앙집행위원 50명 가운데 '북풍파'로 확인되는 인물은 鄭雲海(대구인쇄직공조합), 金鐘範(부산노동동맹회), 徐廷禧(광주소작인회), 金裕昌(조선노동동맹회: 평양), 馬鳴(태인노농회), 趙東爀(하동노농회), 朴炳斗(순천황전면농민대회), 李榮珉(목포면농민대회), 鄭晋武(광양소작인연합회) 등 10인이다. 나머지 8인은 서울파 22인(姜宅鎭, 徐郁晳, 鄭雲永, 鄭鶴源, 張彩極, 車今奉, 南潤九, 韓海, 朴泰善, 金炳璹, 張峻, 金瓊植, 趙容寬, 林宗桓, 李丙儀 등)과 화요파 7인(尹德炳, 姜達永, 申東浩, 申伯雨, 白光欽, 權五卨, 崔元澤)을 제외한 崔泰熙(부산노동동맹회), 朴桂春(不二소작인회), 金灝桓(장성소작회), 金富坤(신태인노동조합), 金大鳳(洵溜노동동맹회), 崔重彌(정읍노동공제회), 鄭淳鍾(협천노동회), 鄭仁暎(영광노농우애회), 崔享天(노농연합대성회: 완도), 徐丙翼(벌교농민대회), 李炳觀(함흥노농동맹) 등 11인 가운데 8인으로 추정된다.55)

이후 1925년 4월 17일 '화요파'가 주도하는 조선공산당이 결성되었고 '북풍파'의 김약수, 정운해, 송봉우 등이 1차당대회에 참석했다.56) 그러나 조선공산당은 '서울파'를 포함하는 전체 사회주의운동

---

54) СИНЦЕР и КИМЕНУ, 앞의 글, 95쪽.

55) 『동아일보』 1924.4.21; 朝鮮憲兵隊司令部(朝第1279號),「輓近ニ於ケル鮮內勞動農民運動ノ政勢」, 昭和3年 5月 15日; 이재화·한홍구 편, 앞의 책, 435~438쪽. 朝鮮總督府警務局, 『勞農運動槪況』, 大正 13年 6月, 이재화·한홍구 편, 위의 책, 217~221쪽.

56) 전명혁, 앞의 글, 92쪽. 김약수, 정운해, 송봉우를 비롯하여 조선공산당에 참가한 '북풍파' 성원들은 1925년 11월 북풍파가 반당행위를 했다는 이유로 '화요



1부 사회주의사상의 도입과 분파형성

의 통일적 조직체로서 결성되지 못했다. 이러한 한계는 조선노농총동맹 내부의 조직적 대립을 야기했다.

이것은 먼저 화요파와 북풍파의 주도로 1925년 3월 24일에 조선노농총동맹 제4차 중앙집행위원회가 간담회 형식으로 개최되면서 발생했다. 그들은 민중운동자대회의 지지를 천명하였다.57) 이에 대해 1925년 9월 15일 '서울파' 조선노농총동맹 중앙집행위원 17인은 3월 24일의 중앙집행위 간담회의 무효를 선언했다.58) 1925년 10월 20일 노농총동맹은 중앙집행위원을 재선했다. 강달영, 권오설, 이승명, 이준태, 마명, 안기성, 서정희, 윤덕병, 채규항, 차금봉, 진병기, 최윤옥 등 50인이 선출되었다. "1925년 10월 조선노농총동맹 대회에서 성립된 再選 결과 50명의 집행위원 가운데 북풍회 지지자가 21명이 되었다.59)

1926년 2월 무렵 북풍회 내부의 까엔당은 노동총동맹과 농민총동맹의 창립을 위해 혼란된 운동을 집중적으로 확립하는 활동을 수행했다. 북풍회의 영향하에 있는 노동자, 농민 조직의 수는 1926년 2월 현재 대략 150개였다. 이 조직이 존재하는 지방은 부산, 김해, 마산, 진주, 하동, 광주, 부안, 대구, 서울, 인천, 평양, 사리원, 대련, 해주 등이었다.60)

---

파' 조선공산당에서 축출되었다.

57) 『동아일보』 1925.3.29.

58) 『동아일보』 1925.9.18.

59) СИНЧЕР и КИМЕНУ, 앞의 글, 95쪽.

60) СИНЧЕР и КИМЕНУ, 위의 글, 95쪽.

## 3) '북풍파'의 통일전선활동

북풍회와 그 내부의 공산주의 그루빠 까엔당은 자신의 역사에 대한 「보고」에서 「민족혁명운동 부문에서(의 활동)」[61]을 다음과 같이 말하고 있다.

('북풍파'는-인용자) 1923년 4월 24일 민족혁명통일전선의 필요성에 관해 선언한 인쇄물을 발행하고, 1923년 5월 1일 조선의 정치적 독립을 선언하는 인쇄물을 발행했는데 그것의 기본적인 주요 슬로건으로서 민족혁명통일전선을 선전했다.

이와 같이 '북풍파'는 일찍이 민족혁명통일전선에 대한 필요성을 인식하고 실천하려고 하였다. 1923년 8월[62] 그들은 전조선에 일시적 집회를 조직하였고 통일전선의 필요성과 조직적 운동의 필연성을 선동했다. 그리고 이 집회의 선동요원으로서 2명의 일본인 공산주의자가 참가했다. 2명의 일본인 공산주의자는 布施辰治[63], 北原龍雄[64]이었다. 당시 일본공산당 당원이었던 北原龍雄이 조선에 와서 北星會

---

61) СИНЧЕР и КИМЕНУ, 위의 글, 81~100쪽.

62) 원문에는 9월로 되어 있으나 당시 신문기사에 따르면 8월이 분명하다. 보고자의 착오인 듯하다.

63) 布施辰治 후세다 쯔지(1880~1953)는 변호사 출신으로 1920년부터는 사회주의자, 노동쟁의, 소작쟁의 등의 변호를 위해 적극적으로 활동했다. 1927년 무렵 조선공산당사건을 변호하는 등 식민지의 억압 민족에 대해 깊은 이해를 보이고 지원활동을 했다[塩田庄兵衛 外編, 『日本社會運動人名辭典』(靑木書店, 1986), 488~489쪽 참조].

64) 北原龍雄 기따하라 다쯔오(1892~?)는 와세다 대학출신으로 1920년 일본사회주의동맹의 창립에 참가하여 집행위원으로 활동하였다. 1923년 무렵 일본공산당에 가입하여 제1차 공산당사건 이후 중앙위원으로 활동하였고 일본공산당 붕괴후 뷰로 멤버로 코민테른에 연락을 위해 상해에 건너가는 등 활동을 했다(塩田庄兵衛 外編, 위의 책, 209쪽 참조).



1부　사회주의사상의 도입과 분파형성

의 순회강연에 참여했다는 사실은 북성회가 일본공산당 등 일본 사회주의운동과 상당히 밀접한 관련이 있었음을 시사해 준다. 이 시기 일본공산당과의 조직적 관련여부에 대한 문제는 더욱 구체적인 연구를 통해 해명되어야 할 것이다.

북성회원 김종범, 백무, 정우영 등이 일본인 변호사 布施辰治와 1923년 7월 30일 오후 경성역에 도착할 당시, 서울역에는 그들을 환영하기 위해 무산자동맹회, 무산청년회, 노동연맹회, 토요회, 노동대회, 조선양복기공조합, 여자고무직공조합, 서울청년회, 노동공제회, 京城金物組合, 동아일보사 등 11개 단체의 60여명이 서울역 광장에 정열하여 布施 변호사가 감사의 인사를 하자 만세 삼창을 한 뒤, 종로까지 북성회 깃발과 각단체 깃발을 휘날리며 가두행진을 하였다.65)

이튿날 1923년 8월 1일부터 7일간 북성회의 金若水, 鄭又影, 金鍾範, 白武 등은 일본인 사회주의자 布施辰治, 北原龍雄과 함께 평양, 광주, 대구, 마산, 진주, 김해 등지에서 순회강연을 하였다. 그들은 8월 1일 서울 천도교당에서 첫 강연을 거행했다. 강연제목과 연사는 「현사회의 중병」-김종범, 「해방운동의 의의」-北原龍雄, 「인간생활의 개조와 조선민족의 사명」-布施辰治, 「청년의 역사적 사명」-정우영 등이었다.66)

김종범은 강연에서 '현 사회의 중병'을 자본주의의 폐해와 모순으로 보고 이에 대한 일반적 내용을 강의하다가 임검 경찰의 제지로 중지되었다. 이어서 北原龍雄은 자본주의의 생산력의 발전과 그에 따른 모순을 지적하고 유산계급, 자본주의 제도를 타파하고 신사회 건설을 역설하다가 임검 경찰에 의해 중지되었다. 또 布施辰治는 조선문제는

---

65) 京高秘 12731号, 「北星會巡廻講演會ニ關スル件」, 大正12년 8월 1일, 韓國歷史研究會編, 『日帝下社會運動史資料叢書』第4卷(高麗書林, 1992), 489~491쪽.
66) 『동아일보』 1923.8.5.

단지 조선인 만의 문제가 아니라 세계인류의 조선문제라고 하여 조선
해방에 대한 국제적 연대를 강조했고, 일본의 수평운동의 예를 들면
서 인간의 존엄성과 평등권의 중요성을 역설하였다.67)

마지막으로 정우영은 역사유물론적 관점에서 역사시대를 3시대로
구분하여 제1시대인 원시시대에는 재산의 구별도 전혀 없는 가장 평
등한 시대이고, 다음 노예시대부터 자본주의 현시대가 제2시대이고
이 제2시대를 넘어 우리들이 요구하는 제3시대를 만들어 내야한다고
하였다.68)

1924년 3~4월 총독부가 민족혁명운동을 억압할 목적으로 各派
有志聯盟69), 相愛會70)를 조직하여 광폭한 반동의 파도를 높이 올렸
을 때, '북풍파'는 민족혁명적 조직과 함께 이 반동적 조직을 박멸하기
위하여 최선의 노력을 다했다. 이리하여 각파유지연맹과 대표자단체
박멸을 위한 대회가 일경에 의해 강제로 해산되었다.71)

1924년 6월 7일 북풍파는 일본 당국의 조선인 언론과 집회에 대
한 무자비한 억압과 탄압에 저항하기 위하여 31개72)의 다른 민족혁

---

67) 京高秘 12731号, 「北星會講演ニ關スル件」, 大正12년 8월 4일, 위의 책, 501~536
쪽.

68) 京高秘 12731号, 「北星會講演ニ關スル件」, 위의 책, 537~541쪽.

69) 1924년 3월 25일 國民協會, 維民會, 朝鮮小作人相助會, 同光會, 朝鮮矯風會 등 11
개 친일단체가 사회주의세력에 대항하기 위해 '官民一致 施政改善, 大同團結 思
想善導, 勞資協調 生活安定' 등을 강령으로 하여 창립총회를 개최했다. 창립당
시 집행위원은 高義駿, 蔡箕斗, 李昌煥, 李豊載, 李喜侃, 姜麟祐 외 10명이었다
[김준엽·김창순, 앞의 책, 2권, 22~23쪽; 崔埈, 『韓國新聞史』(一潮閣, 1967),
235~236쪽].

70) 1924년 4월 10일 서울에서 김정규, 정원조, 구연상, 이수, 김일, 지일선 등을 간
부로 하여 '내선공존공영, 직업소개, 운동자구제'를 표방한 친일단체이다. 동
경의 相愛會 부회장 朴春琴이 귀국하여 설립하였다(김준엽·김창순, 위의 책,
23쪽).

71) СИНЧЕР и КИМЕНУ, 앞의 글, 96쪽.


1부  사회주의사상의 도입과 분파형성

명조직과 '言論集會壓迫彈劾會'를 결성했다. 이 대회에서 '북풍파'의 서정희가 임시의장으로 선출되어 "우리는 언론 및 집회에 대한 당국의 무리한 압박을 공고한 결속으로서 적극적항의할 일"73) 등을 결의했다. 그러나 7월 20일 서울 천도교회관에서 열린 집회는 해산되었고 무자비한 탄압에 반대하는 슬로건으로 서울과 지방에서 열린 집회도 일본 경찰에 의해 강제적으로 해산되었다.74)

1924년 8월 언론인 조직인 無名會75)에 참가하여 민족혁명적 통일로서 일본 언론인을 몰아내는데 주력하였다. 이때 그들은 단일민족혁명전선, 민족주의자와 공산주의자간의 상호관계와 전망 등의 커다란 문제를 제기했다.76)

'북풍파'는 "1924년 11월 25일 강령으로서 단일민족혁명전선을 공식적으로 발표했다."77) 이는 북풍회의 강령에 다음과 같이 나타나 있다.78)

---

72) 조선노농총동맹 조선청년총동맹 변호사협회 신흥청년동맹 신사상연구회 무산자동맹회 개벽사 민우사 시대일보사 조선일보사 동아일보사 조선지광사 기독교청년연합회 천도교청년당 신생활사 조선여성동우회 노동대회 조선노동공제회 조선교육협회 조선학생회 조선여자청년회 불교청년회 천도교유신청년회 염군사 고학생갈돕회 여자고학생상조회 건설사 민중사 조선경제회 형평사혁신동맹 여자교육협회 등 31개 단체로서 민족혁명세력이 광범하게 결집한 것이다(『동아일보』 1924.6.9).

73) 『동아일보』 1924.6.9.

74) СИНЧЕР и КИМЕНУ, 앞의 글, 96쪽.

75) 무명회는 1921년 11월 27일 '언론자유의 신장' 등을 목적으로 신문 잡지 및 통신에 종사하는 기자 전부를 망라하여 결성된 것이다. 이후 1924년 8월 19일 무명회는 규약을 개정하고 부활발기회를 개최하였다. 여기에는 북풍파의 辛鐵을 비롯하여 이종린·이석·김기전·박동완·이재갑·최원순 등이 간사로 선출되었다[최민지·김민주, 『일제하 민족언론사론』(일월서각, 1978), 654쪽].

76) СИНЧЕР и КИМЕНУ, 앞의 글, 96쪽.

77) СИНЧЕР и КИМЕНУ, 앞의 글, 97쪽.

一. 사회운동이 본질적으로 무산대중 자체의 운동인 이상 우리는 어디까지든지 현실에 입각한 대중의 실제적 요구에 응하여, 종국의 이상으로 향하여 매진하기를 기함.

一. 우리는 대중운동부문이 되는 노농, 청년, 여자, 형평 운동의 지적교양과 계급적 훈련과 아울러 모든 현상타파의 운동을 지지하는 동시에, 경제문제에 치중하고 과학사상을 보급하여 도시와 농촌의 협동을 기함.

一. 우리는 아직까지 界線이 불분명한 상태에 在한 운동을 정돈하여, 그 유별을 확정할 조직을 면밀히 함으로써 종래의 소극적 부인의 태도를 허치 않고 일층 질서적으로 정진하기를 기함.

一. 우리는 계급관계를 무시한 단순한 민족운동을 부인한다. 그러나 조선 현하에 있어 민족운동도 또한 피치 못할 현실에서 발생한 것인 이상, 우리는 특히 양대 운동 즉 **사회운동과 민족운동의 병행에 대한 시간적 협동**을 기함(강조는 인용자).

북풍회의 「강령」은 특히 "사회운동과 민족운동의 병행에 대한 시간적 협동" 즉 사회주의운동과 민족주의운동의 일시적 통일전선의 필요성을 내걸었다. 1922년~1924년 시기 조선 사회주의자들에게 반제통일전선문제는 긴급한 과제였다. 이것은 아마도 1920년 코민테른 2차대회의 「민족·식민지문제에 관한 테제」가 당시 세계 공산주의운동, 특히 식민지 반식민지 국가들의 혁명운동에 미쳤던 광범위한 영향을 식민지 조선에서도 받고 있었음을 반영하는 것이었다.79)

---

78) 『동아일보』 1924.11.29; 이석태 편, 앞의 책, 278쪽.

79) 1920년 7~8월에 열린 코민테른 2차 대회에서 채택된 「민족·식민지문제에 관한 테제」에 있는 "코민테른은 식민지나 후진국의 부르주아 민주주의파와 일시적 협정 때로는 동맹도 맺어야 하지만, 그것과 융합해서는 안되며, 비록 맹아적 형태일지라도 프롤레타리아 운동의 자주성을 무조건 유지해야 한다."[레닌, 「민족·식민지문제에 대한 테제」, 1920.7.28[『코민테른자료선집』 3(동녘, 1989), 230쪽]라는 내용은, 식민지에서의 모든 공산당이 이들 나라에서의 혁명적(민족) 해방운동(부르주아 민주주의 운동)을 적극 지원해야 하지만, 식민지에 있어



1부  사회주의사상의 도입과 분파형성

북풍회 내부의 비합법적 그루빠 까엔당의 대표로 파견된 신철과 김영우는 또한 다음과 같은 사실을 밝히고 있다. 즉 "1925년 1월 1일 평양에서 공산주의적, 민족혁명적 조직의 대표협의회가 약 20명의 참석하에 성립되었고 민족혁명 통일전선에 관하여 심의했다."[80] 당시 평양에서 있었던 '협의회'는 무엇이었을까? 1925년 1월 17일자 『동아일보』에는 다음과 같은 짧막한 기사가 실려 있었다.

평양 각 사상단체의 연합주최로 去 24일(음 정월 1일) 오전 11시 반에 평양 천도교당 내에서 노동운동자 간친회를 개하였는데 참가자는 평양을 위시하여 경성에서 김찬씨, 신철씨 이라. 각지 단체의 대표자(1단체에 5명씩 제한) 약 200여 인이 參集하여 대성황을 이루었으며 김유창(金裕昌)씨 사회하에 평양인쇄직공조합장 이재명(李在明)씨를 의장으로 추천한후 최윤옥(崔允鈺)씨의 과거 갑자 1년간 사회운동상황에 대한 정보가 있고 즉시 결의사항에 들어가

一. 노동운동을 촉진키 위하여 금년 3월중에 관서노동대회를 개최할 것.
一. 본년 3월중에 평양에 청년당 지방대회를 개최할 것.
一. 사상단체를 조직할 것.
一. 여성해방을 위하여 여성단체를 조직할 것.
一. 형평운동을 원조할 것.
一. 기근구제회를 적극적으로 원조할 것.
一. 무산청년들을 교양훈련할 것.
一. 노동학원을 확장할 것.
一. 도서관을 설치할 것.
一. 반동단체를 박멸할 것.

등의 제반 사항을 결의한 후 關西勞動大會와 關西靑年黨大會를 개최키 위하여 그 준비위원으로 각 9인씩을 선정하고 閉한후 連하여 일동의 다과의 향연

서 공산주의 운동은 그 독자성과 자주성을 유지해야 함을 의미한다. 이것은 반제민족통일전선 형성의 원형을 제공해 주었다.

80) СИНЧЕР и КИМЕНУ, 위의 글, 97쪽.

이 있고 동일 오후 1시반경에 各散하였는데 회의중 경성 기타 각지의 사상단
체에서 축전이 선지하여 더욱 그 모임을 의의있게 하였다 …81)

위에서 살펴 본 바에 따르면 1925년 1월 1일 평양에서 열린 협
의회는 관서노동대회와 관서청년당대회를 개최하기 위한 '노동운동
자 간친회'였다. 신철과 김영우의 보고는 이때 '민족혁명통일전선'에
관해 심의가 있었고 북풍회 대표와 화요회-신흥청년회 대표 사이에
의견대립이 있었다고 하였다.82)

여기에서 표면적으로 노동운동자 간친회를 개최하면서 그 이면
에 통일전선에 관한 논의가 있었는지는 아직 확인되지 않는다. 또 당
시 북풍회와 화요회-신흥청년회 사이의 내부대립의 내용은 무엇이
었을까?

당시 북풍회는 민족당대회 소집 준비위원회 선출문제를 제기했
고, "가능한한 우선 공산당을 창립하기 위해 노력할 것이며 그런 이
후 민족당 창립에 착수"83)한다는 생각을 가지고 있었다. 이러한 '북
풍파'의 당과 통일전선에 대한 인식은 '화요파'의 인식과 차이를 야기
했고 이것으로부터 그들의 대립이 재연되었다. 이 무렵 사회주의 분
파들 내에서 '민족당'과 '전위당' 건설과 관련하여 조직경로, 조직시
기, 조직위상을 둘러싸고 치열한 대립이 있었다.

'북풍파'는 1925년 2월 전조선기자대회 소집에 주도권을 장악했
고 4월 15일 개최된 이 대회에 '민족적 혁명가'(혁명적 민족주의자)
들과 긴밀한 관계를 갖기 위하여 참가했다. 대회에서 그들은 민족적
혁명적 인자로서 언론 집회 결사의 자유를 얻기 위하여 노력했고,

---

81) 『동아일보』 1925.1.26.

82) СИНЧЕР и КИМЕНУ, 앞의 글, 97쪽.

83) СИНЧЕР и КИМЕНУ, 위의 글, 98쪽.


1부  사회주의사상의 도입과 분파형성

조선대중의 이익을 위해 헌신적으로 투쟁했다.[84]

또한 그들은 "1924년 12월 민족혁명운동을 학습하고 관계를 확립하기 위해 만주와 상해에 조직원을 파견했다." 또한 그들은 "1925년 6월 만주로, 8월에 민족유일당 창립[85]과 민족적 혁명적 조직과의 관계를 확립하기 위하여 뻬이징으로 우리의 대표를 파견했다. 그결과 9월 초에 우리는 北京에서 3개 조직[86]과 관계를 확립할 수 있었고 북경에 자신의 중앙을 갖게 되었고 9월 중순에 우리는 이 조직을 통하여 남만주에 있는 '正義府'와 관계를 확립할 수 있었다."[87] 그리고 까엔당은 조선의 천도교의 신구파와 천도교청년당, 기독교·불교 단체 등에 조직적 기반을 가졌고 그들과 긴밀한 관계를 가지고 있었다.[88]

이상에서 '북풍파'의 성립과정과 활동을 살펴보았다. 위 내용을 요약하면 다음과 같다.

1920년 5월 조선노동공제회 내부의 맑스주의 학습써클에서부터 시작하여 1921년 10월 '꼼그룹'을 형성한 북풍파는 주로 일본 등지에서 재일 조선인 유학생들을 조직하면서 노동운동과 결합하여 조직

---

84) СИНЧЕР и КИМЕНУ, 위의 글, 97쪽.

85) 민족유일당운동은 각종의 해외민족운동을 통일하는 방침으로 1926년 9월 상해 임시정부에서 처음으로 제기되어 같은 해 8~9월 안창호와 원세훈 등에 의해 구체화되었고 10월에는 장건상, 원세훈, 조성환, 조남승, 배천택, 김광천, 박건병을 집행위원으로 하는 한국독립유일당북경촉성회가 조직된 것으로 알려졌다[이균영, 『신간회연구』(역사비평사, 1993), 77쪽]. 그런데 신철·김영우의 「보고」에 따르면 민족유일당문제가 그보다 이른 1925년 8월 무렵에 이미 국내에서 제기되었음을 알 수 있다.

86) 3개 조직이 구체적으로 무엇을 의미하는지는 이후 더욱 구체적인 연구가 필요할 것이다.

87) СИНЧЕР и КИМЕНУ, 위의 글, 97쪽.

88) СИНЧЕР и КИМЕНУ, 위의 글, 98쪽.

을 확장시켜 나갔다.

김약수를 비롯하여 정태신, 김종범, 송봉우, 李憲 등은 일본에서 1923년 1월 15일 북성회라는 합법 사상단체를 조직하여 『척후대』, 『전진』, 『해방운동』 등 기관지를 발행하면서 사회주의 조직으로서의 성격을 드러내었다.

1923년 8월 무렵부터 그들은 국내에 들어와 전국을 순회하면서 선전사업을 수행하면서 조직화 사업을 벌여 나갔다. 1924년 1월부터는 경남노농운동자간친회, 남선노농동맹, 전라도노농연맹 등을 조직하고 마침내 1924년 4월 조선노농총동맹을 결성하는데 하나의 축을 형성하여 일제 식민지하 노동자, 농민운동에 커다란 기여를 하였다.

그들은 1924년 4월 17일 까엔당이라는 비합법 조직과 합법단체 건설사를 조직하고, 1924년 11월 25일 까엔당의 표면단체였던 建設社와 焰群社 그리고 개별 사회주의자들을 망라하여 마침내 북풍회를 결성하기에 이르렀다. 이것은 조선노동공제회 내부에서 비롯하여 일본의 北星會로 이어지면서 국내의 유력한 사회주의 분파로서 자리잡게 되는 '북풍파'의 성립을 의미하는 것이었다.

그들은 민족혁명적 단체들과 함께 언론인 단체인 無名會에 참가하여 당시 일제 총독부권력의 언론탄압에 대항하기도 했고 일본 언론인을 몰아내는데 주력하였다. 또한 그들은 천도교, 기독교, 불교 등 종교단체와도 긴밀한 관련을 맺었고 南滿洲의 正義府와도 조직적 관련을 맺는 등 민족통일전선을 구체화하기 위해 적극적인 활동을 벌였다.

또한 1925년 4월 17일 화요파가 중심이 되어 조직한 조선공산당에 김약수를 비롯하여 정운해, 송봉우 등 북풍파 핵심인물들이 참여하지만 그들은 1925년 11월 '反黨行爲'로 停權處分을 받거나 黜黨되는 悲運을 맞기도 하였다.

이 시기 국내에는 북풍파, 서울파, 화요파 등의 세 분파가 커다란


1부  사회주의사상의 도입과 분파형성

세력을 이루고 있었고, 그들은 각각 이 시기 민족해방과 계급해방을 열망하면서 때로는 연합을 때로는 대립을 벌이면서도 일제에 대항하는 치열한 투쟁을 벌여 나갔다.

# 조선노동당과 스파르타쿠스당

## 1. 조선노동당그룹의 조직과 활동

朝鮮勞動黨의 조직 실체와 활동에 대해서는 거의 알려지지 않았다. 당시 신문은 1924년 8월 17일 全一이 주동이 되어 李南斗, 李奉吉, 李正洙, 李忠模, 李極光, 金演義 등 7명의 발기로 서울 운니동 전일의 집에서 조선노동당이 결성되었다고 보도하였다.[1] 조선노동당은 "무산노동자의 단결을 도모하여 공산주의적 신사회 건설을 기도함"[2] 이라는 강령을 가지고 있었다.

그런데 조선노동당 내부의 비밀공산주의 그루빠 '조선스파르타쿠스당'의 대표 李南斗가 1926년 2월 코민테른집행위원회와 국제공산청년회 집행위원회로 보낸 보고문에 조선노동당과 '스파르타쿠스당'의 조직과 활동에 대한 상세한 내용이 언급되어 있다.[3]

---

1)『동아일보』1924.8.19.
2) 경기도경찰부,『치안개황』, 1925, 77쪽.

스파르타쿠스당의 기원에 대해서 李南斗의 「보고」는 당시 조선의 공산단체가 제파로 분열되어 그 운동이 통일되어 있지 않으므로 여러 공산주의운동단체의 전선통일을 할 목적으로 1923년 12월 5일 서울에서 20명이 모여 공산단체 '조선스파르타쿠스당'을 조직하였다고 하고 있다. 그들은 러시아에서 당활동을 하면서 국내에 들어온 자들과 일본에서 들어온 자들 그리고 국내 활동가들의 상호 결합으로 구성되었다.4)

1924년 8월 17일 창립된 조선노동당은 스파르타쿠스당의 표면단체였다. 스파르타쿠스당은 조선노동당을 통해 대중활동 사업을 벌여나갔다. 조선노동당은 교육사업으로서 勞動學院을 설치하여 1924년 8월부터 경성에서 노동자 150명을 모집하여 보통상식을 가르치고 다른 한편으로는 계급의식과 공산주의를 주입했다. 1925년에 경영곤란으로 경영을 중지했다. 또한 1925년 11월 1일부터 保化學院의 경영을 맡아 노동자의 자녀 120명을 교육하고 초등학생을 주로 교육하는 한편 계급의식을 주입했다. 그리고 1925년 1월부터 함경남도 북청의 羅荷坮村에서 農軍講習所를 설치하여 임금농업노동자 80명을 모집하여 德新학교의 교사를 빌려 개강했다. 이곳에서는 노동운동 농

---

3) Линамду, Исполкому КИМ : Доклад, 1926. 2.16(러시아문서보존소 ф.495 оп.135 д.125, 76~80쪽); 이남두, 「국제공산청년회 집행위원회에게 : 노동당 내에 현존하는 비합법적인 공산주의 조직 '스파르타쿠스당'의 대표자의 보고」, 1926.2. 16, 76~80쪽(러시아문서보존소 ф.495 оп.135 д.125, 76~80쪽); 李南斗(朝鮮勞動黨 裏面にある秘密共産團體 '朝鮮スパルタカス黨'代表), 「國際共産黨執行委員會 貴中」, 1926.2.3(러시아문서보존소 ф.495 оп.135 д.127, 16~23쪽).

4) 李南斗, 위의 글, 19쪽. 해방직후 출간된 『社會科學大辭典』의 「朝鮮社會運動日誌」에는 1924년 8월 17일 "북풍회에서 회원 약 20명으로 조선노동당을 조직하다"(李錫台 編, 앞의 책, 12쪽)라고 언급되어 있는 내용과 비교해볼 때 1923년 12월 5일 주로 일본에서 활동했던 북풍파 '공산주의그룹'과 러시아 등지에서 활동하던 멤버들이 비밀리에 스파르타쿠스당을 결성한 것으로 추정된다.


1부　사회주의사상의 도입과 분파형성

민운동의 유래 및 기타 정치적 지식을 가르쳤다.[5]

조선노동당은 또한 출판 및 정치교양사업에 주력하기 위해 프롤
레타리아사를 두고 기관지『무산계급』을 발행하려했지만 일제에 의해
두차례 압수를 당하고 발행금지를 당했다. 이 사건으로 1924년 11월
全一, 李南斗, 李極光, 文一鉉, 李東益 등이 체포되었다.[6] 그들은 일
반노력군중을 상대로 하여 月例로 사상강연회를 열었지만 절반은 경
찰서의 금지를 받았다. 또 각종의 내외국의 혁명기념일을 이용하여
공산주의선전에 힘을 기울이고 있다. 또한 매주 1차씩 노동당원에 한
하여 독서회를 열고 정치, 경제문제에 관하여 토론했다.[7]

그외에 전차운전수, 인쇄직공, 목공, 철공 등의 직업노동자 652
명으로 구성된 노동자구락부와 스파르타쿠스당의 공산청년회의 지도
하에 무산청년회를 두고 있었다. 무산청년회는 329명의 회원을 가지
고 있었고 그 중의 70%는 노동청년, 나머지 30%는 지식청년이었다.
그들은 매주 한번 회원에 한하여 독서회를 열어 마르크스주의 학설을
토론하고 월례로 일반 노동청년을 대상으로 학술강연회를 개최했다.[8]

또한 「보고」에는 공산단체 '스파르타쿠스당'의 조직 상황이 매우
상세히 나와 있다. 이에 따르면 1925년 11월까지 2년간 당원수는 총
97명인데 정당원 65인, 후보당원 32인이었다. 또한 당원의 계급구성
은 노동자 47인, 농민 17인, 지식인 33인으로 당원 가운데 노동자의
비율이 48%에 달하였다.

당의 야체이까의 총수는 15개소이고 각 야체이까의 소재기관과

---

5) 李南斗, 위의 글, 20~21쪽.

6) 『동아일보』 1924.12.22.

7) 李南斗, 위의 글, 20쪽.

8) 李南斗, 위의 글, 20쪽.

각 야체이까의 소속인원수는 다음과 같다.9)


• 노동단체 내에 있는 야체이까 6개소
① 노동당 : 재경성내 야체이까 27인 ② 노동구락부 : 경성내 야체이까 10
인 ③ 江景備人親睦會 : 충남 강경 내 야체이까 5인 ④ 원산인쇄직공조합 :
원산 내 야체이까 4인 ⑤ 성산포어부조합 : 제주도내 야체이까 4인 ⑥ 新浦
노동조합 : 북청 신포항 내 야체이까 7인


• 사상단체 내의 야체이까 5개소
① 17회 : 북청내 야체이까 5인 ② 목포 : 전남 목포 내 야체이까 4인 ③
일월회 : 동경 내 야체이까 3인. ④ 블라디보스톡 : 露領 내 야체이까 5인 ⑤
영산노동회 : 경남 영산내 야체이까 6인


• 형평사(경성본부)내 야체이까 1개소
형평사총본부 – 경성내 야체이까 4인


• 청년단체내 야체이까 1개소
무산청년회 : 경성내 야체이까 7인


• 해원단체내 야체이까 1개소
부산해원상조회 : 부산내 야체이까 3인


• 우편국 전신과내 야체이까 1개소
경성우편국전신과 : 경성 내 야체이까 3인


　　스파르타쿠스당은 1924년 6월 5일 산하에 공산청년회를 조직하
였다. 공산청년회는 8개의 야체이까를 가지고 있었고 40명의 정멤버
와 24명의 후보자를 가지고 있었다.10) 스파르타쿠스당의 「보고」에

---

9) 李南斗, 위의 글, 22~23쪽.
10) Линамду, 위의 글, 79~80쪽.


1부　사회주의사상의 도입과 분파형성

는 당강령에 대한 언급이 없는 것으로 보아 아직 명시적인 강령은 없었던 것으로 보인다. 또한 스파르타쿠스당의 직계단체(표면단체)는 총 4단체의 1,238명의 회원으로 구성되어 있었다. 즉 조선노동당 231인, 무산청년회 329인, 노동자구락부 657인, 프롤레타리아사 경성 21인 이었다. 조선노동당의 영향하에 있는 단체수 및 그 회원수는 총 50개단체의 13,042인 이었다. 그것은 좌경사상단체 4개 회원수 162인, 노동단체 10개 회원수 1,778인, 농민단체 15개 회원수 7,764인, 청년단체 21개 회원수 3,338인이었다.[11]

한편 조선노동당과 그 이면에 존재하는 스파르타쿠스당의 민족혁명단체와의 관계는 어떠했을까? 이남두는 당시 조선의 반제민족해방운동이 생성되는 조건에 대하여 다음과 같이 서술하고 있다.

> 조선에는 조선인의 산업이 발달하지 않고 00봉건시대의 수공업적 생산방법으로 되어 있고 그래서 일본의 제조품이 조선시장에 들어올때 경쟁할 조선인의 생산기관이 없다. 또 일본은 조선을 원료공급시장으로 상품판매시장으로만 이용하고 직접 조선에 조선인의 무산적 노동자를 고용할 기관이 거의 없으므로 조선군중은 자본주의적 생산제도하의 실제 경험이 없고 계급적 각성이 박약하다. 오히려 민족적 감정이 강하여 일본제국의 침략정책에 반항하는 정치혁명의 해방운동에 돌입하고 있다.[12]

이를 통해 당시 조선노동당과 스파르타쿠스당의 정세인식의 일단을 파악할 수 있다. 그들은 당시 조선의 자본주의 발전의 미약함을 지적하면서 계급적 의식보다는 반제국주의적 민족의식의 고양을 강조하였다. 이와 같은 견지에서 스파르타쿠스당은 '민족적 협동전선'을 실현하기 위해 민족혁명단체와 연락하여 이를 적극적으로 추진했다. 먼저

---

11) 李南斗, 위의 글, 23쪽.
12) 이남두, 위의 글, 21쪽.

그들은 중국에서 활동하던 옛 창조파13) 인사들과 연락을 직접 지도 했다. 당시 창조파의 대표적 인물인 윤해, 최의수 등은 스파르타쿠스 당의 당원으로서 스파르타쿠스당의 지시를 받아 사업을 수행했다.14)

1923년 초부터 상해임시정부의 실체를 인정한 상태에서 임정을 반제민족해방운동의 통일전선체로 바꾸려는 개조파와 상해임정의 지도를 부인하면서 실질적인 새로운 통일전선체를 만들자는 창조파15) 의 격렬한 대립 속에서 스파르타쿠스당은 윤해 등을 통해 자신의 정치노선을 실행하기 위해 노력했다.16)

스파르타쿠스당은 조선 내에 있어서는 유력한 혁명단체 천도교의 일부 세력17)과 연락하여 그들의 사업을 원조했다. 천도교 청년당원인 李一山, 金光熙 등은 그들의 당원이었다. 이들은 천도교 청년대중에게 신망을 지니고 있고 스파르타쿠스당의 지시를 받아 각지에서 활

---

13) 스파르타쿠스당은 1923년 1월 3일부터 6월 7일까지 상해에서 개최된 국민대표회에서 분열된 다수파를 창조파라고 칭했다. 그들은 北京에서 한국독립당을 조직하여 기관보 '道報'를 발행했다(이남두, 위의 글, 21쪽).

14) 창조파가 국내의 조선노동당(스파르타쿠스당)의 지도하에 활동했었다는 사실 그리고 북경에 있는 한국독립단장인 윤해가 스파르타쿠스당의 당원이라는 사실은 매우 주목할만한 사실이다. 당시 사회주의조직과 민족주의조직과의 밀접한 상호관련성을 시사해준다.

15) 趙澈行, 「국민대표회(1921~1923)연구 - 개조파·창조파의 민족해방운동론을 중심으로 -」(고려대사학과 석사논문, 1995.7), 53쪽.

16) 창조파의 입장이 국내의 조선노동당 - 스파르타쿠스당의 통일전선론의 연장이라는 사실은 '개조 - 창조'의 대립이 국외의 사회주의, 민족주의 단체 뿐만 아니라 국내의 사회주의 단체를 망라하는 전조선적 규모였다는 것을 시사해 준다. 이러한 사실은 당시 통일전선을 둘러싼 논의가 국내와 국외가 총망라된 규모에서 진행되었고, 향후 통일전선문제는 국내와 국외의 유기적 관련 속에서 연구되어야 하는 과제를 던져준다.

17) 천도교 내부 구성원들의 사회적 구성과 사회의식 등에 대한 구체적 연구가 요구된다. 특히 천도교 청년당 내에 존재하는 '서울파', '북풍파', '노동당' 등 각 사회주의그룹들의 프랙션 활동에 대한 구체적 내용도 밝혀져야 할 것이다.

발한 활동을 전개했다.

또한 스파르타쿠스당은 3·1운동 당시 결사대를 조직하여 대중운동의 선두에서 항전하였던 경상남도의 한 민족단체와 연관을 맺고 있었다. 그들의 회원은 50명이고 지금은 공개단체 '영산(靈山)구락부'를 조직하고 경상남도의 사상운동과 소작운동의 선두의 역할을 다하였다. 영산구락부는 표면단체인 노동당과 연락관계를 취해 스파르타쿠스당이 지도를 수행했다. 노동당원 徐点守, 河相俊 등이 이 구락부에 들어온 50명의 회원을 지도하고 각 방면의 운동에 선두의 역할을 하였다.18)

스파르타쿠스당의 책임자 가운데 李正洙, 金德漢 등 4인은 한일합병 이후 남북만주에서 민족혁명단체, 예컨대 國民會, 鐵血光復團 등을 지도하는 등 남북만주에서는 상당한 세력을 가지고 있었다. 1924년 이래 스파르타쿠스당은 남북만주의 여러 혁명단체와 관계를 맺고 있었다.

# 2. 조선노동당그룹의 대립

스파르타쿠스당과 그 표면단체 조선노동당은 국내에서 유일한 전위당을 조직하기 위한 과정에서 우여곡절을 겪는다. 1924년 11월 일제 관헌에 의해 조선노동당에 대한 검거가 시작되자 이를 피해 이정수, 김덕한 등은 1925년 3월에 블라디보스톡으로 망명을 떠났다. 이때 전일 등 조선노동당 멤버들은 국내에서 화요파의 당창건운동이 활발히 전개되는 정황 속에서 화요회, 북풍회, 무산자동맹회와 함께

---

18) 이남두, 위의 글, 21쪽.

1925년 4월 4단체합동에 참여하였다.[19] 조선노동당의 李忠模와 趙素昻의 對談 속에서 4단체합동과 화요파 조선공산당에 대한 입장을 확인할 수 있다.

1925년 봄에 경성에서 사회운동단체중 화요회 북풍회 무산자동맹 조선노동당 등의 4단체가 합동하여 전조선민중운동자대회를 발기하고 전조선신문기자대회를 기회로 하여 전국운동자 700여명이 집합하였을때에 표면으로 일경을 반항하여 적기사건을 일으키고 공산당과 공산청년회를 조직하였는데 서울청년회 일파에서는 민중운동자대회반대단체전국연합회를 조직하였다. 그러나 공산당은 적극적으로 각 운동 부문에 세포를 조직하고 군중을 전취하였으며 해외 각지에 연락의 망을 쳤으며 조선노농총동맹을 총지도하였으며 국제당으로 대표를 파견하여 승인을 얻고 청년들을 모스크로 유학을 보내었다. 이때에 모스크에 원래 유학하고 있던 학생들은 제1차당이 전국적 조직이 아니라고 반대하게 되었음으로 국제당에서는 그 학생들에게 退去를 명하고 신학생을 접수하였다.[20]

1925년 7월 4단체합동상무위원으로 조선노동당의 金演義, 李忠模 북풍회의 金若水, 李奎宋 화요회의 朴一秉, 金璟載, 金燦 등 7인이 선출되어 '4단체합동위원회'가 구성되었다.[21] 이와 같이 전일, 김연희, 이충모, 이극광(李在益) 등이 화요파 등과 4단체합동위원회를 조직하자 1925년 7월에 귀국한 김덕한, 이정수 등은 합동에 반대하여 새롭게 조선노동당을 재편하면서 조선노동당 내부에 분열이 생기게 되었다.[22]

---

19) 京畿道警察部, 『治安槪況』, 1929(김준엽 · 김창순, 앞의 책 2, 443~443쪽).
20) 李忠模, 「趙素昻 先生이 下問한 問題 答案(1916~1928)」, 공산계통에 관한 문헌류(No. 373 소앙문류).
21) 『동아일보』 1925.7.8.
22) 김준엽 · 김창순, 앞의 책 2, 443~443쪽.


1부  사회주의사상의 도입과 분파형성

조선노동당 내부의 분열은 1925년 4월 화요파의 조선공산당 창건과 깊은 연관이 있다. 화요파는 조선공산당을 창건한 직후인 1925년 5월 조봉암을 코민테른에 파견하여23) 화요회, 북풍회, 조선노동당의 '3단체합동'24)에 기초하여 조선공산당 창립대회를 열었다고 보고했다. 그러나 이러한 사실은 북풍파와 조선노동당의 의도와는 전혀 무관한 것이었다. 특히 조선노동당(스파르타쿠스당)의 이남두는 1926년 2월 3일 코민테른 집행위원회에 보내는 보고에서 다음과 같이 내부 분열에 대하여 보고하고 있다.

… 노동당은 1925년 9월 21일 당원총회에서 만장일치로 3인을 출당하고 표면단체 3단체합동까지 취소하고 총회의 결의에 의해 이 전말을 성명서에 표명했다. 그날 밤 화요회 간부는 출당된 3인과 공모하여 불량자 40여명을 거느리고 '노동당, 무산청년회, 노동자구락부, 프롤레타리아사' 등 사무실을 습격했다. 또 그 다음날 밤-9월 22일-다시 습격하여 쌍방의 대충돌이 일어나 경상자 21명, 중상자 8명이 생겼다. 경찰은 이 사건을 소요죄로서 양방의 8인을 투옥했다. 이와 같이 화요회는 동지단체를 중상하고 혁명력을 파괴했다. 객관적으로는 적의 욕망을 만족시켰다.25)

여기에서 조선노동당 총회에서 출당 처분을 당한 3인은 화요파 북풍파 등과 '3단체연합'을 한 이충모, 김연희, 이극광 3인이었다.26)

---

23) 京畿道警察部, 위의 책, 85쪽; СИНЧЕР и КИМЕНУ, 앞의 글, 100쪽. 1925년 4월 21일 고려공산청년회 중앙간부회에서는 국제공산청년회(КИМ)에 조봉암(박철환)을 파견하기로 결정했다[「高麗共産靑年會第一次創立代表會」, 17쪽(러시아문서보존소 ф.533 оп.10 д.1891)].

24) 무산자동맹회는 화요회와 실질적으로 조직 성원들이 동일하게 구성되어 있었으므로 4단체합동은 사실상 3단체합동이었다.

25) 李南斗, 앞의 글, 17~18쪽.

26) 全一은 1925년 7월에 익사하였다[京畿道警察府, 앞의 책(김준엽·김창순, 앞의 책 2, 443~443쪽)].

조선노동당 내부의 전위조직인 스파르타쿠스당의 조직적 결의와 무
관하게 '3단체합동'에 참여한 이들에 대해 조선노동당은 출당 처분을
내렸던 것이다. 조선노동당 내부의 합동파와 이남두, 이정수, 김덕한
등 비합동파로의 분화는 단순한 패권다툼이라기 보다는 전위당 건설
에 대한 견해의 차이에서 비롯되었다.

> 화요회 일파가 노동당에게 정식의 통지가 없었던 것은 "노동당은 年來,
> 혹은 一派와의 부분적 합동은 부인하고 전국적 합동을 주장하기 때문이지
> 만", 그러므로 비당원인 개인을 이용하여 동지단체에 대해 기만적 행동을 행
> 하였다.[27]

이와 같이 조선노동당 내부의 스파르타쿠스당은 국내의 전 사회
주의 조직을 망라한 '전국적 합동'을 통한 당건설에 대한 전망을 가지
고 있었다.

1924년 8월 조선노동당에서 활동한 사람들의 약력을 도표화하면
〈표 3〉과 같다.

---

27) 李南斗, 앞의 글, 17쪽.


1부  사회주의사상의 도입과 분파형성

| 이름 \ 구분 | 출생년도 | 출생지 | 학력 | 직업 | 활동단체 |
|---|---|---|---|---|---|
| 李奉吉 | 미상 | 전북 김제 | 보통학교졸업 | | 김제청년회, 전북청년년맹, 민중운동자동맹 |
| 全一 | 미상 | | 藥學학교 수학 | 노동학원경영 | 조선노동당집행위원 |
| 李南斗 | 미상 | | 러시아에서 수학 | 노어강습소운영 | 스파르타쿠스당 |
| 李忠模 | 1896 | 함남 홍원 | | 양복직공 | 노선노농총동맹 중앙상무집행위원, 북풍회 |
| 左公林 | 1900 | 제주 | 보통학교졸업 | | 조선공산당 |
| 金演義 | 1898 | 경기도김포 | | | 13인회, 정우회, 조선공산당 |
| 李極光 (李在益) | 1900 | 블라디보스톡 | 소학교, 실업학교 | 노어강습회교사 | 한인사회당 |

출전 : 강만길·성대경 편,『한국사회주의운동인명사전』(창작과 비평사, 1996); 梶村秀樹·姜德相 編,『現代史資料』 29(みすず書房, 1972); 金俊燁·金昌順 編,『韓國共産主義運動史』 資料篇 Ⅰ·Ⅱ(高麗大 亞細亞問題研究所, 1979).

# 2부 조선공산당과 서울파의 당창건 투쟁

問題의 朝鮮共産黨事件公判

第六日의 波瀾繼續으로

第七日에는 畢竟中止

司法權侵害問題로 兩次나 密議

辯護士團은 立會를 拒絕

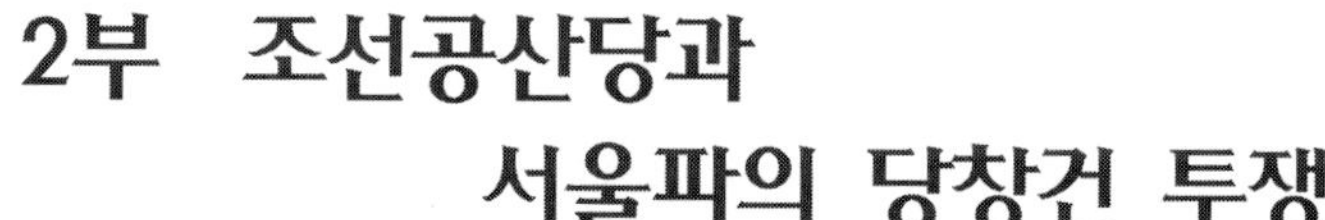

# 5장

# 화요파의 성립과
# 조선공산당 1차당대회

1925년 4월 17일 일제 식민지하 국내에서는 처음으로 사회주의 정당인 조선공산당이 창건되었다. 최근 연구에 따르면 블라디보스톡의 꼬르뷰로(1922.12~1924.4)가 해체된 이후 오르그뷰로가 만들어져 연속적으로 국내 전위당 창건을 준비하였지만 실패하였고, 오르그뷰로와는 별도로 꼬르뷰로 시대의 꼬르뷰로 국내부(1923.5)의 지도하에 국내 화요파를 중심으로 조선공산당이 결성된 것으로 알려졌다.[1]

이것은 대체로 사실에 가깝다. 그러나 창당과정에서의 문제점들은 실타래처럼 풀리지 않은채 몇가지 의문을 남겨놓고 있다. 코민테른과 국내 사회주의 분파들과의 관계, 국내 사회주의 분파들의 당창

---

1) 신춘식, 「조직주체를 중심으로 본 조선공산당 창건과정」, 『성대사림』 제8집, 1992; 박철하, 「1920년대 전반기 조선공산당 창립과정 – 꼬르뷰로 국내부를 중심으로 – 」, 『숭실사학』 제8집, 1994; 전명혁, 「1920년대 공산주의운동의 기원과 조선공산당」, 『한국공산주의운동사연구 – 현황과 전망 – 』(아세아문화사, 1997).

건운동, 창건된 조선공산당의 코민테른 승인문제 등에 대해 아직 해명되지 않거나 연구자 사이에 일치하지 않은 해석이 존재하고 있다.

또한 꼬르뷰로와 오르그뷰로가 왜 같은 코민테른 원동부의 지도를 받으면서 이렇게 차별적으로 행동할 수밖에 없었는가? 왜 오르그뷰로는 코민테른의 직속기관으로 조직되었지만 국내 조선공산당 창립에서 영향력을 행사할 수 없었는가? 왜 꼬르뷰로 국내부와 화요파가 조선공산당 창립의 주도세력으로 등장할 수밖에 없었는가? 국내에서 통일적 조선공산당을 건설하기 위해 조직된 '13인회'가 등장한 배경과 '13인회'를 주도한 분파는 어떠하였으며 왜 그들은 해체되고 말았는가? 또 화요파가 민중운동자대회를 개최하고자 했을 때 서울파는 왜 격렬한 반대운동을 전개하였는가?

이러한 의문에 대해 아직 구체적이고 명확한 해명은 어렵지만 필자는 조선공산당 탄생의 기원과 관련한 이러한 질문에 가능한한 답변하면서 조선공산당 창당 과정과 1차당의 활동에 대해서 언급하고자 한다. 특히 필자는 식민지 조선의 민족해방과 계급해방의 과제를 해결하기 위해 조직된 조선공산당이 국내 대중운동단체에 기반을 둔 서울파를 비롯한 사회주의분파를 포괄하지 못한 원인을 규명하는데 주목하였다.


# 1. 꼬르뷰로의 해체와 오르그뷰로의 성립

꼬르뷰로는 상해파와 이르쿠츠크파 고려공산당의 1922년 10월 베르흐네우진스크 당통합대회가 실패한 이후 코민테른이 두 개의 고려공산당을 해산하고 1922년 12월 코민테른 집행위원회 원동부 산하에 조직한 기관이었다. 이 무렵 코민테른 집행위원회는 조선 국내에 '당창건준비기관'을 조직하여 국내 전위당 창건을 계획하였고 코민테른집행위원회 원동부의 대표인 보이찐스키를 꼬르뷰로 책임자로 임명하였다. 그리고 1923년 5월 꼬르뷰로 국내부가 조직되어 당창건 사업을 수행하게 되었다. 그러나 1923년 1~6월 상해에서 열린 국민대표회에서 개조파와 창조파의 대립과 1923년 8월 보이찐스키의 '민족적 당창건 지침' 등은 상해파와 노선대립을 일으키고 마침내 1923년 12월 상해파의 지도자 이동휘는 꼬르뷰로를 탈퇴하게 되었다.[2]

이후 1924년 2월 코민테른집행위원회는 조선문제에 대한 위원회를 소집하는데 여기에서 보이찐스키와 쿠시넨의 견해 차이가 발생하였다. 보이찐스키는 조선공산주의자들은 근로대중을 노동조합·농민조합에 끌어들여 자신의 독자성을 유지하면서 민족주의적 단체에서 활동하도록하고 이를 꼬르뷰로의 강령에 기초하여 통합하도록 한다는 입장을 밝혔다. 반면 쿠시넨은 공산주의자를 민족적 단체에 포함하여 하나의 당에 통합하는 것은 잘못이라고 하면서 독자적인 공산당의 존재의 필요성을 강조했다.[3]

이와 같이 코민테른집행위원회 내부에서 조선공산당 창건에 대한 입장 차이가 존재하였다. 보이찐스키와 쿠시넨의 견해의 차이는 식민지 조선의 혁명운동을 위한 조선공산당과 반제통일전선체의 결성과 두조직의 관계를 둘러싼 코민테른 내부의 대립이었다. 이러한 입장의 차이는 단지 조선문제에만 국한되어 있던 것이 아니었다. 이것은 중

---

2) 전명혁, 『1920년대 국내사회주의운동 연구 - 서울파를 중심으로 - 』(성균관대 사학과 박사학위논문, 1998), 54~59쪽.

3) 강호출, 「재노령 고려공산당창립대표회준비위원회(오르그뷰로)연구」, 『역사와 현실』 28, 1998, 130~131쪽. 강호출은 러시아문서보존소의 자료를 이용하여 조선공산당 창립과정을 둘러싼 오르그뷰로의 결성과 코민테른 및 국내사회주의 분파와의 관계를 밝히고 있다.

국에서 국공합작을 둘러싼 중국공산당과 코민테른 내부의 대립과 깊은 연관이 있었다.

1922년~1923년 무렵 중국에서 國共合作을 둘러싸고 코민테른 내부와 중국공산당 내에서도 이견이 발생하였다. 코민테른의 마링은 국민당은 부르주아정당이 아니라 모든 계급이 연합한 당으로 프롤레타리아트는 국민당에 들어가 그것을 혁명의 주도세력으로 변모시킬 것을 주장한 반면 陳獨秀 등은 국민당은 부르주아 정당의 하나일뿐이며 공산당이 가입하여 부르주아와 뒤섞이면 당의 독립성을 상실한다고 말했다. 그러나 1923년 6월 중국공산당 3차당대회는 마침내 중국공산당과 국민당의 합작과 공산당원이 개인신분으로 국민당에 가입할 것을 결정했다.4)

조선 혁명에 대한 보이찐스키와 쿠시넨의 의견 대립은 1924년 2월 코민테른 집행위원회 산하 원동부가 제안한 「조선문제에 대한 결정」(제안)으로 일단락되었다. 1924년 2월 「조선문제에 대한 결정」에서는 정치적, 조직적으로 독립된 공산당의 창립과 발전을 지시하고 대중조직, 즉 기업과 공장 등 현장에 기반한 당조직의 강화를 강조하였다. 또 당의 중앙집행부 구성에 대한 구체적 방침을 제시하고 이러한 방침에 기초하여 조선의공산당을 결성하기 위해 1924년 4월 블라디보스톡에서 코민테른집행위원회 대표의 참석하에서 당창립대회(inaugural congress; konstituierenden Kongress)를 개최할 필요성을 제안했다.5)

「조선문제에 대한 결정」(제안)은 1923년 1~6월 상해에서 열렸

---

4) 벤자민 Ｉ. 슈워츠, 권영빈 역, 『중국공산주의운동사』(형성사, 1983), 65쪽; 向靑, 임상범 역, 『코민테른과 중국혁명관계사』(고려원, 1992), 49~57쪽.

5) 「Korean Question」, 72~81쪽(러시아문서보존소 ф.495 оп.135 д.115); 「Koreanische Frage」, 82~93쪽(러시아문서보존소 ф.495 оп.135 д.115).


2부  조선공산당과 서울파의 당창건 투쟁

던 국민대표회에서 꼬르뷰로가 민족주의 그룹 가운데 한 그룹6)과 관계를 맺었고 이것은 조선공산주의자 사이에 반대를 야기하였다는 사실과 꼬르뷰로가 민족운동의 '좌익적' 요소와 협동을 하려한 것이 잘못된 것은 아니지만 결과적으로 공산당 형성의 긴급성을 소홀히 하였음을 지적하고 있다.7) 또한 상해파의 지도자 이동휘가 코민테른에 보낸 편지를 인용하면서 이동휘의 입장을 올바른 노선으로 평가하고 있는 것이 주목된다. 1923년 12월 꼬르뷰로에서 탈퇴한 이동휘는 조선공산당의 존재가 '조선의 혁명운동에서 중요한 주체적 요인을 형성할 것'을 강조하였다.8) 또 원동부는 이 '결정'에서 블라디보스톡의 꼬르뷰로가 해산되어야 할 것을 주장하였다.9)

이후 코민테른집행위원회는 1924년 4월 꼬르뷰로를 해체하고10) 金哲勳, 朴應七, 南萬春, 田友, 張道政, 李衡根, 이젤손 등은 1924년 4월 15일 블라디보스톡에서 고려공산당 책임자회의를 개최하고 5월 7일 '고려공산당창립대표회 준비위원회'(이하 '준비위')를 개최하였다.11) '준비위'의 창립, 이것이 오르그뷰로의 창립이었다. 그러나 오

---

6) 민족주의 그룹 가운데 한 그룹은 문창범 등의 노령의 대한국민의회로 추정된다.

7) 「Korean Question」, 위의 글, 72쪽.

8) 「Korean Question」, 위의 글, 75쪽.

9) 「Korean Question」, 위의 글, 81쪽.

10) СИНЧЕР и КИМЕНУ, ИСПОЛКОМУ КОМИНТЕРНА, 1926.2.11(러시아문서보존소 ф.495 оп.135 д.125) 신철·김영우, 「코민테른집행위원회에게 : 까.엔.당(북풍회 내부의 비합법적 그루빠)대표의 보고」, 1926.2.11, 85쪽.

11) 고려공산당 책임자회의에 참석했던 김철훈, 박응칠, 남만춘, 장도정, 이형근 등은 1923년 초 블라디보스톡에 설치되었던 러시아공산당 연해주 위원회 내의 고려부 위원이었다. 이들은 기관지 『선봉』을 발행하며 연해주의 조선인혁명가들을 결집하여 활동하였다. 이젤손(Идельсон; 그동안 인데르손으로 알려졌다)은 코민테른집행위원회 산하 원동부의 조선문제 책임자였다. 그는 보이찐스키

르그뷰로는 아직 코민테른집행위원회의 승인을 받지 못하였고 국내의 대표들도 참석하지 못한 상태에서 설치되었다.

그 동안 오르그뷰로는 꼬르뷰로의 해체에 대체하여, 코민테른집행위원회 산하 원동부 제3대 블라디보스톡 주재원 이젤손에 의해 1924년 2월에 설립되었으나, 국내 당창건사업을 달성하지 못하자 결국 1925년 2월에 해체되는 것으로 알려져 왔다.12) 그런데 '준비위'의 「회의록」에 따르면 '준비위' 즉 오르그뷰로는 1924년 5월 7일 창립되었고, 당시 코민테른 집행위원회의 승인을 받지 못했음을 알 수 있다.13) 그러나 러시아 문헌에는 1924년 5월 5일 1차회의부터 1924년 12월 29일 30차회의 까지는 '고려공산당 창립대회 준비 임시뷰로'(='준비위')라는 명칭을 사용했고, 1925년 2월 4일의 31차회의부터는 '고려공산당대회준비 오르그뷰로'라는 명칭을 사용하고 있음을 볼 때, 1925년 2월 4일 31차 회의부터 '오르그뷰로'는 코민테른집행위원회로부터 정식 승인을 받은 것으로 보인다.14)

「鄭在達·李載馥調書」에서 이재복(李成)은 오르그뷰로의 노령대표로 이형근, 남만춘 지나(중국)대표로 박응칠, 김철훈 국내 대표로 김약수, 신백우, 이봉수 등이 지명되었다고 말했다. 그런데 이들 중 국내 대표 김약수, 신백우, 이봉수 등 3인은 불참하였다.15)

1924년 5월 17일~27일 고려공산당 창립대표회의 준비 제5

---

후임으로 블라디보스톡의 '원동부'에 부임하였다.

12) 김준엽·김창순, 앞의 책 1, 417쪽; 京城地方法院 檢事局, 「鄭在達·李載馥調書」, 1924.9, 金俊燁·金昌順 編, 『韓國共産主義運動史』 資料篇 Ⅰ(高麗大 亞細亞問題研究所, 1979), 93쪽.

13) 「고려공산당창립대표회준비위원회 회록 No.1」, 2쪽(러시아문서보존소 ф.495 оп.135 д.91).

14) 러시아문서보존소 ф.495 оп.135 д.91, д.94 참조.

15) 「鄭在達·李載馥調書」, 김준엽·김창순 편, 위의 책, 122쪽.

차~8차 회의에서는 정재달(전우)을 국내에 파견하여 국내 공산주의 단체들을 합동시킬 것을 결정했다. 1924년 5월 31일 '준비위' 제9차 회의에서는 다음과 같이 조직을 구성했다.

> 당원교육사무 : 채동순 박창극 이괄 박창래
> 선전부 : 채성룡 김아파나시 이빠시야 남우라 이동휘 남만춘
> 조직부 : 김만겸 최고려 김미하일 오성묵 이영선 이형근 김철훈
> 통신부 : 최성우 박애 김정하 천민 조훈 박응칠[16]

위 조직 성원을 보면 대체로 '이르쿠츠크파' 고려공산당계열의 인물임을 알 수 있다. 이동휘, 박애 등 상해파도 포함되어 있지만 이동휘는 수십 차례에 걸쳐 열린 '준비위'에 한번도 참석하지 않았던 사실을 볼 때 실질적으로 상해파는 오르그뷰로에도 배제되었던 것으로 보인다. 오르그뷰로에서도 여전히 이르쿠츠크파의 김만겸, 남만춘, 조훈 등의 영향력은 지대했고, 코민테른 원동부의 조선문제 담당자들에게 이동휘는 정치적으로 부담스러운 인물이었다. 이후 이동휘는 1925년 4월에 창건된 국내의 조선공산당에도 참여하지 못하고 블라디보스톡 신한촌의 도서관장으로 일하면서[17], 1928년 9월 무렵 서울파 '조선공산당'과 결합하여 정치적 재기를 도모하지만 코민테른 원동부는 결코 그를 수용하지 않았다.[18]

한편, 정재달과 이재복은 다시 준비위원에 참여하여 주로 국내에

---

16) 고려공산당 창립대표회 준비위원회, 「제9회 회록」, 1924.5.31, 러시아문서보존소 ф.495 оп.135 д.91 참조.
17) 강만길・성대경 편, 『일제하사회주의운동인명사전』(창비사, 1996), 328쪽.
18) 이동휘・김규열, 「국제공산당집행위원 정치서기국 앞 : 조선공산당 중앙위원회 창설」, 1928.9.7, 이창주 편, 『朝鮮共產黨史(秘錄)』(명지대 북한연구센터 자료 제1집, 1996), 151~153쪽.

여러차례 파견되어, 국내 사정을 블라디보스톡의 오르그뷰로에 보고하는 주로 실무적인 사업에 배치되었다.

1924년 6월 6일 '준비위' 10차회의는 정재달이 출발 한지 1, 2주일 후에 그의 사업에 협조하기 위해 이재복을 재차 국내에 파견할 것을 결정하고 "전우 동무와 같이 각 공산단체를 연합하는데에 노력"하라는 내용의 「지령서」와 이재복을 고려공산당 창당준비위원회의 대표로서 국내에 파견하여 국내공산단체를 단합하여 고려공산당 창립대표회를 소집할 것을 위임하는 「위임장」을 주었다.[19]

'준비위'는 정재달을 파견하기에 앞서 이미 이백초를 파견하여 국내 정세를 파악하였다.[20] 1924년 6월 12일 '준비위' 11차 회의록에는 이백초의 보고내용이 수록되어 있다.[21] 이에 따르면 이백초는 3월 26일 블라디보스톡을 출발하여 4월 26일 경성에 도착하여 국내 사회주의자들의 동향을 파악하였다. 그는 1개월 동안 서울에 있는 동안 국내 사회주의자들이 '13인회(국내 '조직국')'를 조직하여 이미 4차의 회의를 개최하고 노농총동맹과 청년총동맹 등 대중조직사업을 활발히 벌이고 있음을 보고하였다. 그러나 '13인회'는 공산단체 각파의 연합적 사업에는 아직 착수치 못하였고, 그 이유는 꼬르뷰로 국내

---

19) 「지령서」, 「위임장」(러시아문서보존소 ф.495 оп.135 д.94, 1924.6.6, 126쪽).

20) 1924년 6월 12일 '준비위' 제11회 회록에는 이백초가 국내 정세를 보고하고 있다. 또한 김약수는 정재달·이재복이 검거된 후, 1925년 4월 10일 피의자로 訊問을 받는데, 김약수의 「피의자신문조서」에 따르면 김약수는 이봉수, 신백우와 더불어 국내대표 3인으로 추천되었다는 사실을 신백우로부터 들었고 신백우는 이 사실을 블라디보스톡 『先鋒社』의 (이)백초로부터 들었다고 했다. 이백초는 정재달의 밀사로 신백우에게 연락을 위해 국내에 들어왔었다고 한다. 이백초는 『선봉』의 주필이었다. 김약수는 '범죄사실이 경미하다'는 이유로 기소유예 처분을 받았다(「鄭在達·李載馥調書」, 앞의 책, 191~192쪽).

21) 고려공산당창립대회위 준비위원회, 「제11회 회록」, 1924.6.12(러시아문서보존소 ф.495 оп.135 д.91).


2부  조선공산당과 서울파의 당창건 투쟁

부 지령이 아직 존재하기 때문이었다고 하였다. 또한 국내부 성원들
은 "… 사업진행을 정지하고 그 위원들은 13인 단체에 가입하였다.
13인 단체가 사업에 착수치 아니한 중요(한) … (이유)는 상부기관
의 승인을 부득함이라 한다. 동 단체는 계파의 수령들로 조직된 고로
각파에서는 절대 복종한다. 김사국 일파들은 적극적으로 일하지는 않
으나 방해할 위험은 결코 없다"[22]고 보고했다.

이백초의 국내에 대한 정세보고를 청취한 뒤, '준비위'는 '13인회'
는 조선노농총동맹과 조선청년총동맹을 실현하였고 각 공산단체와의
연합에도 크게 노력할 것이므로 정재달을 파견하여 '13인회'와 연합
하여 당창건 준비사업을 진행하라는 결정을 내렸다.[23]

'준비위'의 결정에 따라 정재달은 1924년 6월 15일 블라디보스
톡을 출발하여 24일 아침 서울에 도착하고, 이재복은 7월 9일 블라
디보스톡을 출발하여 23일경 서울에 도착했다.[24] 그들은 각각 맡은
바 임무를 수행하기 위하여 국내 여러 분파의 사회주의자들을 만나
블라디보스톡의 오르그뷰로의 당창건 계획을 설명하고 특히 김약수,
이봉수, 신백우 등과 만나 오르그뷰로의 국내대표로 참석할 것을 권
유하였다. 그러나 그들은 1924년 9월 일제 경찰에 검거되고 말았다.

오르그뷰로는 국내 '조직국('13인회')'과 연합을 하여 통일적인 당
창건사업을 진행할 예정이었다. 그런데 국내 '조직국' 즉 '13인회'와
통일적 당창건사업을 협의하지 않았다. '13인회'는 서울파 5인(김사
국, 이영, 정백, 김유인, 이혁로)과 화요파 2인(신백우, 김재봉), 북
풍파 3인(김약수, 김종범, 변희용), 상해파 2인(유진희, 이봉수), 조
선노동당(김연희) 등 5개 분파의 13인의 대표자로 구성되었다.[25]

---

22) 고려공산당창립대회위 준비위원회, 위의 글.
23) 고려공산당창립대회위 준비위원회, 위의 글.
24) 「鄭在達·李載馥調書」, 앞의 책, 216쪽.

'13인회'는 이와 같이 국내외에 존재하는 모든 사회주의 분파를 망라하여 단일한 통일적 조선공산당 창립을 목표로 조직되었다.26)

그런데 이재복과 정재달이 '13인회' 즉 국내 당창건을 위한 조직국의 지시에 따르지 않고 블라디보스톡의 오르그뷰로의 지시에 기초하여 화요파의 조선공산당 창립 가능성을 약속하고 또 화요파는 국내 조직국('13인회')과의 관계를 단절하고 독자적인 당창건 활동을 수행하게 되었던 것이다. 따라서 국내 조직국은 1924년 9월 5개월만에 결렬되고 말았다.27)


## 2. 꼬르뷰로 국내부와 화요파의 성립

1924년 4월에 꼬르뷰로가 해체되었지만 1923년 5월 김찬의 집에서 조직된 꼬르뷰로 국내부와 박헌영, 임원근, 김단야 등 이르쿠츠크파 고려공산당 산하의 공산청년회 중앙총국은 여전히 활동하고 있었다. 이들은 1923년 7월 7일 꼬르뷰로 국내부의 합법적 사상단체로서 신사상연구회를 1924년 11월 19일 화요회로 개칭하게 되었다. '화요파'라는 사회주의 분파는 이렇게 등장하는 것이었다.

그들은 국내 노동, 농민운동에 대중적 토대가 취약했기 때문에 '북풍파'와 함께 1924년 조선노농총동맹건설을 추진하면서 대중적 토대

---

25) КимЕнман · Цойцаник, Исполкому Комунистического Интернационала, 1926.2(러시아문서보존소 ф.495 оп.135 д.125)(김영만 · 최창익, 「코민테른집행위원회에게 : 서울청년회 내부에 현존하는 공산주의조직 '고려공산동맹' 전권대표로부터」, 1926.2), 103쪽.

26) КимЕнман · Цойцаник, 위의 글, 104쪽.

27) КимЕнман · Цойцаник, 위의 글, 105~106쪽.


2부  조선공산당과 서울파의 당창건 투쟁

를 장악하려는 작업을 수행하고 있었다. 꼬르뷰로가 해체되기 이전 '화요파' 경향과 '북풍파' 경향은 아직 꼬르뷰로 내에서 공존하고 있었다.

그러나 꼬르뷰로 국내부 내에서 '북풍파' 경향의 신철과 김약수 등이 1924년 3월 제명처분을 당하게 되었다. 그 이유는 분명하지는 않지만 1924년 1월 박헌영, 임원근, 김단야 등이 고려공산청년회 중앙총국의 지도부를 장악하면서 대립이 발생하는 것으로 보인다. 신철이 "1924년 3월에 이르러 대립은 드디어 표면화되어 나는 청년회의 책임의 지위도 사직하고 또한 그로부터 완전히 탈퇴해버렸다"[28]고 진술한 내용은 이무렵 꼬르뷰로 국내부 내부에 신철-김약수 등 '북풍파'와 김재봉-박헌영 등 '화요파'의 대립이 진행되고 있음을 의미하는 것이다. 1924년 4월 김약수, 신철 등이 까엔당을 조직하고 표면단체로 북풍회를 조직하면서 북풍파가 출현하고 또한 1924년 11월 꼬르뷰로 국내부의 표면단체인 신사상연구회가 화요회로 개칭하면서 화요파가 출현하게 되는 것이다.[29]


## 3. 화요파와 민중운동자대회

화요파는 1924년 11월 19일 신사상연구회를 화요회로 개칭하고, 1925년 1월 3일 북풍회, 조선노동당, 무산자동맹회 등에게 신년간친회 개최를 제의하여 4단체 연합하에 신년간친회를 개최했다. 150여명이 사회운동자들이 모여 조봉암의 개회사와 김찬의 사회로 '재경사회운동자신년간친회'를 개최하였고 다음의 사항을 결의하였다.

---

28) 「金洛俊調書」, 金俊燁·金昌順, 앞의 책 1, 44쪽.
29) 전명혁, 앞의 책, 1998, 60쪽.

① 기근에 대하여는 각자가 노력하여 조선기근구제회의 사업을 적극적으
　　로 후원할 일.
② 양 총동맹 집회금지에 대하여는 위원 3인을 선정하여 당국에 질문케
　　할 일. 위원은 金燦, 金若水, 林世熙 3인으로 결정.
③ 청년운동자 연령은 30세로 제한하기로 함.
④ 運動線의 統一은 각자 적극적으로 노력할 일.
⑤ 운동단체의 강령문제에 대한 구체 결의는 보류함.[30]

　화요파가 乙丑年(1925) 벽두부터 '4단체 간친회'를 개최한 이유
는 무엇일까? 또한 1924년 4월 꼬르뷰로 국내부에서 제명한 북풍파
의 김약수에게 화요파가 다시 간친회를 제안한 이유는 무엇일까? 그
리고 당시 가장 강력한 대중적 기반을 갖춘 서울파(서울청년회)를
'신년간친회'에서 제외한 이유는 무엇일까?

　화요파는 이무렵 블라디보스톡의 오르그뷰로와 관계를 회복하고
이를 통해 국내 당건설에 대한 시기와 지침을 전달받은 것이 분명하
다. 또한 1924년 말부터 화요파는 합법, 비합법적 접촉과 회합을 통
해 서울파를 제외한 국내 사회주의조직들과 연합을 시도하였고 '재경
사회운동자신년간친회'를 통해 화요파와 북풍파, 조선노동당 일부의
결합이라는 성과를 가져왔던 것이다. 화요파는 서울파를 제외하고 북
풍회, 조선노동당의 일부세력을 형식적으로 아울러 당창건을 하려는
계획을 수립하였던 것이다.

　서울파가 조선노동당과 더불어 조선노동교육자대회 준비에 박차
를 가하고 있을 무렵, 화요파는 북풍파의 협조를 얻어 2월 17일 '전
조선민중운동자대회준비회'를 조직하고 "… 전조선운동의 조직적 통
일과 근본방침을 토의코자 사상, 농민, 노동, 청년, 형평, 여성 등 각
운동단체의 대표로서 전조선민중운동자대회를 개최"[31]한다는 대회 「

---

30) 『동아일보』 1925.1.5.


2부　조선공산당과 서울파의 당창건 투쟁

취지」와 준비위원 72명의 명단을 일간지에 발표하였다. 준비위원은 姜達永, 金燦, 曺利煥, 白光欽, 金璟載, 金鴻爵, 陳秉基, 全無, 金在鳳, 具然欽, 朱世竹, 洪悳裕, 尹德炳, 許貞淑, 朴憲永, 金丹冶, 林元根, 曺奉岩, 朴一秉, 權五卨, 崔元澤, 李準泰, 安基成, 林亨寬 등 화요파 인물들과 鄭雲海, 李憲, 金裕昌, 朴炳斗, 鄭晋武, 金大鳳, 崔允鈺 등 북풍파 인물로 구성되어 있었다.32)

　　화요파는 각 사회운동단체를 통해 전조선민중운동자대회 지지운동을 조직했다. 3월 7일에는 신흥청년동맹이 관수동에서 총회를 열어 민중운동자대회에 참가할 것을 결의했다. 3월 7일 革靑團도 임시총회를 개최하고 조선사회운동의 통일과 민중운동자대회에 참가 후원할 것 그리고 운동선상의 반동분자를 조사 폭로할 것을 결의하였다. 3월 9일에는 신의주 新灣靑年會는 집행위원회를 통해 민중운동자대회를 촉성할 것을 결의했다.33) 3월 11일 馬山의 사상단체인 彗星社는 회의를 열고 민중운동자대회에 참가할 것을 결의했다.34) 3월 11일 전남 光陽 勞農聯合會에서도 집행위원회를 열고 임시의장 辛命俊의 사회로 민중운동자대회 참가를 결의했다.35)

　　3월 12일 경북 醴泉의 신흥청년회는 제1회 정기총회를 열어 집행위원장에 張東濩를 선출하고 민중운동자대회에 참가할 것을 가결했다. 같은 날 馬山의 勞農同友會도 위원장 吳學允의 사회로 민중운동자대회에 참가할 것과 경남민중운동자간담회에 참가할 것을 결의했다.36) 같은 날 黃州靑年會에서도 임시총회를 열고 민중운동자대회에

31) 『동아일보』 1925.2.19.

32) 『조선일보』 1925.2.19; 『동아일보』 1925.2.19.

33) 『조선일보』 1925.3.12.

34) 『조선일보』 1925.3.13.

35) 『조선일보』 1925.3.15.

참가할 것을 결의했다. 경상북도 안동의 사상단체 火星會도 월례회를 열고 민중운동자대회에 대표를 파견할 것을 결의하고 진주의 형평사와 형평청년회도 임시총회를 열고 강상호의 사회로 민중운동자대회에 참가할 것을 결의했다.[37]

화요파는 1925년 3월 15일 경성청년회 등 20여 단체를 모아 전조선민중운동자대회 應援會를 조직했다. 서정희가 임시의장을 맡아 경과보고와 집행위원을 선출하고 응원방침에 대한 토의를 했다.[38] 이 응원회에서 주목할 것은 북풍회와 조선노동당이 참가했다는 사실이다. 북풍회의 신철, 마명, 김약수, 서정희 등과 조선노동당의 전일, 김연희, 이극광 등이 집행위원으로 선출되었던 것이다. '13인회'의 결렬 이후 화요파가 오르그뷰로의 당건설방침에 따라 북풍파와 조선노동당과 다시 연대하여 민중운동자대회를 개최하면서 조선공산당을 건설하려는 의지를 표명하고 있는 것이었다.

1925년 3월 24일 조선노농총동맹 중앙집행위 제4회 간담회가 개최되었다. 여기에서 '화요파'는 윤덕병, 최원택, 장준, 신동호, 김유창, 정운해, 김부곤 등 7명을 상무집행위원으로 선출하고 민중운동자

---

36) 『조선일보』 1925.3.13.

37) 『조선일보』 1925.3.15.

38) 경성급수부조합, 서울인쇄직공청년동맹, 경성여자청년동맹, 여성동우회, 경성여자청년동맹, 여성동우회, 경성양복직공조합, 신흥청년동맹, 경성양화직공조합, 조선형평사총연맹중앙총본부, 형평사정위단, 혁청단, 조선무산자동맹, 염군사, 시계종업원친목회, 프롤레타리아트사, 신흥청년사, 경성청년운동사, 해방운동사, 경성청년회, 화화사, 조선노동당, 북풍회 등 23단체가 참가했다. 또한 집행위원으로는 홍순준, 김연희, 김창준, 전일, 이은식, 이극광, 0오택, 황성하, 한상우, 이경춘, 최봉, 이종성, 이민한, 정종명, 김지호, 민창식, 송영, 박래원, 이병립, 임성웅, 우0운, 배일선, 구창회, 강균환, 송봉우, 김청형, 손영극, 이호0, 김장현, 신철, 마명, 김약수, 서정희 등 33인이 선출되었다(『조선일보』 1925.3.18).


2부  조선공산당과 서울파의 당창건 투쟁

대회를 적극 후원할 것을 결의했다. 또한 청년총동맹 및 재경해방운
동단체 연합간친회 결의 사항 가운데 민중운동자대회에 반대하는 단
체에 '노총'을 넣은 조항을 취소하라고 경고했다.[39]

　또 3월 30일 진주청년회관에서는 경남민중운동자간담회가 26개
단체 출석대표 46명의 참가로 개최되어 "전조선민중운동자대회는 해
방운동선상에 적합함을 인하고 경남각단체 참가를 권유할 일" 등을
결의했다.[40] 같은 날 함남홍원군 삼호에 있는 프로청년동맹도 정기
총회를 열고 민중운동자대회에 참가할 것을 결의했다.[41] 4월 13일
光州노동공제회관에서 전라노농연맹 제2회 정기총회가 열렸다. 집행
위원장 서정희의 개회사가 있고 임시의장으로 이영민과 신명준이 선
출되어 노동 소작문제 등에 대한 결의와 함께 민중운동자대회에 참가
할 것을 결의했다.[42]

　마침내 화요파는 1925년 4월 20일 서울시내 長谷川町의 경성공
회당에서 조선민중운동자대회를 개최키로 하였다. 4월 18일까지 민
중운동자대회에 참가하기로 한 단체는 노농단체 263, 청년단체 100,
형평단체 18, 사상단체 44 등 425단체의 대표자 508인이었다.[43]

　그러나 민중운동자대회 몇 시간을 앞두고 일경의 집회금지로 대
회가 무산되자 이에 분개한 대의원 300여명이 파고다공원에 집합하

---

39) 『동아일보』 1925.3.26; 『조선일보』 1925.3.26; 『동아일보』 1925.3.29. 상무집행위
　　원 7인 중 장준만 '서울파'였고 나머지 위원은 모두 '화요파'였다. 노농총동맹
　　중앙집행위원 간담회의 결의에 대해 서울파는 이 회의가 중앙집행위원 중 임
　　종환 등 몇사람에게 정식통고가 없었기 때문에 무효라고 하며 다시 정식 중앙
　　집행위원회를 소집할 것과 민중운동자대회의 소집을 방지할 것을 주장했다.
40) 『조선일보』 1925.4.2.
41) 『조선일보』 1925.4.3.
42) 『조선일보』 1925.4.16.
43) 『조선일보』 1925.4.20.

여 일제의 탄압을 규탄하려 했으나 일경에 의해 공원밖으로 밀려나고 말았다. 그러나 시위대 200여명이 그날 밤 종로 2가 단성사와 우미관 앞에 모여 붉은 기 5개를 들고 '전조선 민중운동자대회 만세!', '무산자 만세!', '무리한 경관의 압박에 반항하자!'를 외치며 종로3가로 행진하여 수천명의 군중이 합세하기에 이르렀다. 이것이 이른바 '赤旗事件'이었다. 이 사건으로 대구청년회의 申哲洙와 마산노농동우회의 金尙珠 등 14명이 경찰에 검거되었다.44)

화요파가 서울파의 반대에도 불구하고 민중운동자대회를 개최하려고 했던 이유는 무엇이었을까? 그것은 1925년 4월 15일~17일 3일간에 걸친 전조선기자대회의 마지막 날인 4월 17일에 일경의 눈을 피해 비밀리에 창립된 화요파 조선공산당의 지도하에 국내의 모든 사회운동단체를 망라하여 대회를 개최함으로써 자신의 대중적 세력을 내외에 과시하면서 자신의 존재를 드러내기 위한 목적이었다.

그러나 화요파의 민중운동자대회는 서울파의 대대적인 반대에 부딪쳤다. 서울파는 조선노농총동맹, 조선청년총동맹 등 대중조직이 발달해가는 과정에 있는 조선의 노동·농민·청년운동을 혼란케 하는 결과를 초래할 것이라고 조선민중운동자대회의 부당성을 지적했다.45) 또 모스크바 동방노력자대학 출신의 李敏用도 화요파의 민중운동자대회를 반대하였다. 그는 "만약 그들이 운동의 유일을 허락한다면 왜 양총동맹으로써 하지 않았는가?"라는 문제제기를 하면서 민중운동자대회를 발기한 조봉암은 조선청년총동맹 상무집행위원이고 김찬은 조선노농총동맹 집행위원임에도 불구하고 이들이 민중대회를 소집한 것은 잘못된 것이라고 비판하고 있다.46)

---

44) 『동아일보』 1925.4.22 · 5.3. 김상주는 4월 17일 조직된 화요파 조선공산당 1차 당대회에 참가했었다.

45) 『조선일보』 1925.3.3.



2부 조선공산당과 서울파의 당창건 투쟁

화요파의 조동호는 코민테른에 민중운동자대회가 공산당의 영향 하에 수행된 조선혁명운동의 역사에서 최초의 사건이었음과 이 운동 은 민중에게 사회주의사상의 세례를 주었고 또한 이 대회는 일제에 저항하는 조선인민을 어떻게 선동하는가 하는 조선공산주의자들의 첫번째 시험이었다라고 그 의의에 대해서 보고하였다.47)

## 4. 조선공산당의 결성

### 1) 조선공산당 1차당대회

1925년 4월 17일 조선공산당 조직을 위한 창당대회는 일경의 눈을 돌리기 위해 표면적으로 전조선기자대회48)와 전조선민중운동 자대회를 준비하면서 '비밀리'에 개최되었다. 이것이 1차당 대회였다.

1차조선공산당의 책임비서인 김재봉은 진술에서 김재봉, 김낙준, 김약수, 주종건, 윤덕병, 진병기, 조동호, 조봉암, 송봉우, 김상주, 유진희, 독고전의 12명이 참석했다고 한다. 또한 당시 조직국 책임자인

---

46) 李敏用, 「片山 同志에게 보내는 보고」, 1925.5.30, 3쪽.

47) T.H.Cho, Report : Delegate of KCP, Aug.8, 1925, 121~122쪽(러시아문서보존소 ф.495 оп.135 д.110)[조동호(조선공산당 파견대표), 「보고」, 1925.8.8].

48) 1925년 4월 15~17일 3일간 개최된 전조선기자대회는 언론인들의 모임인 無名 會에서 주최하였다. 당시 동아일보, 조선일보, 개벽사 등의 기자 500여명이 참석하여 언론의 권위신장, 신문 출판물에 관한 법규 개정문제, 언론 집회 결사의 자유, 대중운동의 발전 등을 결의했다. 전조선기자대회의 마지막날인 4월 17일 조선공산당 창당대회가 개최된 것은 결코 우연한 일은 아니었다. 조선공산당의 사전 계획이었는지는 분명치는 않지만, 당시 조선공산당 당원의 상당수가 신문사 기자로 활동하였음을 볼때 가능한 일이었다[최준, 『한국신문사』(일조각, 1967); 최민지, 「일제하 기자운동의 전개-기자단 활동을 중심으로-」, 『일제하 민족언론사론』(일월서각, 1978)].

김찬의 진술에는 본인(김찬)을 포함하여 정운해, 최원택, 이봉수, 김기수, 신동호, 박헌영, 홍덕유도 참석했다고 한다.[49] 김찬의 진술내용은 샤브시나가 거명한 19명과 거의 일치하고 있다.[50]

단지 19명 중 김찬은 홍덕유를 샤브시나는 홍증식을 19인 중 1인으로 지적하고 있다. 필자는 홍증식은 4월 18일 고려공산청년회의 중앙집행위원으로 선출되는 것으로 보아, 19인 중 1인은 홍덕유로 보아야 타당한 것으로 생각한다. 또한 조선노동당 출신으로 이후 조선공산당에 가입한 이충모의 기록에도 "19인의 창립자로 제1차당이 조직"[51]되었다고 말하고 있는 것으로 보아 창립대회에는 金在鳳, 金洛俊(金燦), 金若水, 朱鍾建, 尹德炳, 陳秉基, 趙東祜, 曺奉岩, 宋奉瑀, 金尙珠, 俞鎭熙, 獨孤佺, 鄭雲海, 崔元澤, 李鳳洙, 金基洙, 申東浩, 朴憲永, 洪悳裕 등 19명이 참석했던 것이 확실하다고 생각한다.

1차당대회 직후 1925년 8월 8일 상해로 파견된 조동호의 코민테른 「보고」는 창당대회에 참가한 19명의 대표들의 소속 및 지역분포를 언급하고 있다. 조동호는 대표자의 이름을 밝히고 있지는 않지만 1차당 시기 19명의 출석대표 가운데 지방 대표들은 대부분 꼬르뷰로 국내부의 각 지역 야체이까 책임자와 일치함을 알 수 있다.[52]

---

49) 「金洛俊調書」, 『한국공산주의운동사』 자료편 I(고려대 아세아문제연구소, 1979), 1931, 16쪽.

50) Шабшина Ф. И., *ИСТОРИЯ КОРЕИКОГО КОММУНИСТИЧЕСКОГО ДВИЖЕНИЯ (1918~1945 ГГ.)*, АКАДЕМИЯ НАУК СССР, МОСКВа, 1988, 100쪽. 샤브시나는 Г.Ф. Ким, Рабо – чий класс Кореи в революционном и социалистическом строительстве, Спецбюллетень, 1965 에 근거하여 1차당대회 출석대표 19인을 거명했다.

51) 李忠模, 「趙素昂 先生이 下問한 問題 答案(1916~1928)」, 『共産系統에 關한 文獻類』(No.4373 소앙문류).

52) 꼬르뷰로 국내부의 각 야체이까 책임자는 다음과 같다. : 시대일보－홍남표, 조선일보－김재봉, 조선노농총동맹－권오설, 신사상연구회(화요회)－홍증식, 신흥청년동맹－전무, 신의주－독고전, 평양－진병기, 재령－미상, 함흥－미상, 인



2부 조선공산당과 서울파의 당창건 투쟁

이를 종합하여 각대표의 야체이까별 분포를 재구성해 보면 〈표 4〉과
같다.

| 표 4 | 조선공산당 1차당대회 참가자 야체이까별 분포

| 소속단체 및지역 | 참석자(출생지) | 소속분파 |
| --- | --- | --- |
| 화요회 | 박헌영(충남 예산)<br>조봉암(경기 강화) | 화요파<br>화요파 |
| 북풍회 | 김약수(경남 동래)<br>송봉우(경남 하동) | 북풍파<br>북풍파 |
| 조선노농총동맹 | 윤덕병(서울) | 화요파 |
| 조선청년총동맹 | 김찬(함북 명천) | 화요파 |
| 동아일보 | 조동호(충북 옥천) | 화요파 |
| 조선일보 | 이봉수(강원 춘천) | 상해파 |
| 신의주 | 독고전(평북 의주) | 화요파 |
| 평양 | 진병기(경북 칠곡) | 화요파 |
| 인천 | 홍덕유(경기 수원) | 화요파 |
| 광주 | 신동호(전남 광주) | 화요파 |
| 순천 | 김기수(전남 순천) | 화요파 |
| 대구 | 최원택(경북 대구)<br>정운해(경북 대구) | 화요파<br>북풍파 |
| 안동 | 김재봉(경북 안동) | 화요파 |
| 마산 | 김상주(경남 마산) | 화요파 |
| 김해 | 유진희(충남 예산) | 상해파 |
| 진주 | 강달영(경남 진주) | 화요파<br>(불참) |
| 동래 | 주종건(함남 함흥) | 상해파 |

출전 : T.H.Cho, Report : Delegate of KCP, Aug.8, 1925, pp.117~126(러시아문서보존소 ф.495 оп.135 д.110);
「金洛俊調書」, 1931, 『韓國共産主義運動史』 資料編 1(高麗大 亞細亞問題研究所, 1979); 강만길 · 성
대경 엮음, 『한국사회주의운동인명사전』(창작과 비평사, 1996) 참조.

천 - 안기성, 대구 - 최원택, 동래 - 백광흠, 마산 - 김명규, 진주 - 강달영, 광주 -
신동호(「金洛俊調書」, 앞의 책, 13~14쪽).

지역대표들은 대체로 그들의 출신지역에 따라 배치되었다. 이들 중 꼬르뷰로 국내부때 진주지역 야체이까 대표였던 강달영은 불참한 것으로 보인다. 또한 인천과 동래 지역은 꼬르뷰로 당시에는 안기성, 백광흠으로 되어 있었고 김해지역은 꼬르뷰로 이후에 신설된 야체이까 인 것으로 보인다. 그들은 참석하지 않은 것으로 보아 지역에 야체이까 근거지를 가지지 않았던 홍덕유와 상해파 출신인 주종건, 유진희가 대신 출석한 것으로 보인다. 또 한가지 의문이 드는 것은 조선노동당 대표가 참석하지 않은 사실이다.53)

이들 19명 중 김재봉, 김약수, 김찬, 유진희, 조동호, 주종건, 정운해 등 7인으로 이루어진 중앙집행위원회가 구성되었다. 7인의 중앙위원들은 위원회 회의를 개최하고 다음과 같이 각 부서를 조직했다.54)

① 비서부 ② 검사부 ③ 조직부 ④ 조사부 ⑤ 정치경제부 ⑥ 선전부 ⑦ 노농부

책임비서는 김재봉이었다. 조직부는 김찬이 지도했다. 정치경제부는 유진희, 간부국은 김약수, 조사부는 주종건, 선전부는 조동호, 노농부는 정운해가 지도했다. 조선공산당 중앙위 검사위원에는 윤덕병, 조봉암, 송봉우가 선출되었다. 조선공산당의 창건을 알리고 코민테른 집행위원회의 승인을 얻기 위해 모스크바로 조동호를 파견할 것

---

53) 1926년 9월 조선공산당 임시책임비서였던 김철수의 「회고」에 "간부는 金在鳳, 趙東祐(祐), 朱鍾健, 兪鎭熙, 金若水, 鄭雲海, 金鍾範, 權五卨 등과 曺奉岩, 宋奉禹, 金鍾範(?), 李忠模(?) 등 중앙검사위원이었다. 조동우가 국제당에 보고하러 갔다."는 기록에서 조선노동당의 이충모를 언급하고 있는데 그가 19인 가운데 참석했는지의 여부는 아직 의문이다(김철수, 「본대로 드른대로 생각난 대로, 지어만든대로 (김철수친필유고)」, 『역사비평』 1989년 봄호, 359쪽).

54) T.H.Cho, 앞의 글, 119~120쪽.


2부 조선공산당과 서울파의 당창건 투쟁

이 결정되었다.55) 집행위원 가운데 김재봉, 김찬, 조동호 등 3명은 화요파 성원이며, 김약수, 정운해 등 2인은 북풍파, 유진희·주종건 등 2명은 상해파 출신이었다.

1차당 창당 시기에 전체 당원수는 120명이었다. 이를 개별적으로 살펴 보면 국내 그룹 20명, 북성회(일본) 7명, 이르쿠츠크 그룹 5명, 상해그룹 2명, 중립그룹 86명 등이었다.56)

대회에서는 건설된 당이 진정한 조선공산당으로서 간주될 것과 그 승인을 코민테른에게 요청할 것을 결정했다. 이에 조동호와 조봉암이 파견대표로 선출되었다. 또한 당원자격을 위한 후보 심사에 매우 엄격한 요건을 갖는다는 결정을 통과시켰다. 당의 강령은 아직 완성되지 않았지만, 현재의 활동에 조응하여 결정되었고 완성을 차후로 연기하였다. 당의 규약은 통과되었고 실질적으로 완성되었다.57)

조선공산당의 당규약은 1926년 6~7월에 걸친 조공의 2차 검거 당시 압수된 증거물에서 보여진다. 당규약인 「조선공산당당칙」은 일제 당국에 따르면 1926년 3월부터 5월까지 강달영, 홍덕유 등이 작성하여 이를 국제공산당에 보고한 것으로 그 내용은 총칙, 당원, 기관, 기본기관, 군(부)기관, 도기관, 중앙기관, 재정기관, 프랙션, 벌칙, 고려공산청년회와의 관계 및 부칙의 12장 95개조로 이루어져 있었다.58) 이 규약은 1차 당대회의 규약과 별 차이가 없을 것으로 생각된다.59)

---

55) Шабшина Ф. И., 앞의 책, 100~101쪽.

56) T.H.Cho, 앞의 글, 119쪽.

57) T.H.Cho, 위의 글, 119쪽.

58) 朝鮮總督部警務局, 「朝鮮共產黨事件ノ檢擧顚末」, 1926.8[『朝鮮共產黨關係雜件』 1(高麗書林, 1990), 564~565쪽; 梶村秀樹·姜德相 編, 앞의 책, 37쪽].

59) 이 시기 당규약을 코민테른의 일반적 규약, 중국 및 일본공산당의 규약과 비교하여 분석할 필요가 있다.

조동호의 「보고」 가운데 「정치적, 경제적 상황에 따른 당의 계획」
은 당시 조선의 정세를 분석한 것으로 강령적 성격을 가지고 있다.
그것은 우선 조선의 경제적 상황의 악화로 모든 화폐유통이 일본인
자본의 수중으로 장악되고 있음을 지적하고 있다. 그리하여 조선인
빈농들은 생활을 위하여 일본인 이주자들의 토지를 경작할 수밖에 없
고 동양척식주식회사는 조선인의 재정적 이익을 강탈하고 일본인 이
민을 고무하면서 전조선의 농업력을 통제하고 있다고 지적하였다. 이
러한 정세 속에서 조선공산당은 독립운동이 조선인 전체의 이익을 목
적으로 일본제국주의에 저항하는 운동이라고 바라보았고 또한 그것
이 조선프롤레타리아가 일본자본주의에 대해 서있는 동일한 전선 위
에 있다고 생각하고 있음을 지적했다.[60]

이러한 정세인식하에서 조선공산당은 첫째, 공산당은 일본제국주
의에 대항하여 프롤레타리아의 이익을 포함하는 조선인민의 일반적
운동을 지원해야 하고, 둘째, 조선인민 일반이 다음의 주장에 동의하
지 않을지라도 공산당은 조선의 자본가뿐만 아니라 일본의 자본가에
대항하여 투쟁해야 한다는 결정을 채택했다.[61]

조선공산당은 이 결정 외에 "① 일본자본주의에 대항하여 투쟁하
자 ② 코민테른의 깃발아래로 오라 ③ 독립운동을 지속하자 ④ 노동
자, 농민의 조직을 위해 성실히 활동하자 ⑤ '동양척식회사'를 박살내
자 ⑥ 기독교를 타도하자"[62]는 투쟁슬로건을 통과시켰다. 또한 당은
조직활동에 더욱 주의를 기울일 것이고 그로부터 모든 다른 브랜치
활동을 발전시킬 것과 월간지, 팸플릿, 비밀 출판소 설치 등 출판활
동과 노동자와 농민을 위한 연구소 설치계획과 교육활동 등 일상적

---

60) T.H.Cho, 위의 글, 125~126쪽.

61) T.H.Cho, 위의 글, 126쪽.

62) T.H.Cho, 위의 글, 126쪽.


2부  조선공산당과 서울파의 당창건 투쟁

활동 프로그램을 결정하였다.63)

1차당 대회에서는 조선혁명의 과제가 심의되었으며, 그것을 당면 단계에서는 민족해방혁명, 반제국주의 혁명으로 규정하였다. 대회는 국내의 모든 애국적 세력과의 동맹에서 공산주의자들이 적극적으로 투쟁하고 이 투쟁에서 공산주의자들의 전위적 역할의 필요성을 강조하였다.64)

대회에서는 당의 사회적 구성에 대해, 공산주의조직 가운데에서 노동자 농민은 극소수인데 반해 소부르주아지 인텔리켄차 및 학생들이 압도적인 점에 주의를 기울였다. 이점을 고려하여 대회는 노동자 농민 계층의 확대를 위해서 노농국을 창설할 것을 결정했다. 대회와 이후 공산주의자들의 활동에서 본질적인 난관으로 부딪친 것은 민주집중제의 원칙을 최소한의 정도에서나마 실현하고 지방 당조직, 위원회, 야체이카를 창설할 수 없었다는 점이다.65)

창건된 당은 강령을 채택하지 않고 이를 중앙집행위원회에 위임했다. 그뒤 1928년 조공이 해체될 때까지 세차례의 당대회를 통해 강령에 대한 공식적 논의와 채택은 없었던 것으로 추정된다. 그러나 상해에서 발행된 조선공산당의 기관지 『불꽃』에 수록된 「조선공산당 선언」은 1926년 7월자 조선공산당 중앙집행위원회의 이름으로 강령적 문헌이 제시되어 있다.66)

이것은 1차 조선공산당사건 당시 검거를 피해 상해로 망명하여

---

63) T.H.Cho, 위의 글, 126쪽.

64) Шабшина Ф. И., 앞의 책, 100쪽.

65) Искрин, Зарождение и развитие коммунистической движения в Корее, 1929.5.6 (Ф.495 Оп.135 д.168a, 146~186쪽, 248쪽). Шабшина Ф. И., 위의 책, 100쪽에서 재인용.

66) 「朝鮮共産黨宣言」, 『불꽃』 第七號, 1926.9.1.

활동하다가 1930년 체포된 화요파의 구연흠(具然欽)이 밝힌 내용과 완전히 일치한다. 구연흠은 조선공산당과 고려공산청년회는 과연 어떠한 사명을 띤 것인가라는 질문에 대해서 1926년 6월 7일에 발표된 조선공산당선언서를 빌려 설명할 필요가 있다고 하였다. 또한 그는 '조선공산당은 어떤 강령을 세웠는가'라고 말하면서 먼저 '당면한 투쟁의 목적은 일본제국주의의 압박으로부터 조선을 절대 해방하는 데 있다'고 말한 후 당면한 정치적 요구에 대해서『불꽃』의 강령과 동일한 내용의 강령을 제시하고 있다.[67]

　　「조선공산당선언」에는 민주공화국을 건설하되 국가의 최고 및 일체 권력은 국민으로부터 조직한 직접, 비밀(무기명투표), 보통 및 평등의 선거로 성립한 입법부에 있을 일, 주 8시간 노동제실시, 직업조합의 조직 및 동맹파업의 자유, 야간노동금지, 아동노동금지, 산모의 산전 2주, 산후 4주간 노동금지, 대토지소유자, 회사 및 은행이 점유한 토지를 몰수하여 국가의 토지와 함께 농민에게 교부할 일, 소작료를 3할 이내로 할 일, 농민조합을 법률로 승인할 일 등 40개항에 이르는 강령적 내용이 담겨져 있었다.[68] 그 내용은 대체로 일반민주주의적 과제, 즉 부르주아민주주의혁명의 과제를 내용으로 하는 최소강령적 성격을 띠고 있다.

　　「조선공산당선언」에는 1910년 이래 일본제국주의의 조선 침략의 본질과 3·1운동, 6·10만세운동 등 조선민중의 투쟁에 대해서 약술하면서 조선공산주의자들은 조선의 완전한 해방의 과제를 실행하기 위하여 일본제국주의에 대립한 조선의 모든 역량을 집합하여 민족혁명

---

67) 具然欽,「朝鮮共產黨과 高麗共產靑年會大獄記」, 在上海重光總領事,『공산당간부 구연흠의 취조에 관한 보고』, 1930.10.4(姜德相·梶村秀樹 편,『現代史資料』29 (みすず書房, 1972), 419~420쪽).
68)「朝鮮共產黨宣言」, 앞의 글.


2부　조선공산당과 서울파의 당창건 투쟁

유일전선을 작성하고 적의 營壘를 향하여 정확한 공격을 준비 또한 개시하여야 할 것이라고 하여 '민족혁명유일전선'을 위해 전민족의 87%를 구성하는 노동자 농민계급과 도시소부르주아, 지식인 및 부르주아와의 연합을 제시하고 있다.69)

또한 「조선공산당선언」은 조선공산당이 세계사회주의혁명의 대본영－국제공산당－의 一分隊로 압박받는 조선군중을 세계 피압박민족의 해방운동과 세계 무산자혁명, 특히 일본의 사회주의혁명과 또 쏘베트사회주의연합공화국과 밀접한 동맹을 지어 그들의 제국주의자에 대한 투쟁을 지도할 것70)이라고 하여 세계혁명운동과의 국제적 연대를 천명하였다.

1차 당대회 다음날인 1925년 4월 18일 조선공산당은 산하에 고려공산청년회(이하 공청)를 조직하였다. 공청은 15세부터 30세까지로 연령을 제한하였다.71) 고려공산청년회 제1차 창립대표회는 10개 도에 산재한 28개 세포회의 대표 19인과 조선공산당대표로 김찬 등

---

69) 「선언」은 "부르조아는 혁명의 주력대로 될 능력이 없으나 그러나 그들도 또한 제국주의자들의 압박을 받아 불만족의 요소를 가지고 있고 따라서 아직까지 그 자체 내에 혁명적 소질이 없지 아니하므로 혁명의 선봉대와 직접 동맹할 수 있을 것이다."라고 하여 부르조아계급까지를 민족해방투쟁의 동맹세력으로 파악하였다(「朝鮮共産黨宣言」, 위의 글).

70) 「조선공산당선언」, 위의 글, 353쪽.

71) 朝鮮總督府警務局, 「朝鮮共産黨事件ノ檢擧顚末」, 1926.8[『朝鮮共産黨關係雜件』 1(高麗書林, 1990), 683쪽]에는 「고려공산청년회칙」이 실려 있다. 「회칙」은 보안상의 이유로 「영국무산청년회칙」으로 쓰여졌다. 회칙 2장 4조에는 "본회의 회원은 연령을 15세부터 30세까지로 제한한다"라고 되어 있다. 그러나 「조선공산당칙」 2장 당원의 10조에는 "25세까지의 청년은 반드시 공산청년회를 경유하여 입당시키고 공산청년회중앙집행위원회의 결의를 요한다"라고 되어 있어 나이의 상한이 약간 다르게 규정되어 있다(위의 책, 625쪽). 고려공산청년회의 조직과 활동에 대해서는 박철하, 「1920년대 전반기 사회주의 청년운동과 고려공산청년회」, 『역사와 현실』 9호, 1993을 참조할 수 있다.

20인이 참석하였다. 박헌영과 조봉암이 1921년부터 1925년 4월까지 고려공산중앙총국의 사업경과를 보고하였다.[72] 공청은 국제공청 동양부위원회에서 제정한 고려공청강령을 채용하고 대회준비위원회에서 작성한 규약을 통과시켰다. 또한 공청은 1925년 4월 21일 제1차 공청중앙간부회를 열어 책임비서로 박헌영을 선출하였다.[73]

이상에서 조선공산당 1차 당대회의 개최 당시 조직상황과 대회에서 결정된 내용을 살펴보았다. 그렇다면 이와 같이 창립된 조선공산당은 진정으로 식민지 조선의 해방을 담지하는 혁명적 정당이었는가? 조선공산당은 진정한 혁명적 전위의 결합으로서 구성되었는가?

조선공산당은 국내에 존재하는 혁명적 사회주의 분파의 유기적 결합으로서 이루어지지 못한 태생적 결함을 가지고 태어났다. 무엇보다도 국내 대중운동에 강력히 뿌리를 둔 서울파와의 통합이 이루어지지 못한 채 북풍파와의 '통합'으로만 이루어졌고 북풍파 또한 조선공산당의 창건 직후 '종파행위'라는 이유로 당에서 축출되어 버린 사실은 조선공산당의 창건이 결국 화요파 하나의 분파만의 당창건으로 귀결되어 버렸음을 의미하였다. 이러한 이유로 화요파 조선공산당은 코민테른으로부터 공식적인 당승인을 위해 1년이라는 역사적 시간의 검증을 감내해야만 했던 것이다. 조선공산당은 여러 분파와의 투쟁을 통해 1926년 3월 31일 코민테른의 정식 지부로 승인되었다.[74]

---

72) 「高麗共靑 一般進行情況」(러시아문서보존소 ф.533 оп.10 д.1908)과 「고려공산청년회 제1차 창립대표회 회의록」(러시아문서보존소 ф.533 оп.10 д.1891). 이 자료에는 고려공산청년회의 조직경과와 국제공청, 조공과의 관계 등에 대한 중요한 내용을 담고 있다. 「高麗共靑 一般進行情況」에서는 1921년 국제공산청년회(КИМ) 제2차대회 이후인 1921년 8월 국제공청의 지시로 조직된 고려공산청년회중앙총국이 조직되었는데 공청은 이를 자신의 조직적 연원으로 파악하고 있다.

73) 「고려공산청년회 제1차 창립대표회 회의록」, 7쪽.


2부  조선공산당과 서울파의 당창건 투쟁

화요파 조선공산당의 당원이며 모스크바 동방노력자 공산대학 유학생이었던 안상훈(바뜨라코프)은 다음과 같이 코민테른에 「보고」를 하였다.

> … 나는 화요회 소속 야체이까 당원의 일인이고 서울청년회파와 오래 투쟁한 자이다. 그러나 화요회의 행동이 무엇보다도 당파적이고 기만적이었던 것은 무엇보다도 이 파쟁과 사기를 국제당의 앞에까지 보고하고 국제당에서도 고려혁명에 대해 커다란 오해의 결정과 지도를 수행했다. 나는 혁명자의 책임으로서 결연히 좌시할 수 없는 동시에 이하의 사실을 세계혁명기관인 국제당중앙집행부 앞에 보고하면서 다음의 사실을 간단히 제시한다. … 작년 4월경에 조직된 4단체연합위원회는 각단체 내에 있는 비밀공산주의 단체가 각자의 비밀을 保守하면서 분립에서 연합이 물론 유리한 점이 있으므로, 但 각파의 대표로 연합위원회를 조직한 것을 화요회는 허위적으로 국제당 앞에 당을 조직했다고 보고한 동시에 승인을 요구하여 국제원동부에서 이를 당으로서 접수시켰다.[75]

그는 「보고」의 말미에 "고려에 유일한 공산당을 조직하는 기운이 농후하다는 것은 말할것 까지도 없고 하루 빨리 공산당을 조직하기 위해서는 각파 대표를 결합하여 국제당 지도하에 준비위원회를 조직하고 위원회에서는 내지 각파를 원만히 연합하여 비로소 당을 조직하는 것이 완전한 正路라고 생각합니다. 만약 이것에 반대하는 일파가 偏執하다면 고려혁명전선에는 파쟁과 분열이 더욱 심해져 민중적 운동은 파멸에 瀕하고 일본침략주의와 고려유산계급을 박멸시키는 날이

---

74) Резолюция ИККИ по Корейскому вопросу : Принятая Президиумум 31/III с добавлением в профсоюзныХ вопросаХ, 1926.3.3.1, 4쪽(러시아문서보존소 ф.495 оп.135 д.115)(코민테른집행위 상임위원회, 「조선문제에 대한 코민테른집행위원회 결정 – 노동조합문제에 관한 첨부 문서와 함께」, 1926.3.31).

75) 바뜨라코프(안상훈), 「국제공산당집행부 귀중」, 1926.2.3(러시아문서보존소 ф. 495 оп.135 д.127), 24쪽.

점점 멀어질 것이라고 생각합니다"76)라는 「本人의 意見」을 덧붙였다.

서울파, 북풍파뿐만 아니라 화요파 당원조차 화요파의 '오류'를 고백하였던 사실, 이것은 무엇을 의미하는 것일까? 안상훈은 이와 같이 각 분파 대표로 구성된 당창건준비위원회를 시급히 조직하여 코민테른의 지도하에 당을 건설하려는 방침을 제시하였다. 그러나 화요파 조선공산당의 1차 당대회는 서울파 고려공산동맹을 배제한 상태에서 이루어졌다. 따라서 화요파 조선공산당을 압도하는 고려공산동맹의 조직역량이 결합되지 못했다. 이러한 사실은 통일적인 당의 창립에 치명적인 결함을 내포한 것이었다.

화요파 조선공산당이 당창건과정에서 국내에 존재하는 다양한 혁명적 분파들을 포괄하지 못하는 '오류'는 이후 끊임없는 '분파투쟁'의 한 원인이 되었고 조선노농총동맹과 조선청년총동맹 등 대중단체의 분열을 초래했다.

이러한 '오류'에도 불구하고 조선공산당은 당조직의 확대에 노력을 기울였다. 그러나 김재봉을 책임비서로 하는 1차 조공이 1925년 11월 22일 '신의주사건'77)으로 치명적인 조직적 타격을 받았다. 이 사건으로 조선공산당 책임비서 김재봉을 비롯하여 조선공산당과 고려공산청년회의 창립대회에 참가했던 김약수, 박헌영, 홍증식, 유진희, 임원근, 독고전, 진명기, 김상주, 주종건, 윤덕병, 신철수, 임형관, 조이환 등과 김경서, 조동근, 장순명, 박길양, 서정희 등 19인이

---

76) 안상훈, 위의 글, 26쪽.

77) 이 사건으로 조선공산당의 당조직 뿐 아니라 산하의 4단체합동위원회, 노농총동맹, 한양청년연맹, 신흥청년동맹, 여성동우회, 평양노동동맹 등의 중요간부를 비롯하여 마산 대구 강화 신의주 원산 등 각지에서 사회운동단체의 간부 및 활동가 다수가 검거되었다. 이들의 대부분 조선공산당의 직접적인 지도하에 있는 합법적인 표면단체들이었다(裵成龍, 「朝鮮社會運動小史」 13, 『조선일보』 1929.2.11).

1925년 5월에 일제에 의해 제정된 '치안유지법위반'으로 구속되었다.[78] 이후 검거를 면한 화요파 사회주의자들은 같은 해 12월 강달영을 책임비서로 하여 조직을 재정비하였다.

## 2) 1차당의 활동과 코민테른의 「1925년 9월 15일 결정」

1925년 4월 17일 1차 당대회 이후 조선공산당의 활동에 대해 조동호는 우선 '4단체합동'에 대해서 보고하고 있다.

> 당이 실행하려고 했던 첫번째 사업은 화요회 북풍회 노동당 무산자동맹 등의 4단체를 하나의 단일한 거대 당으로 합동하는 것이었다. 이에 관한 통지에 뒤이어 조선 신문들에서 위원회가 많은 축사와 축전들을 받게 되었고 모든 조선 신문들은 자신의 사설들에서 호의를 표명했으며 여론은 이 운동에 매우 호의적이었다. 5월초(4월 27일 – 인용자)에 예정되었던 전체 대회를 위해 모든 것이 준비되었으나 일본 당국은 이 단체들의 통합의 결과 무엇인가 심각하게 될 수 있다는 것을 두려워하면서 대회를 금지하였다. 박해와 전제정치에도 불구하고 통합위원회가 조직되었으며 당의 지시에 따라 활동할 것을 결정하였다.[79]

---

78) '1차 조선공산당 사건'에 대한 자세한 내용은 다음의 자료를 참조할 수 있다. 新義州地方法院, 「金在鳳外十九人調書」 Ⅰ・Ⅱ, 1926.4.24・1926.7.12; 京城地方法院, 「金在鳳外19人調書」 Ⅲ, 1927.3.7; 新義州地方法院, 「朴憲永外十人調書」, 1925.12.22; 新義州地方法院, 「金科全外六人調書」, 1925.12.21[金俊燁・金昌順 編, 『韓國共産主義運動史』 資料編 Ⅰ(高麗大亞細亞問題研究所, 1979), 441~838쪽].

79) Чо – Донго член ЦК и официальный делегат при Коминтерне, Работа со времени 1 – й конференции 17 апреля 1925 г., 1925.8.22(러시아문서보존소 ф.495 оп.135 д.110) 코민테른 산하 공식 대표, 중앙위원회 성원 조동호, 「1925년 4월 17일 1차대회(대표자회의) 현재 활동」, 1925.8.22).

화요파는 민중운동자대회를 개최하기에 앞서 1925년 1월 3일 '4단체신년간친회'를 열었다. 이와 같이 합법적 공간 속에서의 '4합'은 조선공산당 창립 이전에 이미 이루어졌다. 4단체합동상무위원 중 1인인 조선노동당의 이충모는 "1925년 봄에 경성에서 사회운동단체중 화요회 북풍회 무산자동맹 조선노동당 등의 4단체가 합동하여 전조선민중운동자대회를 발기하고 전조선신문기자대회를 기회로 하여 전국운동자 700여명이 집합하였을 때에 표면으로 일경을 반항하여 적기사건을 일으키고 공산당과 공산청년회를 조직하였는데 서울청년회 일파에서는 민중운동자대회반대단체전국연합회를 조직하였다"[80]라고 진술하였다.

이충모의 이 진술은 4단체합동→민중운동자대회발기→조선공산당조직이라는 과정을 보여준다. 김철수도 "其時에 화요 측은 소위 四團體(화요회, 북풍회, 상해파일부, 신사상연구회 – 무산자동맹의 잘못 : 인용자)연합의 '조선공산당'을 雅敍園에서 조직했던 것이다"[81]라고 회고하고 있다. 이것은 '4단체합동'('四合')이 사실상 조선공산당 창립 이전에 이루어졌음을 입증하고 있다.[82]

---

80) 李忠模, 「趙素昻 先生이 下問한 問題 答案(1916~1928)」, 『共産系統에 關한 文獻類』(No.4373 소앙문류).

81) 김철수, 앞의 글, 359쪽. 김철수의 이 친필유고는 시기, 조직 명칭에 대한 약간의 착오가 있지만 비교적 정확히 당시의 사실을 전하고 있다.

82) 1926년 3월 조선공산당중앙집행위원의 보고에 따르면 "4단체합동위원회(화요 북풍 무산자동맹 노동당), 이 四合은 직접 당의 조종하에서 表現으로 사상운동의 주력단체로 되어 정치적 투쟁 및 무산계급의 단결 선전에 노력한다. 이제 이 四合을 상세히 구별해보면, ① 화요회원 90인(당원 32인 후보당원 10인) ② 무산자동맹회원 33인(당원 23인 후보당원 7인) ③ 북풍회원 40인(당원 5인) ④ 노동당원 28인(당원 3인)"이라고 보고하고 있다. 朝鮮共産黨中央執行委員, 「報告書 – 思想運動 ノ 狀況 ト 黨 ノ 影響」, 1926.3, 『朝鮮共産黨事件重要書類證據物』, 高等法院檢事局思想部, 『朝鮮思想運動調査資料』 第1輯, 1933, 29쪽.


2부 조선공산당과 서울파의 당창건 투쟁

또한 비합법 공간에서 화요파, 북풍파, 조선노동당의 '3단체 통일
협의회' 즉 '3단체합동'이 1925년 4월 6일 성립되었다. '화·북·노'
의 '3단체합동'에 화요파 20인, 북풍파(까엔당) 2인, 조선노동당(스
파르타쿠스당) 2인 등 총 24인이 참가하였다.83)

그러면 조동호가 '4단체합동'에 관하여 보고하는 것은 무엇을 의
미하는 것일까? 이것은 화요회, 북풍회, 조선노동당, 무산자동맹의 4
단체합동위원회의 성립에 대한 내용이었다. 화요파는 조선공산당을
창립한 직후인 1925년 4월 27일 4단체의 합동총회를 개최하려고 했
다. 그러나 일제 경찰당국의 집회금지명령으로 무산되고 1925년 7월
조선노동당의 金演義, 李忠模, 북풍회의 金若水, 李奎松, 화요회의 朴
一秉, 金璟載, 金燦 등 7인으로 합동상무위원을 구성했다.84)

조동호의 「보고」는 조선공산당 창건 이전에 이루어진 합법 공간
에서 '4합'과 비합법 공간에서의 '3단체합동'을 조선공산당 창건 이후
실질적으로 수행하기 위한 과정을 보여주고 있다. 그러나 비합법 공
간에서의 '3단체합동'은 1925년 10월 26일 해체되었다. 이로써 조선
공산당은 화요파만의 당이 되었다.85)

그럼에도 조선공산당은 당원 수의 증가에 노력하여 1925년 4월
1차 당대회에서 적극적으로 활동해왔던 약 120명을 당원으로 승인한

---

83) 조선노동당 내부의 비밀 전위조직인 스파르타쿠스당의 이남두는 '3단체합동'
이 조선공산당 창건 다음날인 1925년 4월 18일 이루어졌고 '3단체합동'에 참여
한 조선노동당의 2인은 조선노동당 집행위원회에 아무런 협의도 없이 비밀리
에 참여하였고 화요회가 이를 조선공산당 창립대회라고 허위적 보고를 하였다
고 비판하였다. 李南斗(朝鮮勞動黨 裏面にある秘密共產團體 '朝鮮スパルタカス
黨'代表),「國際共產黨執行委員會 貴中」, 1926.2.3(러시아문서보존소 ф.495 оп.135
д.127, 17쪽). '3단체합동'의 성립과 해체에 대해서는 전명혁, 앞의 책, 1998,
138~145쪽 참조.

84) 『동아일보』 1925.7.8.

85) 전명혁, 앞의 책, 1998, 144~145쪽.

이후 6, 7월 동안 40명 이상을 추가하여 당원으로 받아들였으며 끊임없이 중앙위원회는 다른 단체들 속에서 공산주의적 인자들을 당으로 받아들이기 위해 노력했다.[86]

조선공산당은 1924년 가뭄에 이은 乙丑年(1925) 대홍수를 겪으면서 수해이재민에 대한 원조활동을 벌였다. 조선공산당은 가뭄에 이은 홍수 원조를 위해 위원회를 조직하여 모금과 상황 조사를 하는 등 홍수 이재민들을 돕기 위한 전국적인 운동에 참여했다.[87] 조선공산당은 순회 강연을 통해 선전사업을 활발히 벌였다. 매년 여름 휴가를 이용하여 그룹별로 나뉘어서 전국 각지를 순회하여 농민 노동자 등에게 강연을 해 왔다.

또한 8월 10일에는 나까이시, 오꾸 등 일본인 사회주의자를 강연을 위해 초대하였다.[88] 8월 15일 『동아일보』는 "… 화요회, 조선노동당, 무산자동맹, 북풍회 등 4개단체연합으로 중서이지조(中西伊之助)씨와 옥무메오(奧ムメオ)여사를 청하여 사상대강연회를 연다 …"는 기사를 싣고 두 사람의 간단한 약력과 사진을 게재하였다.[89]

조선공산당은 각 직업별 노동조합의 창설을 지도하여 서울에 있는 인쇄공 조합, 철공조합, 구두직공조합, 양말직공조합 그리고 물장수조합은 8월 11일 당의 영향아래 전체대회를 개최했고 연맹을 조직했다. 8월 13일에는 서울에서 학생연맹이 조직되었다.[90] 조선공산당은 출판활동을 통해 기관지 『조선지광』과 『신흥청년』을 발행했다. 이것은 합법 출판물로서 사회주의를 선전하는 역할을 담당하였다.[91]

---

86) Чо-Донго(조동호), 위의 글, 127쪽.

87) Чо-Донго, 위의 글, 128쪽.

· 88) Чо-Донго, 위의 글, 128쪽.

89) 『동아일보』 1925.8.15.

90) Чо-Донго, 위의 글, 128쪽.

『조선지광』이 조선공산당의 합법적 기관지라면 『신흥청년』은 고려공산청년회의 합법적 기관지의 위상을 갖는 것이었다. 조선공산당은 주요 일간지에 자신의 프랙션을 조직하고 언론을 장악하기 위해 노력했다. 『조선일보』, 『동아일보』, 『시대일보』 등 일간지에는 각각 4명, 1명, 3명의 당원이 있었다. 이 가운데 조선일보는 조선공산당에 가장 호의적이고 거의 당 기관지로 간주되었다고 하였다.92)

조동호가 1925년 8월 22일에 상해에 있는 코민테른집행위원회 연락부에 당의 활동에 대한 보고를 마친 후, 1개월 후 코민테른집행위원회(ИККИ)서기국은 조선공산당에게 첫번째 문서인 「코민테른집행위원회의 1925년 9월 15일 결정」(이하 「결정」)을 보냈다.93) 코민테른의 「결정」에는 4월에 대규모의 조선공산주의 단체의 대회가 성립되었고 거기에서 중앙위원회의 선출과 이 그룹들의 합동이 일어났고 앞으로 코민테른은 4월 조선공산주의 단체의 대회에서 선출된 이 위원회에 기초하여 조선의 공산주의 운동의 발전과 향후 공산주의세력의 집결과 단결에 관한 사업을 수행해야 함을 지적하고 있다.94)

조선 운동의 문제에 관하여 '망명자 그룹'95)들은 오직 조선공산당의 총체적 지도하에서만 협조 그룹으로서 간주되었다. 「결정」은 당 중앙위원회에게 비밀의 비합법적 기구에 기초하여 자신의 사업을 수립할 것을 요구했다. 그 기구는 이후에 야체이까를 통해 모든 지방의

---

91) T.H.Cho, 위의 글, 120쪽.

92) T.H.Cho, 위의 글, 120쪽.

93) 「The Last Resolution of The Presidium of the ICCI on the Korean Question」, 1925.9. 필자는 샤브시나가 인용한 부분을 다시 인용하였다(Шабшина Ф. И., 앞의 책, 107쪽).

94) ЦПА. Цит. по сб. "Из истории корейского коммунистического движения …"(Шабшина Ф. И., 위의 책, 107쪽에서 재인용).

95) '망명자 그룹'이란 상해파와 이르쿠츠크파 고려공산당 조직을 의미한다.

노동자 농민 조직의 기구에 기초하여 전 노동자 농민에 침투하였다. 「결정」은 또한 공산주의적 대열의 성장이 대체로 노동자와 농민의 희생으로 발생한다는 것과 조속한 시일내에 첫번째 계획으로, 기본적인 정치적·조직적 당노선이 모든 근로계층과 수공업자, 인텔리켄챠, 중소부르주아지를 단결시키는 민족해방투쟁의 과제의 선정에 있음을 지적했다.96)

「결정」에는 조선공산당이 대중연합체로 노동자, 농민을 인입하고 정치적 캠페인을 실시하기 위해 모든 합법적 가능성을 이용할 필연성, 또한 공산주의자들을 지지하는 자들로 공산주의자들이 半합법적 집회를 조직하여 열성자 교육에 이 집회를 이용해야 할 필요성에 커다란 의미를 부여하였다.

「결정」은 '음모적'인 지도 중핵과 더불어 '합법적'97)이고 공식적인 당기관을 조속히 창립하고, 노동조합과 농민조직의 출판물을 장악해야 할 필요성을 강조했다.98) 이것은 코민테른집행위원회가 1925년 4월 17일에 창건된 조선공산당을 아직 정식으로 코민테른의 지부로 인정하지 않았음을 의미한다.

조선해방운동의 혁명적 성격을 은폐하고 있지만 노동자 농민대중과 관계를 맺고 있는 종교적 그리고 기타의 단체에 대해서 「결정」은 매우 신중할 것을 호소했다. 그리고 그들 속에 침투하여 그들의 혁명적 진출을 지지하고 노동자 농민들에게 타협주의의 근거없음을 체계적으로 설명하면서, 그들을 제국주의에 대한 결정적인 투쟁의 길로 방향을 전환시킬 것을 호소하였다.99) 이 부분은 화요파의 종교단체

---

96) Шабшина Ф. И., 위의 책, 107쪽.

97) 여기서 '합법적'이란 의미는 제도적인 합법성의 의미가 아니라 통일적이고 민주적인 당대회에 기초한 합법성을 뜻하는 것 같다.

98) Шабшина Ф. И., 위의 책, 108쪽.


「2부  조선공산당과 서울파의 당창건 투쟁

등에 대한 '초좌익'적 태도에 대한 코민테른의 비판으로 여겨진다.

화요파는 "종교는 유물론의 적이고 제국주의의 주창자이므로 분쇄하여야 한다"[100]는 견해를 가지고 있었다. 서울파의 김영만과 최창익은 화요파의 이와 같은 태도의 구체적 예로서, 1925년 10월 기독교 주일학교 대표회의에서 화요파는 이러한 견해를 가지고 '반종교적' 활동을 수행했고 그 결과 기독교 회의대표와 심각한 투쟁이 발생해서, 100명의 교인들이 신흥청년회 회관 앞에서 시위를 하는 일이 발생했으며, 1926년 1월 『동아일보』에는 신흥청년회 활동가에 응답하여, 그들은 더욱 열성적으로 반종교적 활동을 할 작정이라는 기사를 게재하였다는 예를 들고 있다.[101]

서울파는 화요파의 이러한 생각을 '좌익소아병'적 태도라고 비판하면서 "그들은 조선 종교의 외견상 존재하는 대중의 경제적, 정치적 지위의 하찮고 노예적인 상태를 고려하지 않고, 따라서 한편으로는 조선혁명에서 이러한 대중의 역할을 고려하지도 보지도 않는다. 다른 한편으로 종교의 가면을 쓴 혁명적 민족주의 분자 내부의 지하에 있는 민족혁명적 활동을 인정하지 않으며 따라서 민족혁명적 통일전선도 인정하지 않는다"[102]라고 하면서 화요파가 민족통일전선을 방해하고 파괴하는 견해를 가지고 있음을 지적했다.

---

99) Шабшина Ф. И., 위의 책, 108쪽.

100) КимЕнман · Цойцаник, 앞의 글, 110~111쪽.

101) КимЕнман · Цойцаник, 위의 글, 110~111쪽.

102) КимЕнман · Цойцаник, 위의 글, 110~111쪽.

## 3) 조선공산당 창건의 의미와 한계

이와 같이 창립된 조선공산당은 진정으로 식민지 조선의 해방을 담지하는 혁명적 정당이었는가? 조선공산당은 올바른 당건설방식에 입각하였는가? 당의 구성은 노동자계급이 다수를 차지하였는가? 조선공산당은 진정한 혁명적 전위의 결합으로서 구성되었는가?

당건설에 대한 문제에서 레닌은 '위로부터 아래로의 당건설론'을 제기했다. '아래로부터 위로의' 당 건설은 사실한 불가능한 관념일 뿐이었다. 그러나 '위로부터 아래로'의 원칙보다도 선행되어야 할 평가의 기준은 건설된 당의 실천 내용이 되어야 할 것이다.

또한 당의 사회적 구성과 관련하여 '소부르주아 인텔리출신'이라고 비판하는 것은 반드시 올바른 비판은 아니다. 물론 혁명정당은 노동자계급의 당이다. 그리고 당을 프롤레타리아적이어야 한다. 그러나 신생조직이 구성면에서 소부르주아적인 것은 오히려 일반적이다. 물론 이는 끊임없이 노동자계급으로 충원되어야 할 것이다. 1925년 창건된 조선공산당은 원칙상 '위로부터 아래로의'원칙을 견지하였다.

그러나 조선공산당은 국내에 존재하는 혁명적 사회주의 분파의 유기적 결합으로서 이루어지지 못한 태생적 결함을 가지고 태어났다. 무엇보다도 국내 대중운동에 강력히 뿌리를 둔 서울파와의 통합이 이루어지지 못한 채 북풍파와의 '통합'으로만 이루어졌고 북풍파 또한 조선공산당의 창건 직후 '종파행위'라는 이유로 당에서 축출되어 버린 사실은 조선공산당의 창건이 결국 화요파 하나의 분파만의 당창건으로 귀결되어 버렸음을 의미하였다. 조선공산당은 진정한 혁명정당으로 모습을 갖추기는 아직 이른 단계였다.

조선공산당은 북풍파, 조선노동당 등과 합동을 재차 추진하여 화요회, 북풍회, 조선노동당, 무산자동맹의 '4단체합동' 총회를 개최하려



2부 조선공산당과 서울파의 당창건 투쟁

하지만 일제의 탄압으로 무산되었다. 그러나 화요파가 조선공산당 창립을 '3단체합동'에 기초하여 성립하였다고 과장하여 보고한 사실이 알려지면서 조선노동당의 불만을 사게되고 북풍파 또한 '반당행위'로 조선공산당에서 정권처분을 받게되면서 '화·북·노'의 '3단체합동'은 해체되고 말았다. 이로써 조선공산당은 화요파만의 당으로 남게되었다.

북풍파가 '반당행위'로 축출되는 이유는 명확하지는 않지만 안상훈이 북풍파와 화요파의 강령상 차이점을 "북풍회는 無産, 民族의 唯一戰線을 주장하고 화요회는 민족운동을 부인, 파괴한 점이 정반대의 차이"103)라고 밝히고 있는 점 등을 볼 때 단지 감정적 또는 당내 주도권 문제를 둘러싼 대립이 아니라 통일전선 등 운동노선을 둘러싼 대립이 근본적 문제였음을 알 수 있다.

이와 같이 조선공산당은 당창건과정과 창당 이후에도 국내외의 분파들을 포괄하지 못하는 한계를 가지고 출발하였다. 그럼에도 조선공산당은 조직 확장에 노력하였다. 또 1925년 여름 대홍수를 겪으면서 수해이재민에 대한 원조를 위해 모금활동 등을 벌였고 전국 각지를 순회하여 노동자, 농민 등에게 강연을 했다. 조선공산당은 직업별 노동조합의 창설을 지도하고 기관지로서 『조선지광』과 『신흥청년』 등을 발행하여 사회주의를 선전하고『조선일보』등 일간지에 프랙션 작업을 통해 언론을 장악하기 위해 노력하였다.

한편 코민테른은 1925년 9월 15일 「조선문제에 대한 결정」을 통해 조선공산당이 수공업자, 인텔리켄차, 중소부르조아지를 단결시키는 민족해방투쟁의 과제를 최우선적으로 수행해야함을 강조했다. 그러나 코민테른은 이 「결정」에서 아직 1925년 4월 17일 창건된 조선공산당을 코민테른의 정식 지부로 인정하지 않았다.

---

103) 안상훈, 앞의 글, 25쪽.

　이후 조선공산당은 1925년 11월 '신의주사건'으로 당원의 상당수가 검거되는 조직적 타격을 입으면서 서울파 고려공산동맹과 3차례에 걸친 통합논의를 벌이나 입장의 차이로 결렬된다. 서울파는 북풍파, 조선노동당과 '서·북·노 3파합동'을 결성하여 코민테른에 통일적 당건설을 제안하지만 코민테른은 1926년 3월 31일 「조선문제에 대한 결정」에서 화요파 조선공산당을 정식 코민테른 지부로 승인하고 '서울청년회, 북풍회, 조선노동당의 세 그루빠를 공산단체로서 승인'하는 결정을 내리면서 분파문제에 대한 최종적인 결론을 내렸다.104) 이러한 이유로 화요파 조선공산당은 코민테른으로부터 공식적인 당승인을 위해 1년이라는 역사적 시간의 검증을 감내해야만 했던 것이다.

---

104) 전명혁, 앞의 글, 1998, 150~160쪽.


2부 조선공산당과 서울파의 당창건 투쟁

# 6장

# 서울파의 당창건운동

## 1. 조선노농총동맹 결성과 서울파

1922년 4월 3~4일 조선노동공제회 제3회 정기대회 때 '서울파'의 김사국은 윤덕병 등과 연대하여 '사기공산당사건'과 관련하여 장덕수 오상근 김명식 최팔용 이봉수 등 5인에 대한 제명처분을 요구하였다. 이후 조선노동공제회는 신백우, 윤덕병, 차금봉 등 20명으로 집행부가 대폭 개편되었다.[1]

그런데 1922년 7월 조선노동공제회 간부인 高順欽이 무산자동맹회의 申伯雨, 尹德炳, 李遂榮 등 사회주의자들을 칼로 찌르고 조선노동공제회 간판과 서류를 불태우는 사건이 일어났다.[2] 조선노동공제

---

1) 『동아일보』 1922.4.5.

2) 아나키스트인 고순흠은 이 사건에 대해 조선노동공제회 내에 "점차 볼셰비키가 침투케 되자 고질적인 사대주의자가 발생이 되고 공산당 선전비 쟁취에 민족적 추태가 노골화케 되므로 창립 책임감에 분노를 금치 못하여 부득이 파괴를 감행"했다고 밝히고 있다[高順欽, 「朝鮮勞動共濟會 創業의 動機와 顚末」, 朴

회 내부의 이러한 상황은 노동자 출신 차금봉의 지식인에 대한 강한 불만을 야기시켰다. 차금봉은 1922년 9월 23일 조선노동공제회 임시총회에서 의장으로 선출되어 노동자 수십명을 규합하여 신임 집행부를 구성하고 10월 13일에 전 위원인 박중화, 신백우, 박이규 등 15명을 黜會시켰다.3)

그런데 노동공제회 내의 무산자동맹회(이후 '화요파')의 윤덕병, 신백우 등은 1922년 10월 15일 조선노동공제회 임시총회를 별도로 개최하여 노동공제회를 해체하고 다음날인 10월 16일 조선노동연맹회를 발기하고, 10월 18일 창립대회를 열었다.4)

한편 1920년 2월 16일 김광제, 문탁, 권직상, 노병희, 정규환, 류석태, 김영만, 박무병, 이종만, 이중각 등이 발기한 노동대회는 1922년 4월 노동대회 회장 문탁이 일본 우익단체 同光會가 제출한 한국독립청원서에 서명한 사건이 벌어졌다. 이 사건이 계기가 되어 서울파는 문탁을 제명하고 1922년 9월 7일 노동대회 임시총회를 열어 김사국, 이항발, 김사민 등으로 간부를 교체하고 회장제를 폐지하고 집행위원제로 조직체계를 바꾸었다. 이 노동대회가 앞서 살펴보았듯이 1922년 10월 자유노동자대회를 개최하였던 것이다.

1922년 10월은 '베르흐네우진스크 통합당대회' 개최와 관련하여, 국내외를 망라한 통일적 당건설의 문제를 둘러싸고 '대논쟁'이 은밀히 그러나 격렬하게 진행되고 있었다. 이 문제와 관련하여 김사국은

---

愛琳, 「조선노동공제회의 활동과 이념」(연세대사학과 석사논문, 1992), 63쪽에서 재인용].

3) 박애림, 위의 글, 65쪽.

4) 『동아일보』 1922.10.18 · 10.20. 창립대회에는 인쇄직공친목회, 노우회, 이발조합, 전차종업원조합, 양복직공조합, 진주노동공제회, 안동노동공제회, 감포노동공제회, 반도고무직공조합 등 13개단체가 가입했고 회원은 2만여명이었다 [畊夫 申伯雨先生紀念事業會 편, 『畊夫 申伯雨』(서울신문사, 1973), 122쪽.



2부 조선공산당과 서울파의 당창건 투쟁

'중립당'과 고려공청 중앙총국에서 탈퇴하여 서울파 '공산주의그룹'을 조직했던 사실은 앞서 살펴보았다. 이시기 노동공제회 내부 분열과 노동연맹회의 결성, 무산자동맹회 내부 대립 등 '합법적' 조직에서 진행되었던 활동들은 이러한 '비합법적' 당건설활동과 상호연관 속에서 동시에 진행되었다. 따라서 1922년 10월 이후 합법적인 노동 농민 청년 등 대중운동단체에서의 조직적 분열의 가장 커다란 원인은 통일적 당건설문제와 관련되어 있었던 것이다.

'서울파'는 노동대회를 사회주의적 경향으로 견인하고 자유노동자대회를 개최하였고 청년당대회를 통해 자신의 대중적 계급적 진출을 알리면서 노동운동단체에 대한 조직사업을 활발히 벌이기 시작했다. 마침내 1923년 9월 16일 '서울파'의 장일환 최창익 강택진 이시완 등은 조선노농대회준비회를 구성했다. 강택진, 최갑춘, 이성, 이광진, 최창익, 박형병, 정백, 서정섭, 이성태, 박윤덕, 주종건, 김병희, 이윤식 등이 발기자로 참여하여 다음과 같은 「결의문」, 「준비회선언」, 「대회선언」을 발표했다.[5]

• 결의문

금반 조선노동연맹회를 중심으로 하여 조선노농총동맹을 발기함에 있어 타 노동단체와는 하등의 교섭도 없이 음밀리에 기개인이 회합하여 발기회까지 만든 것은 심히 원만을 결하는 처사이며, 따라서 계급적 단결의 大旨에 위배될 뿐만 아니라 계급단결을 방해함이 심대하다. 吾人은 그 행위를 기개인의 협잡적 야욕에서 출발한 부정배의 행위임을 확신하고 그것을 적극 부인하는 자이다.[6]

---

5) 京高秘 第14603号 「朝鮮勞農大會準備會ニ關スル件」, 1923.10.6[韓國歷史研究會 編, 『日帝下社會運動史資料叢書』 第4卷(高麗書林, 1992), 758~776쪽].

6) 京高秘 第14603号, 「朝鮮勞農大會準備會ニ關スル件」, 1923.10.6(韓國歷史研究會 編, 위의 책, 765쪽). 姜宅鎭, 洪在淳, 安鐘英, 金裕寅, 韓聖仁, 權重棋, 李星, 黃日成, 崔鳳雲, 李時玩, 崔昌益, 朴壽吉, 張赤波(張日煥), 鄭栢, 李廷植, 徐廷燮, 李星

• 준비회 선언

모순과 불평의 현사회제도하에서 고통과 번민으로 신음하는 우리 무산대중은 어떻게 하면 자유와 행복의 신사회를 건설하고 생활안정을 기도할 수 있는가. 오직 계급적 대동단결만이 우리 무산계급의 이상과 목적을 실현시키는 최선의 방책이다. 이밖에 최대의 무기를 노노할 필요는 없다. … 명춘을 기하여 조선노동대회를 소집할 계획하에 주최에 관한 제반준비를 자담하고 동지 각 단체 형제자매에게 감히 권고하는 바 그 정신은 계급투쟁을 전제로 하고 목적은 대동단결에 있다. 노농계급인 동지제형, 무산자계급해방운동상에 신기원을 조성하자.[7]

• 대회선언

신사회 신질서를 욕구하는 생산계통자는 오직 계급적 '단결', '훈련'은 우리의 가장 위대한 무기이다. 이로부터 우리는 전선의 조직적 통일과 당면의 전술을 피력 모의하는 것이 최급무임을 생각하지 아니 할 수 없다. 그래서 우리가 조선노동대회 준비회를 조직하게 된 것이다. 아아! 뜻을 같이하는 무산계급은 달려오라! 합동의 기치하에 집결하여 단결하라. 1923년 9월 28일 조선노농대회 준비회.[8]


한편 '북풍파'는 국내 노동운동조직에 뿌리를 박기 위한 작업에 노력했다. 그들은 1922년 봄 중앙지도기관의 분열, 즉 1922년 4월 '사기공산당사건'으로 노동공제회의 132개의 나머지 지방조직이 청산되었고 그들은 大邱의 지방조직에 근거를 두고 분산된 조직상황 속에 존재하는 지방의 수평적 관계의 방향으로 노력했다.[9] 이후 노동공제회는 신백우, 윤덕병, 차금봉 등 20명으로 집행부를 대폭 개

---

泰, 朴允德, 李光鎭, 朱鍾健, 李今石, 柳寅九, 金炳禧, 蘇秉喆, 鄭福容, 李允植, 金鎭玉, 李淵 등 28인이 결의에 연서했다.

7) 1923년 11월 12일 준비회선언은 개정 발표되었다(『동아일보』 1923.11.13).

8) 京高秘 第14603号 「朝鮮勞農大會準備會二關スル件」, 1923.10.6(韓國歷史研究會 編, 위의 책, 763~764쪽).

9) СИНЧЕР и КИМЕНУ(신철·김영우), ИСПОЛКОМУ КОМИНТЕРНА, 1926.2.11, 94쪽.

편하였으나 이후 1922년 10월 15일 윤덕병, 신백우 등의 무산자동
맹계열(이후 '화요파')의 조선노동연맹회 결성을 둘러싸고 차금봉 등
조선노동공제회를 고수하는 '서울파'세력과 대립이 발생하게 되었다.

조선노동공제회는 조선노동연맹회와 분립함으로써 지방지회에
대한 기반을 상실하게 되었고 조선노동연맹회에 가맹하지 않은 지회
들 예컨데 대구지회는 1923년 1월 28일 제4회 정기총회에서 명칭
을 대구노동공제회로 바꿀 것을 결의하였다.10) 이와 같이 조선노동
공제회의 내부 대립은 이 무렵 대중조직에 뿌리박으려던 서울파, 화
요파 그리고 북풍파의 세 분파의 대립으로 표출되었다. 북풍파는 대
구를 비롯하여 광주, 진주 등에 조직적 기반을 가지고 있었다.

북풍파는 1923년 봄 조선 서부지역에 노동·농민운동의 관계를
확립하고 지도를 향상시키기 위하여 책임 일꾼을 파견했다.11) 북풍
파는 1923년 9월 12일 조선노동연맹회의 윤덕병 및 신사상연구회
('화요파')의 김찬, 박일병 등과 제휴하여, 조선노농총동맹 결성준비
회를 결성하고 대회를 열려고 했으나 관동대지진(1923년 9월 1일)
을 빙자한 일제의 집회금지로 성공하지 못하고 모든 문서를 압수당
했다.12) 이후 북풍파는 1924년 1월 10일 남선노동동맹의 창립에
주도권을 잡았고, 1924년 3월에 창립된 남선노동동맹에서 지도적

---

10) 『동아일보』 1923.2.7.

11) СИНЧЕР и КИМЕНУ, 앞의 글, 94쪽.

12) 준비회 참여 단체는 다음과 같다. 조선노동연맹회, 光州노동공제회, 光州소작
인연합회, 順天농민회연합회, 조선노동연맹회(평양), 조선노동연맹회, 산하 12
개 단체(晋州노동공제회, 勿淄(물치)노동공제회, 京城고무직공조합, 京城양화
직공조합, 京城양말직공조합, 京城양복기공조합, 井邑노동공제회, 풍기소작조
합, 淸津노동공제회, 甘浦노동공제회, 安東노동공제회, 勞友會)(京高秘 第14092
号, 「朝鮮勞農總同盟發起ニ關スル件」, 1923.9.18, 한국역사연구회 편, 위의 책,
670~673쪽).

역할을 수행했다.13) 이러한 사실은 일제 관헌 측 자료에서도 확인
된다.14)

1924년 1월 10일부터 4일간 진주에서 북풍파의 辛鐵, 金炳七,
張斗建, 金鍾範, 徐廷禧, 鄭雲海 등이 주도하여 진주노동공제회 마산
노동동우회 부산노동동맹회의 주최로 60여개의 단체가 참가한 가운
데 '慶南勞農運動者 新年懇親會'가 개최되었다.15) 90여명의 대표자가
참여한 가운데 진주노동공제회의 趙佑濟의 환영사와 김해의 安孝駒
(안광천)와 광주의 徐廷禧의 답사가 있었다.16)

이틀째인 1월 11일에는 金鍾範의 사회로 경남노농운동자간담회
를 열고 삼일째인 1월 12일에는 南鮮勞農運動者懇親會를 열었다. 거
기에서는 각지방노동자상황조사, 노동단체조직, 노동야학 또는 노동
강습소설치, 계급의식을 촉진할만한 팜플릿, 리플릿 등의 보급 등의

---

13) СИНЧЕР и КИМЕНУ, 앞의 글, 94쪽.

14) "북성회계의 김종범, 정운해 등은 작년(1923년 - 인용자) 9월중 齊多(치타 - 인용
자) 공산당으로부터 주의 선전 및 기관 설치를 위해 선내에 파견된 혐의를 받
는 신용기, 김병칠(이상 경성), 장두건 등과 연락하고 노농대회준비회의 운동을
방해하고 더불어 노농총동맹회 측의 세력을 부식할 목적으로 진주노동공제회,
부산노동동맹회 및 마산노농동우회 등 3단체 주최하에 참가단체 33, 출석인원
56명으로 1월 10일부터 4일간 경상남도 진주에서 경남노농운동자간친회를 개
최하고 노동문제 소작문제 기타 여러 사회문제를 결의하고 최종일에 남선노농
동맹회 창립 발기의 결의를 하였다"[朝鮮總督府警務局,『勞農運動槪況 - 노농총
동맹해산에 이르기까지의 정황 -』, 1924.6, 李在華·韓洪九 編,『韓國民族解放
運動史資料叢書』2(京沅文化社, 1988), 24~25쪽]. 삼일째인 1월 12일에는 약 400
여명의 청중 앞에서 안광천의「무산자의 현행교육」, 정운해의「소작운동과 청
년」, 정종명의「신여성이 본 현사회」, 서정희의「소감」, 김종범의「계급운동의
의의」등의 강연이 있었다.

15)『동아일보』1924.1.19. 경남노농운동자신년간친회에 출석한 인물과 소속단체에
대해서는 다음의 문헌을 참조할 수 있다. 朝鮮總督府警務局,『勞農運動槪況』,
大正13年 6月, 李在華·韓洪九 編, 위의 책, 24쪽, 52~55쪽.

16)『조선일보』1924.1.20.


2부  조선공산당과 서울파의 당창건 투쟁

노동문제와 각지소작상황조사, 소작단체조직, 소작조건(소작료 4할 이내 감량 등), 농지개량, 동척의 이민폐지, 農監폐지 등 농민문제 및 대중해방을 목적하는 청년단체의 조직 여성해방을 목표로 하는 여성단체조직의 문제 등을 결의하였다. 또한 간친회는 조선노농운동에 큰 영향력을 가진 남한 각지 단체의 단결을 위하여 '남선노농동맹'을 조직할 것을 결정했다.[17]

북풍파는 1924년 3월 4일부터 3일간 광주에서 '전라도노농연맹'을 결성하였다.[18] 전라도노농연맹의 가맹단체는 78개 단체이며, 지도적 인물은 서정희, 김종범, 정운해 등이었다.[19] 1924년 3월 9일부터 2일간 최원택, 박이규, 정운해, 서정희 등이 중심이 되어 대구에서 '南鮮勞農同盟' 창립대회가 개최되었다. 총가맹단체 141개, 출석대표 58명으로 제1일의 회의가 진행되었다. 제2일에는 노동문제, 소작문제, 청년단체조직, 여성단체조직 등이 결의되었고 다음과 같은 강령을 채택했다.[20]

一. 우리는 단결의 힘으로써 노동계급의 해방을 기함.
一. 우리는 완전무결한 사회의 실현을 기하는 동시에 각각의 복리증진과 생활향상을 도모함.
一. 노동운동의 전력을 집중하기 위하여 전국적 총단결의 촉성을 기함.

한편 서울파 또한 1923년 9월 18일 노농대회준비회를 조직하고 1924년 1월 30~31일 이틀에 걸쳐 조선노농대회주최단체 총회를

---

17) 『조선일보』 1924.1.20; 『동아일보』 1924.1.22.

18) 『동아일보』 1924.3.8. 『치안개황』, 1925, 11쪽.

19) 조선총동부경무국보안과, 「재조선사회운동단체계통일람표」(坪江汕二, 앞의 책, 128쪽에 수록).

20) 『동아일보』 1924.3.14.

개최했다. 대회는 주최단체 42단체 가운데 19개 단체의 대표가 참가하였고 12개단체는 위임을 받은 상태에서 진행되었다.21) 참석대표 중에서 10명의 상무집행위원을 선출했다.22)

서울파의 노농대회는 화요파의 조선노동연맹회가 중심이 된 조선노농총동맹회 발기회와 대구에서 열릴 북풍파의 남선노농동맹 창립총회가 노농대회을 분열시키는 행위라고 간주하고 이에 대한 대응 방안 및 노동문제, 소작문제 등 광범한 안건에 대한 토의를 하고 다음과 같은 성명서를 채택했다.

우리가 조선노농대회를 소집할 무렵 조선노동연맹회를 중심으로 한 조선

---

21) 당시 『조선일보』에 소개된 주최단체일람은 다음과 같다. 함열노동조합(함열), 영동노동동맹회(영동), 풍기소작조합(영주), 노동공제회(義州), 이리노동조합(이리), 조선노동공제회(경성), 노동대회평양지회(평양), 하동노동공제회(하동), 남면소작회(창원), 노동대회총본부(경성), 군산노동동맹회(군산), 해상노동공생회(통영), 신문배달부조합(경성), 평양대동문노동조합(평양), 군산노동조합(군산), 청진노동공제회(청진), 암태소작인회(무안), 진해노동회(창원), 옹진농우상조회(옹진), 금물직공조합(경성), 군산정미인습 공동조합(군산), 조선노동동맹회평양본부(평양), 進永노동공제회(김해), 감포노동공제회(경주), 수성농민회(고성), 남면노동회(창원), 자유노동자조합(경성), 평양양복직공조합(평양), 공주노동공제회(공주), 군산노동친목회(군산), 진해소작회(진해), 북청노동조합(북청), 安溪勞動大友會(의성), 평양新水口노동조합(평양), 유기직공조합(경성), 군산0運조합(군산), 벌교농민대회(보성), 일산소작인조합(고양), 인천소성노동회(인천), 경성고무직공조합(경성), 군산우차조합(군산), 0湖里노동조합(江東), 이상 42개단체(『조선일보』 1924년 1월 18일).

22) 집행위원의 각도별 인원 및 소속단체는 다음과 같다.
경기도 3인 - 경성노동대회대표, 인천邵城노농회대표, 인천노동공제회대표.
경상남북도 2인 - 영천·풍기소작조합대표, 진해소작회대표.
전라남북도 2인 - 무안암태소작인회대표, 군산노동연맹회대표.
충청남북도 1인 - 영동노농동맹회.
평안남북도 1인 - 평양조선노농동맹 평양본부.
함경남북도 1인 - 청진노동공제회.


2부  조선공산당과 서울파의 당창건 투쟁

노농총동맹회 발기회조직이 중지되지 않고 우리와 분립하기에 이르른다면 그 책임은 우리에게 없다. 비록 계급전선의 통일이 따라서 최후의 승리를 위해 절대유감한 일이더라도, 우리는 微衷을 다해 상호 화목을 요할 것을 바라고 또한 만천하의 동지에게 대동단결이 필요함을 절규하는 바이다. 그러나 지난 경남 진주에서 개최된 경남노동운동자간친회 석상에서 경성에 있는 기성 또는 조직중의 계급적 단체와는 일체 관계를 끊는다는 것을 표방하여 남선노농동맹회를 발기하기에 이르렀다는 보도에 접하고 우리는 실로 경악의 극에 달하여 위대한 힘을 지닌 객체와 당면한 우리가 필승할 요결은 역시 무산계급은 오직 그 단결에 의해서만 능히 해결을 얻기에 오늘날 지역을 나누어 방어벽을 건축하는 것과 같은 계급전선을 분리 착란시키는 것이라고 말하지 않을 수 없다. 우리는 이를 심히 유감으로 생각하며 이에 당해 각 단체의 猛省을 촉구하는 바이다. 嗚呼! 조선무산자단결이여! 1924년 1월 31일 조선노농대회주최단체[23]

마침내 서울파는 1924년 4월 5일 조선노농대회준비위원회를 정식으로 발족하기에 이르렀다.[24] 이무렵 전국적인 노농단체를 조직하기 위하여 서울파의 조선노농대회, 북풍파의 남선노농동맹, 화요파의 조선노동연맹회가 각각 대중조직의 확대에 힘을 다하고 있었다. 이무렵 사회주의 각 분파들은 전국적인 노동자 농민을 아우르는 총기관의 건설을 위하여 서로 협의하여 4월 15일 서울에서 개최되는 조선노농대회를 계기로 조선노농단체의 총기관 건설을 위한 토의를 할 것을 결정하였다.[25]

1924년 4월 15일 서울 종로 청년회관에서 82개 단체대표 77명이 참가하여 군산노동연맹회 평의원 金永輝[26]의 사회로 전조선노농

---


23) 朝鮮總督府警務局, 앞의 책, 74~75쪽.

24) 丁玄珥, 앞의 글, 66~70쪽.

25) 『조선일보』 1924.4.3.

26) 김영휘는 1924년 5월 서울파 고려공산동맹이 주도하는 통일적 당창건을 위한 조직국('13인회')에 참여했다.

대회 개회가 선언되었다.27) 대회 의장에는 裡里自成組合대표이며 고려공산동맹 중앙위원인 林宗桓(林豹)이 부의장에는 풍기소작조합대표 姜宅鎭이 선출되었다.28) 본 회의에는 83단체의 87인이 공동토의에 들어가서 "昌興勞動親睦會대표 梁周洽으로부터 노동운동과 소작운동의 공동전선형성에 관하여 우리 조선의 노동자 소작자는 모두 유산계급 즉 자본가에게 착취를 받아 그 생활이 곤궁한 상태에 있으므로 이에 대항운동은 노농공동으로 대처하자"고 하자 "북청노동조합 李時琓이 이에 찬성하고 이에 조선노농총동맹 조직의 필요함을 제창하자" 이를 의장에게 자문하여 다수결로 노농총동맹창립준비회를 조직하기 위한 준비위원으로 20명을 선정했다.29)

그리고 준비위원들이 그 결과를 4월 17일 본총회에 보고할 것을 결정하려 할 때 남선노농동맹의 간부 김종범이 남선노농동맹의 결성 과정과 노농총동맹을 조직하기 위해 노농대회에 대한 교섭위원 10인을 선출한 사실 및 조선노농총동맹에 남선노농동맹회의 참여의 필연

---

27) 김영휘의 개회사는 다음과 같다. "우리들의 계급적 생활은 농촌에서 또는 도시에서 목하 … 그 개조를 절규하고 있고 … 단지 우리 조선뿐 아니라 세계각국의 노동자 농업자 문제에 공통적 문제이다. 우리 조선에서 노동운동의 역사는 4, 5년에 불과하지만 지금 큰 포부와 기대로써 … 우리와 함께 우리 인류의 계급적 운동이 일층 세계로 고조됨을 희망함과 더불어 우리들은 이에 조선에서 노동운동의 역사에 한 신기원을 만들 것을 기대하는 바이다."(朝鮮總督府警務局, 『勞農運動槪況』, 李在華·韓洪九 編, 앞의 책 2, 178~179쪽).

28) 『동아일보』 1924.4.16. 이외에 서기에 金永輝, 金丙璿, 사찰에 張彩極, 李晄熙가 선출되었다(朝鮮總督府警務局, 『勞農運動槪況』, 李在華·韓洪九 編, 위의 책 2, 179쪽). 또한 여자 측에서 당시 러시아에 있던 서울파의 리더 김사국의 처이며 동지인 朴元熙가 축사를 하였다(『조선일보』 1924.4.16).

29) 朝鮮總督府警務局, 『勞農運動槪況』, 李在華·韓洪九 編, 위의 책 2, 179~180쪽. 전조선노농총동맹창립준비위원은 김영휘, 김유창, 정운영, 이경호, 남윤구, 주병화, 임홍곤, 한해, 이시완, 장준, 차금봉, 안준, 박병호, 장채극, 崔淳鐸, 임종환, 김용목 이병의, 이학수, 함연호 등 20명이었다.


2부  조선공산당과 서울파의 당창건 투쟁

성을 설명하였다.[30]

4월 16일에 노농대회와 남선노농동맹은 협의하여 준비위원 명칭을 조선노농총동맹창립교섭 및 준비위원으로 고치고 남선노농동맹과 합동하여 조선노농총동맹을 조직할 것을 결의했다.[31]

4월 17일에 노농대회(서울파)의 김영휘, 강택진, 한신교, 서태석 등과 남선노농동맹(북풍파)의 김종범 및 화요파 조선노동연맹회(화요파)의 尹德炳, 金鴻爵 등이 만나 즉각적으로 조선노농총동맹의 창립대회를 개최하자는데 합의하고 오후에 '전조선 노농총동맹 발기회'를 열었다. 여기에는 전조선노농대회, 남선노농동맹, 조선노동연맹회의 182개단체 200여명이 참석하여 이들 소속단체에 대한 자격심사를 한 결과 135개 단체만이 조선노농총동맹 산하 조직으로 인정되었다.[32]

4월 19일에는 중앙집행위원 50인을 선출하기 앞서 중앙집행위 전형위원 10인을 선출하기 위한 전형위원 선거위원 5인을 의장 金知泰(함경남도 북청노농조합대표)가 결정하라는 것이 결정되어 서정희, 강택진, 정운해, 한해, 강달영 등 5인이 선정되었다. 5인 가운데 서울파는 강택진, 한해 등 2인이었고 북풍파는 서정희, 정운해 등 2인, 화요파는 강달영 1인이었다. 조선노농총동맹 집행위원 선출은 서울파의 노농대회, 북풍파의 남선노농동맹회, 화요파의 조선노동연맹회의 조직역량에 따라 배분되었다. 이들은 안준, 장준, 장채극, 김종범, 李翊柱, 朴炳斗, 鄭南槿, 李園, 윤덕병, 박태홍 등 10명을 중앙집행위 선출 전형위원으로 선출하였다.[33] 10인 가운데 안준·장준·장채극

---

30) 朝鮮總督府警務局, 위의 책, 180~181쪽; 『조선일보』 1924.4.17.

31) 朝鮮總督府警務局, 위의 책, 182쪽.

32) 朝鮮總督府警務局, 위의 책, 186쪽.

33) 『조선일보』 1924.4.21.

3인은 서울파이고 김종범·박병두·鄭南穆 등 4인은 북풍파, 윤덕병·박태홍은 화요파였다. 李翊柱·李園 등은 중립적인 인물로 추정된다.

4월 20일 추가로 30여단체가 인정되어 167개단체의 출석대표 204명이 참석하여 조선노농총동맹 창립대회가 개최되었다. 4월 20일 50명의 중앙위원을 선출했다. 중앙위원 명단은 다음과 같다.

李學洙 徐邰晳 文鸐斗 李榮珉 李丙儀 呂海 申伯雨 金東弼 金灝桓 張彩極 朴炳斗 徐丙翼 朴桂春 金富坤 車今奉 金鐘範 李炳觀 申東浩 張峻 金瓊植 金大鳳 崔重彌 尹德炳 崔元澤 趙東爀 金裕昌 兪龍穆 朴泰善 徐廷禧 崔享天 朴秉鎬 南潤九 鄭雲海 鄭晋武 白光欽 鄭鶴源 金永輝 韓海 鄭淳鍾 鄭仁暎 崔泰熙 趙容寬 崔圭弘 馬鳴 權五崗 姜達永 鄭雲永 林宗桓 姜宅鎭 金炳璹[34]

중앙집행위원 50인 가운데 서울파는 이학수, 강택진, 서태석, 정운영, 정학원, 김영휘, 문찬두, 박병호, 장채극, 차금봉, 유용목, 남윤구, 한해, 최규홍, 박태선, 김병숙, 장준, 김경식, 조용관, 임종환, 이병의, 서병익, 최향천, 이병관 등 24명이었다.[35] 이들 가운데 강택진, 장채극, 한해, 박태선, 임종환, 이병의, 김병숙 등 7인은 서울파의 전위조직인 고려공산동맹 중앙위원이었다.[36] 서울파 중앙위원 24인이 소속되어 있는 노동·농민단체를 살펴보면 다음과 같다.

---

34) 『조선일보』 1924.4.21.

35) 이달호, 「1920년대 '서울파; 사회주의운동의 조직활동과 노선」(한양대사학과 석사논문, 1990.6), 22쪽 참조. 이달호는 50명의 노농총 중앙위원 20명을 '서울청년회계'로 분류했다. 필자의 확인에 따르면 이 가운데 김유창은 북풍파였다. 그는 조선민중운동자대회 준비위원으로도 참가했다[朝鮮憲兵隊司令部(朝第1279號), 「輓近二於ケル鮮內勞動農民運動ノ政勢」, 소화3년 5월 15일, 이재화·한홍구 편, 위의 책, 436쪽].

36) КимЕнман·Цойцаник, Исполкому Комунистического Интернационала, 1926.2, 102쪽.


2부  조선공산당과 서울파의 당창건 투쟁

李學洙(철원노동회), 姜宅鎭(풍기소작조합), 徐郜晢(암태소작인조합), 鄭雲
永(마산노동회 : 황해도 옹진), 鄭鶴源(당진소작조합), 金永輝(군산노동연맹
회), 文鸞斗(진해소작회), 朴秉鎬(울산노농동우회), 張彩極(청진노동공제회), 車
今奉(조선노동공제회), 兪龍穆(고려노농친목회), 南潤九(청진노동공제회), 韓
海(평양노동연맹회), 崔圭弘(순창소작인상조회), 朴泰善(원산노동청년회), 金
炳璹(김제노동동맹회), 張峻(영동노농동맹회), 金瓊植(원산노동회), 趙容寬(군
산노농회), 林宗桓(이리自成노동조합), 李丙儀(조선노동대회), 崔享天(노농연
합대성회; 완도), 金東弼(풍기노동공제회), 李炳觀(함흥노농동맹)[37]

북풍회 내부의 까엔당의 신철은 코민테른집행위원회에로의 「보
고」에서 조선노농총동맹 중앙집행위원 50명 가운데 18명이 북풍회
의 지지자였다고 한다.[38] 조선노농총동맹 중앙집행위원 50명 가운
데 '북풍파'로 확인되는 18인과 그들의 소속 단체는 다음과 같다.

鄭雲海(대구인쇄직공조합), 金鐘範(부산노동동맹회), 徐廷禧(광주소작인회),
金裕昌(조선노동동맹회; 평양), 馬鳴(태인노농회), 趙東爀(하동노농회), 朴炳斗
(순천황전면농민대회), 李榮珉(목포면농민대회), 鄭晋武(광양소작인연합회),
金大鳳(泃溜노동동맹회), 崔泰熙(부산노동동맹회), 呂海(마산노농동우회), 金富
坤(신태인노동조합), 鄭淳鍾(협천노동회), 朴桂春(不二소작인회), 崔重珍(정읍
노동공제회), 鄭仁暎(영광노농우애회), 徐丙翼(벌교농민대회)[39]

---


37) 朝鮮憲兵隊司令部(朝第1279號), 「輓近ニ於ケル鮮內勞動農民運動ノ政勢」, 소화3
   년 5월 15일, 이재화·한홍구 편, 앞의 책, 436쪽; 朝鮮總督府警務局,『勞農運動
   槪況』, 이재화·한홍구 편, 위의 책, 217~221쪽.

38) СИНЧЕР и КИМЕНУ, 앞의 글, 95쪽. 1926년 2월 무렵 북풍회 내부의 까엔당은 노동
   총동맹과 농민총동맹의 창립을 위해 혼란된 운동을 집중적으로 확립하는 활동
   을 수행했다. 북풍회의 영향하에 있는 노동자, 농민 조직의 수는 1926년 2월 현
   재 대략 150개였다. 이 조직이 존재하는 지방은 부산, 김해, 마산, 진주, 하동,
   광주, 부안, 대구, 서울, 인천, 평양, 사리원, 대련, 해주 등이었다.

39)『동아일보』1924.4.21; 朝鮮憲兵隊司令部(朝第1279號), 「輓近ニ於ケル鮮內勞動農
   民運動ノ政勢」, 1928.5.15, 이재화·한홍구 편, 앞의 책, 435~438쪽; 朝鮮總督府
   警務局, 위의 책, 217~221쪽.

한편 조선노농총동맹 중앙집행위원 가운데 화요파는 尹德炳(인천 노우회), 姜達永(진주노동공제회), 申東浩(노농연맹회), 申伯雨(경성 농민회), 白光欽(창원서면소작조합), 權五尙(풍산소작인회), 崔元澤 (대구노동공제회) 등 7인이었다.[40]

이와 같이 조선노농총동맹에서 집행위원 50명 가운데 서울파는 24명, 북풍파는 18명 화요파는 7명을 차지하고 있었다. 장성소작회 의 金灝桓은 어느 분파에 속했는지 분명하지 않다. 조선노농총동맹집 행위원 50인 가운데 서울파가 24인을 차지하고 있었다는 사실은 이 시기 노동, 농민운동에서도 서울파가 가장 대중적 영향력을 장악하고 있었음을 의미한다. 이시기 서울파, 북풍파, 화요파의 노농총동맹 건 설을 둘러싼 대립은 국내에서 전위당을 건설하기 위한 과정과 밀접한 연관 속에서 진행되었다.

1924년 4월 20일 오후 조선노농총동맹은 임시대회를 개최하여 노동문제와 소작문제를 토의 결정하고 다음과 같은 강령초안을 채택 했다.

　一. 오인은 노농계급을 해방하여 완전한 신사회의 실현을 목적한다.
　一. 오인은 단결의 위력으로서 최후의 승리를 얻는데까지 철저히 자본계
　　 급과 투쟁한다.
　一. 오인은 노농계급의 현생활에 비추어 복리증진 및 경제적 향상을 도모
　　 한다.[41]

1920년 조선노동공제회, 조선노동대회 등 전국적 노동자 조직의

---

40) 朝鮮總督府警務局,『勞農運動槪況』, 大正 13年 6月, 이재화·한홍구 편, 위의 책,
　　217~221쪽.
41) 京畿道警察部,『治安槪況』, 1925.5, 이재화·한홍구 편, 위의 책, 397쪽.


2부　조선공산당과 서울파의 당창건 투쟁

통일체를 만들기 위한 노력들이 있어왔다. 노농총동맹의 창립은 여러 사회주의 분파들 사이의 의견 차이와 대립이라는 진통에도 불구하고 통일적인 노동자, 농민조직을 결성하기 위한 끊임없는 투쟁의 결과였다. 1924년 4월 20일 조선노농총동맹의 창립은 본격적인 노동-농민운동의 전국적 연대의 틀을 위한 식민지 민중의 결집된 투쟁 의지의 표출이었다.[42]

이후 1925년 4월 17일 화요파가 주도하는 조선공산당이 결성되었고 북풍파의 김약수, 정운해, 송봉우 등이 1차당대회에 참석했다.[43] 그러나 조선공산당은 서울파를 포함하는 전체 사회주의운동의 통일적 조직체로서 결성되지 못했다. 이러한 한계는 조선노농총동맹 내부의 조직적 대립을 야기했다.


## 2. 서울파의 당창건운동


1924년 4월 전국적 대중조직인 조선노농총동맹과 조선청년총동맹을 건설한 '서울파', '북풍파', '화요파' 등 사회주의 조직들은 이제 바야흐로 민족해방과 계급해방의 과제를 해결하기 위한 전위당 건설에 본격적으로 나서기 시작했다.

---

42) 노농총동맹의 규모와 역할에 대해 당시 『동아일보』는 "당시 총동맹에 가입한 세포단체는 260여 개소, 그 회원 총수 53,000여명이었다. 同 총동맹 창립 이후 노동쟁의나 소작쟁의를 50여건이나 해결하고 기타 노농군에 많은 훈련을 주어 왔다"고 보도하였다(『동아일보』 1929.1.2).

43) 전명혁, 「1920년대 공산주의운동의 기원과 조선공산당」, 역사학연구소 편 『한국공산주의운동사 - 현황과 전망 - 』(아세아문화사, 1997), 92쪽. 김약수, 정운해, 송봉우를 비롯하여 조선공산당에 참가한 '북풍파' 성원들은 1925년 11월 북풍파가 반당행위를 했다는 이유로 '화요파' 조선공산당에서 축출되었다.

앞에서 살펴보았듯이 당시 조선의 사회주의 각 분파들은 이미 당 건설의 전망을 가지고 형성되었다. 그리고 이들은 당건설의 조직적 과제를 위해 경쟁적으로 대중운동체에 들어가 자신의 세력을 확장시키며 민족해방과 계급해방의 과제를 위해 투쟁하였다.

이러한 전위당 창건의 움직임은 블라디보스톡의 꼬르뷰로(=고려공산당총국)와 꼬르뷰로 국내부 그리고 오르그뷰로(=고려공산당 창립대표회 준비위원회)의 창건으로 이어지는 러시아 한인사회주의자들의 움직임과 그것에 상응하는 국내 사회주의 분파의 일부, 즉 화요파의 당창건 투쟁과 주로 국내에 기반을 둔 서울파, 북풍파, 조선노동당의 당창건 투쟁으로 분화되어 각 분파들은 때로는 대립하고 때로는 연합하는 우여곡절 속에서 식민지조선의 민족해방과 계급해방의 담지자로서 전위당의 창건을 위해 투쟁하였다. 본 장에서는 주로 국내의 당창건활동 과정을 서울파, 북풍파와 화요파의 대립 속에서 조망해 보려고 하였다.


## 1) 국내 조직국('13인회')의 창립

국내의 각 공산주의 단체 가운데 서울파는 1923년 2월 20일 고려공산동맹을 창립한 이후에 김사국을 블라디보스톡의 코민테른 집행위원회 원동부에 파견하여 조선공산당의 승인을 받으려고 했었지만 아무런 성과를 얻을 수 없었다.44) 서울파가 코민테른(원동부)으

---

44) КимЕнман · Цойцаник, Исполкому Комунистического Интернационала, 1926.2[김영만 · 최창익, 「코민테른집행위원회에게 : 서울청년회 내부에 현존하는 공산주의 조직 '고려공산동맹' 전권 대표로부터」, 1926.2(러시아문서보존소 ф.495 о п.135 д.125, 103쪽)] 김준엽 · 김창순은 김사국의 모스크바 파견에 대해서 근거가 희박하다[김준엽 · 김창순, 『한국공산주의운동사』 2(청계, 1986), 218쪽]고


2부 조선공산당과 서울파의 당창건 투쟁

로부터 냉담한 반응을 받았던 이유는 무엇이었을까? 블라디보스톡에
는 이미 꼬르뷰로(1922년 12월 창립)가 존재했었고, 그들은 국내에
당창건을 위한 준비사업으로 국내의 화요파계열의 사회주의자들과
연락관계를 확립하고 있었던 것이다.

　1924년 4월에 조선노농총동맹, 조선청년총동맹 등 전국적 노
동·농민·청년운동 단체를 건설하면서, 국내에 대중적 기반을 확립
하기 위해 활발한 조직사업을 벌이고 있던 당시 국내의 각 공산주의
단체들은 1924년 5월에 조선에 존재하는 공산주의그룹의 각 대표들
그리고 개별 공산주의자들이 회합하였다. 이들은 '조직국'을 창립하고
통일적 조선공산당을 창립하기 위하여 전력을 다하였다.45) 이것이
이른바 '13인회'였다.

　'13인회'에 대해서는 그동안 이철악의 「노동계급 전위의 당면임
무」에서 "1923년말부터 1924년 초까지의 '통일적교섭'(소위 '13인회

---

일축하고 있지만, 이제 그것은 엄연한 사실이었음이 밝혀졌다. 오히려 김사국
의 모스크바 방문을 언급했던 방인후의 언급이 사실로 판명되었다. 그러나 방
인후의 언급도 일제의 불확실하고 왜곡된 사실을 무비판적으로 수용하여, 당
시 조선의 사회주의자들의 당건설투쟁을 마치 책략과 모략이 난무하는 정치판
으로 묘사하는 등 상당한 문제점들을 내포하고 있다[方仁厚, 『北韓 '朝鮮勞動
黨'의 形成과 發展』(高大亞細亞問題硏究所, 1967), 22~23쪽].

45) КимЕнман · Цойцаник, 위의 글, 103쪽. 또한 북풍회의 신철과 김영우의 보고에서
도 "1924년 5월에 서울에서 여러 공산주의그룹들 사이에 협의회가 열렸고 그
결과 까엔당은 여러 꼼그룹의 13인의 대표자로 조직된 조직국에 참가했다. 이
조직국은 단일(유일)조선공산당 창립을 목적으로 했으나, 본 뷰로(국)는 또한
자신의 목적을 달성하지 못하고 그해(1924년 - 필자) 9월에 붕괴되었다."(СИНЧЕР
И КИМЕНУ, Исполкому КОМИНТЕРНА, 1926.2.2, 신철 · 김영우, 「코민테른집행위원회
에게 : 까.엔.당[북풍회 내부의 비합법적 그루빠)대표의 보고」, 1926.2.2, 86쪽(러
시아문서보존소 ф.495 оп.135 д.125)]라고 보고하는 것으로 보아 1924년 5월 조
선국내 공산주의단체 대표 '13인'에 의한 협의회체, 즉 '조직국'의 성립은 분명
한 것 같다.

의')이 파열되자 전선의 분열은 극도에 달하게 되"었다고 언급되었을
뿐 13인의 구성원의 소속단체와 인물 등 그것의 실체에 대해서 거의
밝혀지지 않았었다.46)

  그러나 1926년 2월 김영만·최창익의 코민테른집행위원회로의
보고서에는 그 구성원에 대해서 다음과 같이 보고하였다.

> 서울그룹에서 김사국, 이영, '신생활사'의 유진희, 이혁로, 현 화요회에서
> 신백우와 김재봉, 현 북풍회로부터 김약수, 김종범 그리고 개별 공산주의자
> 들은 이봉수, 정백, 변희용, 김유인, 김연희. 이 13명의 뷰로 가운데 6명의 임
> 시 중앙위원이 선출되었다. 그것은 다음과 같다. ① 김약수 ② 김사국 ③ 유
> 진희 ④ 이혁로 ⑤ 이영 ⑥ 이봉수47)

  국내 '조직국'의 성원 13인은 서울파(고려공산동맹) 5인(김사국,
이영, 정백 김유인, 이혁로48)), 화요파 2인(신백우, 김재봉), 북풍파

---

46) 이철악, 「노동계급 전위의 당면임무」, 『階級鬪爭』 창간호, 1929.5[배성찬 편,
  『식민지시대사회운동론연구』(돌베개, 1987), 152쪽] 최근 박철하는 '13인회'의
  구성원에 대해서 『姜進外四人調書』(1932)에 의거하여 화요회(신백우, 윤덕병,
  원우관), 북풍회(김약수, 신철, 김종범), 서울파(김사국, 이영), 상해파(이봉수,
  주종건, 유진희) 조선노동당(이홍삼=이정수, 김연의)의 대표자 13인의 협의체
  로 파악하고 있다. 또한 그는 '13인회'가 꼬르뷰로 국내부가 주도한 것으로 파
  악하였다. 그는 13인회는 김규열의 「국제공산당집행부 보고」(2쪽)에는 '內地十
  三人委員會', 그리고 玄七鍾의 「당내투쟁에 관한 보고」(1926.5.26, 3쪽)에는 '黨
  準備十三人委員會'라고 일컬어지고 있었다고 하였다(박철하, 「1920년대 전반
  기 조선공산당 창립과정 – 꼬르뷰로국내부를 중심으로 – 」, 『崇實史學』 제8집,
  1994.2, 126~129쪽).

47) КимЕнман·Цойцаник, 앞의 글, 103쪽. 이들을 『姜進外四人調書』에서 언급한 13
  인과 비교해보면 서울파의 김사국·이영, 북풍회의 김약수·김종범, 조선노동
  당의 김연희, 화요파의 신백우, 상해파의 이봉수·유진희 등 8인은 공통으로
  참가하고 있지만 이혁로(서울파), 김재봉(화요파), 정백(서울파), 변희용(북풍파),
  김유인(서울파) 등 5인은 빠져있다. 필자는 일제의 탄압에 의한 강제적인 조서
  보다는, 주체 측의 보고자료인 김영만·최창익의 보고에 의거하였다.

(까엔당) 3인(김약수, 김종범, 변희용), 상해파 2인(유진희, 이봉수), 조선노동당(스파르타쿠스당) 1인(김연희)으로 구성되었다. 또한 임시중앙위원 6명은 북풍파의 1인(김약수), 상해파 2인(유진희, 이봉수), 서울파 3인(김사국, 이영, 이혁로)으로 구성되었다.

'조직국('13인회')'의 분파별 구성과 중앙위원 비율을 볼 때 각 분파 대표 13인 가운데 서울파가 5명을 차지하고 있고 중앙위원 6명중 반수인 3인이 서울파였다. 이러한 사실은 '통일적 당창건 사업을 위한 협의회'인 '조직국'은 서울파가 주도했음을 알 수 있다. 그러나 '조직국'은 그 분파별 구성에서도 알 수 있듯이 화요파, 북풍파, 노동당, 상해파 등 국내의 모든 분파가 총망라되어 있었다.

1924년 5월 '조직국' 창립회의에서는 다음과 같은 사항을 결정하였다.

① 각자 개별적으로 현존하는 각이한 모든 그룹의 조직들을 사전에 조사한후, 본 조직국은 단일한 조선공산주의 당 창립을 목적으로 창립되었다.
② 조직국은 창당대회 때까지 그룹의 활동을 지도하며 그들을 복종시킬 권한을 갖는다.
③ 일정한 공식적인 연락관계를 확립할 때까지 본 조직국에 의해 창립될 우리 공산당은 코민테른과 또한 별개의 망명 공산주의자들과 함께, 모든 그룹들의 분리주의적 언행과 망명 공산주의자들과 코민테른과의 상

---

48) 이혁로(李赫魯 1888~?) 1922년 1월 무산자동지회 결성에 참여했다. 1924년 12월 사회주의자동맹 결성에 참여하여 집행위원이되었다(『동아일보』 1924.12.8). 1928년 3월 조선공산당에 입당하여 5월에 안광천의 후임으로 정치부장으로 선출되었다[梶村秀樹·姜德相 編, 『現代史資料』29(みすず書房, 1977), 83쪽]. 이혁로는 '조직국'에 참여하기 전에는 무산자동지회 결성에 참여하고, 1924년 5월 '조직국'에 신생활사 대표로 참여했고, 1924년 12월 '서울파' (고려공산동맹)의 표면단체인 사회주의자동맹 결성에 참여하는 것으로 볼 때 '서울파'로 볼 수 있다.

호관계를 무조건적으로 금지한다.

④ 과거에 '화요회' 측에는 날조된 보고로 코민테른과 망명 공산주의자들을 기만했던 사건들이 반복되었다. … 그들은 망명자들의 파벌투쟁을 국내로 이동시켰고 … 조선혁명의 문제에 대해 밖으로부터 주어지는 물질적 원조를 가지말아야 할 곳으로 분산시켰다. 바로 이것을 단호하게 중지할 것이 요구된다.

⑤ 단일한 조선공산당 창립때까지 각 그룹의 각 위원회는 자신의 영향하에 있는 조직의 행위에 답변하고, 중앙과 지방을 모두 분할하려는 모든 시도와 모든 파벌적(фракционное) 논쟁을 중지해야 한다.[49]

이 「결정」은 '조직국'의 창립 목적과 권한, '파벌투쟁' 중지 등을 언급하고 있다. 즉 '단일한 당창건'이라는 '조직국'의 창립 목적, 창당대회 전까지 각 분파의 활동을 지도할 권한, 각 분파의 통일을 저해하는 '파벌투쟁'에 대한 중지, 특히 화요파의 '기만적 행위'를 엄중히 비판했다. 이리하여 각 그룹들은 만장일치로 「결정」을 채택하고 또한 '모든 유해한 파벌적(фракционные) 쓰레기'를 파묻어 버릴 것과 '단일한 조선공산당 창립'에 전력을 다할 것을 결정했다.[50]

그러나 이 「결정」에도 불구하고 1924년 6월 서울에 와있던 이성(이재복)과 전우(정재달)는 조선의 전 공산주의 조직이 조선공산당 창립을 위하여 블라디보스톡에서 재차 창립된 오르그뷰로에 종속될 필요성을 주장했다.[51]

이에 대해 국내 '조직국('13인회')'은 이성, 전우에게 첫째, 조선에서 가장 강력한 공산주의 조직의 각각의 대표로 오르그뷰로('13인

---

49) КимЕнман·Цойцаник, 앞의 글, 104쪽.

50) КимЕнман·Цойцаник, 위의 글, 104~105쪽.

51) КимЕнман·Цойцаник, 위의 글, 105쪽. 이성은 1924년 6월 24일, 전우는 7월 23일경 서울에 도착하여 오르그뷰로의 방침을 화요파를 비롯한 국내 사회주의자들에게 전하는 활동을 하다가 1924년 9월 일경에 의해 검거되었다.


2부 조선공산당과 서울파의 당창건 투쟁

회'-인용자)가 구성되었고 그들은 현재 단일한 조선공산주의 조직을 위하여 준비작업에 착수했다는 것과 둘째, 단일한 조선공산당을 창립한 우리는 코민테른과 직접적인 연락관계를 확립하고 그로부터 직접적인 지도를 받을 것이다. 그러나 망명가 그룹들과는 그들이 공산주의적 원칙으로 통일되지 않는 한, 그들이 파벌투쟁(фракционную борьбу)을 행하는 한, 그들이 조선내부의 지하조직의 사업수행에 해를 끼치는 한, 부득이하게 모든 관계를 중지한다는 답변을 주었다.52)

그러나 이성과 전우는 국내 '조직국('13인회')'의 지시에 따르지 않고 블라디보스톡의 오르그뷰로 지시에 기초하여 '화요회'의 조선공산당 창립 가능성을 약속했고 '화요회'의 최고 지배권의 역할의 보장을 말했다.53)

화요파가 '13인회'에 참여하다가 블라디보스톡의 오르그뷰로로 선회하게 된 이유는 바로 블라디보스톡의 오르그뷰로 파견원인 이재복(이성)과 정재달(전우)이 화요파를 조선공산당 창건의 '정통'으로서 인정했기 때문이다. 1923년 5월 조직된 꼬르뷰로 국내부가 당조직과 공산청년회를 조직하여 당건설을 추진하고 있는 상황에서 '상해파'와 '이르쿠츠크파'의 대립으로 꼬르뷰로가 1924년 4월 해체되자, 1924년 5월 블라디보스톡에서 설립된 오르그뷰로는 이재복과 정재달을 재차 파견하여 코민테른의 '권위'를 빌어 화요파를 통해 국내 당창건을 주도하려고 했던 것이다.

블라디보스톡의 오르그뷰로와 화요파가 재결합할 수 있었던 근거는 김영만과 최창익의 다음의 언급에서 구체적으로 나타나고 있다.

---

52) КимЕнман · Цойцаник, 위의 글, 105쪽.

53) КимЕнман · Цойцаник, 위의 글, 105쪽.

① 그들(화요파 : 인용자)은 국내 조직국을 창립할 그 당으로는 최고의 지
배권을 갖는 지위를 차지할 수 없다는 것을 알았다.

② 만일 그(화요파 : 인용자)가 블라디보스톡의 영향 하에 조직국에 들어
간다면, 그때는 반드시 새로운 당에서 최고의 지배적인 역할을 차지할
것이라는 것을 알았다.

ㄱ. 이렇게 하여 그(화요파 : 인용자)는 첫번째 조직국('13인회'–인용
자)의 결정을 위반하는 대신에, 조선 내지의 조직국('13인회'–인용
자)에게 알리지 않고 '화요회'는 비밀리에 블라디보스톡의 오르그
뷰로의 수행으로 궤도를 수정했다.

ㄴ. 1924년 9월말에 '화요회'는 조선내지의 조직국의 영향하에서 벗어
나는 방법에 관한 자신의 의견을 토로했다. 이와 관련하여 단일한
조선공산당에 관한 모든 활동은 무효로 되었고 비극적인 완전한
실패를 맛보고 말았다. 이후 다시금 분열로 향하는 주요한 프랙션
활동이 시작되었다.[54]

김영만과 최창익은 1924년 5월에 국내에서 조직된 조직국('13인
회')이 국내에 존재하는 모든 공산주의그룹을 망라해서 통일된 조선
공산당을 창립하기로 결정했던 사항을 화요파가 일방적으로 파기하
고 1924년 5월 블라디보스톡에서 결성된 오르그뷰로에 의존하게 됨
으로써 국내 조직국('13인회')은 결렬되었다고 하였다.

이와 같이 국내의 모든 공산주의단체들의 조직적 기초에 의거한
통일적 당건설투쟁, 즉 국내 '조직국'('13인회')의 활동은 1924년 5월
에서 9월까지의 5개월만에 코민테른의 권위에 의존한 블라디보스톡
의 오르그뷰로와 이에 따르는 화요파 세력에 의해 결국 좌절되고 말
았다.

---

54) КимЕнман · Цойцаник, 위의 글, 105~106쪽.


2부 조선공산당과 서울파의 당창건 투쟁

## 2) 서울파와 민중운동자반대단체 전국연합위원회

서울파는 국내 통일적 당창건을 위한 '조직국('13인회')'이 화요파에 의해 결렬되자 1924년 10월 서울파 전위조직인 고려공산동맹의 조직체계를 정비하면서 화요파의 당창건에 대응하면서 새롭게 당창건을 모색하고자 한다.[55]

서울파는 1924년 12월 6일 서울 경운동 서울청년회관에서 50여 명의 발기로 사회주의자동맹을 창립했다. 서울파는 조선의 무산계급 해방운동이 이제는 선전시기의 비조직적 상태에서 조직적 공동전선을 이룰 시기에 이르렀기 때문에 이러한 사회적 정세 속에서 조선무산계급운동에 전망을 주기 위해 사회주의자동맹을 창립하게 되었다고 밝히고 있다.[56]

사회주의자동맹 집행위원 21인은 대부분 서울파의 전위조직인 고려공산동맹의 핵심적인 인물이었다. 서울파는 '13인회'의 결렬 이후 다시 당창건준비를 위한 대중적 집회를 개최하기 위해 서울청년회내의 고려공산동맹의 인물들이 중심이 되어 사회주의자동맹을 결성하였다.

1925년 1월초 서울파는 중립적인 조선노동당을 통해 '북풍회, 화

---

55) 1924년 10월 고려공산동맹은 책임비서 김사국, 조직부 김사국, 선전통신부 이영, 교양부 김유인 정백, 청년부 이정윤, 사회부 박형병, 노동부 이병의, 민족부 김영만, 연락부 이항발, 검사부 강택진 등으로 집행부서를 재정비했다. 또한 각 도별 기관 및 야체이까조직은 충청 鄭鶴源, 함북 李雲赫, 함남 李樂永, 경남 安浚, 전남 全濤, 평남 李大英·韓宗瑜, 전북 林豹, 경기 李丙儀 등으로 구성하였다. 또한 權泰錫, 崔益煥, 林赫根, 朴元熙, 崔昌益 등을 가입시켰다. 咸鏡南道「서울系共產黨檢擧槪況」, 1930.7, 13~16쪽(方仁厚, 앞의 책, 25쪽).

56) 사회주의자동맹은 李廷允, 朴衡秉, 韓愼敎, 李英, 鄭栢, 金解光(金思國), 李赫魯, 李丙儀, 金繡準, 姜宅鎭, 金榮萬, 元世萬, 林政鎬, 金裕寅, 趙紀勝, 李樂永, 任鳳淳, 張彩極, 安秉禧, 崔昌淳, 崔昌燮 등 21명을 집행위원으로 선출했다(『시대일보』 1924.12.8; 『조선일보』 1924.12.8).

요회, 신흥청년동맹, 서울청년회 각파 합동으로', '전조선사회주의운동
자대회'의 개최를 제창하였다. 서울파의 지도자 김사국은 북풍회, 화요
회, 신흥청년동맹을 방문하여 대회 개최의 필요성을 역설하였지만, 북
풍회와 화요회 측은 냉소적 태도로써 이를 거절했다.57) 그들은 '청년,
노농 양총동맹이 존재함에도 불구하고 이와 같은 대회를 개최하는 것
은 타당하지 않다'58)는 구실로 서울파의 대회 개최 제의를 거절했다.

그러나 일제 당국에 의해 이미 청년총동맹과 노농총동맹의 창립
이후 첫번째 총회개최는 금지된 상황이었다. 이 무렵 서울파와 화요
파는 1924년 4월에 창립된 청년총동맹과 노농총동맹의 2차 총회를
전국적 대회 규모로 개최하면서 당건설 사업에 박차를 가하려고 했던
것 같다. 그러나 서울파가 주창한 전조선사회주의운동자대회의 개최
부터 화요파의 반대로 좌절되었던 것이다.

한편 국내에서 전위당을 건설하려는 화요파의 계획이 진행되는
것을 감지한 서울파는 1925년 1월 11일 서울청년회 제4회 정기총회
를 개최하여 집행위원회에 서무, 선전, 문예, 소년사업 등 4부를 두
기로 하고 상무집행위원을 개선하고 강령과 회측을 개정하고 사업방
향을 결의하였다.59)

---

57) 京畿道警察部, 『治安槪況』, 1925.5, 李在華·韓洪九 編, 앞의 책, 295~298쪽.
58) 京畿道警察部, 위의 글, 296쪽.
59) <집행위원>
　　朴八陽, 鞠泰日, 洪淳起(홍양명), 朱炳瑞, 丁洪敎, 李廷允, 韓愼敎, 朴元熙, 任鳳淳,
　　張彩極, 林鍾萬, 朴衡秉, 辛哲鎬, 尹又烈.
　　<강령>
　　一. 我等은 조선의 해방을 기함.
　　一. 我等은 무산청년의 이익에 합당한 사회질서의 00을 기함
　　一. 我等은 무산계급에 필요한 지식을 흡수하기에 노력함.
　　<결의사항>
　　一. 사업계획에 관한 건

집행위원으로 새로 선정된 李廷允, 韓愼敎, 朴元熙, 任鳳淳, 張彩
極, 林鍾萬[60] 등은 서울파 고려공산동맹의 핵심적인 인물이었다. 이

---

① 기관지발행 ② 순회문고설치 ③ 연구기관확장 ④ 순회강연 및 강좌를 춘추
2기로 실행할 일 ⑤ 동기와 하기 강습회를 개최할 일 ⑥ 무산청년의 교육기관
을 설치하며 또는 차를 적극적으로 원조할 일.
二. 청년운동당면에 관한 건
① 전국의 무산청년은 조선청년총동맹으로 단결하도록 노력할 일. ② 청년단
체연령제한문제는 목하 조사연구중인 청년총동맹 집행위원의 성안을 신임할
일. ③ 청년운동의 분열을 계획하며 이러한 목적으로서 공연 혹은 은연히 청년
총동맹을 중상하며 그 사업진행을 방해하는 자를 소탕할 일. ④ 개인이나 단체
의 사익을 위하여 순결한 청년을 농락하며 운동자를 모해하며 단체를 중상모
해하는 도배를 적극적으로 박멸하며 이러한 도배에게 유인되는 청년을 그들
로부터 격리하기에 노력할 일. ⑤ 조합운동을 적극적으로 원조할 일.
三. 무산소년문제에 관한 건
① 무산소년운동을 일으킬 일(『시대일보』 1925.1.14; 『조선일보』 1925.1.14).

60) 필자는 1996년 5월 12일 (일) 오전 10시30분~12시 30분에 천안시에 있는 林鍾
萬 의 차남 林漢默 선생의 자택에서 임한묵 선생과 대담을 했다. 장남은 한국
전쟁 당시 사망했고 임한묵(1916년 생) 선생은 선린중학교를 졸업하고 일본에
유학하여 日本大學에서 농업을 전공했다. 이후 만주 세관에서 근무했다. 임종
만 선생은 1893년 충남 당진 출신으로 李恒發과 매우 친분이 두터웠고 서울에
서 자주 그를 만났다고 한다. 임종만 선생이 일경의 고문으로 1933년 사망한
후에 그의 차남인 임한묵 선생은 서울에 있는 이항발 선생의 집에서 선린학교
를 다녔다고 한다. 또한 당진의 서울파 사회주의자인 정학원 선생과도 교분이
두터웠다. 임종만 선생이 돌아가신후 에는 병원에 있는 그의 시신을 일경이 지
킬 정도로 삼엄한 분위기였고 일경에 의해 요주의 인물로 지목되어 생전에는
아들 임한묵 선생의 행동거지도 유심히 지켜보았다고 한다.
임종만은 한해, 김기진, 박윤성, 안상묵, 서정기, 최인수, 염영화, 조명록, 안영
기, 김기0, 김규현, 한종유, 윤현수, 안00 등과 오월청년회내 독서회에서 사회주
의를 선전하였다는 이유로 1924년 8월 29일 평양경찰서에 구속된바가 있다(『동
아일보』 1924.9.3). 또 그는 화요파가 주도하는 전조선민중운동자대회에 반대하
여 1925년 3월 8일 고려공산동맹이 주도한 재경조선해방운동자단체 연합간친
회에 자유노동자조합 대표로 참석했다. 1925년 4월에는 전조선노농대회 준비
위원 및 서무부원으로 활동했다. 1927년 12월 신간회 당진지회결성에 참여했
다. 1929년 6월 신간회 복대표위원회에서 중앙검사위원으로 선정되었다. 1930
년 3월 광주학생운동을 계기로 충남 당진에 격문을 살포했다가 한때 구금되었

들은 서울청년회의 대중적 기반을 확대하기 위한 사업으로 기관지발
행61), 순회강연회, 강습회 등을 개최할 것과 사실상 서울파의 영향
력 하에 있는 조선청년총동맹의 위상강화 등을 계획하였다. 또한 "개
인이나 단체의 사익을 위하여 순결한 청년을 농락하며 운동자를 모해
하며 단체를 중상모해하는 도배를 적극적으로 박멸하며 이러한 도배
에게 유인되는 청년을 그들로부터 격리하기에 노력할 일"을 결의했
다. 이것은 화요파에 대한 서울파의 대립이 이무렵 더욱더 노골화되
고 있음을 반영하는 것이었다.

　　또한 '서울파(고려공산동맹)'의 합법조직인 서울청년회의 결의사
항을 볼 때 화요파 주최의 '재경사회운동자간친회'의 결의 사항과 몇
가지 대립되는 것이 있음을 확인할 수 있다. 먼저 청년단체의 '연령제
한문제'이다.62) 화요파는 이를 30세로 제한하고 있는데 반해 서울파
는 조선청년총동맹 집행위원의 확정안을 수용할 것을 결의하고 있다.
조선청년총동맹은 1924년 11월 29일 집행위원간담회를 열어 '연령
제한문제'를 논의하고 조사연구위원회를 두어 각지의 청년단체의 실
정을 조사하여 다음 정기집행위원회에서 구체안을 제출하기로 한 바
가 있었다.63)

---

다. 1931년 12월 충남지역 조공재건준비회에 가입했다. 중공당 조선국내공작위
　　원회 관련자 이말순(李末順)의 피신을 도와주었다. 1932년 1월 검거되어 9월 병
　　보석으로 출감했다. 1933년 1월 경성의전 병원에서 사망했다[강만길·성대경
　　편, 『한국사회주의운동인명사전』(창작과 비평사, 1996), 400쪽].
61) 서울청년회는 1월 16일 집행위원회를 열고 기관지 『靑年朝鮮』을 발행하기로
　　하고 편집위원으로 박형병, 정백, 이정윤, 김사국 등 8인을 선정했다(『조선일
　　보』 1925.1.18).
62) 북풍파는 25세를 화요파는 30세를 제안했다. 청년운동의 연령제한문제에 대해
　　서는 안건호·박혜란, 「1920년대 중후반 청년운동과 조선청년총동맹」, 『한국
　　근현대청년운동사』(풀빛, 1995), 92~93쪽 참조.
63) 『시대일보』 1924.12.12; 『시대일보』 1924.12.25.


2부　조선공산당과 서울파의 당창건 투쟁

1924년 4월 21일 조선청년총동맹 창립 당시 집행위원 24인중 16인이 서울파 계열이었고 이후 1925년 7월 5일 조선청년총동맹 2회 정기대회를 대신한 서면대회에서 선출된 신임집행위원 28인도 대부분 서울파 인물들이었다. 청년총동맹에서는 1925년 3월 1일 제4회 정기집행위원 간담회에서 연령제한 조사연구위원회로부터 제출한 연령제한안에 대하여 다시 정사위원으로 김사국, 신태악, 박헌영, 임봉순, 조봉암 5인을 선출하여 ① 각단체회원의 연령은 만16세 이상 만 30세까지를 원칙으로 하되 당분간 각지방단체의 사정에 의하여 수의로 제한할 수가 있음 ② 연령을 30세로 제한하는 경우에는 만 30세이상된 자는 특별회원으로 하여 피선거권만 있고 임원에 피선될 때는 선거와 결의권을 가진다는 원칙을 정했다.64) 당시 사회주의자의 대부분이 20~30대의 청년층이었음을 고려할 때 청년단체 연령제한의 문제는 단순한 문제는 아니었고 대중조직사업과 밀접한 연관이 있었다.

서울파의 '전조선사회주의운동자대회'가 화요파에 의해 거부되자 그들은 다시 '전조선노동교육자대회'를 계획하였다. 1월 14일 그들은 조선노동교육회65)에서 '대회'개최를 위한 준비 모임을 갖고66), 1월 17일 이낙영, 임봉순, 이성, 김영만, 한신교, 董正翊, 장채극, 朴英駿, 박원희, 朴建, 안병희, 임경순 외 3명 등 15인의 준비위원을 선정했다.67) 그들은 대회개최선언을 발표하고 3월 29일부터 31일까지 3

---

64) 『조선일보』 1925.3.3.

65) 1924년 9월 15일 노동자계급의 노동교육방침을 수립하고 실시하는 것을 목표로 창립되었다.

66) 『조선일보』 1925.1.15.

67) 京畿道警察部(京高秘 第489號), 「全朝鮮勞動敎育者大會開催計劃ニ關スル件」, 1925.2.3, 김경일 編, 『韓國民族解放運動史資料集』 제3권(영진문화사, 1993), 66쪽.

일간 서울에서 대회를 개최한다는 내용을 일간지에 알렸다.68)

한편 화요파의 '전조선민중운동자대회 계획'이 발표되자 서울파는 이에 대한 반대운동을 조직했다. 1925년 2월 22일 경북사회운동자 간친회는 尙州 普明學院에서 許一의 사회로 80여명이 참가하여 "화요회 주최인 전조선민중운동자대회는 운동선을 통일한다는 미명하에서 反히 운동을 혼란시킴으로 적극적으로 성토할 것"69)을 결의했다.

1925년 3월 1일 조선청년총동맹 제4회 정기집행위원 간담회를 李英의 사회로 열어 화요파의 전조선민중운동자대회의 부당성을 다음과 같이 지적했다.

> … 화요회 주최인 전조선민중운동자대회 준비위원회에서 발표한 취지서에 의하건대 동대회는 사상 농민 노동 청년 형평 여성의 각종단체의 대표로써 조직한다고 하였다. 그러나 목하 조선의 현상으로는 오직 농민 노동 청년의 3종단체가 다른 것에 비하여 최다대중인 동시에 그 운동도 자못 성대하다. 그런고로 동대회가 개최된다하면 그는 결국 노동 농민 청년의 3종단체가 중견적 조직이 될 것은 確實無疑한 사실이다. 그런데 此 3종 단체는 이미 조선노농총동맹과 조선청년총동맹의 총기관하에서 당국의 비상한 압박을 당하면서도 오히려 조직적으로 발달하여 가는 중이다. 그런데 이와 같이 조직적으로 발달하여가는 도정에 있어서 양총동맹과 별립하여 차 3종단체를 중심으로하고 성질상 양총동맹대회와 동일한 회합을 개최하는 것은 양총동맹에 대하여 지대한 동요를 오게하는 동시에 조직적으로 진행되어가는 중에 있는 조선의 노농운동과 청년운동을 재차 혼란한 상태에 陷케하는 결과를 生할 것이다. 그런고로 본총동맹은 전조선민중운동자대회에 대하여 다음과 같이 결의한다.

---

68) 京畿道警察部(京高秘 第489號), 위의 글, 67~69쪽; 『시대일보』 1925.1.22. 「개최선언」의 내용에는 노동학원, 농군강습소 등 조선노동당의 노동교육기관에 대한 언급이 있는 것으로 보아 이 대회는 서울파와 조선노동당이 공동으로 주도했던 것으로 생각된다.

69) 『조선일보』 1925.2.26.

一. 전조선민중운동자대회의 준비위원 및 그 주최단체인 화요회에 대하여
　　동대회의 중지를 권고할 것.
一. 동준비위원회와 그 주최단체가 본총동맹의 권고를 불응하는 경우에는
　　동대회는 양총동맹에 대한 적대적 회합으로 認함.70)


　또한 3월 2일 사회주의자동맹도 다음과 같은 결의를 채택하며 화
요파의 전조선민중운동자대회 계획을 비판했다.


　… 화요회를 정면에 책임자로 하고 그외 수개단체의 연합기획으로 今春
에 개최하려하는 전조선민중운동자대회는 그 소집의 시기 그 소집의 방법,
그 주최단체들의 과거에 재한 운동선 분열의 기획 등 기타 각방면으로 보아
서 양총동맹을 파괴하고 조선사회운동을 재차 혼란상태에 陷入케 한후 그
기회를 타서 조선사회운동의 노력을 그들의 掌中에 수습하려하는 반동적 계
획임이 확실하다.
　그런고로 본 사회주의자동맹회는 전조선민중운동자대회의 소집을 반대하
며 주최단체들을 적극적으로 박멸하기에 노력할 일 …


　이어 서울파는 3월 8일 서울청년회를 비롯한 11개 단체 23명으
로 '재경조선해방운동자단체 연합간친회'71)를 개최하였다. 간친회에
서 서울파는 조선의 사회운동이 노농총 및 청총의 두 총동맹으로 결
집되어 일제 당국의 압박 속에서도 조직적으로 발전하고 있는 과정에
있다는 사실을 지적했다. 그러므로 이 두 총동맹과 分立하여 새롭게

---

70) 『조선일보』 1925.3.3.

71) 간친회에 참석한 단체 대표는 다음과 같다. 서울청년회 기로춘 · 장기영, 사회
　　주의자동맹 김사국 · 조기승, 조선노동대회 장채극 · 이광 · 이병의, 자유노동조
　　합 신철호 · 박노영 · 임종만, 조선노동청년회 김진택, 조선노동교육회 이낙
　　영 · 이성 · 안병희, 청년조선사 홍순기, 청년당사 이영 · 동정익 · 김영만, 경성
　　여자청년회 박원희 · 김수준 · 김정숙, 적박단 이덕성, 혁신동우회 주병서(京畿
　　道警察部 警高秘 第1184号, 1925.3.13, 「재경경성해방단체연합간친회개최에 관
　　한 건」, 101쪽).

제3의 단체를 중심으로 대회를 연다는 것은 두 총동맹의 대회와 동일한 것이 되므로 이것은 두 총동맹의 기초를 동요하게 하는 동시에 조직적으로 진행되고 있는 조선의 노동운동과 청년운동을 다시금 혼란상태에 몰아넣는 결과를 초래하기 때문에 전조선민중운동자대회의 소집을 막도록 노력한다는 결의를 하면서 화요파의 전조선민중운동자대회 개최가 부당하다고비판하였다.72)

이와 같이 서울파는 화요파의 민중운동자대회 계획이 조선청년총동맹과 조선노농총동맹을 분열시키고 파괴하는 반동적 계획이라고 비판하면서 민중운동자대회 소집을 적극적으로 반대하였다.

민중운동자대회를 고수하려는 화요파의 입장과 이에 반대하는 서울파의 의견 차이는 결국 조선노농총동맹 내부의 분열을 가져왔다. 1925년 3월 26일 서울파의 임종환, 김영휘, 장준, 유용목, 정학원, 김동필, 정운영, 김병숙, 박태선, 장채극, 박병호, 조관용, 이병의, 김경식, 남윤구, 최규홍 등 16인은 첫째, 3월 24일 열린 노농총 제4회 중앙집행위원 간담회는 어디까지나 불법적 모임이므로 이를 부인한다. 둘째, 전조선 민중운동자대회를 반대하여 대회소집을 방지하기위해 노력하자는 결의를 했다.73) 이어 4월 6일 서울파는 조선노농총동맹에서 이러한 분규가 생긴 것은 노농운동의 발전에 커다란 폐해라고 하면서 이에 대한 대책을 강구하기 위해 전선노농대회를 소집하기로 하고 준비위원 80여명을 선정했다.74)

---

72) 경기도경찰부, 위의 글, 104쪽.

73) 『동아일보』 1925.3.30.

74) 『조선일보』 1925.4.10. 준비위원은 전국 각지에서 80명으로 구성되었다. 이들은 대부분 서울파의 합법 또는 비합법 조직에서 활동하는 자들이었다. 그들의 명단은 다음과 같다. 한종유(평양), 이인수(해주), 이경호(옹진), 연재0(남천), 이재하(회령), 김대욱(원산), 김관수(북청), 이원직(철원), 김극수(영동), 박달현(청주), 박광희(대전), 김응시(보령), 김재한(홍성), 송영발(전주), 권중기(군산), 임보극(이


2부  조선공산당과 서울파의 당창건 투쟁

서울파는 4월 7일에는 조선사회운동자동맹을 발기하여 조선의 사회운동이 조직적시대로 들어가는 과정에 있고 운동의 지도적 기관의 존재가 필요하므로 전국적 사상단체인 조선사회운동자동맹의 조직을 창도한다는 취지문을 발표했다.[75]

민중운동자대회 개최를 둘러싼 화요파와 서울파의 대립 속에서 마침내 서울파는 1925년 4월 5일에는 232개 단체[76]가 참가한 가운

---

리), 구성백(정읍), 최창순(보성), 박홍곤(완도), 정병0(담양), 송내현(해남), 강사원(완도), 김병규(해남), 송기취(자은), 이방(풍기), 윤숙근(금천), 허홍제(왜관), 서범준(군위), 변동조(울산), 박동주(양산), 강영순(진영), 박경이(김해), 장기영(경성), 이명욱(경성), 유인원(경성), 권중협(경성), 김해광(김사국)(경성), 이항발(경성), 최우집(양양), 이현우(강서), 강제환(송화), 김탁(봉산), 이운혁(鏡城), 박노영(부령), 채규연(함흥), 주0희(북청), 한혁파(고성), 임시배(안성), 서정섭(충주), 전병수(조치원), 배영기(당진), 신표성(논산), 이광0(임실), 차주상(군산), 박태화(전주), 김철(익산), 강석봉(광주), 박공근(나주), 박승억(목포), 유혁(영암), 박복영(암태), 소진호(진도), 김상수(지도), 이병영(진도), 강훈(상주), 윤우열(대구), 김성출(포항), 최창섭(삼가), 변영철(삼가), 노상건(진영), 주병화(진해), 안준(창원), 김영만(경성), 동정익(경성), 김진탁(경성), 임종만(경성), 기로춘(경성), 함연호(고성), 함연웅(고성).

75) 『조선일보』 1924.4.14.

76) 『조선일보』 1925.4.7;『동아일보』 1925.4.9. 당시 일간지에 발표된 반대단체 명단은 다음과 같다.

群山牛車組合, 蔚山靑年會, 大邱新思想會, 仁鳳勞動組合, 甲子俱樂部, 새모임, 軍威靑年會, 奉化우리會, 淸道靑年會, 盈德新興會, 沃溝靑年會, 金堤勞農同盟會, 安康靑年會, 江口靑年會, 慶山靑年會, 慈仁靑年會, 高靈勞動親睦會, 河陽勞動會, 開寧靑年會, 豊基일군會, 蔚山勞動同友會, 凡西勞動同友會, 時代靑年會, 革新會, 大邱第四靑年會, 尙州靑年會, 豊基靑年會, 龍宮靑年會, 金堤衡平分社, 鎭海究學會, 南面赤星會, 群山新聞配達夫親睦會, 勞農靑年會同盟, 潭陽牛馬車組合, 全州衡平靑年會, 竹山勞農會, 푸로靑年會, 鐵城團, 龍門靑年會, 玉山靑年會, 癸亥俱樂部, 蔚山勞動者同盟會, 群山米撰組合, 金堤衡平靑年會, 南新興靑年會, 新人會, 群山衡平分社, 斗東勞農同友會, 豊基勞動共濟會, 倭館靑年會, 三省俱樂部, 鷲山靑年會, 臨陂靑年會, 開井靑年會, 民衆運動社, 全州靑年會, 群山衡平靑年會, 荷衣島小作共榮會, 務木靑年聯盟, 第一線同盟, 慶北社會運動者同盟, 解放運動者同盟, 全州新聞配達夫組合, 永昌靑年會, 金堤無産靑年會, 咸昌靑年會, 偶石勞農同友會, 群山雇傭

데 조선민중운동자대회반대단체전국연합위원회(이하 위원회)를 개최
하였다. 먼저 위원회는 4월19일 화요파 주최인 조선민중운동자대회
는 그 소집과 주최의 동기로 보아서 운동전선을 糾亂케 함으로 적극
적으로 대회를 반대하며 다음과 같은 반대운동을 정하였다.77)

---

人親睦會, 進永靑年會, 守山靑年會, 洼湖靑年會, 長城鰲北靑年會, 共榮靑年會, 淸
津靑年會, 一山小作人組合, 群山勞動聯盟會, 勇進靑年會, 金剛勞農同盟會, 進永機
械工組合, 背水會, 羅州衡平分社, 金堤0夫親睦會, 潭陽水車組合, 鎭海靑年會, 下
離無産靑年會, 萬頃靑年會, 群山勞農會, 高靈衡平分社, 民衆運動者同盟, 全州洋靴
職工組合, 荷衣島乙丑同盟, 洪城靑年會, 大田勞農同志會, 慶北靑年會, 梅谷農友
會, 七月會, 永同靑年會, 群山精米籾0共動組合, 甲子靑年會, 延日勞動組合, 鎭海
小作會, 赤濟會, 永興民友會, 湖星勞農會, 新北靑年會, 潭陽勞農會, 進永勞農會,
裡里自成組合, 群山鐵道勞動會, 三一讀書俱樂部, 羅州勞農共榮會, 潭陽靑年會, 裡
里勞農靑年會, 黃登靑年會, 竹山靑年會, 金堤靑年會, 全州衡平支社, 潭陽運搬組
合, 進永小作人會, 洼城靑年會, 都草靑年會, 飛禽靑年會, 群山勞動親睦會, 荏子靑
年會, 海際靑年會, 智島靑年會, 莞島배달靑年會, 全南靑年大會, 羅州女子靑年會,
玉果靑年會, 光州女子靑年會, 禾湖勞動親睦會, 益山靑年會, 群山土工組合, 咸悅靑
年會, 一山勞動靑年會, 羅州靑年會, 安城靑年會, 高城靑年會, 協成靑年會, 大成靑
年會, 光城靑年會, 群山靑年會, 守城勞農會, 烽火會, 光州靑年會, 木浦靑年會, 岩
泰靑年會, 慈恩靑年會, 群山勞動共濟會, 00團, 潭陽精米勞動組合, 鎭海勞動會, 永
同勞農同盟會, 群山人力車聯合親睦會, 潭陽勞動靑年會, 靈岩靑年會, 長興靑年會,
月下里同志靑年會, 谷城靑年會, 求禮靑年會, 和順靑年會, 木浦機工勞動組合, 智島
賃銀勞動組合, 京城勞動靑年會, 莞島勞動共濟會, 珍島小作人會, 飛禽小作人會, 慈
恩小作人會, 都草小作人會, 智島小作共濟會, 靈岩無産靑年會, 咸悅勞動組合, 群山
印刷職工組合, 豊基小作組合, 全州印刷職工組合, 潭陽小作人聯合會, 淸津女子相
愛會, 進永衡平分社, 羅山靑年會, 智島無産者同盟, 岩泰婦人會, 莞島無産者靑年
會, 茅島靑年會, 群山大工組合, 甕津農友靑年會, 高靈衡平分社, 新安島勞農大成
會, 加用勞農會, 古群小作人會, 智島小作人會, 臨淮小作人會, 珍山小作人聯合會,
松汀里靑年會, 榮山浦靑年修養會, 智島乙丑同盟, 靈岩勞動會, 安佐小作人會, 農夫
親睦會, 鰲北靑年會, 社會主義者同盟, 서울靑年會, 京城勞動會, 珍島俱樂部, 革新
同志會, 靑年朝鮮社, 靑年黨社, 甕津農友會, 南川靑年會, 江景相愛會, 海西靑年聯
合會, 甕津農友相助會, 松禾靑年會, 勞動運動社, 甕津靑年會, 一七靑年會, 赤雹團,
自由勞動組合, 朝鮮勞動敎育會, 京城女子靑年會, 甕津馬山勞動會, 咸北靑年團體
聯合會, 淸津勞動共濟會, 勞農親睦會, 高靈靑年會, 甕津同震會, 京城革新同志會,
淳昌小作組合, 松木大成靑年會.


2부  조선공산당과 서울파의 당창건 투쟁

① 전국적 반대운동에 관하여 : 전국의 사회운동단체가 연합하여 조선민
중운동자대회 반대선언서를 발표할것.
② 지방적 반대운동에 관하여 : 각 도내에 재한 사회운동단체가 연합하여
조선민중운동자대회 반대선언서를 발표하며 동시에 반대연설을 행할
것.


또 위원회는 '運動線攪亂責任者에 대한 방침'을 정하여 "조선사회
운동은 이미 4, 5개 성상의 역사를 가진바 운동선상에 재한 분규와
혼란은 일찌기 그칠사이 없었다. 그런데 이 운동선에 분규와 혼란의
진정한 원인이 화요회 일파 및 해외에 재한 前上海派 및 伊市派 수령
등에게 在한 事가 명백히 현로되었다. 이에서 아등은 조선운동선의
통일과 정의를 위하여 화요회 일파와 전상해파 및 이시파 수령 등을
운동선상으로부터 철저적으로 구축하기로 한다"는 방침을 정하였
다.78) 위원회에는 4월 20일까지 총 451개의 단체들이 결합되었다.

---

77) 『조선일보』 1925.4.7; 『동아일보』 1925.4.9.
78) 이에 대한 구체적 방침으로 다음을 정하였다.
  가. 화요회에 대하여
  一. 화요회성토 전국대회를 개최할 것.
  二. 상세한 회요회 일파의 죄악서를 발표할 것.
  三. 각도내에 재한 사회운동단체가 연합하여 화요회 일파의 성토문을 발표할
     것.
  四. 전국의 사회운동단체가 연합하여 화요회 일파의 성토문을 발하며 동시에
     전국적으로 성토문을 행할 것.
  나. 해외에 재한 전상해파 및 이시파(이르쿠츠크파) 수령 등에 관하여
  一. 그들의 조선운동선상에서 범한 상세한 죄악서를 발표하되 특히 흑하사건
     과 40만원의 진상을 정확히 적발할 것.
  二. 재외사회운동자 및 노동군중에게 그 수령 등의 악행에 대하여 각성을 촉하
     는 격고문을 발할 것
  다. 화요회일파 성토 전국대회소집에 관한 건 대회소집에 관한 일체사항은 전
  부 실행위원에게 일임함.
  라. 조선노농총동맹 중앙집행위원중 민중운동자대회 옹호파에 관한 건 조선민

서울파가 민중운동자대회를 둘러싸고 화요파에 대해 격렬한 반대 투쟁을 전개한 이유는 무엇일까? 이에 대해 '화요파' 조선공산당 당원인 安相勳이 코민테른집행위원회에 보내는 「보고」는 시사해주는 바가 크다.

> … 작년 4월 중 화요회가 소집한 민중운동자대회는 전조선혁명운동의 대동맥인 노농, 청년 양총동맹 및 형평사총본부와 또 전조선사상운동을 지배하는 각사상단체와의 사이에 하등의 협의도 없이 단독으로 주최한 것은 혁명운동을 위한 것보다도 자파의 세력 확장이 목적이었다. 따라서 서울청년회를 박멸하려고 했던 것을 목적으로 한 대회는 결국 전 운동선의 대분열을 일으켰다.[79]

화요파 조선공산당 당원인 안상훈조차 화요파가 주도한 민중운동자대회가 조선노농총동맹과 조선청년총동맹 그리고 형평사 및 각 사상단체 사이에 아무런 협의도 없이 주최한 것이며 자파 세력의 확장과 서울파 세력을 박멸하기 위한 목적으로 계획되었고 따라서 민중운동자대회는 국내 사회운동의 커다란 분열을 초래했다고 비판하고 있다.

화요파 출신 조선공산당 당원이 스스로 자신이 소속되어 있는 당의 활동을 비판하는 것은 무엇을 의미하는 것일까? 안상훈의 이러한 「보고」는 화요파를 파괴하기 위한 음해로 보기에는 어렵다. 그렇다면 객관적으로 화요파의 전술이 국내에 고조되어 가는 노동·농민·청년운동 등 대중운동에 대한 분열의 책임을 회피하기는 어렵다

중운동자대회를 옹호하는 조선노농총동맹 중앙집행위원은 조선노농 총동맹의 존립과 건전한 발달을 위하여 차를 조선노농총동맹으로부터 구축할 것(『조선일보』 1925.4.7; 『동아일보』 1925.4.9).

79) Батраков(안상훈), 「國際共産黨中央執行部 貴中」, 1926.2.3(러시아문서보존소 ф.495 оп.135 д.127, 24~25쪽).



2부 조선공산당과 서울파의 당창건 투쟁

고 생각된다. 이것이 서울파가 화요파의 민중운동자대회에 대해 그
토록 격렬히 반대투쟁을 했던 이유라고 생각된다.

　　1924년 4월을 전후하여 국내에서 서울파와 화요파의 노농총동
맹과 청년총동맹 건설을 둘러싼 대립, 그리고 1925년 3~4월에 전
개되었던 두 분파의 대중적 집회 개최를 둘러싼 격렬한 대립은 결국
국내에서 고양되고 있는 대중적 운동을 지도하려는 전위당 건설을
위한 예비 작업이었다. 그리고 그것은 서울파의 ‘패배’가 아니라 화
요파의 ‘승리’로 귀결되었다.

# 7장

# '3단체합동'과 '서북노' 3파연합

## 1. '3단체합동'의 성립과 해체

'3단체합동'에 대해서는 그동안 전혀 알려지지 않았다. 국내에서 1925년 4월 6일에 북풍회와 화요회 사이에 운동통일 문제에 관한 협의회가 구성되었다.[1] 이때 북풍회 내부의 전위조직인 까엔당 중앙국은 "첫째, 현재 순전히 강령에 기초하지 않고 다른 방법으로 통일은 불가능하다. 따라서 각 그룹은 우선 완전한 공동의 강령을 작성하고, 이 강령을 승인하는 모든 조직들을 이 강령에 기초하여 통일해야 한다. 둘째, 민족적·종교적 문제에 대한 화요회의 주관적인 견해와 행위는 실제 현재 국내적 관점에서 당면 과제에 좌익맹동적이고 해악적이다. 따라서 우리는 그러한 관점을 인정하지 않는다. 셋째, 단일한 강령에 기초하여 서울청년회, 북풍회, 노동당, 화요회 4단체의 통일

---

1) 신철·김영우가 코민테른집행위원회에 보고한 자료에 상세히 언급되어 있다. СИНЧЕР и КИМЕНУ(신철·김영우), Исполкому КОМИНТЕРНА, 1926.2.11, 86쪽.

이 불가피하다"[2]는 3가지 제안을 화요회에게 전했다. 이와 같이 까엔당은 공동의 강령에 기초하여 서울파를 포함하는 국내 사회주의 조직의 전선통일을 주장했다.

이에 대해 화요회는 4월 9일에 "① 우리는 북풍회 그룹이 제안한 첫째와 둘째 항목을 승인하고 동시에 북풍회 그룹의 강령을 승인한다. ② 분파투쟁이 고조되어 있는 현조건하에서 제안된 3항목은 우리의 의견으로는 시기상조이다. 따라서 우리는 우선 3단체 즉 북풍회, 화요회, 노동당의 통합을 제안한다"[3]는 답변을 보냈다.

화요파는 서울파와의 통합을 제외한다는 조건하에 까엔당의 제안을 대부분 수용하였다. 코민테른의 오르그뷰로의 당창건 방침에 따라 국내에서 전위당을 건설하려는 화요파에게 서울파는 매우 불편한 존재였다. 그것은 '코민테른 자금문제', 1922년 10월 베르흐네우진스크에서 열렸던 상해파와 이르쿠츠크파 고려공산당의 연합대회의 결렬 등 조선사회주의운동의 역사 속에서 대립과 분열의 원인이 바로 국외에서 활동하는 사회주의자들에게 있다고 하는 뿌리깊은 불신을 서울파가 가지고 있었기 때문에 오르그뷰로 - 화요파는 여전히 서울파를 제외한 나머지 그룹들의 연합에 기초하여 당건설을 계획하였던 것이다.

이 회답에 따라 까엔당 중앙국은 4월 11일 다음의 결정을 내렸다.

> 첫째, 모든 그룹의 통일 문제에 대한 화요회의 확고한 결정에 따라 모든 그룹의 통일은 불가능하다고 밝힌다. 따라서 전반적 통일의 일보로서 우선 통일적 그룹이 가능할때까지 통일에 노력한다.
> 둘째, 세조직의 통합에 즈음하여 사상적으로 확고히 화요회가 이전의 좌

---

2) СИНЧЕР и КИМЕНУ, 위의 글, 86쪽.

3) СИНЧЕР и КИМЕНУ, 위의 글, 86쪽.

익맹동적 편향을 거부하는 것으로 간주한다.
셋째, 뿐만아니라 모든 그룹의 통일에 기초한 유일조선공산당의 형성까지
까엔당의 지하 조직과 성원 가운데의 활동은 유지되어야 하고 3조
직의 통일로 공표되지 않는다.[4]

결국 까엔당은 화요파의 민족주의단체나 종교단체에 대한 좌익소
아병적인 태도를 버릴 것을 다시한번 지적하면서 '합동'에 서울파를
제외한다는 화요파의 조건을 수용하였다.

까엔당의 통일적 당건설에 대한 방안이 화요회에게 전달되면서
마침내 1925년 4월 18일 '3단체 통일협의회' 즉 '3단체 합동'이 성립
하였다.[5] 이 '3단체합동'에 까엔당 중앙국은 단지 2명의 대표만을 파
견했다. 게다가 대표들은 북풍회 내부의 비합법 조직인 까엔당의 대
표들이었다. 그러나 화요회는 이 당시 민중대회의 개최와 관련하여
지방에서 많은 동지들이 도착하는 상황을 이용하여, 그들이 지방 야
체이까의 대표자라는 동기로 20명의 대표자를 천거했다.[6] 조선노동
당 또한 노동당 내부의 지하 그룹에서 천거된 2명의 대표를 이 협의
회에 추천했다.[7] 그런데 조선노동당 내부의 전위조직인 스파르타쿠
스당은 이 2명의 대표는 노동당 내부의 비밀 그룹 '스파르타쿠스당'
성원이 아니고 개인적으로 참가했다고 밝히고 있다.[8]

---

4) СИНЧЕР и КИМЕНУ, 위의 글, 88쪽.

5) 李南斗(朝鮮勞動黨 裏面にある秘密共産團體 '朝鮮スパルタカス黨'代表), 「國際
　共産黨執行委員會 貴中」, 1926.2.3, 17쪽(러시아문서보존소 ф.495 оп.135 д.127).

6) 보고자인 신철은 "이 당시까지 서로 서로 야체이까와 회원의 규모와 수를 알
　지 못했고, 각 단체로부터 몇몇 대표가 파견되는 과거의 경우처럼 지방 야체이
　까 대표의 기준과 그 결정의 제한에 관한 공동의 결정도 없었다."고 덧붙이고
　있다(СИНЧЕР и КИМЕНУ, 위의 글, 88~89쪽).

7) СИНЧЕР и КИМЕНУ, 위의 글, 89쪽.

8) 조선노동당 내부 비밀공산주의단체인 스파르타쿠스당의 대표 이남두는 코민

이와 같이 1925년 4월 18일에 성립된 '3단체합동'에는 화요파 20인, 북풍파(까엔당) 2인, 조선노동당(스파르타쿠스당) 2인 등 총 24인이 참가했다. 4월 17일에 비밀리에 결성된 조선공산당 1차당대회에는 총 19인이 참가했고 여기에 김약수, 송봉우가 북풍회 대표로 참가했다. 북풍파의 정운해는 대구지역 대표로 참가했다. 따라서 4월 18일 '3단체합동'에 참가한 북풍파 대표는 김약수와 송봉우로 추정된다. 그런데 그들은 4월 18일 '3단체합동'에 대해서 어떻게 생각하고 있었을까? 이후 1925년 11월 조선공산당 내에서 북풍파는 '반당행위'로 출당처분을 받게 되는데 이것은 바로 이러한 당의 비밀을 그들이 알고 있었던 것과 관련된 것이 아닌가 생각된다.

1925년 4월 18일 '3단체합동'에서는 3단체 대표자협의회로서 통일국(объединенное быро)과 혁명위원회를 선출하였고 다음과 같은 결정을 내렸다.

① 모든 단체는 통일되어야 하고 단일한 보조로 전진해야 한다.
② 모든 단체는 통일국에 복종되어야 한다.
③ 통일국은 순수한 강령에 기초하여 모든 그룹의 통일을 지도해야 한다.
④ 강령과 규약의 작성은 통일국에 위임한다.
⑤ 화요회는 일방적으로 망명그룹과 관계를 갖고 화요회가 속한 조선내부에 분파투쟁을 이동시키고 격화시키는 것에 유일조선공산당이 성립할때까지 책임을 져야한다. 화요회는 망명단체와의 독단적인 관계를

테른집행위원회로의 「보고」에서 노동당원 2인이 개인적으로 참가했는데 그들은 노동당집행위원회에게도 하등의 협의가 없이 비밀리에 참가했다고 언급하고 있다. 또한 노동당의 집행위원 11인 가운데 8인이 스파르타쿠스당의 당원이고 3인은 비당원인데 바로 비당원 3인 가운데 2인이 그들이라는 것이다(李南斗, 앞의 글, 17쪽). 필자는 앞서 언급했던 화요파의 4단체합동위원회 상무위원 7인 중 조선노동당 대표로 참석한 김연희와 이충모가 이남두의 코민테른 「보고」에 언급된 비당원 2인이라고 추정된다. 김연희는 서울파가 주도했던 조직국('13인회')에 조선노동당 대표로 참석했었다.


2부  조선공산당과 서울파의 당창건 투쟁

중지해야 한다.[9]

'3단체합동'의 출현에 대해 까엔당은 "이 합동은 통일을 위한 특별한 기관의 창립의 형태가 아니라 3단체 대표의 공동의 협의의 형태로 수행되어야 했다"[10]고 평가하고 있다. 또한 까엔당은 3단체의 통일협의회 즉 '3단체합동'의 의의를 다음과 같이 언급했다.

> ① 우선 3단체 사이의 분파투쟁을 모두 진정시켰다.
> ② 3단체의 통일 세력은 통일적인 전조선운동으로 촉진시키고 있다.
> ③ 이익보다는 ○○(해악 – 인용자)을 가져오는 화요회의 행위를 중지시켰다.[11]

한편, 조선노동당과 그 전위조직인 스파르타쿠스당의 대표 이남두의 보고에도 '3단체합동'의 성립의 진상에 대해서 언급하고 있다.[12] 첫째, 스파르타쿠스당은 조직된 이래 각 공산단체에게 전국적 합동을 권유하고, 부분적 합동은 거부하여 왔다. 그 이유는 한 파와의 합동은 파쟁을 조장하고 오히려 장래의 유일한 공산당의 조직을 지연시키기 때문이었다. 둘째, 1925년 4월 18일 화요회, 북풍회는 각자의 이면공산단체를 연합하여 연합위원회를 조직했다. 이 연합위원회에 화요회 대표 20명, 북풍회 대표 2명이 참가하고 또 노동당원 2인이 개인적으로 참가했다. 위 비당원(스파르타쿠스당원이 아

---

9) СИНЧЕР и КИМЕНУ, 앞의 글, 89쪽.

10) СИНЧЕР и КИМЕНУ, 위의 글, 88쪽.

11) СИНЧЕР и КИМЕНУ, 위의 글, 89~90쪽.

12) 이남두는 「보고」에서 노동당은 비밀공산단체 '스파르타쿠스당'이 조직한 표면단체이고, 노동당의 일거일동은 스파르타쿠스당의 결정에 의해 실행되고 있다고 말한다. 또한 노동당의 집행위원 11인 가운데 8인이 '스파르타쿠스당'의 당원으로 그외 3인은 비당원이었다(李南斗, 앞의 글, 16~23쪽).

닌) 3인중 2인은 노동당 집행위원회에게도 하등의 협의가 없이 비밀
리에 참가했다. 화요회 간부 등은 위 2인이 비당원이고(스파르타쿠
스당의) 또 노동당에서도 선출된 대표가 아닌 사실을 이미 알고 있
으면서 연합회의에 참가시킨 그 이유는 허위적 '3단체합동'간판이라
도 코민테른에게 알리기 위해서였다는 것이었다.13)

또한 스파르타쿠스당의 이남두는 화요파가 노동당에게 정식의
통지가 없었던 것은 노동당이 원래 한 분파와의 부분적 합동은 부인
하고 전국적 합동을 주장하기 때문이었지만, 결국 화요파가 비당원
인 개인을 이용하여 동지단체에 대해 기만적 행동을 하였다고 비판
하였다.14)

이남두의 이「보고」는 화요파가 자신의 조직에만 기초하여 당을
건설한 것이 아니라 국내 각 사회주의 분파를 망라해서 즉 '3단체합
동(화요회, 북풍회, 조선노동당의 3단체)'을 통해 조선공산당을 창립
했다고 코민테른에 보고했지만 사실 그것은 허위적, 기만적이라는
것이다. 이에 대해서는 화요파 출신인 안상훈의 코민테른집행위원회
로의「보고」는 시사적이다.

> … 작년 4월경에 조직된 4단체연합위원회('3단체합동' – 인용자)는 각단체
> 내에 있는 비밀공산주의단체가 각자의 비밀을 保守하면서(?) 분립에서 연합
> 이 물론 유리한 점이 있으므로, 但 각파의 대표로 연합위원회를 조직한 것을
> 화요회는 허위적으로 국제당 앞에 당을 조직했다고 보고한 동시에 승인을
> 요구하여 국제원동부에서 이를 당으로서 접수시켰다.15)

이와 같이 화요파의 안상훈도 화요파의 허위적인 '3단체합동'에

---

13) 李南斗, 위의 글, 16~23쪽.
14) 李南斗, 위의 글, 16~23쪽.
15) 바뜨라코프(안상훈), 앞의 글, 24쪽.



2부 조선공산당과 서울파의 당창건 투쟁

대해서 비판하였다. 까엔당 대표 신철과 김영우, 고려공산동맹 대표 김영만과 최창익, 스파르타쿠스당 대표 이남두가 1926년 2월 무렵 코민테른집행위원회에게 제출한 「조선공산당문제에 대한 구체적 제안」에서는 이러한 역사적 사실에 대해서 다음과 같이 밝히고 있다.

> ① 유일(통일) 조선공산당과 또한 단일한 중앙의 부재로 인하여 조선에서의 운동은 여러가지 조류로 분열되었다. … 운동이 조직되어 있지 않은 특성을 가졌기 때문에 가능한 조직적이고 적극적인 행동운동은 만류되었다.
> ② 1925년 4월에 분파들 – 북풍회, 노동당, 화요회 – 은 그들의 단일한 협의회를 개최하였고 거기에서 그들의 단일 위원회를 선출하였다. 그럼에도 불구하고 화요회 조직은 ИККИ(코민테른집행위원회 : 인용자)에 분리하여 대표를 파견했고 그들의 날조된 보고때문에, 마치 당창립처럼 되었다. ИККИ 동양부는 이 보고에 기초하여 비록 비공식적이지만 당으로서 이 합동을 지지했다.
>
> 상술한 조선에서의 조직의 통일(합동)은 공산주의 당으로서 간주될 수는 없다. 그러나 하나의 그루빠(одну группу) – 거기에 3조직이 참가했다 – 로서 간주될 수 있다. 더욱이 이 통일 위원회는 이미 1925년 10월말, 자신의 존재를 상실하였다.[16]

북풍파(까엔당), 서울파(고려공산동맹), 조선노동당(스파르타쿠스당)의 파견 대표들이 코민테른집행위원회에게 공동으로 제출한 「조선공산당 문제에 대한 구체적 제안」은 1925년 4월 17일 창립된 조선공산당에 대한 전면적 부정으로 일관되어 있다. 무엇보다도 '3단체합동'을 마치 당창립대회처럼 왜곡 보고한 화요파의 행위를 비

---

16) Синчер・КимЕну/ КимЕнман・Цои – Чаник/ Линамду, В ИСПОЛКОМ КОМИНТЕРНА : Конкретные предложения по корейкому вопросу, 1925.2(러시아문서보존소 ф.495 о п.135 д.125, 113~120쪽) 신철・김영우, 김영만・최창익, 이남두, 「코민테른 집행위원회에게 : 조선공산당 문제에 대한 구체적 제안」, 1926.2, 113쪽.

판하고 있다.

또한 스파르타쿠스당의 이남두는 "이와 같이 만들어진 연합위원회를 기회로 하여 화요회는 노동당, 북풍회를 기만하고 조봉암을 국제당에게 밀파하여 4월 18일의 2파연합회를 조선공산당 창립대회라고 하고 그 연합위원을 공산당 중앙간부라고 허위적 보고를 했다"[17]고 비판하고 있다.

이러한 사실들을 서울파와 북풍파, 조선노동당이 화요파를 비방하기 위한 단순한 '음해'로 볼수 있을까? 1926년 2월 코민테른집행위원회에 조선노동당(스파르타쿠스당)의 이남두는 스파르타쿠스당의 조직적 분열과 화요파가 끼친 '해악'에 대하여 다음과 같이 말하고 있다.

> 1925년 9월 21일 당원총회를 개최하여 만장일치로 이상 3인을 출당하고 또 표면단체 3단체합동까지 취소하고 총회의 결의에 의해 이 전말을 성명서에 표명했다. 그날 밤 화요회 간부는 출당된 3인과 공모하여 불량자 40여명을 거느리고 '노동당, 무산청년회, 노동자구락부, 프롤레타리아사' 등 사무실을 습격했다. … 이와 같이 화요회는 동지단체를 중상하고 혁명력을 파괴했다. 객관적으로는 적의 욕망을 만족시켰다.[18]

---

17) 李南斗, 앞의 글, 17쪽. 여기서 그가 '3파연합'이 아니라 '2파연합'이라고 불렀던 것은 조선노동당의 자격으로 참석한 2인은 조선노동당의 전위조직인 스파르타쿠스당의 정멤버가 아니었고 그들은 개인적으로 참가했기 때문에 사실상 북풍파와 화요파의 '2파연합'이라고 불렀던 것이다.

18) "또 그 다음날 밤-9월 22일-다시 습격하여 쌍방의 대충돌이 일어나 경상자 21명, 중상자 8명이 생겼다. 경찰서는 이 사건을 소요죄로서 양방의 8인을 투옥했다"(이남두, 위의 글, 17~18쪽) 여기서 출당처분을 받은 3인은 조선노동당 집행위원 11인 가운데 스파르타쿠스당원이 아닌 자들이었다. 그들은 아마도 4단체합동위원회에 참여했던 全一, 李極光, 金演義, 李忠模로 추정된다. 그 가운데 전일은 8월에 조선기근구제회 위원으로 수해구제중 익사했다. 조선노동당 내부 대립은 결국 4단체합동 참여 문제를 둘러싼 대립에서 기인했던 것이다. 4단체합동 참여문제는 단순히 '사상단체의 통일'의 문제가 아니라 통일적 당



2부 조선공산당과 서울파의 당창건 투쟁

결국 1925년 4월 18일에 조직된 '3단체합동'은 같은해 10월 26일에 해체되었다. 까엔당은 코민테른에게 조성된 정세를 보고하고 유일한 조선공산당 창립에 대한 직접적인 지도를 받기 위하여 신철을 코민테른에 파견할 것을 결정했다. 이 결정에 기초하여 북풍회와 노동당 성원들은 통일국의 성원으로 10월 26일 화요회 성원들에게 연합이 해산되었음을 표명했다[19]

조선노동당은 '3단체합동' 해체의 주요한 원인을 첫째, 화요회가 독단적으로 조봉암을 밀파하여 허위보고를 함으로써 국제당을 기만하고 자파의 야심을 충족시키려는 음모가 북풍회에 알려졌던 사실과 둘째, 노동당원 2인이 개인적으로 연합회에 참가하여 또 이면의 공산단체 '스파르타쿠스당'의 비당원인 자를 화요회는 노동당 그루빠 대표라고 국제당에게 기만보고한 사실 셋째, 화요회가 노동당, 북풍회의 영향을 받은 중앙 및 각지방단체를 침탈하려고 각종의 중상, 수단으로써 노동당, 북풍회의 위신을 추락시킨 사실이 폭로된 사실 넷째, 각 공산단체를 통일하여 유일한 조선공산당을 조직하려는 노동당, 북풍회의 主張에 화요회가 불응한 사실을 지적하였다.[20]

신철과 김영우도 '3단체 합동'의 분열의 원인을 다음과 같이 설명하고 있다.[21] 첫째, 화요회가 북풍회와 노동당의 승낙없이 코민테른

---

건설에 대한 견해차에서 기인했던 것이다.

당시 일제의 관헌 문서는 1924년 8월에 창립된 조선노동당이 기관지 「프롤레타리아」를 발간하려다 이극광은 검거되었고 金德漢, 李正洙 등은 1925년 3월에 블라디보스톡으로 도피하였다가 7월에 귀국하여 4단체합동을 반대하였다고 한다. 그리고 그해 9월 20일을 전후하여 몇차례 충돌을 일으키고 조선노동당은 합동파와 비합동파로 분열되었다고 기술하고 있다(京畿道警察部, 『治安槪況』, 1929, 부록; 김준엽·김창순, 한공사 2, 442~443쪽).

19) СИНЧЕР и КИМЕНУ, 앞의 글, 91~92쪽.

20) 李南斗, 앞의 글, 18쪽.

21) СИНЧЕР и КИМЕНУ, 앞의 글, 100쪽.

에 조봉암을 대표로 파견[22]하여 허용할 수 없는 보고를 했다는 사실을 북풍회와 노동당은 나중에 알았다. 화요파는 코민테른에게 통일협의회는 조선공산당 창립대회를 가졌고 그것은 조선공산당 중앙위원회를 가지고 있다고 보고했던 것이다. 둘째, 북풍회와 노동당이 모든 그룹의 통일이라는 방법으로 유일한 조선공산당을 창립하자고 제안했지만 화요회는 이에 반대했다. 셋째, 화요회는 좌익맹동적 경향을 가지고 있었다. 넷째, 화요회는 북풍회의 영향하에 있는 지방조직을 제거하기 위하여 여러가지 음모와 논쟁, 유언비어를 만들어서 지방조직 사이의 분열투쟁을 야기했다. 다섯째, 화요회는 총독부의 지시에 따라 조선일보 기자 중 공산주의 인자를 해고하는 것을 객관적으로 촉진한 변절자 신석우와 연합했다.[23]

신철과 김영우는 화요파가 북풍파(까엔당)와 조선노동당(스파르타쿠스당)의 승낙없이 코민테른에 대표를 파견하여 '3단체합동'에 기초하여 조선공산당이 창립되었다는 왜곡된 보고를 하였다는 것과 화요파가 남만춘과 조훈 등 前 이르쿠츠크파 고려공산당 활동가들과 관

---

22) 조공 창립대회 직후 1925년 5월 조봉암을 코민테른에 파견했다(京畿道警察部, 앞의 책, 85쪽).

23) 이 일에 대해 서울청년회, 북풍회, 노동당 기타의 조직들이 신석우의 추악한 역할을 폭로하고 항의할 목적으로 연합하였지만 화요회는 전혀 이에 참가하지 않고 오히려 저항했다. 화요회와 북풍회 성원이 조선일보 기자로서 참가했고 조선일보를 이용하려 했지만 화요회는 독점적으로 이 신문을 이용하기 위해 모든 북풍회 성원을 해고하는 방법으로 이러한 범죄적 거래를 시작했다고 신철과 김영우는 비판하였다(СИНЧЕР и КИМЕНУ, 앞의 글, 100쪽). 당시 조선일보사 전무였던 신석우에 대해 화요파가 취했던 타협적 행동에 대한 비판이었다. 1925년 9월 8일 『조선일보』는 「조선과 露國과의 정치적 관계」라는 제목의 사설이 문제가 되어 발행정지처분을 받았다('조선일보필화사건'). 10월 15일 『조선일보』는 정간해제가 되는데 그 조건으로 조선일보사 기자 가운데 17명의 사회주의자를 해고하였다. (朝鮮總督府警務局, 앞의 책, 74~76쪽; 「金東成인터뷰」, 1964.2.12[김준엽·김창순, 앞의 책, 336~337·443쪽].


2부  조선공산당과 서울파의 당창건 투쟁

계를 맺고 있다는 것, 화요파가 여전히 '초좌익적' 태도를 버리지 않고 있다는 사실 등을 지적하면서 '3단체합동'이 해체의 원인이 화요파에게 있음을 주장하였다.

'3단체합동('3단체통일협의회')'의 성립과 해체에 대한 북풍회 내부의 전위조직인 까엔당과 조선노동당 내부의 스파르타쿠스당의 보고를 통해 확인할 수 있는 것은 결국 화요파가 1925년 4월 17일 조선공산당 창립대회를 연 직후인 4월 18일 '3단체합동'을 성립시키고 이를 코민테른에 '3단체합동'에 기초하여 국내에 당을 건설했다고 과장되게 보고했던 사실이었다. 이후 북풍파 마저 '반당행위'로 축출한 조선공산당은 1922년 말부터 본격화되기 시작했던 국내의 통일적 당 건설에 대한 열망을 저버리고 화요파만의 전위당으로 되고 말았다.


## 2. 통일적 당창건을 위한 '서·북·노 3파합동'

서울파의 전위조직 고려공산동맹은 1925년 4월 16일 2차대회를 소집하였다.[24] 그것은 1923년 2월 20일 창립대회 이후 첫번째 고려공산동맹의 대회였다. '화요파' 조선공산당이 창건되기 하루 전에 고려공산동맹이 2차대회를 개최한 이유는 어디에 있었을까? 그들은 이무렵 전조선기자대회와 민중운동자대회를 비롯한 대중적 집회가 열리는 시기를 이용하여 고려공산동맹 2차대회를 개최하였던 것이다. 공교롭게도 그것은 4월 17일 '화요파'가 주도하는 조선공산당 창립대회 하루전이었다.

1925년 4월 16일 당시 고려공산동맹의 조직규모는 56개의 야체

---

24) КимЕнман · Цойцаник, 앞의 글, 106쪽.

이까와, 정회원은 269명, 후보회원은 126명이었다. 고려공산동맹 2차대회에는 56개의 야체이까중에 51명의 대표가 참가했다. 이 대회에서 17명의 고려공산동맹 중앙위원이 재선되었다.[25]

1923년 2월 고려공산동맹 창립대회 이후 1년 2개월 만에 무려 37개의 야체이까와 212명의 정멤버, 90명의 후보가 증가했다. 화요파가 1차당대회 시기에 120명의 당원과 17개의 야체이까를 가지고 있었던 것에 비하면, 고려공산동맹은 조직적 측면에서 화요파를 훨씬 압도하고 있었다.

고려공산동맹은 2차 대회의 결정에 따라 13도에 도 뷰로(道局)를 창립했다. 고려공산동맹은 모든 야체이까는 중앙기관(공산주의 그루빠)의 지도를 받도록하는 엄격한 민주집중제의 원칙을 고수했다.

한편 코민테른 집행위원회 서기국의 「1925년 9월 15일 결정」에는 "특히 서울청년회에 대해서 그들이 모든 혁명적 세력과 행동 통일을 촉구하는 노선이 필요함을 강조했다."[26] 코민테른집행위원회의 이러한 지적은 화요파의 서울파에 대한 '허위적 보고'에서 기인하는 것이라고 생각된다. 또한 「결정」에서 코민테른집행위원회는 조선공산당 중앙집행위원회에게 "조선의 여러 조직들 사이의 관계를 수립하고 그들에게 원조를 주기 위하여 지도원을 파견할 것을 권고했다."[27]

코민테른의 이 「결정」은 아직 정식으로 조선공산당을 코민테른 지부로 승인하지는 않았다. 서울파를 비롯한 북풍파 조선노동당의 전

---



25) 선출된 중앙위원은 鄭栢, 李英, 金炳璿, 金思國, 林民鎬, 李雲赫, 李景鎬, 崔昌益, 金裕寅, 朴泰善, 安浚, 朴衡秉, 姜宅鎭, 李廷允, 張埈, 金永輝, 吉병막 등 17인이었다(КимЕнман · Цойцаник, 위의 글, 106쪽).

26) Шабшина Ф. и., ИСТОРИЯ КоРЕиКОГО КОММУНиСТиЧЕСКОГО ДВижЕНИЯ(1918~1945 ГГ.), АКАДЕМиЯ нАуК СССР, МОСКВа, 1988, 108쪽.

27) Шабшина Ф. И., 위의 책, 108쪽.

위조직에게 이것은 국내의 통일적 당창건을 위한 하나의 동기를 부여
하였다.

1925년 10월 15일 고려공산동맹은 코민테른에 김영만, 최창익,
이운혁을 파견했다. 그 목적은 서울파의 활동과 조선의 현상태에 대
하여 보고하기 위한 것이었고 동시에 통일적인 조선공산당 조직문제
에 관한 코민테른의 지도를 받기 위한 것이었다.[28] 최창익은 이에
대하여 이후 다음과 같이 진술하였다.

> 나는 1925년 12월 7, 8일경에 수학을 하러 경성을 출발하여 블라디보스톡
> 으로 갔다. 이때 김영만은 모스크바에 가서 코민테른에 대하여 화요파 공산
> 당을 승인하지 말라고 교섭을 벌이고 있었다. 김영만은 블라디보스톡에 있
> 는 金夏錫에게 서울청년회계의 인물이 그곳에 와 있으면 모스크바로 파견해
> 달라고 통신을 보내왔다. 김하석은 나에게 그 사실을 말해주면서 여비 백원
> 을 주기에 나는 그 길로 모스크바로 갔다. 모스크바에서 나는 김영만과 회동
> 하고 코민테른 당국에게 김영만을 변호하였다. 곧 서울계는 조선공산당에
> 반대하는 반혁명단체가 아니라는 것을 역설하고 변명하였다. 그러나 그 노
> 력은 허사였고 마침내 실패하고 말았다. 두 사람은 1926년 4월에 블라디보스
> 톡으로 돌아왔다.[29]

김영만과 최창익이 코민테른에 '보고'를 하는 시점이 1926년 1월
중순경이므로, 그들은 고려공산동맹으로부터 '통일적 조선공산당' 결
성 사명을 위해 1925년 10월 15일 모스크바로 파견되어 12월 초 블
라디보스톡의 코민테른집행위원회 산하 동양부에 도착하였고, 다음해
인 1926년 1월초 모스크바에 도착한 것으로 파악된다.[30]

한편, 고려공산동맹은 1925년 10월 10일 김사국, 이영, 이정윤,

---

28) КимЕнман·Цойцаник, 앞의 글, 106~107쪽.

29) 「金俊淵 外 27人調書」 3, 2071~2972쪽(김준엽·김창순, 앞의 책 3, 311쪽에서
재인용).

30) КимЕнман·Цойцаник, 앞의 글, 106쪽.

정백, 임봉순, 신표성[31], 김경식, 한신교, 허일, 차재정, 임종만, 정학원, 박형병, 이병의 등 20여명의 서울파 사회주의자들로 그들의 '합법적' 사상단체인 前進會를 조직했다.[32] 전진회의 검사위원으로는 이영, 정학원, 박형병 등 3인이 선출되었다.[33]

김영만과 최창익은 코민테른에 전진회를 비롯한 전국 13도에 합법적인 사상단체를 조직했다고 보고했다.

> … 1925년 6월 우리 공산주의 조직은 전진기지를 방어하고 각도에, 즉 13도에 유연한 최상의 지도를 하기위하여 다음의 사상단체(합법적인)를 조직했다. ① 경기도(경성부) – '전진회' ② 함경북도 – '신건설사' ③ 황해도 – '사회주의자동맹' ④ 강원도 – '봉화회' ⑤ 경상북도 – '사회운동자동맹' ⑥ 충청남북도 – '제일선동맹 ⑦ 전라북도 – '민중운동자동맹' ⑧ 전라남도 – '해방운동자동맹'[34]

이 「보고」에서 1925년 6월이라고 한 것은 시기가 약간 앞선 것으로 보인다. 그러나 전진회와 신건설사를 제외하고, 사회주의자동맹 봉화회 사회운동자동맹 제일선동맹 민중운동자동맹 해방운동자동맹은 이미 1925년 4월 5일 '조선민중운동자대회반대단체전국위원회'에 참여한 232단체 가운데 존재했었다.[35] 이것은 전진회를 비롯한 '사

---

31) 愼枸晟(1897~1947) 충남 논산 출신으로 1926년 3월 조선공산당 대전야체이까 책임자, 1944년 건국동맹 충남북지부 책임자로 활동했다. 해방후 1946년 2월 민주주의 민족전선 결성에 충남대표로 참석, 이후 남노당 충남도당 간부로 활동했다[강만길 · 성대경 편, 『한국사회주의운동인명사전』(창작과비평사, 1996), 259쪽].

32) 『동아일보』 1925.10.13; 京畿道警察部, 앞의 책.

33) 李錫台 編, 「朝鮮社會運動日誌」, 『社會科學大辭典』(文友印書館, 1948), 15쪽.

34) КимЕнман · Цойцаник, 앞의 글, 107쪽.

35) 『조선일보』 1925.4.7; 『동아일보』 1925.4.9.

2부  조선공산당과 서울파의 당창건 투쟁

상단체'의 조직이 '서울파'의 전위조직인 고려공산동맹의 지도 속에서 전국 13개 도를 포괄하는 합법적 '사상단체'를 갖춘다는 조직적 전망 속에서 계획되었음을 의미한다.

1925년 11월 7일 전진회는 러시아혁명 8주년 기념강연회를 개최하려고 했지만 일제 경찰의 금지로 무산되었다.[36] 또 12월 27일에는 11개단체대표 17명으로 '사회운동자간친회'를 열고 민족 청년 소년 부인 사상 학생 형평 소작 노동의 9개부문 연말 사상강연회를 개최하려고 했지만 이 또한 일경의 금지로 무산되었다.

이 무렵 11월 22일에 발생한 '신의주사건'은 화요파 조선공산당에게 치명적인 조직적 타격을 입혔다. 10월 26일 '화·북·노 3파연합' 즉 '3단체합동'이 결렬된 이후 통일적 조선공산당의 결성을 모색하던 서울파를 비롯한 북풍파와 조선노동당은 다시 연대를 하게 되었다. 그들은 이무렵 과거, 현재의 조선혁명운동의 실상을 보고하고 통일적 공산당 조직에 대한 직접지도를 받기 위해 각각 그 대표자를 코민테른당에 파견했다.[37]

1925년 11월 조선공산당 내의 북풍파에 대한 대대적인 停權처분은 조선공산당에서 북풍파의 이탈을 가져왔다. 북풍파의 '반당행위'는 구체적으로 어떤 내용이었는가?

> … 金若水, 鄭雲海 등은 자신이 당원임에도 불구하고 당의 결의와 당칙을 준수하지 않고 제국주의적 영웅심의 야망을 가지고 당의 조종단체인 4합을 자기가 장악하여 무자격적 수령 획득정책을 행한바, 당에서는 당칙에 의해 당연 출당할 것이지만 당의 기초가 완전하지 않기 때문에 회유정책으로 정권처분을 행하고 그들의 행동을 조사중인데 김약수는 개전의 태도가 없을

---

36) 『동아일보』 1925.11.7.

37) 李南斗, 앞의 글, 18~19쪽.

뿐아니라 자기의 왼팔인 辛容琪(辛鐵)과 공모자인 金鍾範 李憲 등을 개인으로서 만주 혹은 浦潮 방면에 파견하여 浦鹽에서 이시파(이르쿠츠크파-인용자) 잔당인 한명세 김하석 최고려 등 및 同 地帶 在中인 서울청년회의 대표 金榮萬(이자는 당파괴운동을 목적으로 서울청년회로부터 파견되어 한명세와 공모한 것)과 합세하여 감히 당의 가면을 이용하여 당의 비밀을 신용기 등에게 암통하여 내외로부터 직간접 당파괴운동을 시도하여 … 당의 위신의 추락과 비밀폭로 파괴수단을 행하고 있다.[38]

조선공산당 중앙집행위원의 보고에 따르면 북풍파의 김약수, 정운해, 신철 등이 첫째로 당규약을 준수하지 않았고 둘째로 4단체합동을 장악하려 한다는 것 셋째, 블라디보스톡의 前이르쿠츠크파 간부 한명세와 서울파 등과 연합하여 당을 파괴하려고 한다는 것이었다. 이에 대해 조선공산당은 신의주사건으로 김약수 徐廷禧가 수감됨으로 조선 내지에 있는 회원(裵德秀, 李奎松) 등은 분열이 그들에게 불리한 일임을 깨닫고 4단체합동을 유지하고 당의 조종을 받고 있는 경향이 있으므로 그들중 당원이 될자를 선택, 입당시키기 위해 당원이며 모스크바 공산대학 출신인 金相鐸을 북풍회에 잠입시켜 分解作用을 통해 이를 저지시키려고 하였다.[39]

화요파 조선공산당의 이러한 행위에 대해 북풍파 역시 코민테른에 대표를 파견하여 통일적 당창건을 모색하게 되었다. 북풍파의 신철과 김영우은 이리하여 우리들은 한편으로는 서울청년회와 노동당과 제휴하여 유일한 조직을 위하여 노력했고 다른 한편으로는 화요회에게 이 통일에 참가할 것을 제안했다고 언급하고 있다.[40]

---

38) 朝鮮共産黨中央執行委員, 「報告書-思想運動ノ狀況ト黨ノ影響」, 1926.3, 『朝鮮共産黨事件重要書類證據物』, 高等法院檢事局思想部, 『朝鮮思想運動調査資料』第1輯, 1933, 30쪽.
39) 朝鮮共産黨中央執行委員, 「報告書-思想運動ノ狀況ト黨ノ影響」, 1926.3, 위의 글, 30~31쪽.


2부 조선공산당과 서울파의 당창건 투쟁

또한 조선노동당(스파르타쿠스당)의 이남두도 '서·북·노' 3분
파와 화요파와의 통일이 모색되고 있음을 말하고 있다.

> 2단체가 파괴된후에(10월 26일 화요-북풍 두파의 연합의 결렬을 의미-
> 인용자) … 노동당, 북풍회 양파는 서울청년회파와 제휴하여 통일적 공산당
> 의 조직을 준비함과 동시에 화요회에게 통일적 조선공산당 조직에 참가할
> 것을 권고한다.41)

이것은 바로 '서·북·노 3파합동'의 결성을 의미하는 것이다. 이
에 대해서 李鐵岳(梁明)42)은 다음과 같이 쓰고 있다.

> 1925년에 전위는 조직되었지만 그것은 대중적 전위가 되지 못하였을 뿐
> 만 아니라, 1924년 통일적 전위의 조직 교섭이 파열됨으로써 부분적 조직에
> 불과하였고 사상단체를 모체로 한 과거 파벌 그대로의 일종의 파벌단체의
> 연장 및 종합조직에 지나지 않았다. 더구나 1926년 초에 와서는 북풍회와의
> 협동이 파열되었고, 노동당은 분열·탈퇴하여 서울계를 중심으로 별도로
> '서·북·노'의 '3파합동'이 계획·진행되고 있었던 것이다.43)

梁明은 '1926년 초'부터 '서·북·노 3파합동'이 진행되었다고 말

---

40) Синчер·КимЕну, 앞의 글, 92쪽.

41) 李南斗, 앞의 글, 18쪽.

42) 이철악의 본명은 최근 梁明으로 판명되었다[최규진, 『코민테른6차대회와 조선
   공산주의자들의 정치사상연구』(성대사학과 박사논문, 1996), 107쪽 참조]. 그는
   1925년 北京에서 革命社를 조직하고 국내로 들어와 1926년 3월 5일 '레닌주의
   동맹'을 조직하여 '전선 통일'을 강조하였다. 1926년 12월 조선공산당 2차당대
   회에서 고려공산청년회 책임비서로 선출되어 활동하였다. 이후 조선공산당 해
   체이후 한위건 등과 ML파의 기관지 『계급투쟁』을 발행하면서 당재건을 위해
   활동하였다.

43) 李鐵岳, 「조선혁명의 특질과 노동계급 전위의 당면임무」, 『階級鬪爭』 창간호,
   1929.5[배성찬 편, 『식민지시대사회운동론연구』(돌베개, 1987), 156쪽].

하고 있는데 실질적인 그들의 연대는 1925년 10월 26일 화요파와 결렬을 선언한 뒤부터 시작되었고 1925년 11월 22일 '신의주사건'으로 인한 화요파의 와해는 '서·북·노 3파합동' 결성의 결정적인 계기를 부여하였다. 그들은 화요파를 포괄하는 전체운동의 통일 즉 통일적 당건설을 지향하였다. 그리고 이러한 통일적 당건설방침에 대한 코민테른의 승인을 위해 그들의 대표들을 파견했던 것이다.

1926년 2월 무렵 '서·북·노 3파합동'의 대표로 파견된 서울파의 김영만·최창익, 북풍파의 신철·김영우, 조선노동당의 이남두는 통일적 당건설에 대하여 코민테른에 다음과 같은 제안을 요청하였다.

① 코민테른의 강령의 기초위에서 그리고 단일의 중대한 강령의 기초위에서, 모든 조선의 공산주의그룹을 통일하여, 훌륭한 조선공산당을 창립한다.
② 당창립을 위하여 모든 공산주의그룹의 대표로부터 당창립을 위한 조직적 기관을 조직하고, 동시에 그들의 중앙지도기관을 해산한다.
③ 유일한(단일한) 당의 창건때까지 이 조직에 모든 공산주의적 요소를 복종시키고, 그에게 최고의 권리(자격)을 부여한다.
④ 당 창립방법은 다음과 같아야 한다. : 그들의 보고에 기초하여 현 공산주의 조직을 점검하고 확인된 조직의 대표로 구성된 창립대회를 소집하는 것이다.
⑤ 짧은 기간내에 지방적 당조직으로부터 그들의 활동과 성원수에 관한 보고를 입수하고, 그 이후 실제로 모든 중앙의 지도적 기관그룹을 해산한다.
⑥ 망명지에 존재하는 모든 공산주의적 요소와 조직은 코민테른의 직접적인 지도하에서, 조선공산당 창립 활동으로 끌어들인다.[44]

'서·북·노 3파합동'으로 코민테른에 제출된 통일적 당건설에

---

44) Синчер · КимЕну/ КимЕнман · Цои − Чаник/ Линамду, 앞의 글, 115쪽.


2부  조선공산당과 서울파의 당창건 투쟁

대한 이 제안은 코민테른의 강령에 기초한 단일한 강령으로 전체 공산주의그룹이 통일하고 이러한 토대 위에서 당을 창건하자는 원칙적인 내용을 담고 있다. 그리고 이를 위해 각 분파들의 대표들로 구성된 '당창건을 위한 기관'을 조직하고 자신들의 전위조직을 포함한 모든 '중앙지도기관'을 해산할 것을 표명하고 있었다. 또한 러시아의 '이르쿠츠크파'와 '상해파' 등 사회주의자들을 망라하는 계획을 제출하였다.

## 3. 코민테른의 「1926년 3월 결정」과 분파승인

앞절에서 살펴보았듯이 1926년 1월에서 3월 무렵 서울파, 북풍파, 조선노동당 등은 코민테른집행위원회에 화요파 조선공산당의 '오류'와 조선 국내에서 통일적인 당건설에 대한 자신들의 견해를 보고하였다. 조선에서 통일적 당건설 문제와 관련하여 이 무렵 코민테른집행위원회 산하 동양부에서는 수차례에 걸친 회의가 열렸다. 1926년 2월 7일 코민테른집행위원회 산하 동양부 조선문제위원회에서 가따야마(片山潛), 보이찐스키, 바실리예프는 다음과 같은 문제를 결정했다.

> 첫째, 1925년 9월 21일자 코민테른 집행위원회 상임위원회 결정의 집행을 위하여 총회(플레남)에 작년 4월 조직된 조선공산당을 인정하는 문제를 제기한다.
> 둘째, 아직 조선공산당에 가입하지 않은 조선내의 기타 공산주의 단체들에 대해서는 이 단체들과 그 개별적인 성원들을 조선공산당에 가입시키기 위해 노력하며 더욱이 이 단체들의 대표자들과의 교섭에서는 가장 단호한 형태로 조선공산당의 건설사업을 새로 시작해야 한

다는(조직국 등이 조직되어야 한다는) 모든 시도와 제안을 거부한
다.[45]

　이 문헌을 통해 1925년 9월 무렵 동양부에서는 화요파 조선공산
당의 승인문제를 둘러싼 논쟁이 있었음을 알 수 있다. 즉 1925년 9
월 무렵 당대회를 보고하기 위해 모스크바에 파견된 조봉암과 '이르
쿠츠크파'의 조훈과 남만춘이 공동으로 제출한 보고에는 "동양부의 결
정 초안에는 4월 대회에서 창립된 조선공산당을 인정하는 것에 대해
언급되지 않고 있으며, 거기에서 선출된 중앙위원회가 당대회 소집을
위한 조직위원회로 간주되고 있다"고 항의하면서 '4월대회(1925년 4
월 17일 1차당대회-필자)'에서 조직된 당과 중앙위원회를 인정해야
하는 이유를 제기하였다.[46] 화요파의 조봉암과 이르쿠츠크파의 조
훈, 남만춘은 동양부가 조선공산당을 승인하지 않은 것에 대하여 강
력한 항의를 제기하면서 1925년 4월에 창립된 조선공산당을 인정할
것을 요구하였던 것이다.

　동양부는 국내의 서울파, 북풍파, 조선노동당 등 각 분파들의 격
렬한 반발에도 불구하고 1926년 2월 무렵 화요파 조선공산당의 승인
을 코민테른집행위원회 상임위원회에 제안하게 되었다. 동양부의 제
안에 따라 코민테른집행위원회 상임위원회는 1926년 3월 31일 「조
선문제에 대한 결정」을 통해 화요파 조선공산당을 코민테른 지부로
승인하였다. 전체 6항목으로 이루어진 코민테른의 「1926년 3월 결

---

45) Выписка из протокола заседания колл. Востотдела, 1926.2.7, 1~2쪽(러시아문서
　　보존소 ф.495 оп.135 д.115).

46) 「Особое мнение и возражения : По проекту Восточного Отдела ИККИ "О ближайши
　　Х организационныХ задачаХ КорейскиХ коммунистическиХ организациХ"」(Ф.495 О
　　П.135 Д.110, 142~143쪽). 「'조선공산주의단체들의 당면시기 조직적 과제에 대
　　한' 코민테른 집행위원회 동양부 초안에 관한 이견 및 반대의견」(1925.9).


2부　조선공산당과 서울파의 당창건 투쟁

정」의 내용은 다음과 같다.

① 1925년 4월 조직된 공산주의단체를 조선공산당, 코민테른의 지부로서 인정하는데 대한 동양부의 제안에 동의한다.

② 조선공산당이 아직 당에 가입하지 않은 공산주의 그루빠 및 민족혁명단체들 가운데에서 가장 우수한 분자들을 인입할 가능성을 보장하기 위해 필요한 대책을 마련할 것을 코민테른 집행위원회 비서부에 요청한다.

③ 코민테른은 코민테른이 인정한 공산당과 투쟁하지 않는다는 조건으로, 조선의 모든 혁명적 단체 및 공산주의 그루빠와 직접적인 관계를 유지할 용의가 있으며, 그들에게 동지적인 충고 등으로 원조하며 그들을 동조적인 공산주의 그루빠로 간주한다.

④ 조선의 혁명단체들에게 그러한 이름을 들을 가치가 있는 어떤 조선의 혁명가이든지 조선공산당과 투쟁할 수도 없고 투쟁해서도 안되며, 반대로 각 조선혁명가는 조선공산당이 조선인민의 민족해방 및 사회해방을 위해 가장 결연하고도 비타협적으로 투쟁하는 조직이라는 점을 알아야만 할 것이라는 점에 주의를 준다.

⑤ 모든 조선의 혁명 단체들의 가장 긴급한 근본과업은 다음에 있다고 간주한다 : 모든 합법적 가능성을 백방으로 이용하면서, 현존하는 모든 합법적인 민족혁명단체들의 대중속에서 일치와 통일 및 가장 정력적인 활동의 방법으로 통일적인 민족혁명전선 창립을 위한 조직적 활동을 전개한다. 더욱이 노농총동맹, 화요회, 북풍회, 노동당, 서울청년회 등과 같은 조선의 대규모 혁명단체들은 우호적인 공동활동의 모범을 보여야 한다.

⑥ 한편 조선공산당은 합법적인 대중단체들 속에서 통일적인 민족혁명전선의 창립을 원조하기 위해 모든 자신의 영향력을 행사해야만 한다. … 만약 아직 당에 가입하지 않은 공산주의 그루빠들 그리고 무엇보다 서울청년회가 당에 반대하여 투쟁하지 않는다면, 그들은 본 결정의 3항에 따라 동조적인 공산주의그루빠로 간주될 것이다.

그와 같은 조건을 준수할 때 당은 이 합법적인 단체들 속에 자기 소속의 분파(Фракций)를 만들어내는 것을 피해야 하며 그 단체들 속에서 대중을 획득하기 위한 동조적인 공산주의 그루빠들의 활동을 방해하지 말아야 한다. 한편 동조적인 꼼그룹은 똑같은 방향으로 공산당의 활동을 방해하지 말아야 한다.

공산당은 본 결정의 기초위에서 아직 당에 가입하지 않고 있는 꼼그룹들과 공동활동 및 공동진출의 조직에 대해 합의하기 위해 가능하다고 생각되는 모든 것을 이용해야 한다.[47]


먼저 「1926년 3월 결정」은 1925년 4월에 결성된 공산주의조직을 조선공산당과 코민테른 지부로 승인한다는 동양부(Восточного Отдела)의 제안에 동의를 표명하였다. 한편으로, 이것은 1924년 5월 조직국('13인회')의 창설을 비롯하여 1925년 11월 무렵 '서·북·노 3파합동' 등을 통해 통일적 당창건을 위한 '서울파'의 노력이 무산되었음을 의미하였다.

코민테른의 「1926년 3월 결정」은 특히 조선공산주의운동에서 분파문제에 관한 해결 방안에 고심한 흔적이 역력히 나타나고 있다. 전체 6항목 가운데 1항을 제외한 2항, 3항, 4항, 5항, 6항이 모두 서울파를 비롯한 북풍파, 조선노동당과 관련된 내용으로 이루어졌다. 특히 세번째 항목은 무엇보다도 '서울파'가 국내운동에서 차지하는 대중적 역량에 대한 코민테른의 정치적 배려가 반영된 것이었다.

또한 「1926년 3월 결정」은 5항과 6항에서 무엇보다도 "통일적인 민족혁명전선의 창립을 위한 조직적 활동을 전개"해야 함을 강조하면서, 노농총동맹과 화요회 북풍회 조선노동당 서울청년회가 우호적인 공동활동의 모범을 보여야 함을 지적했다. 「결정」은 통일전선의 창설

---

47) Резолюция ИККИ по Корейскому вопросу : Принятая Президиумум 31/III с добавлением в профсоюзных вопросах, 1926.3.3.1(러시아문서보존소 ф.495 оп.135 д.115, 4~5쪽). 코민테른집행위 상임위원회, 「조선문제에 대한 코민테른집행위원회 결정 - 노동조합문제에 관한 첨부 문서와 함께 -」, 1926.3.31(러시아문서보존소 ф.495 оп.135 д.115, 4~5쪽).



2부 조선공산당과 서울파의 당창건 투쟁

을 원조하고 동시에 합법적인 민족혁명조직의 모든 분열의 시도와 투쟁하기 위하여, 합법적인 대중조직에 자신의 영향력을 이용할 과제를 당 앞에 내놓고 있다. 그리고 「결정」은 당은 대중조직 속에 자신의 프락치야(Фракций : 분파)의 창설을 회피해야만 하고, 프락치야는 대중조직 속에서 대중의 획득을 위해 '동조적인 공산주의 그루빠들'의 사업을 방해하지 말아야 할 것과 당은 공동의 사업에 관하여 이 그루빠들과 합의하기 위해 모든 가능성을 이용해야만 한다는 내용을 담고 있었다.

코민테른집행위원회의 「1926년 3월 결정」은 비록 그것이 모든 공산주의자까지는 아니고 또 즉각적으로 조선에까지 이르지 않을지라도, 그들의 정치와 전술노선의 기초를 결정하고 갓 태어난 조선공산당에게 커다란 의미를 지녔다.48)

한편 일제의 관헌 측 기록에도 코민테른의 「1926년 3월 결정」에 대한 내용을 소개하고 있다. 이것은 1928년 2월에 검거되는 'ML당사건' 또는 '제3차조선공산당사건'으로 불리우는 조선공산당 2차당대회(1926년 12월 6일)에서 구성된 당지도부와 당조직에 대한 검거 이후 드러난 사실들이었다.

1925년 가을의 모스크바 국제공산당대회49)에 즈음하여 화요회에서는 조봉암 조동호를 조선공산당 대표로서 출석시켰는데 서울청년회는 김영만 최창익 이운혁의 3명을 대표로 조선노동당은 이남두를 대표로 북풍회는 신철을 대표로 보내어 각각 그 단체조직을 공산당으로서의 승인을 얻고자 청원하였다. 국제공산당에서도 그 채택여부에 어찌할 바를 몰랐다. 특별위원회를 개최하여 심사한 결과 화요회대표에 대해서는 조선공산당 및 고려공산청년

---

48) Шабшина Ф. И., 앞의 책, 110쪽.
49) 1925년 가을에는 코민테른 대회가 개최되지 않았다. 아마도 이것은 코민테른집행위원회 회의로 추정된다.

회를 승인하고 노동당 및 북풍회에 대해서는 그것은 공산 그루빠로 인정하
나 대표권에 결함이 있다고 하여 이를 受理하지 않았다. 서울청년회 대표에
대해서는 단지 공산 그루빠로서만 인정하는 의미의 다음과 같은 지령을 주
었다.

① 국제공산당 총간부에서 정한 코미시(특별위원회), 그 동양부에서 정한
　위원회에서는 서울청년회, 북풍회, 조선노동당의 세 그루빠를 공산단
　체로서 승인한다.
② 세 그루빠의 공산단체는 조선공산당과 투쟁할 수 없는 동시에 조선공
　산당은 세 그루빠 공산단체와 투쟁할 수 없다.
③ 국제공산당은 세 그루빠 공산단체가 조선에서 운동 성적이 조선공산당
　의 운동성적보다 낮고 우세할 경우에는 조선공산당 대표와 세 그루빠
　공산단체를 소집하여 통일적으로 하기 위해 국제공산당은 코미시(Коми
　си : 위원회 − 인용자)를 선출하여서 이를 결정한다.
④ 조선 혁명 봉기의 경우에는 모두 공동전선에 서서 일치한 행동을 취할
　것을 명한다.
⑤ 화요회는 조선 안에서 전력을 다하여 당의 확장에 노력하고 세 그루빠
　는 그 기반인 조선청년총동맹 및 기타 표현단체로부터 조선공산당에
　다수의 청년을 입당시켜 표면 양자 상호불가침의 우의를 지킬 것.
⑥ 민족운동에 대해서는 민족혁명 단일전선을 作成하여 세 그루빠의 회원
　을 이에 가맹시킬 것.

　이상 6항을 지령하고 각 대표는 이를 받아 大正 15년(1926) 1월 블라디보
스톡에 돌아와 각파와 연락을 취하였다.[50]

　일제 관헌 측 자료를 코민테른의 「1926년 3월 결정」 러시아 원
문과 비교해보면, 표현이 조악하고 중요사항이 가볍게 취급되고 있
지만 분파문제에 대해서는 비교적 정확하게 기술되어 있다. 이것은

---

50) 京城地方法院檢事局, 「第三次朝鮮共産黨及・高麗共産青年會事件檢擧ノ件」,
　　1928.3, 33~37쪽; 京高秘 第1682號, 「秘密結社 朝鮮共産黨及高麗共産青年會事件
　　第三次檢擧狀況」, 1928.3.26, 154~155쪽.

그만큼 당시 사회주의 내부 대립이 격렬하였음을 반영하는 것이었다. 그러나 일제 관헌 측 자료는 노동당 및 북풍회에 대해서 공산그루빠로 인정하나 대표권의 결함이 있어 이를 수리하지 않고 서울청년회만을 공산그루빠로 인정하였다고 설명하고 있다. 이것은 앞의 러시아 원문과 비교해보면 그렇게 단정적으로 해석하기에는 어렵다. 코민테른은 서울파뿐만 아니라 북풍회, 조선노동당도 조선공산당에 투쟁하지 않는다는 조건 하에서 동조적인 '공산주의그룹'으로 인정하였다.

그러면 「1926년 3월 결정」에서 코민테른이 조선공산당을 승인하면서 세 그루빠를 '공산주의 그루빠'로 인정한 이유는 무엇일까? 이것은 코민테른이 화요파 조선공산당을 승인하면서 서울파를 비롯하여 북풍파, 조선노동당을 분파로 인정한 것을 의미한다. 이시기 코민테른은 아직 스탈린시대의 당내 분파금지규정에 적용받지 않았던 것이다.

레닌은 분파(faction)를 특정한 정강과 규율로 결합된 당내의 당원집단, 즉 당내에 존재하는 당을 분파라고 하였다.51) 그러나 동시에 그는 "당은 다양한 입장들을 포함할 수 있으며 그 가운데 극단적인 입장들 간에는 서로 격렬한 대립이 존재할 수도 있다 … 당내의 프락션이란 무엇보다도 우선 일정한 방향에서 당에 영향력을 행사한다는 목적, 자신들의 원칙을 가능한한 순수한 형태로 당내에 관철시킨다는 목적으로 결성된 동일한 견해를 가진자들의 그룹인 것이다.이를 위해서는 진정으로 동일한 견해가 불가결하다"52)고 당과 분

---

51) 레닌, 「조정주의자 내지 관용주의자의 새로운 프락션에 대해」, 1911[藤井一行, 이상철 옮김, 『볼셰비키 당조직론 – 민주집중제와 당내민주주의 – 』(두리, 1986), 89쪽.

52) 藤井一行, 위의 책, 83쪽.

파와의 관계를 설명하고 있다.

1925~1926년 시기 코민테른은 아직은 일괴암적이고 철의 규율을 강조하는 1934년 스탈린 시기 당규약에는 적용받지 않았다. 그러나 스탈린은 분파금지를 레닌과 볼키당조직론의 도달점으로 파악함으로써 이를 시공을 초월해 보편화시켜 버렸다. 1934년 1~2월 소련공산당 제17회 당대회에서 제정된 당규약에는 당내 분파에 대한 원천적인 금지가 규정되었다. 이로써 당내 민주주의에 대한 모든 논의는 사실상 소멸되었다.53)

러시아의 샤브시나는 원칙적인 문제에 대한 조선공산당의 지도노선은 대체로 코민테른의 노선을 따랐고 공산주의자들에 의해 지지를 얻었고, 분파투쟁에 나타났던 사상적 이견의 요소들이 불가피한 논쟁을 야기시켰던 것은 오히려 바람직했던 일이라고 하면서 조선공산당 내의 분파문제에 관하여 긍정적인 평가를 하고 있다.54)

'화요-이르쿠츠크파'의 조봉암, 조훈, 남만춘은 이시기 분파투쟁에 대하여 다음과 같이 언급하였다.

조선공산주의운동의 전 역사는 여러 공산주의 그루빠들의 끊임없는 분파투쟁의 역사이며, 4개의 당 중앙위원회(두개의 이르쿠츠크파와 두 개의 상해파) 그리고 조선공산주의 조직의 통일 및 당창건을 위한 7개의 조직 뷰로 및 위원회(① 코민테른 원동비서부 산하 오르그뷰로, ② 통일적인 베르흐네우진스크 당대회 소집을 위한 조직위원회, ③ 블라지보스톡의 코민테른 집행위원회 동양부 꼬르뷰로, ④ 코민테른 집행위원회 동양부 꼬르뷰로 국내부, ⑤ '13인 회의'와 이후에는 김사국에 이르기까지 모든 지도자들을 포함한 '15인 회의'의 이름아래 있던 꼬르뷰로 통일적 국내부, ⑥ 블라지보스톡의 코민테른 동양부 오르그뷰로, ⑦ 4월 당대회 소집을 위한 국내조선 오르그뷰로)의

---

53) 藤井一行, 이상철 역, 『볼셰비키 당조직론』(두리, 1986), 242·258쪽.
54) 샤브시나, 김명호 역, 『식민지조선에서』(한울, 1996), 293쪽.


2부  조선공산당과 서울파의 당창건 투쟁

청산의 역사이다.[55]

　이것은 격렬한 '분파투쟁'의 과정 속에서 화요파 조선공산당이 창건되었다는 사실을 말해주고 있다. 이와 같이 조선공산주의운동은 복잡한 '분파투쟁' 의 역사 속에서 성장해 왔다. 그러나 각 분파의 형성과정과 분파들이 당을 조직하고 활동하는 과정 속에서 벌어지는 분파투쟁의 과정은 너무나 당연한 역사적 과정이다. 세계공산주의운동사 어디에서도 처음부터 단일한 사상적 체계를 가지고 당이 운동을 시종일관 이끌었던 예는 존재하지 않았다.[56]

　당의 운영원리는 민주집중제(democratic centralism)였다. 민주주의와 집중제라는 두 개념의 결합에는 조금의 모순도 존재하지 않는다. 당내 비판의 자유와 지적인 투쟁은 당내 민주주의 없이는 가능하지 않았다. 당이 분파활동을 용인하지 않는다는 사고는 혁명적 퇴조기의 미신에 불과하다. 실제로 볼셰비키당의 역사는 분파투쟁의 역사였다.[57] 당이 프롤레타리아의 자주적 해방을 위한 투쟁을 성공적으로 지도할 능력이 없다면 다른 어떠한 세력도 자본주의의 지배를 종식시킬 수 없을 것이다. 이것이 코민테른의 상태와 발전이 모든 노

---

55) 「Особое мнение и возражения : По проекту Восточного Отдела ИККИ "О ближайши
　　х организационных задачах Корейских коммунистических организаций"」(1925.9)
　　러시아문서보존소 Ф.495 ОП.135 Д.110, 142~143쪽.

56) 예컨대, 1930년 2월 3일 창립된 베트남공산당은 여러 사회주의 조직들 인도차
　　이나공산당(ICP), 안남공산당(ACP), 인도차이나공산연맹(ICL) 등등 각 전위조직
　　체의 통합으로 이루어졌다. 그리고 그들은 1920년대 초부터 출현한 여러 맑스
　　주의 그룹 특히 베트남청년혁명동지회, 피압박아시아인민협회, 공산청년연맹
　　등으로부터 형성되었다. ICP와 ACP 양 조직체는 모두 코민테른으로부터 승인
　　을 받기 원했고 호찌민(胡志明)과 관계를 맺고 있었다[더글라스 파이크, 편집
　　부 역, 『베트남공산주의운동사연구』(녹두, 1985), 23~40쪽].

57) 레온 트로츠키, 김성훈 역, 『배당당한 혁명』(갈무리, 1995), 123쪽.

동자들에게 결정적인 영향을 미쳤던 이유였다. 당의 내부 논쟁과 내부 투쟁은 그런 까닭에 결코 사적인 문제가 아니었다. 그것은 전체 노동자 계급과 관련되어 있었다.

한편 분파투쟁에 대한 당시 사회주의자들의 평가는 어떠하였는가? 서울파 사회주의자 李雲赫은 「과거 우리 당의 조직상의 결함」에 대해 다음과 같이 언급한다.

> 조선에서의 계급당 결성운동은 국제공산당(코민테른)이 창립된 다음해인 1921년(1920년의 잘못-인용자) 부터 시작한 이래 대단히 복잡한 과정을 거쳤다. 그렇지만 조선 최초의 전위조직인 이르쿠츠크, 상해 양파가 모두 주체적 조건이 미성숙할때, 특히 조선 무산계급투쟁의 본 장이 아닌 국외에서 각자 민족운동의 파벌적 전통을 버리지 않은 봉건적 소부르조아적 지식분자를 토대로 무원칙한 파쟁을 발단시킨 것은 말할 필요도 없다. 그렇지만 그후 끊임없이 생겨나는 제당파에서도 서울파는 소부르조아적 지식군과 룸펜프롤레타리아트를 다수로, 화요파는 양파 계급과 지식청년을 토대로, ML파는 부르조아 지식분자를 중추로 하여 결성되고 사상단체를 모체로 한 사상단체적 운동을 계속하면서 파쟁에 열중해왔던 것이다 … (그러나) 이때가 진정한 볼셰비키당 산출의 예비적 준비적 역할을 수행한 시기임을 부정하기 어렵다.[58]

또한 이재유는 다음과 같이 '파벌문제'의 특수성에 대하여 언급하고 있다.

> … 조선 내의 여러 조건의 특수성 때문에 … 조선의 과거 공산주의운동 전선에서 특수한 봉건적인 파벌투쟁을 계속하게 하였다. 이것은 상당 기간을 통해 공산주의운동 전선에 커다란 손해를 끼쳤을 뿐만 아니라 반동적 결과를 수없이 초래하게 하였다. 이러한 파벌적 경향 속에서도 공산주의적 조

---

58) 李雲赫, 「黨再建의 組織的 方針에 關한 테제」(朝鮮總督府 警務局, 朝保秘 第300 号, 「朝鮮共産黨再建設整理委員會 事件 檢擧ノ件」, 1931.4.18, 梶村秀樹·姜德相 編, 앞의 책, 307쪽).



2부  조선공산당과 서울파의 당창건 투쟁

류는 부단한 발전을 위해 내외의 적에 대해 투쟁을 계속해왔다. 그러나 일정한 기초적 조건에 의해 발생했던 것인 만큼 곧 없어지는 것은 아니다. … 특히 그것은 일정한 이데올로기이기 때문에 더욱 그럴 것이다. 조선 공산주의운동의 가장 어려운 문제로 가로놓여 있던 파벌 문제는 노농대중의 혁명적 투쟁과 파벌의 기초적 제조건의 소멸로 최근 그 자취가 공장 노동대중과 농촌에서 점차 없어지고 있는 것이 분명하다.[59]

이운혁과 이재유의 '파벌' 즉 분파에 대한 인식은 당시 사회주의자들 가운데 상대적으로 건강한 인식이 아니었나 생각된다. 이운혁은 1920년대 분파투쟁에 대한 자기비판과 아울러 그것을 운동발전의 필연적 과정으로 인식했다. 또한 이재유는 노동운동에 대한 헌신적 투쟁 속에서 1930년대 운동에서 파벌은 거의 소멸한 것으로 파악하고 있었다.

당내에는 항상 다양한 그룹 즉 강령의 문제나 전술의 문제, 그리고 조직의 문제에 완전히 의견을 같이 하지 않는 여러 그룹이 존재할 수 있다. 그러나 전체 당 차원에서는 그룹에 대한 일정한 원칙이 있어야 할 것이고 당의 다른 부분의 그룹과 별개인 그룹이 당의 어떤 부분 속에 처음부터 형성되어 계속적으로 다른 견해와 입장을 표명해서는 안된다.[60]

분파문제와 관련하여 1920년대 조선 사회주의운동에서 서울파의 전위조직인 고려공산동맹에 대한 객관적 평가가 이루어져야 할 것이다. 특히 서울파의 대중운동과의 결합, 활동에 대한 평가 속에서 1920년대 당운동의 역사에 대한 올바른 평가가 가능할 것이라고 생각된다. 서울파의 고려공산동맹은 조선공산당과 더불어 1920년대 운

---

59) 이재유, 「조선에서의 공산주의운동의 특수성과 그 발전의 능부」, 『사상휘보』 11호, 1937.6.
60) 전명혁, 「1920년대 공산주의운동의 기원과 조선공산당」, 앞의 책, 90쪽.

동을 양분하는 역할을 수행했다. 또한 두 개 이상의 전위조직이 존재하는 당시의 상황에 대한 코민테른의 지도의 문제도 제기될 수 있다. 그러나 이러한 문제를 해결하는 열쇠는 최종적으로 이 시기 조선의 사회주의자들에게 달려있었다.

# ML파의 형성과 서울파의 분화

## 1. ML파의 형성과 서울파의 분화

1925년 11월 22일 발생한 '신의주사건'으로 '화요파' 조선공산당은 당조직에 치명적 타격을 입었다. 이를 복구하기 위하여 그들은 '서울파'와 당통합을 논의하였다. 그러나 1925년 11월 28일~12월 22일, 1926년 1월 27일~2월 20일, 1926년 5월 6일~5월 16일까지 세차례에 걸친 양파간의 통일을 위한 회합은 끝내 결렬되었다.[1]

1925년 11월 28일에서 12월 22일에 걸쳐 진행된 첫번째 회합은 예비 접촉으로서 고려공산동맹의 대표로 최창익과 정백이, 화요파

---

[1] 「朝鮮唯一共産黨組織問題に關する報告 : 本同盟と火曜會との交涉顚末」(이하 교섭전말)(148~153쪽) (1926.10) (러시아문서보존소 ф.495 оп.135 д.127) 이 자료는 서울청년회내의 비밀공산주의그룹인 고려공산동맹이 화요파와의 통합논의를 코민테른 집행위원회에 보고한 내용이다. 원문은 일본어로 되어 있다. 보고시기는 기록되어 있지 않지만 보고 내용 가운데 1926년 10월 25일 최창익, 이정윤이 코민테른에 보고한 「고려공산동맹 사업보고」가 언급되어 있는 것으로 보아 같은 시기인 1926년 10월로 판단된다.

에서는 '상해파' 출신의 주종건이 참석하였다. 첫번째 회합은 '화요파'
가 중앙간부는 전원 7인중 서울 측으로부터 2인을 참가시킬 것과 김
사국동지는 당분간 조선공산당으로부터 완전히 제외할 것 등을 주장
했다.[2] 서울파의 리더인 김사국을 제외하자는 제안은 고려공산동맹
으로서는 받아들이기 어려운 조건이었다. 이에 대해 고려공산동맹은
서울 측의 사람들은 김동지는 과거의 역사로부터 말해도 현재 사업을
하고 있는 행동으로 보아도 공산주의적 혁명가이므로 화요회 측의 조
건에 동의할 수 없다고 맞섰다.[3]

　　1926년 1월 17일부터 2월 20일에 걸쳐 진행된 두번째 회합은
화요파가 먼저 제안하여 서울파에서 이영·박형병, 이정윤이, 화요파
에서 김철수·이봉수가 참석했다. 화요파는 "① (조선공산당에 – 인용
자) 가입할 것 ② 중앙간부는 火 측이 3인이면 서울 측이 2인, 火 측
이 4인이면 서울 측 3인으로 할 것 ③ 김사국 동지는 제1차 교섭시와
같은 이유로 제외할 것"[4]등을 주장했다. 서울파는 화요파의 합동 조
건에 동의했으나 통합이 진행되는 과정에서 화요파에서 교섭을 중지
하여 결렬되고 말았다.[5] 고려공산동맹은 김사국에 대한 문제는 조건
부로 의견일치를 구했다. 즉 "김동지의 문제는 당분간 休養하도록 하
고 조선공산당에 직접 참가하지 않도록 서울 내부에서 하기때문에 火
측에서는 김동지문제에는 함구할 것"[6]이라는 조건으로 일치를 보았

---

2) 위의 「교섭전말」, 148쪽.

3) 위의 글, 148쪽.

4) 앞의 「교섭전말」, 149쪽.

5) 화요파 조선공산당이 협상을 중단한 것은 고려공산동맹의 합법적 사상단체인
　전진회가 협상기간 중인 1926년 2월 17일 중앙집행위원회에서 조선사회단체중
　앙협의회의 발기를 계획하였기 때문이었다[박종린, 「1920년대 '통일'조선공산
　당의 결성과정에 관한 연구」(연세대사학과 석사논문, 1993), 48쪽].

6) 위의 글, 149쪽.


2부　조선공산당과 서울파의 당창건 투쟁

다는 것이다. 서울파의 중앙위원 수와 김사국의 조선공산당 불참이라
는 양보에도 불구하고 화요파는 일방적으로 서울파와의 교섭을 거절
하였던 것이다.

　화요파는 자신의 조직적 약세를 보강하기 위해 서울파와의 통합을
추진했지만 서울파의 조직력과 대중역량이 자신보다도 월등하기 때문
에 통합이후 당내 화요파의 위상의 약화로 자신의 정치노선을 관철시
킬 수 없음을 염려하여 서울파의 양보에도 불구하고 이를 거절하였던
것이다.

　세번째 회합은 1926년 5월 6일부터 5월 15일까지 진행되었다.
이 마지막 회합은 고려공산동맹이 먼저 신청을 해서 이영과 이정윤이
참석하고 화요파에서는 김철수, 이준태가 참석했다.7) 서울파는 2차회
합때와 동일한 조건을 제시했으나 화요파에서는 "중앙간부는 화요 측
에서 특정한 인물로 할 것"8)을 제시하여 완전히 결렬되고 말았다. 특
히 李準泰는 "우리 당은 엄연히 코민테른으로부터 승인을 얻고 있는 당
당한 국제당의 한국지부인 만큼 서울콤그룹과 1대1의 합당이란 있을
수 없으므로, 서울콤그룹의 동조자는 개별적으로 입당절차를 밟고 당
문안으로 들어와야 한다"9)는 주장을 하였다. 결국 화요파의 이러한 일
방적인 입장 때문에 고려공산동맹과의 합동은 실현되지 못하였다.10)

---

7) 위의 글, 149쪽. 3차교섭은 1926년 5월 6일부터 5월 16일 사이에 진행되었는데
　　3차교섭이 시작되고 이틀후인 5월 8일에 서울파의 리더 김사국은 폐결핵으로
　　파란만장한 삶을 마치고 말았다.

8) 위의 글, 149쪽.

9) 김철수 인터뷰, 1967.5.15 · 16일(김준엽 · 김창순, 한공사 2권, 440쪽).

10) 김철수는 서울파가 제시한 조건이 당책임비서는 화요회계로 하되 당조직부장
　　과 공청 책임비서는 서울계로 해야 한다는 것이었는데 이준태, 권오설 등이 극
　　력 반대하여 전선통일이 무망해지고 말았다고 회고하였다(김준엽 · 김창순, 위
　　의 책, 440쪽).

한편 블라디보스톡에서 서울파의 최창익과 화요파의 조봉암은 1926년 4월 28일부터 4월 30일까지 3일간 회견하여 조선유일공산당문제에 관하여 협의하였다. 그것은 양 분파사이의 3차회합(1926년 5월 6일~5월 15일)이 열리기 직전에 이루어졌고 3차회합을 위한 예비협의적 성격이었다. 그 내용은 다음과 같았다.

> 曺 : 1925년 4월에 우리(화요파를 말함)가 서울청년회 측과 협의하지 않고 조선공산당을 조직한 것은 첫째 조선에 유일공산당이 수립되지 않은 점으로 막대한 손실이었고, 둘째로는 역사000 거대한 동지 동단체를 제외했다는 점에서 동지 도덕상 비상한 책임을 느끼는 차제이다. 그러나 과거는 과거로서 금후는 화요당과 서울청년당과 절대로 합동함으로써 조선 유일공산당 수립에 노력하도록 … 이라고 말했다.
> 崔 : 全全 동감이다. 우리는 서로 不可分的으로 결합함으로써 통일적 조선공산당 수립에 노력할 것을 약속(한다)[11]

여기서 화요파의 조봉암은 1925년 4월 창건된 조선공산당이 서울파를 배제한 '도덕적 책임'을 시인하고 있다. 이러한 기조 속에서 서울파의 최창익은 화요파와의 통일적 조선공산당의 창건에 노력할 것을 약속하였던 것이다.

또한 그들은 코민테른의 「1926년 3월 결정」[12]에 대해 다음과 같은 공동의견을 제출하였다.

---

11) 앞의 「교섭전말」, 150쪽.

12) 원자료에는 '국제공산당 결정서'라고 되어 있는데 그것은 시기적 내용적으로 볼 때 코민테른의 「1926년 3월 결정」이 틀림없다. 앞장에서 살펴보았듯이 이 「결정」은 조선공산당을 승인하면서 서울파를 비롯한 조선의 '공산주의 그루빠'를 그들이 조선공산당에 반대하여 투쟁하지 않는다는 조건에서 동조적인 공산주의그룹으로 인정한 것이었다.

① 금번 국제당 결정서는 조선에 재래와 같은 무익한 당파전을 제지시킬 것을 중요 안건으로한 것.
② 금번 국제당 결정서는 조선에 통일적 유일공산당 수립을 목적으로하여 우선 조선에 있어 ―0 거대한 서울청년회와 화요회가 합동할 것을 암시한 것.13)

서울파와 화요파는 이와 같이 '통일적 유일공산당'의 수립을 위해 통합할 것을 결정했다. 그리고 이 통합의 전제조건으로 "일체 동등 권리로 합동할 것"과 "현재 혁명력이 집중된 양과 질을 보아도 또는 과거 조선혁명운동을 지도한 역사로부터 보아도 서울청년당이 중앙간부에 다수권을 가져야 할 것이지만 지금은 그렇게 말할 권리0의 시기가 아니므로 중앙간부 총수를 9인으로 하여 그리하여 양파는 각각 4인씩 참가시키고, 그 나머지 사람은 국제당 총비서부의 지정인물(가장 공평한 지도자를 의미함) 1인을 참가"14)시키기로 결정했다.

이와 같이 서울파와 화요파는 서울파가 조선공산당에 개인자격으로 가입하는 것이 아니라 1대1의 원칙으로 당통합을 결정했다. 또한 중앙위원 9인도 동일하게 4인씩 배정하고 1인은 코민테른이 지정한 공평한 인물을 배정하는 원칙을 정했던 것이다. 그러나 이러한 원칙은 5월 6일~5월 16일의 3차 회합때 완전히 화요파에 의해서 무시되고 말았던 것이다. 화요파가 일방적으로 통합결정을 깨뜨린 이유는 무엇이었을까? 그것은 1926년 3월 화요파 조선공산당은 코민테른으로부터 정식 지부로 승인받은 후 더욱 자신감을 갖게 되었다. 또한 3차 통합논의가 진행중인 5월 8일에 서울파의 가장 영향력 있는 지도자 김사국이 죽자 화요파는 서울파와의 당대 당의 통합 원칙을 무시

---

13) 위의 글, 150쪽.
14) 위의 글, 151쪽.

해 버렸던 것이다.

당대 당의 통합논의가 주로 중앙위원수의 배정문제 등 상층 간부 차원에서 논의되고 있고 당의 강령·전술원칙·조직경험 등에 관해 언급되지 않고 있었던 것은 노동자계급의 의식적 전위로서의 혁명정당이라는 점에 회의를 던져준다. 그러나 서울파는 2차 당통합 논의 이후 1926년 3월 22일~23일 이틀 동안 고려공산동맹 도간부회의를 개최했다. 여기서 그들은 "본 동맹은 국제당 원칙에 기초하여 최선의 노력을 다해 화요파당과 투쟁을 피할 것, 그러나 주의상 정책상 차이가 있을 경우에는 여기에 한정되지 않는다"라는 통합 원칙을 확인하고 "화요당이 현상 이상으로 악화되고 변절되지 않을 때는 하시라도 합동할 것에 주저하지 않을 것"을 결의한 바 있었다.15)

또한 고려공산동맹의 「사업보고」에는 '무산계급유일당문제'에 대해 보고하면서 자신의 입장을 다음과 같이 언급하고 있다.

> 이 문제는 조선무산계급이 신속히 해결하여야 하는 문제이다. 그 이유는
> ① 조선무산계급자체의 성장이 유일당의 지도를 요구하도록 되었다는 것.
> ② 일본제국주의적 자본주의의 만주침략정책과 적로의 차에 대항하기 위한 대책 시설 등 극동국제관계가 절박하다는 등의 조건이 있는 것.
>
> 그러므로 조선의 무산계급의 전위분자는 원칙상 다음과 같이 제안을 함으로써 이 문제를 해결하려고 한다.
> ① 전위분자는 재래의 당파를 중심으로서 당파전을 계속할 것인가?
> ② 전위분자는 현재 대립하고 있거나 혹은 일개의 유력한 당파로 집합하여 그 당파의 내부를 개선, 수정, 청결하여 그것으로써 조선무산계급 유일당으로 하는 제안에 투쟁할 것인가?

---

15) 위의 글, 151~152쪽. 이 보고서가 서울파에 의해 작성된 것이므로 화요파의 입장이 고려되지 않은 것은 사실이지만 화요파가 코민테른의 정식 승인을 받은 입장에서 서울파에 대해 코민테른의 '권위'를 통해 통합의 일반적 원칙을 무시한 것은 사실로 파악될 수 있다.



2부  조선공산당과 서울파의 당창건 투쟁

③ 非甲非乙의 제3당파를 수립할 것인가?

④ 전위분자는 장래 무산계급유일당 조직을 목표로하여 현재에 대립하는 각당파내에 들어가 그 당파를 부절히 개선 수정 청결할 것인가?

제1제안에 대해서는 본 보고서 중 「조선당파전의 정체」라는 제1항목에 있는 이유에 의해 그렇게 하는 것을 절대 허락하지 않는다.

제2제안에 대해서는 절대적으로는 아니지만 현재 조선에서는 불가능함으로 부적당한 방법이다.

제3제안에 대해서는 제1에서는 조선통일공산당수립정책에 대한 국제당원칙과 상호 대립관계(정신상으로는 일치하지만 조직상에 있어서)가 발생한다는 것.

제4제안에 대해서는 좌의 세가지 조건을 전제로서 실행할 수 있다.

① 조직상뿐 아니라 정신상으로도 현재 존재하는 각 당파 정신으로부터 절대적으로 초월한 국제공산당 원칙에 의한 통일적 조선공산당 수립을 목적으로 하여.

② 또는 시기가 성숙하면 현재 존재하는 당파를 동시에 또는 전후하여 해체할 것을 목적으로 하여.

③ 전위분자(진정한 공산주의자)는 이상 목적으로 신속히 달성하기 위해 모든 기회와 모든 노력으로써 투쟁하는 것을 전제로 하여.

이상의 제안은 현재 조선무산계급이 '합동 합동', '통일 통일'이라고 요구하는바 즉 유일공산당조직문제를 해결하는데 즉각적으로 조선전위분자 사이에 논급되는 내용이라고 결론짓는다. 즉 모든 노력과 열성으로써 합동할 시기이고 합동할 것이다.[16]

고려공산동맹은 "전위분자는 장래 무산계급유일당 조직을 목표로 하여 현재에 대립하는 각 당파내에 들어가 그 당파를 부절히 개선 수정 청결"하는 제안에 동의하였다. 단 이를 실행하는데 세가지 조건을

---

16) 崔昌益·李廷允, 「高麗共產同盟(ソウル青年會內部に組織された秘密クルプの)事業報告」, 1926.10.25(러시아문서보존소 Φ.495 Оп.135 д.125 125~194쪽), 163~164쪽.


8장  ML파의 형성과 서울파의 분화

전제하였다. 첫째는 조직상 정신상 코민테른의 원칙에 의거하여 통일적 조선공산당을 건설한다는 것이고 둘째는 어느 시기에 현존하는 분파들을 해체할 것과 셋째는 이 두가지 목적을 위해 전력을 다한다는 것이다. 고려공산동맹의 방식은 다시 말해 입당주의(entrism)였다.

1925년 11월말부터 1926년 5월에 이르는 기간동안 서울파 내부에서는 화요파 조선공산당과의 통합을 둘러싸고 상당한 의견 차이가 발생하기 시작하였다. 특히 1926년 5월 8일 서울파의 지도자 김사국의 죽음은 서울파 내부의 분화를 가속화시켰다.

조선공산당 상해 연락부의 김찬은 당시 조선공산당 책임비서인 강달영에게 서신을 보내었는데 그 가운데 '서울청년회에 대하여'라는 부분에는 다음과 같은 내용이 있었다.

그동안 내지에서도 여러 가지로 노력을 하였으니 결렬된 것으로 듣고 있습니다. 이곳 鄭栢군과는 몇 차례의 교섭도 하였습니다. 지금은 매일 상담 중입니다. 동무들이 생각하시는 합동이 아니고 등록의 형식으로 되면 金思國은 아직 책임석에 넣지 않기로 되었습니다. 간부는 정백, 李英만을 받아들이기로 우리의 생각은 일치하였습니다. 우리가 보는 바로는 정백, 이영 군은 일을 하는 데에는 성의를 가지고 하리라 여겨지며, 또 장래에도 신임할 수 있는 동지라고 믿습니다. 만일 동무들의 의견이 우리와 일치한다면, 속히 실현하도록 착수하여야 할 것입니다. 이것도 속히 회답하여 주십시오.[17]

김찬의 이 서신 내용은 서울파의 핵심인물인 이영과 정백, 특히 정백이 상해에서 화요파 조선공산당과 이미 긴밀한 관계를 맺고 있었음을 시사한다. 정백은 1925년 11월 화요파 조선공산당의 '신의주사

---

17) 고등법원검사국사상부, 「朝鮮共産黨事件證據物寫」 3(상해해외연락부원으로부터 조선공산당집행위원 앞 보고서), 『사상월보』 제2권 제10호, 1933.1.15, 1~4쪽.


2부 조선공산당과 서울파의 당창건 투쟁

건'이 발생한 직후인 11월 28일~12월 22일 화요파와의 1차당통합
논의에 최창익과 함께 서울파 고려공산동맹을 대표하여 참석하였고
이후 상해에 건너가서 1926년 10월에는 중국사정연구회를 설립하는
등 활동을 하였다.18)

또한 강달영이 1926년 4월 金燦에게 보내는 회신에서 "… 서울
청년회에 대해 弊黨의 분해운동이 효과를 거두어 그들 가운데 그루빠
적에서 벗어나서 폐당에 순응하는 자 날로 속출하고 있는 바이다 …
서울청년회파에서는 金思國派와 分解運動이 奏效하여 개인입당자가
연일 속출함"19)이라는 언급은 이러한 사실을 확인시켜주고 있다.

또한 姜達永이 코민테른에 보고하는 내용에 따르면, 서울파와 화
요파의 통합논의가 진행되는 가운데 서울파의 일부가 조선공산당에
가입하고 있음을 알 수 있다. 즉 강달영은 1926년 3월 "작년(1925
년 : 인용자) 국제당의 지령에 의해 本黨에서는 分解政策을 실시한
바, 현재 확실히 서울청년회 내부를 兩派로 분열할 수 있었다"20)라고
코민테른에 보고하였다.

그런데 강달영의 보고에서 '1925년 코민테른의 지령'은 무엇일
까? 이것은 분명히 코민테른이 조선공산당에게 보낸 첫번째 문서인
1925년 9월 15일 코민테른집행위원회 서기국의 결정으로 생각된다.

---

18) 이후 정백은 1926년 11월 상해에서 사회주의자동맹에 참여하여 「정우회선언」
   을 지지할 것을 제기하고 이후 1927년 3월 상해에서 조선공산당에 입당하였다.
   그해 9월에는 중국공산당 江蘇省위원회에 입당하여 法南區 한인지부 설립에
   참여하였다. 1928년 2월 ML파 조선공산당 3차당대회에 참석하여 중앙위원회
   전형위원으로 선임되었다[在上海重光總領事發報告, 「共産黨幹部具然欽ノ取調」,
   1930.4.10, 梶村樹秀・姜德相 編, 앞의 책, 416쪽; 강만길・성대경, 『한국사회주
   의운동인명사전』(창작과비평성, 1996), 431쪽].

19) 高等法院檢事局 思想部, 「朝鮮共産黨事件證據物寫」 2, 『思想月報』 2卷8号, 1932.
   12, 27~28쪽.

20) 「報告書－思想運動ノ 狀況ト 黨ノ 影響」, 위의 글, 31쪽.

이 결정은 앞에서도 살펴보았듯이 기본적인 정치적·조직적 당노선을 "모든 근로계층과 수공업자, 인텔리켄챠, 중소부르조아지를 단결시키는 민족해방투쟁의 과제"로 파악하고 "서울청년회와의 관계에서 그들이 모든 혁명적 세력과 행동통일을 할 것을 촉구할 필연성"을 강조했다.21) 화요파는 코민테른의 이러한 결정의 내용을 가지고 즉 코민테른의 권위를 통해 한편으로 당대 당의 통합을 논의하면서 다른 한편으로 서울파를 분열시키는 전술을 취했던 것이다. 화요파 조선공산당이 코민테른의 권위를 통해 서울파 세력을 흡수하려고 했던 방식은 강령과 전술적 입장에 대한 기본적인 인식의 공유없이 세력을 확장하려 했던 무원칙한 조직노선이었다.

한편 1926년 3월 5일 북경의 革命社 출신의 梁明 등은 '분열된 운동선의 통일'을 위해 레닌주의동맹을 조직했다. 여기에는 양명을 비롯하여 서울파 공청 조직22)의 韓斌, 金越星과 서울파 고려공산동맹의 李廷允, 李仁秀, 韓明燦, 李載夏, 李啓心 鄭宜植 그리고 화요파 고려공산청년회의 高光洙 등 10명이 참가하였다.23)

양명은 1925년 8월 운동전선의 통일을 위해 귀국하였고 모스크바 동방노력자 공산대학 출신의 한빈은 1925년 9월 "코민테른의 명령에 의해 조선공산당의 파벌청산과 당통일의 임무를 띠고"24) 국내

---

21) Шабшина Ф. И., *ИСТОРИЯ КОРЕИКОГО КОММУНИСТИЧЕСКОГО ДВИЖЕНИЯ (1918~1945 ГГ.)*, АКАДЕМИЯ НАУК СССР, МОСКВа, 1988, pp.107~108.

22) 서울파 공산청년조직은 1923년 2월 20일 창립된 고려공산동맹의 공청조직인 고려공산청년동맹으로 추정된다. 고려공산청년동맹이 조직된 시기는 정확하지는 않지만 고려공산동맹 창건 직후 또는 1924년 무렵으로 생각된다.

23) 「서울계공산당검거개황」, 1930, 34~35쪽[方仁厚, 『北韓 '朝鮮勞動黨'의 形成과 發展』(高麗大 亞細亞問題研究所, 1967), 37쪽].

24) 朝保秘 第1130号, 「朝鮮共産黨幹部韓斌逮捕ニ關スル件」, 1930.8.14(梶村秀樹·姜德相 編, 앞의 책, 412쪽).


2부  조선공산당과 서울파의 당창건 투쟁

에 들어왔다. 이때 러시아 꼼소몰 출신의 김월성도 같이 들어왔다.[25]
한빈과 김월성은 서울파 공청조직에 가입하고 고려공산청년동맹의
중앙간부의 개편을 시도하여 1925년 12월 한빈은 조직부에 김월성
은 선전부 책임을 맡게 되었다.[26] 이들은 서울파의 조기승, 이인수,
김병일, 신철호, 한명찬, 이계심[27] 그리고 최창익, 정백, 이정윤 등
과 접촉하면서 서울파 내부에서 운동전선의 통일을 선전하였다. 이들
이 이른바 '서울신파'였다.[28]

또한 모스크바 동방노력자 공산대학 출신의 고광수는 1925년 8
월 코민테른으로부터 "조선에서 공산당의 조직을 보면 파벌투쟁이 심
하고 당의 완전한 발달은 곤란함으로써 블라디보스톡에 있는 조봉암
의 지휘를 받아 入鮮하여 통일운동에 노력할 것"[29]이라는 명령을 받
고 1925년 10월 국내에 들어왔다. 조선공산당 책임비서 강달영이
1926년 3월 코민테른에 보내는 보고서에서도 "본당에서는 진실한 당
원 고광수(공산대학생)를 잠입시켜 분해작용을 일으킨 바 며칠도 지
나기 전에 효과를 거두었다."[30]라고 언급하고 있는 것으로 보아 고광

---


25) 강만길·성대경 편, 앞의 책, 103~104쪽; 「서울계공산당검거개황」, 1930.7,
    27~28쪽(방인후, 앞의 책, 31쪽).

26) 「서울계공산당검거개황」, 1930, 27~28쪽(방인후, 위의 책, 31쪽); 京城地方法院
    檢事局, 「韓斌調書」, 1930, 240쪽(김준엽·김창순, 앞의 책 2, 437쪽).

27) 李啓心은 함경남도 원산 출신으로 1926년 1월 화요파의 고려공산청년회에 가
    입하여 원산에서 야체이까 활동을 하였다(강만길·성대경 편, 위의 책, 315쪽).
    따라서 방인후의 글에만 의존하여 그를 서울파로 파악하기는 어렵다고 생각
    된다.

28) 박종린, 앞의 글, 35~36쪽.

29) 朝保秘 第464号, 「朝鮮共產黨幹部高光洙逮捕及高麗共產青年會咸南道機關檢擧ニ
    關スル件」, 1930.4.14(梶村秀樹·姜德相 編, 앞의 책, 229쪽).

30) 「報告書－思想運動ノ 狀況ト 黨ノ 影響」, 1926.3, 32面(高等法院檢事局思想部, 『
    朝鮮思想運動調査資料』 第1輯, 1932).

수는 코민테른과 화요파 조선공산당의 명령을 받고 의도적으로 레닌
주의동맹에 참여하여 서울파의 내부를 분해시키려는 작업을 하였던
것이 분명하다.

이와 같이 양명과 고광수, 한빈 그리고 이에 동조하는 '서울신파'
는 마침내 1926년 3월 5일 레닌주의동맹을 결성하여 코민테른이 의
도하는 조선사회주의 운동전선의 통일이라는 목적을 위한 한 걸음을
나서게 되었다.

화요파 조선공산당은 1926년 6·10만세투쟁으로 또 한차례의 검
거를 받고 괴멸적인 타격을 받는다.[31] 화요파 조선공산당의 대대적
인 검거가 있을 무렵인1926년 8월 동경에서 조직된 一月會의 리더인
안광천[32]과 하필원 등이 국내에 들어왔다. 그들은 와해되다시피한
조선공산당의 재조직을 목적으로 정우회[33]에 가입하여 마침내 정우

---

31) 6·10만세투쟁에 대해서는 장석흥, 『6·10만세운동연구』(국민대사학과 박사학위
  논문, 1995)를 참조할 수 있다. 6·10만세투쟁과 관련하여 화요파 조선공산당에
  대한 대대적인 검거로 100여명의 화요파 당원이 검거되었다. 이 사건으로 1926
  년 8월에 체포된 당원은 다음과 같다. 강달영, 이준태, 전정관, 이봉수, 권오설,
  박영민, 민창식, 박래원, 김명규, 박태홍, 김정규, 김창준, 어수갑, 이지탁, 박일
  병, 염창렬, 이병립, 김경재, 이상훈, 박순병, 전현철, 김동부, 이충모, 김세연, 구
  창회, 이은식, 류연화, 고윤상, 이규송, 강표환, 이호, 김연희, 배성룡, 김영희, 이
  승엽, 박태선, 백기호, 김유성, 배치문, 남해룡, 신표성, 조동혁, 이민행, 조준기,
  설병호, 김종욱, 권오설, 도용호, 이봉수, 채규항 등 50여명이다(京高秘第5819號,
  「秘密結社朝鮮共産黨事件檢擧 / 件」, 1926.8.25).
32) 일월회의 안광천이 北京에서 조직된 혁명사의 동경책임자였다는 사실도 흥미
  로운 일이다. 1925년 12월 혁명사의 許璋煥은 동경에 가서 안광천, 남대관 등과
  접촉하여 혁명사 동경지부를 구성한다. 이후 1926년 7월 허장환이 귀국한후 안
  광천은 동경책임자로서 활동을 하였다[김인덕, 『재일조선인민족해방운동연구
  -1925~1931년시기 사회주의운동을 중심으로-』(성대사학과 박사논문, 37쪽);
  박종린, 앞의 글, 15쪽] 혁명사와 일월회는 사상단체의 통일, 운동전선의 통일
  을 강조한 사상적 공통성을 가졌다(전명혁, 「일월회의 성립과 활동」, 『殉國』,
  1996.7, 28쪽).

회를 장악하게 되었다. 안광천, 하필원 등 일월회 세력은 1925년 1월 창립 당시부터 "조선 내 사회운동의 분립에 대해 절대 중립을 고수하고 그 입장에서 적극적으로 전선의 통일을 촉진한다"라는 행동강령을 내걸고 있었다. 또한 그들은 1926년 3월 19일『분열로부터 통일에』라는 리플렛을 통해 사상단체의 통일을 주장하였다.

> 무산계급의 해방운동은 일대 정치운동이니 그것에는 투쟁을 지휘할 당이 절대로 필요하다. 그런데 조선운동에 있어서는 정치적 특수사정으로 인하여 평의회적 정당의 수립이 불가능하니 표면적 활동에 있어서 사상단체가 그 직무를 가지게 되어 있다. 고로 외국에 있어서 무산계급의 단일정당이 필요한 것과 동일한 의의로써 조선에 있어서는 통일된 사상단체가 필요하다.[34]

이와 같이 전선통일을 강조한 일월회 세력은 레닌주의동맹과 접촉하면서 마침내 한국사회주의운동사에서 또 하나의 새로운 분파를 형성하게 되었다. 이것은 레닌주의동맹의 혁명사, 만주공청, 서울신파 세력과 일월회세력의 결합으로서 ML파의 형성을 의미하는 것이다.

한편 1926년 9월 2일 김철수는 오희선, 원우관, 신동호와 회합하여 와해된 당집행부서를 재정비하였다. 일월회의 안광천은 9월 20일경 조선공산당에 입당하였고 혁명사의 양명 또한 이무렵 조선공산당에 입당하였다. 10월 14일 중앙집행위원회에서 서울파의 김준연, 권태석 등이 입당하였고 조선공산당 2차당대회를 개최할 것을 결의하였다.[35]

---

33) 正友會는 1926년 4월 15일 서울에서 화요회 북풍회 조선노동당 무산자동맹회가 4단체합동위원회를 구성하여 조직하였다. 화요파 조선공산당은 서울파가 1926년 2월 조선사회단체중앙협의회를 발기하자 이에 대한 대응으로 정우회를 발족시켰다(裵成龍,「朝鮮社會運動小史」,『朝鮮思想通信』第877號, 1929.2.15; 김준엽·김창순, 앞의 책, 449쪽).

34)『일월회 리프렛』(1926.3), 燕京學人,「轉換期에 臨한 朝鮮社會運動槪觀」1,『조선일보』1927년 1월 2일에서 재인용.

1926년 11월 15일 안광천이 기초한 「정우회선언」은 福本和夫의 이른바 '경제투쟁에서 정치투쟁으로의 方向轉換論'을 조선사회주의운동에 이식한 것이었다. 「정우회선언」의 발표는 종래 조선공산당의 '정통'인 화요파가 일월회계를 중심으로 하는 'ML파'로 대체되는 정치적 효과를 초래했다.

「정우회선언」이 발표된 다음날인 11월 16일 서울파 고려공산동맹의 상당수가 조선공산당에 가입하였다.[36] 이것은 와해된 조선공산당의 당세력을 확장시키는데 기여하였다.

서울파 고려공산동맹은 서울신파의 레닌주의동맹 참가와 1926년 9월 김철수가 당조직을 재정비하는 가운데 계속적으로 서울파 인자들의 조선공산당 가입으로 조직이 정상적으로 가동되지 않는 상태에 빠지게 되었다. 또한 「정우회선언」에 대한 입장의 차이는 서울파 내부를 심각하게 분열시켰다.

최창익, 정백, 이정윤 등의 서울파 중진을 비롯하여 조기승, 이인수, 김병일, 신철호, 한명찬 등의 서울신파와 이영, 박원희, 임봉순, 박형병, 이낙영, 한신교 등의 서울파의 노선을 지속하려는 이른바 구파로 분류되었다. 구파는 고려공산동맹의 합법적 사상단체인 前進會를 통하여 이후 정우회선언에 대한 맹렬한 비판을 전개하는 등 ML파와 조직 사상적 논쟁을 벌이게 된다.

이러한 과정 속에서 서울파는 내부 분화를 겪게 되었다. 1926년

---

35) 「金錣洙外 20人調書」 2, 414~418쪽(김철수 진술)(김준엽·김창순, 앞의 책 3권, 184쪽).

36) 「조선공산당 2차당대회보고서」는 국내 당원수 220인 가운데 140인이 고려공산동맹으로 보고하고 있다. '1, 2차조선공산당사건'으로 조선공산당의 주도적인 분파였던 '화요파'는 이제 소수파였고 오히려 당내에 '서울파'가 다수파를 장악하게 되었던 것이다[「조선공산당 제2회 정기대회 회의록」, 1926.12.6, 52쪽(러시아문서보존소 Ф.495 Оп.135 д.123)].

3월 레닌주의동맹에 참여하는 '서울신파(한명찬, 이계심, 박태선)'와 1927년 4월 무렵 조공에 참여했다가 1927년 12월 서울파의 독자적인 당대회를 개최하여 코민테른의 승인을 얻고자하는 세력(이영, 권태석, 김영만, 허일), 조선공산당과의 통합을 거부하고 서울파를 유지하려했던 세력(김사국, 박원희, 한신교, 이항발, 김유인) 등 세가지로 분화되고 말았다.[37] 두번째와 세번째 세력은 서울구파로 불리워지는데 이들이 분화되는 이유는 통일전선의 성격과 당과의 관계문제를 둘러싼 견해의 차이에서 비롯되었다.


## 2. 조선공산당 2차당대회


1926년 9월에 당조직 정비에 나선 조선공산당 책임비서 김철수는 11월 28일 중앙위원회를 열었다. 중앙위원회에는 禹丹宇(吳義善 - 인용자), 安光泉, 權泰錫, 金俊淵, 梁明 등이 참여하였다. 중앙위원회는 1926년 12월 6일 당대회를 소집할 것과 대회에 출석할 대의원을 정하였다. 참여대의원은 당원분포 비례 및 기타 사정에 의하여 경기도 1인, 충청남북도 1인, 전라북도 1인, 전라남도 1인, 경상북도 1인, 경

---

37) 한동민은 서울파를 4개의 경향으로 세분하였다. ① 조공과 합동을 반대하며 서울계당의 고수를 주장하는 서울계 고수파(김사국, 박원희, 한신교, 이항발, 김유인) ② 26년 초반 조공에 참여하는 신파로 완전히 서울계라는 파벌의식을 탈각시킨 인물들로 ML화되는 부류(한명찬, 이계심, 박태선) ③ 26년 초반 조공에 참가하는 사람들로서 다시 27년 신조선공산당을 조직하는 신조선공산당파(이영, 권태석, 김영만, 허일) ④ 27년 중반에 조공에 가입하면서 신조선공산당에 참가하지 않고 4차당에 잔류하는 부류(정백, 이정윤, 최창익)(한동민, 앞의 글, 19쪽) 그의 이러한 분류는 필자의 생각과도 상당히 일치한다. 단지 ②와 ④를 다시 나누는 것에 대한 조직적, 사상적 근거가 필요할 것 같다.

상남도 1인, 황해도 1인, 평안북도 1인, 평안남도 1인, 함경북도 1인, 함경남도 및 강원도 1인, 일본대표 1인, 고려공청 대표 1인 등 총계 13인으로 정하였다. 중앙위원회는 강령 및 규약의 확정 및 당면한 의안은 금번 대회에서 충분히 토의하기 곤란하므로 그것은 다음해(1927년) 2월 8일 임시대회를 소집하여 결정하기로 하고 이번 대회에서는 중앙위원회에서 결정해놓고 모든 운동방침을 승인받기로 하였다.[38]

1926년 12월 6일 조선공산당 2차당대회를 개최되었다. 2차당대회는 조선공산당 책임비서 김철수의 개회사로 시작하였다. 김철수는 파괴된 조직 및 질서를 근본적으로 정돈하여 확립하기 위하여 11월 16일 고려공산동맹을 가입시켜 당세의 확장이 이루어졌다는 것과 본 대회의 대의원수가 너무 소수이지만 이 대의원들은 각 지방의 주요한 당원인 것과 더욱이 지금까지 분립되어 있던 운동이 통일되어 회집된 것으로 보아 조선혁명운동사상 가장 위대한 힘이 뭉친 모임이라고 말했다.[39]

대회는 대의원심사를 위해 심사위원 3인을 추천하여 鄭學先·河弼源·姜錫奉을 선출하였다. 심사위원은 다음의 13인을 대의원으로 선출하였다. 대의원 13인 가운데 강석봉·장준·이인수는 서울파 고려공산동맹의 조직원으로 활동한 바 있었다.

경남 盧百容, 전남 姜錫奉, 경북 鄭學先, 전북 林赫根, 충남북 張埈, 경기 河弼源, 황해 李仁秀, 평남 安昌濤, 평북 朴殷爍, 함북 金永燮, 함북 강원 徐載國, 동경 朴洛鍾, 高共靑, 대표 金剛[40]

---

38) 앞의 「조선공산당 제2회 정기대회 회의록」, 72쪽.

39) 위의 글, 50쪽.

40) 위의 글, 51쪽.


2부 조선공산당과 서울파의 당창건 투쟁

대회는 먼저 「민족운동에 관한 방침」을 통해 '민족주의자의 정당을 형성'할 것을 결정하고 다음과 같은 방침을 정하였다.

> 가. 모든 정치적 운동을 단일기관으로 결과시킬 일
> 나. 정당조직을 개인단위로 하고 지부제를 채용할 일
> 다. 만일 兩翼으로 분리하고 말거든 양편에 각각 프락치를 두되 그 중에 가장 우세이고 또 활동이 가능한 자에 주력을 쓸일.
> 라. 타락적 민족주의자(일본정부의 주구 및 그것에 유사한 자)에 대하여는 그 심사와 술책을 민중앞에 폭로하여 구축을 기할 일[41]

2차당대회의 이러한 결정은 이후 신간회로 구체화된다. 대회는 또한 노농총동맹을 노동총동맹과 농민총동맹으로 분맹할 것과 노동쟁의 및 소작쟁의에 대한 구체적 전술을 세울 것을 결정하였다. 대회는 서울파의 조선사회단체중앙협의회를 '일시적 회합에 그치게 할 일'과 '정치운동 시인의 선언을 발표케 할 일', '지방노농협의기관을 발달시킬 일', '각운동에 대한 논강을 제정케 할 일' 등을 결정하였다. 또한 대회는 "정우회와 전진회를 위시하여 재래의 모든 사상단체를 해체할 일. 그리하여 전위분자로 하여금 전국적 단일 표면적 정당 … 에 가입케 하여 당의 직접 지도하에서 활동케 할 일"과 서울파의 "사회주의동맹에서 소집하게 된 사상(총)동맹은 성립치 못하게 할 일" 등을 결정했다.

대회는 정학선, 강석봉, 하필원 3인을 중앙집행위원 및 중앙검사위원 전형을 위한 선거위원회로 하여 안광천, 한위건, 김준연, 정학선, 권태석, 김남수, 하필원 등 7인을 중앙집행위원으로 선출하고 후보위원에 김영식, 안상길, 김세연, 양명, 강석봉, 장적파(장일환-인

---

41) 위의 글, 57쪽.


8장  ML파의 형성과 서울파의 분화

용자) 이병의 7인을 선출하였다.

　한편 대회 하루 전인 12월 5일 조선공산당 산하 고려공산청년회 책임비서 양명은 중앙집행위원회를 소집하여 새로운 중앙집행위원을 선출하였다.42)


正委員 河弼源 宋彦弼 高 準 林炯日 金 哲 趙杞勝 溫樂中
候補委員 金伊龍 金在明 都寬浩 李基錫 姜 宇 金鎬般 韓 林


　김철수 책임비서 시기 共靑책임비서인 梁明은 안광천 책임비서 시기를 맞아 일월회 출신의 하필원을 책임비서로 하는 고려공산청년회 중앙집행부서를 조직하였다. 이로써 1926년 12월 6일 조선공산당 2차당대회는 일월회 출신의 당책임비서인 안광천과 고려공산청년회 책임비서 하필원으로 진용이 갖추어졌다.

　그러나 1926년 12월 6일 조선공산당 2차당대회는 사실상 서울파 전위조직인 고려공산동맹의 해체를 의미하였다.

---

42) 위의 글, 64쪽.


2부 조선공산당과 서울파의 당창건 투쟁

# 코민테른과
# 서울파 조선공산당 3차당대회

## 1. 코민테른의 「1927년 4월 결정」과 서울파

1927년 4월 27일 코민테른집행위원회 정치서기국[1]은 「조선문제에 관한 결정」을 채택했다. 그것은 두 개의 주요한 측면을 포함하고 있었다. 첫째, 반제투쟁에서 통일전선의 문제와 둘째, 코민테른의 지도를 인정하는 기초위에서 공산주의 대열의 통일성의 문제였다.[2]

이것이 코민테른의 「4월 결정」이다. 「4월 결정」은 모스크바에 파견되었던 김철수가 1927년 7월 국내로 가져온 것으로 「11개조지령」

---

1) 코민테른집행위원회 정치서기국은 1926년 12월 코민테른집행위원회 제7회총회에서 코민테른의장 지노비예프가 해임되고 의장 직무자체가 폐지되면서 신설된 잠정적 집단적 최고상설기구로 사실상 스탈린 - 부하린 지도부에 의해 장악되었다[いいだもも, 『コミンテルン再考 - 第三インタナショナル史と植民地解放』(谷澤書房, 1985), 232쪽].

2) Шабшина Ф. И., *ИСТОРИЯ КОРЕИКОГО КОММУНИСТИЧЕСКОГО ДВИЖЕНИЯ (1918~1945 ГГ.)*, АКАДЕМИЯ НАУК СССР, МОСКВа, 1988, p.130.

으로 불리웠다.3) 샤브시나의『조선공산주의운동사』에서 인용된 코민
테른의「4월 결정」의 내용은 분명히 '11개조 지령'의 내용과 동일하
였다.4) 최근 밝혀진「4월 결정」은 11개조에서 하나가 추가된 12개
조항으로 구성되어 있다.5) 다음은 코민테른집행위원회에서 채택된
「4월 결정」의 全文이다.

① (전략) 고려혁명운동앞에 서고 있는 중요한 요소는 광범한 민족혁명전
   선에 노동계급과 한가지로 농민 수공업자 지식층 소부르주아 및 일부
   중부르주아지(merchant bourgeoisie)를 끌어들임에 있다.
② 이러한 민족혁명전선은 표면(legal)으로 있는 민족혁명단체(national orga
   nisations) 토대 위에 건설되어야 할 것과 이러한 전체 단체들에게 각개
   의 조직적 영주(organisational independence)를 주면서 보통 행동강령
   (general program of action)작성에 참고 끝까지 하는 것이 필요하다. 현하
   에 새 민족혁명단체를 조직함은 불필요로(inexpedient)하고 장래에 현존
   한 제민족단체들을 더 깊게 합작시키는 문제를 세워서 그들로써 중국
   국민당식유일당을 조직하여야 한다[영어본에서 : 앞으로 현존하는 민
   족단 단체들을 국민당 노선에 따라 통일된 당(united party)으로 조직해
   야 한다].
③ 각개민족단체를 서로 연결시키며 그들을 장래 고려의 국민당으로 통일
   시키는 투쟁에 고려에 현시기에는 국내에 강고한 고려공산당이 있음으
   로써 따라 아주 안이케 될 것이다. 그것이 모든 이 단체에 잠입하야 그
   들의 환영을 촉성하며 일정한 계획을 세워 고려공산당중앙간부 편으로
   단일적 지도가 있어야 되겠다.
④ 이러하게 문제를 세움에 따라서 고려공산당은 지금으로부터 고려에 현

---

3)『金俊淵外31人調書』 10, 1751~1752쪽; 京高秘 제1692호,「秘密結社朝鮮共産黨
   及 高麗共産青年會事件 第三次檢擧狀況」, 1928.3, 164~165쪽.

4) Шабшина Ф. И., 앞의 책, 130쪽.

5) 최규진은 러시아현대사문서보관연구센터에 소장되어 있던「4월 결정」을 소개
   했다. 최규진,『코민테른 5차대회와 조선공산주의자들이 정치사상연구』(성균
   관대사학과 박사논문, 1996), 90~92쪽.


2부  조선공산당과 서울파의 당창건 투쟁

존한 표면 부속단체 내 사업에 자기의 활동을 증대시켜야 되겠다. 고려당이 이러한 단체내에서 노동자 농민과 연결을 힘있게 하는 참고 꾸준히 순서적으로 사업을 하여야 하며 또는 이 단체의 좌경분자를 일정한 민족혁명강령(national revolutionary program of action)의 범위로 인집(引集)하여야 할 것이다. 모든 이런 투쟁을 고려공산당 명의로 할 것이 아니라 (1쪽) 고려독립을 위한 계속적 투쟁의 표어로써 하여야 할 것이다. 고려공산당은 공산주의분자들이 이러한 단체에서 절대다수를 점령했다 할지라고 기계적 또는 행정적 방침을 쓰지말고 자기 사업에 적극적으로 행동을 잘 취하는 것을 엄밀하게 살펴야 될 것이다. 고려공산당의 현하 민족단체내의 투쟁운동은 이 단체의 전체지도자적 지위에 당원을 앉힘에 있는 것이 아니다. 그러나 공산당은 민족혁명단체지도자적 자리에 자기의 당원을 둠에 힘써야 되겠다. 그러나 그의 근본운동은 혁명적 노동농민분자를 (지원)하여 민족단체를 좌경으로 밀며 일정한 행동강령 범위내에 민족혁명유일전선 방침 위에 그들의 수령과 그들의 분자를 민족혁명투쟁에 인입하여야 할 것이다. 이러한 (관점)과 함께 고려당은 현시기에 어떠한 대중적 민족단체를 분열시키려 하는 경향과 결정적 투쟁을 하여야 한다.

⑤ 고려에서 민족혁명유일전선 작성에 가장 큰 하나의 장애는 격렬한 파당쟁(派黨爭 : group struggle)이다. 그 파쟁은 많이는 굵은 문제로 갈라져서 나온 것이 아니라 많이는 일본경찰의 이용 또는 (고무받은) 개인과 파적 이익을 위한 투쟁으로부터 나왔다. 속히 또는 근본적으로 고려의 민족혁명운동내에 이런 파쟁을 없애는 것이 가장 중요한 정치적 및 조직적 과제이다.

⑥ 고려공산주의운동의 분열에도 격렬하고 대다수의 무원칙한 내적 파쟁이 있다. 그러나 지적하여 말할 것은 (6회)국제당집행위원회결정(1926년 4월) 이후에 고려공산당 및 고려공산청년회 내에든지 또는 서울청년회의 공산주의적 또는 공청적 구루빠 내에든지 물론파쟁을 없애려고 함에 통일적 경향이 힘있어졌다. 1926년 6월로부터 일본 경찰의 검거가 고려공산당 또는 고려공산청년회에 심하여져서 공산주의의 힘을 약하게 만들었다. 이러한 것이 전체 고려의 공산주의자로 하여금 일본제국주의와 共力 투쟁(2쪽)을 위하여 고려공산당 및 고려공산청년회의 강0 하에서 통일을 빨리 달성할 필요를 메워놓았으며 국제당집행위원회에서는 8월 12일 11월 14일에 고공당 및 고공청회의 공산주의적 또는 공



9장 코민테른과 서울파 조선공산당 3차당대회

청적 구루빠를 가입시킨 결정을 보기를 국제공산당결정을 실현함에 일 보전진이라고 보며 현재있는 고공청회의 중앙간부와 1926년 12월 6일 고공당 2차 10인회에서 선정한 고공당 중앙간부를 승인함.

⑦ 최근까지 고려공산당 및 고려공산청년회내든지 고려의 다른 공산주의 적 또는 공청적 분자 중에 든지 파당쟁들이 – 국제당의 직접 또는 간접 적 지령이 있음에도 불구하고 – 고려공산당 및 고려공산청년회의 통일 투쟁에 반대하고 자기의 무원칙한 (조직파괴)하는 행동을 계속하여 그 것으로써 국제당집행위원회의 결정에 대하여 고려의 공산주의적 또는 공청적 힘을 집중하는 사업에 지장을 준다. 국제당에서는 자기의 결정 적 또는 단호적으로 엄숙하게 이런 당 및 공청회 내와 기타 공산주의 적 공청적 분자중에 있는 파쟁자들을 또한번 경고한다.

⑧ 국제당집행위원회에서는 생각하기를 소위 원칙적 또는 정파적으로 갈 라졌다는 것이 근본에 있어서 다만 파쟁의 결말이라 본다. 이런 것이 함께 협력하여 사업하는 과정에서 없어질 것이며 없어져야 되겠다. 고 려에 공산주의 및 공청회적 분자들 앞에 가장 중대한 것은 통일을 옹 호하며 공고케 함에 국제당 지도를 계승하는 전체공산주의자 및 공청 적 분자들을 인입하는 확대 토대상에 고려공산당 및 고려공산청년회의 성장을 힘써야 될 것이다.

⑨ 이런 과업을 다하기 위하여 고공당 중앙간부에는 국제당 집행위원회 대표가 참가하여 아래와 같은 것을 정하여야 할 것을 국제당지도를(인 식하지 못)하는 아직 불입한 공산주의 또는 공청적 분자를 당 및 청년 회 대열에 인입하매 지방야체이까를 조직적 (강화)를 시키며 가까운 장 래에 고공당 및 고공청의 대회를 이러한 확대적 토대 위에 비밀환경이 허한 범위에서 지방단체의 대표를 가급적 민주주의적으로 (선거)소집 하여 엄밀한 (준비)를 하여야 되겠다. 그 대회에서 행동강령이 승인되 어야 한다(행동강령초안은 동양비서부가 고려대표들과 함께 작성하여 야 된다).

⑩ 고려에 심히 일꾼이 부족함을 생각하고 국제당집행위원회는 말하기를 가까운 시일에는(다음 당 시기에 : 영문자료) 당 및 공청에서는 모스코 바에 (특별한)대표가 없어야 되겠다. 동양비서부는 고려문제에 대하여 00자위원들에게 00적 직행에 대하여 책임을 져야 한다.

⑪ 고려문제는 만히 복잡함으로 고려공당중앙간부의 고려에 대한 혁명근 본문제(한국의 사업에 관한 주요문제들; principal question)에 대한 결정

은 먼저 국제당집행위원회의 승인을 얻어야 할 것을 필요로 생각한다.
⑫ 또 한번 말하는 것은 해외에 있는 해외단체에 있는 동무들이 고려내 일
에 간섭하는 것이 무조건하고 불가함을 말한다. 파쟁의 결렬하여진 몇
가지 일은 망명하여 있는 분자들이 운동에 직접지도적 간섭을 하려고
한 결과이다. 소위 고공당중앙간부 해외부를 당장에 해체할 필요를 말
한다.6)


코민테른은 「4월 결정」을 통해 무엇보다도 조선에서 통일전선의
필요성을 강조하였다. 「4월 결정」은 제1항에서 "선행하는 결정을 한
층 발전시키고 확인하는데 있어서 결정은 현재 조선에서 혁명운동 앞
에 제기되는 가장 중요한 과제는 노동자, 농민계급과 함께 수공업자,
인텔리켄차 소부르주아와 일부 중 부르주아지를 포괄하는 광범위한
민족혁명전선의 과업"7)임을 강조했다. 「1926년 3월결정」에서 코민
테른집행위원회는 조선의 모든 혁명단체들의 가장 긴급한 과제가 '통
일적인 민족혁명전선 창립을 위한 조직적 활동을 전개'할 것을 결정
한 바 있다.8) 「1927년 4월 결정」을 통해 코민테른집행위원회는 조
선에서 민족통일전선의 범위를 노동자계급을 비롯한 농민, 수공업자,
인텔리켄차, 小부르조아지 및 中부르조아지로 구체화하였다.

「결정」은 이 민족통일전선이 반드시 합법적으로 존재하는 민족
단체에 기초하여 세워져야 함을 지적하면서 "이들중 각각의 조직적
독자성을 보장하면서 모든 이러한 조직에게 일반적인 행동 강령을
작성하기 위해 참을성있고 완강한 사업"이 불가피함과 더나아가 "현

---

6) 김철수·김강, 「고려문제에 관한 결정서」, 1927.4.27, 113쪽(Ф.495 ОП.45 Д.13);
   Final text of the resolution on the Korean question presented to the member of the
   presidium at meeting of April 27, 1927, pp.60~63(Ф.495 ОП.45 Д.13).

7) Шабшина Ф. И., 앞의 책, 130쪽.

8) 앞의 7장 3절 코민테른의 「1926년 3월 결정」과 분파승인 참조.

존하는 민족적 조직의 더 심오한 통일과 그들 가운데에서 중국의 국민당 형태의 유일(통일)당 창건에 관한 문제를 제기해야만 한다"고 지적하고 있다.9)

「4월 결정」에서는 중국에서 國共合作10)의 결과 만들어진 국민당을 반제민족통일전선의 구체적 전범으로 제시했던 1924년 코민테른 5차대회의 「민족 동방문제에 관한 결의 초안」이 여전히 주요한 과제로 제시되고 있었다. 그러나 국공합작은 1927년 4월 12일 장개석의 쿠데타11)로 결렬되고 말았다. 1927년 4월 27일 코민테른집행위원회의 「결정」은 여전히 국민당 '좌파'인 汪精衛의 武漢政府에 기대를 걸고 있었다.12) 그러나 역사는 스탈린의 코민테른이 그토록 기대를 걸었던 국민당 좌파 마저도 남경정부에 의해 행해진 경제봉쇄와 남경의 반동화에 동요하면서 급속히 우경화의 방향으로 나아갔다. 왕정위는 공산당과 분리를 결정하고 국민당 내에서 공산당원의 퇴거를 권고했다. 국민당 좌파 및 공산당의 동맹은 완전히 붕괴되었고 '혁명적' 무한정부는 사실상 소멸되었다. 무한정부는 이제 남경에 맞선 혁명적 권력이 아니

---

9) Шабшина Ф. И., 앞의 책, 130쪽.

10) 중국의 제1차 국공 합작은 1923년 1월 손문과 요페가 과거 러시아의 짜르정부가 중국을 협박하여 획득한 모든 조약과 권리 및 특권을 포기한 토대위에서, 중국과 러시아의 협상을 선언한 후, 1923년 6월 중국공산당 제3차 전국대회에서 공산당원이 개인자격으로 국민당에 가입할 것을 결의하고 24년 1월 국민당 제1차 전국대회에서 '연소 용공 노농원조'의 3대정책이 채택되면서 이루어졌다[김명구, 「코민테른의 대한정책과 신간회」, 『신간회연구』(동녘, 1983), 253쪽; 존 K. 페어뱅크, 『중국혁명운동문헌사』(풀빛, 1986), 77쪽].

11) 장개석의 국민당 정권은 상해의 노동자투쟁을 무장해제 시키고 상해 총공회를 습격하여 공산당원을 체포하고 무차별 발포하여 수천명의 노동자를 학살하였다. 이때부터 그는 전세계 제국주의로부터 칭송받는 '영웅'이 되었다.

12) 코민테른 집행위원회 제7차 총회, 「중국정세에 관한 결의」, 1926.12.16, Jane Degras 編, 荒畑寒村 外譯『コミンテルン・ドキュメント』II(現代思潮社, 1977), 312~315쪽.

라 남경을 추종하는 일개의 반혁명적 기관에 지나지 않았던 것이다.[13]

　　공산주의 전선의 통일에 관하여 「4월 결정」은 "가혹하고 상당한 정도의 무원칙한 내부투쟁이 조선공산주의운동 대열에서 또한 발생하고 있다"고 말하고 있다. 그러나 그속에서 코민테른집행위원회의 결정(1926년 3월)이후 조선공산당과 공산청년회 내부에서처럼 '서울청년회' 내부에서도 통일적 경향이 강화되고 있다고 지적하고 있다. 이와 관련하여 「4월 결정」은 서울청년회의 공산주의자와 공산청년회 그룹을 조선공산당과 고려공산청년회에 가입시킨 8월 12일과 11월 14일의 코민테른집행위원회의 결정을 코민테른의 결정을 실현함에 '일보전진'이라고 불렀다.[14]

　　「4월 결정」은 민족통일전선에서 '파벌투쟁'이 전선 창립의 매우 커다란 방해임을 지목하고 있다. 그것은 주요한 문제에 관한 견해차로부터 나온 것이 아니라 개인적 분파적(파벌적)이익을 위한 투쟁에 기초하고 있다는 것이다. 또한 그것은 상당한 정도로 일본경찰의 앞잡이에게 이용되고 선전되고 있다. 따라서 조선 민족혁명운동내부의 이러한 내부 파벌투쟁의 빠르고 근본적인 근절은 긴급한 정치적 조직적 과제라고 했다.[15]

---

13) 이후 코민테른의 정책은 민족부르조아지에 대한 '초좌익적' 태도를 취하게 된다. 1928년 7월 17일~9월 1일에 열렸던 코민테른 6차대회에서 당시 국제정세를 자본주의의 일반적위기(3기)로 파악하고 사회민주주의를 사회파시즘으로 간주하면서 '계급 대 계급' 전술을 제시하는 등 '초좌익적' 방향으로 전환했다. 쿠시넨이 기초한 「식민지 반식민지국가의 혁명운동에 대하여」는 식민지 반식민지국가에서 민족부르조아지를 서구에서 사회민주주의자와 동일시하면서 이들에 대한 타격을 분명히 했다. 이에 대해서는 다음의 글들을 참조할 수 있다. 최규진, 앞의 책, 38~48쪽; 이균영, 「코민테른 제6회대회와 식민지 조선의 민족문제」, 『역사와 현실』 7호, 1992.

14) Шабшина Ф. и., 앞의 책, 131쪽; 김철수·김강, 「고려문제에 관한 결정서」, 1927. 4. 27, 113쪽(Ф.495 Оп.45 Д.13).

이와 같이 1927년 4월 27일 코민테른집행위원회 정치서기국의 「4월 결정」은 조선에서의 반제민족통일전선의 구체적 동력을 명시했고 민족혁명운동전선에서 '파벌투쟁'을 없앨 것, 코민테른의 지도 하에서 전 공산주의자들의 대열을 인입하여 조선공산당 및 고려공산청년회의 강화에 노력할 것 등을 강조했다.

이러한 「4월 결정」은 서울파의 조선공산당 '3차당대회'라는 결과를 가져왔다. 서울파의 金榮萬이 「코민테른집행위원회 정치서기국에게 보내는 신고서」16)에는 ML파 조선공산당의 '안광천그룹'은 "조선에서 트로츠키-후꾸모도의 정책에 투항하는 세력의 좌익적 수사로 은폐되어 있는 우익기회주의를 보여주고 있다"17)고 말하고 그러한 근거로 다음을 예시하고 있다.

① 'ГОМруль(자치운동; Home Rule-인용자)를 위한 투쟁 조직'을 창립하고 조선의 민족 독립을 위한 투쟁에 반대하는 방향으로 일본제국주의 앞에 공공연히 투항하는 정책.
② 지방주의적 동향(同鄉) 조직('地方熱 團體')을 창립함으로써 전조선 민족혁명전선의 강화에 반대하는 정책.
③ 조선문제에 관한 1927년 코민테른 집행위원회의 4월 결정-거기에는 오늘날 조선의 혁명 세력의 동력이 명백히 지시되어 있다-에 반하여, 이른바 '지방열 단체'에서 지주와 여타 친일 봉건관료 분자와 더불어 조선에서 트로츠키-후꾸모도 그룹의 공공연한 블록의 정책.
④ 민족혁명 전선의 조직적 형성에 관한 문제에서 커다란 과오, 다시 말해서 민족 혁명운동에서 공산주의자들의 영향력을 약화시키는 개인가입제에 기초해서 조선에서의 민족혁명당의 조속한 조직을 지향하고 있는

---

15) Шабшина Ф. и., 위의 책, 131쪽. 김철수·김강, 「고려문제에 관한 결정서」, 1927. 4.27, 113쪽(Ф.495 Оп.45 Д.13).

16) Ким Енман, Заявление-В Политсекретариат ИККИ-, 1928.3.6(Ф.495 Оп.19 Д.579 (김영만, 「코민테른집행위원회 정치서기국에게 보내는 신고서」, 1928.3.6).

17) Ким Енман, 위의 글, 1쪽.


2부  조선공산당과 서울파의 당창건 투쟁

여기서 김영만은 특히 ML파의 안광천이 「4월 결정」의 제1항에서 제시한 민족혁명전선의 동력에 反하여 지주와 친일 봉건관료와 더불어 조선에서 트로츠키-후꾸모도 그룹의 공공연한 블록을 결성하려했음을 지적하고 있다. 이것은 앞에서도 언급하였듯이 안광천의 '영남친목회사건'에 대한 비판이었다. 이에 대한 근거로 1927년 9월~10월 "전조선적 차원에서 '지방열단체에 반대하는 투쟁위원회'를 만들었던 프롤레타리아와 민족혁명조직의 반대 결의"와 1928년 1월 민족혁명조직인 신간회동경지회에서 '안광천 그룹'에 반대하는 성명서[19)를 들고 있다. "거기에서 이 그룹을 반동분자와 공동으로 지방열단체를 지지하는 그리고 프롤레타리아 헤게모니에 관한 좌익적 수사로 은폐된 우익 정책을 지지하는 'ГОМруль(자치운동-인용자)를 위한 투쟁 조직'을 설립했다고 비난하고 있다."[20) 그러한 기회주의적 정책의 결과로 안광천 그룹은 모든 당 대중의 신뢰를 상실했고 당내 기본 대중뿐만 아니라 노동자 농민으로부터도 고립되었다고 한다. 이와 같이 서울파는 ML파에 대한 비판의 근거를 「4월 결정」을 통해 제시하면서 새로운 당건설을 모색하게 되었다.

---

18) Ким Енман, 위의 글.

19) 新幹會東京支會,「聲明書 : 全民族的單一戰線 破壞陰謀에 關해 全朝鮮民衆에 呼訴한다.-統一戰線을 錯亂시키려는 新派閥鬼의 正體를 暴露하고 新幹會 東京支會 臨時大會의 召集을 要求한다.-」, 1928.1.

20) Ким Енман, 위의 글.

# 2. 서울파 조선공산당의 '3차당대회'

1927년에 들어서도 서울파의 조선공산당 가입은 계속되었다. 이영은 1927년 4월에 박형병은 1927년 7월에 조선공산당에 입당했다.[21] 이운혁도 1927년 7월경 안광천의 권유로 가입하고[22], 이정윤은 1927년 8월경 소련에 있을 때 양명의 권유로 가입하여 1928년 1월에 귀국했다.[23] 1928년 2월 2일 조선공산당에 대한 세번째 검거('ML당사건')가 있었다. 당시 일제 관헌자료에는 50여명의 관련자가 기록되어 있는데 이 가운데 대략 18명이 서울파 출신이었고 일월회 출신은 7명에 불과하였다.[24]

한편 1927년 9월 이영, 이운혁 등 서울파 세력은 조선공산당을 탈퇴하고 서울파만의 독자적인 당대회를 계획했다. 1927년 12월 20~22일[25] 서울파는 '3차당대회'를 개최하였다.[26] 대회 의장에는

---

21) 강만길·성대경 편, 앞의 책, 218·350쪽. 1926년 2월 26일 조공 3차중앙집행위원회에서 이미 이영과 박형병의 개인가입 여부가 토의되었다[京城地方法院檢事局, 「第2次朝鮮共産黨事件 檢擧ニ 關スル 報告綴」, 김준엽·김창순 편, 『한국공산주의운동사』 자료 Ⅱ(고려대아세아문제연구소, 1926), 99쪽].

22) 「李雲赫判決理由」, 80~82쪽.

23) 한동민, 앞의 논문, 14~15쪽.

24) 50명 가운데 김준연, 최창익, 정백, 이정윤, 강철, 김창수, 도정호, 김철, 김강(니콜라이), 조기승, 김병일, 송영섭, 김병수, 김재명, 강대홍, 이낙영, 한명찬, 이인수 등은 서울청년회 또는 고려공산동맹에서 활동하였다. 일월회 출신인 안광천, 하필원, 송언필, 김세연, 온낙중, 김영식, 김광수 등과 혁명사의 양명, 화요파의 고광수, 상해파의 김철수를 제외한 나머지 22명 중에서도 상당수가 서울파와 긴밀한 관계를 가지고 있었을 것으로 추정된다. 이러한 사실은 조선공산당 2차당대회의 성격에 대한 근본적인 재평가를 요구한다(京城地方法院檢事局, 「第三次朝鮮共産黨·高麗共産靑年會事件檢擧ノ件」, 1928.3, 5~14쪽).

25) 서울파 3차당대회는 일제 관헌 자료에는 1927년 12월 21일 밤 경성부 무교정 요리점 春景館에서 있었다고 기록되어 있다(「豫審決定書全文」上, 1929.6.5). 그



2부  조선공산당과 서울파의 당창건 투쟁

이낙영이 서기에는 이운혁이 선출되었다. 권태석의 개회선언이 있었고 당강령 및 규약등은 중앙집행위원회에 위임하기로 결정했다. 중앙집행위원회를 선출하기 위한 3인의 전형위원으로는 이낙영 이병의 이운혁이 선출되었다.[27]

서울파의 당대회에 참석한 각 도별 대표와 조직구성은 다음과 같았다.

> 경성 李丙儀, 전남 徐邰晳, 경남 姜大洪, 함남 張基郁, 함북 李雲赫, 강원 咸演嘩, 평안 廉永華, 충청 鄭鶴源 등이다. 대회에서는 책임비서 및 정치부장 李英, 정치부원 李雲赫, 朴衡秉, 조직부장 洪濤, 조직부원 李樂永, 李丙儀, 선전부장 韓相熙, 선전부원 徐邰晳 등이 선출되었다.[28]

런데 1928년 3월 6일 김영만이 코민테른집행위원회 정치서기국에 보낸 문건에는 1927년 12월 20일~22일로 기록되어 있다(김영만, 「코민테른집행위원회 정치서기국에게 보내는 제출문」, 1928.3.6).

26) 필자가 서울파 조선공산당 '3차당대회'라고 명명한 것은 이 대회가 1926년 12월 6일 2차당대회 이후 처음으로 열렸고 대회 주체 측인 서울파가 이와 같이 지칭하였기 때문이다. '3차당대회'에는 대부분 서울파 구파 계열이 참여했지만 상해파(홍도 등)도 참여하였다. 블라디보스톡의 전상해파 책임비서인 이동휘가 "우리는 국제공산당집행위원회 1927년 4월 결정을 받들고 파산한 지도자들의 사보타지를 물리치고 당을 건설하여 제3차당대회를 소집하고 일체로 된 당중앙위원회를 창설하였다"고 코민테른집행위원회 정치서기국에게 보고하고 있는 사실은 이를 반증하는 것이다[이동휘·김규열(조선공산당 대표), 「조선공산당 중앙위원회 창설」, 1928.9.7(Ф.495 ОП.19 Д.579)]. 또한 전 상해파의 이론가인 박진순도 1929년 1월 국제검열위원회와 코민테른집행위원회 정치서기국과 동양비서부 앞으로 보내는 「신고서」에서 자신이 당원임을 증명하기위한 증빙자료로 1928년 5월 8일 조선공산당 중앙위원회 책임비서 이영의 명의로 된 위임장을 첨부하고 있는 사실[박진순, 「신고서」, 1929.1.7(Ф.495 ОП.19 Д.579)] 등을 볼 때 분명한 사실이다. 따라서 '3차당대회'는 서울파와 前 상해파와의 전선 통일로 이루어졌음이 분명하다. 1927년 후반부터 이른바 '서상파'가 형성된 것을 의미한다. 따라서 대회의 성격은 이전 서울파(구파)와도 상당한 차별성을 지니고 있을음 알 수 있다.

27) 『金俊淵 外 27人 調書』 11, 2173~2180쪽(김준엽·김창순, 한공사 3, 314~315쪽).

그러면 서울파의 일부가 조선공산당에서 탈퇴하여 독자적으로 '3차당대회'를 개최한 이유는 무엇일까? 1927년 7월경 김철수를 통해 국내에 전달된 「4월 결정」은 서울파를 고무시켰다. 「4월 결정」에서 코민테른집행위원회가 민족혁명단체에 기초한 민족혁명전선의 결성을 강조한 것과 무원칙한 분파투쟁을 지적하면서 서울파의 조선공산당 가입을 '국제공산당 결정을 실현함에 일보전진'으로 평가한 것29) 등은 서울파에게 상당히 고무적이었다. 그들은 고려공산동맹의 결성 시기부터 민족통일전선에 대하여 강조하였고 실제로 국내외를 망라한 광범위한 민족혁명단체와 관계를 가지고 있었다. 또한 1926년 12월 6일 2차당대회에 서울파의 상당수가 가입하여 조선공산당의 통합이 이루어진 것을 코민테른이 높이 평가한 것에 만족해했다.

또한 코민테른의 일본공산당 재건 방침인 1927년 7월의 「일본문제에 관한 결의」(「27년테제」)에서 山川均主義와 福本主義를 각각 '청산주의'와 '섹트주의'로 비판한 점30), 이것은 서울파에게 '안광천그룹'을 福本주의로 비판하는 주요한 근거가 되었다. 또한 ML파 조선공산당의 책임비서인 안광천이 '영남친목회사건'으로 당 책임비서에서 물러난 것도 그들에게 새로운 당조직을 계획하는 계기를 주었다. 이러한 코민테른의 방침전환과 국내정세는 李英 등의 서울파가 조선공산

---

28) 경성지방법원검사국, 「사상사건기소장결정판결사철」 刑公 제1244호, 1932, 80~83쪽(김준엽 김창순, 위의 책 3권, 313쪽에서 재인용). 한편 李樂永의 언급에 따르면 중앙집행위원은 다음과 같았다. 책임비서 겸 정치부장 이영, 조직부장 이병의 조직위원 이증림, 이낙영, 선전부장 서태석, 선전위원 박형병, 한상회, 정치부원 이운혁, 홍도. 또 이낙영은 검사위원으로 安浚 宋乃浩 등으로 기억하고 있었다[『金俊淵 外 27人 調書』 11, 2173~2180쪽(김준엽·김창순, 위의 책 3, 314~315쪽)」).

29) 김철수·김강, 「고려문제에 관한 결정서」, 1927.4.27, 113쪽(Φ.495 ОП.45 Д.13).

30) 小山弘健, 한상구·조경란 역, 『일본 마르크스주의사 개설』(이론과 실천, 1991), 84~87쪽; 立花隆, 박충석 역, 『일본공산당사』(고려원, 1985), 100~124쪽.



2부  조선공산당과 서울파의 당창건 투쟁

당에서 탈퇴하여 독자적인 조선공산당대회를 조직하여 코민테른의 승인을 얻고자하는 이론적·조직적 근거를 주었던 것이다.

3차당대회는 김영만을 모스크바로 파견하였다. 김영만은 1928년 3월 6일 코민테른집행위원회 정치서기국에 서울파의 3차당대회의 합법성을 인정할 것을 요구하였다. 김영만은 "그들(안광천 등 ML파)의 지지자들은 전체 당원의 10% 미만에 불과했다. 13개의 도당과 지방부국 중에서 두개만이 그들 편이었고 50개의 당 야체이카 가운데 3개만이 그들 편이다. 그들은 공산당 프락치 속에서 자신의 대표자들을 갖지 못하며, 3개의 조선 노동·농민·청년 총동맹 중앙집행위원회에도 그들의 대표를 갖지 못하고 있다"[31]고 하면서 ML파에 대한 서울파의 조직적 우위를 강조했다.

또한 그는 안광천 그룹을 '조선 트로츠키-후꾸모도파의 좌익사상으로 은폐된 우익기회주의적 투항정책'으로 비판하면서 이에 대한 근거로 그들이 1927년 코민테른집행위원회의 조선문제에 대한 「4월 결정」을 위반하였음을 지적하고 있다.[32] 김영만은 '1926년과 1927년에 조선문제에 대한 두가지의 기본결정' 즉 1926년 3월 31일 「조선문제에 관한 코민테른 상임집행위원회의 결정」[33]과 1927년 4월

---

31) 김영만, 「코민테른집행위원회 정치서기국에게 보내는 제출문」, 1928.3.6, 2쪽 (Ф.495 Оп.19 Д.579).

32) 김영만, 위의 글, 1쪽. 그러나 여기서 김영만이 후꾸모도(福本)주의를 트로츠키주의와 동일시하는 것은 전혀 잘못된 인식이다. 이것은 당시 스탈린-부하린 지도부가 트로츠키의 좌익반대파를 당내에서 축출하면서 전일적 권위를 행하고 있었던 당시의 분위기를 반영하는 것이다. 이에 대해서는 향후 구체적 연구가 되어야 할 것이다.

33) 「1926년 3월 결정」은 앞에서도 살펴보았듯이 통일적인 민족혁명전선의 창립을 기본과제로 제시하였다. 그리고 화요파의 조선공산당을 승인하면서 서울청년회, 북풍회, 조선노동당 내에 존재하는 3개의 '공산주의그룹'을 동시에 승인하였다(Шабшина Ф. и., 앞의 책, 109쪽; 京高秘 제1692호, 위의 글, 154쪽).

의 코민테른집행위원회 정치서기국의 「조선문제에 관한 결정」이 조선공산주의운동의 위기를 극복하는데 커다란 동력이 되었음을 강조했다. 그리고 1921년~1926년 시기 동안 사파로프와 보이찐스키 등의 잘못된 지도에 의해 조선공산주의운동은 항상적 위기에 처했다고 지적하였다.[34]

서울파 '3차당대회'에서는 주요한 강령적 결정이 채택되었다. 즉 "대회는 당의 지도에서 인텔리켄차의 영향력으로부터 해방되기 위하여 공장과 제조소에서 공산주의적 세포의 창설로의 결정적인 전환의 시작을 보여주었다"고 하면서 조선혁명의 성격에 관한 문제에 관하여 다음과 같은 결정을 채택했다. 즉 일본제국주의에 반대하는 투쟁은 그것이 지주와 봉건적 잔재에 반대하는 투쟁이 첨예화될 경우에만 광범한 정도로 달성할 수 있고 여기에서 조선혁명의 역사적 과제의 하나가 제출된다는 것이다. 이것은 즉 "일본에게 매수된 조선의 귀족(지주—인용자)은 제국주의를 뒷받침해주는 조선의 자치 슬로건을 제출하고 있다. 왜냐하면 그 슬로건은 제국주의의 술책과 다름아니기 때문이다"라고 하면서 '자치론'에 대한 제국주의적 음모를 분쇄해야할 실천적 필요성을 제기하였다.[35]

또한 3차당대회는 부르주아지의 참가문제에 관하여 "조선의 노동자 농민은 부르주아지와 부르주아지 인텔리켄차는 믿을 수 없는 동맹자임을 알아야 한다. 그들은 결정적인 순간에 혁명을 배신했다(예컨대 국민당과 같이). 그러나 혁명의 이익에 그들을 이용할 필요가 있

---

34) 김영만, 위의 글, 3쪽. 1927년 12월 소련공산당 제15차대회에서 트로츠키 등 좌익반대파가 최종적으로 축출당했다(던컨 헬러스, 『우리가 알아야할 코민테른 역사』, 책갈피, 1994, 179쪽). 이시기 코민테른은 스탈린—부하린의 지도체제하에 있었고 사파로프와 보이찐스키는 러시아공산당 내에서 좌익반대파로 몰려 축출당했다.

35) ЦПА ИМЛ, Ф.495, ОП.135, Д.168, ЛЛ.177~179(Шабшина Ф. и., 앞의 책, 143쪽).

334

다는 사실은 모든 그들의 책략을 명확히 예의주시한다는 의미가 포함되어 있다"고 주장했다.

3차당대회는 현단계 혁명단계를 농업혁명으로 파악하고 그 과정에서 거대한 농민대중이 정치무대로 뛰쳐나오고 노동자 농민 소수공업자의 순수한 동맹이 이루어질 것이라고 강조했다. 그리고 그때에 부르주아지와 부르주아 인텔리켄차는 제국주의진영으로 전환되고 넘어간다고 지적하였다.

대회는 조선의 부르주아지가 아직은 반혁명 분자가 아닐지라도 조선의 프롤레타리아트는 조선 혁명의 장기적 발전의 관점과 관련하여 특히 핵심적인 요소임을 강조했다. 오직 노동자계급만이 농업혁명의 길로 농민을 인도할 수 있고 오직 농업혁명만이 광범한 농민대중을 투쟁에 동원할 수 있고 일본제국주의 억압으로부터 조선을 충분히 해방시킬 수 있다고 언급하였다.[36]

러시아의 샤브시나는 3차당대회의 결정에 대하여 "1927년~1928년에는 식민지 반식민지 국가의 혁명투쟁의 문제를 포함하여 세계 공산주의운동의 전술에 점차적인 변화가 발생했다. 이것은 조선공산당의 활동 특히 1927년 말 3차당 대회 결정에서도 말해지고 있다. 일련의 문제들에 관해 이 결정은 공산주의자들에게 올바른 방향을 제시했다"[37]고 평가하였다.

---

36) ЦПА ИМЛ, Ф.495, ОП.135, Д.168, ЛЛ.177~179(Шабшина Ф. и., 위의 책, 143쪽).
37) Шабшина Ф. и., 위의 글, 143쪽.

# 3부　민족통일전선론과
## 서울파·ML파의 논쟁

# 1920년대 코민테른의 민족통일전선과 서울파 사회주의그룹

1920년대는 식민지 조선에서 사회주의사상이 수용, 보급되면서 다양한 사회주의 운동조직이 형성되는 시기였다. 국외 러시아 지역에서는 상해파와 이르쿠츠크파라는 두 개의 고려공산당이 존재하였고 국내에는 서울파, 북풍파, 화요파, ML파 등 여러 가지 경향을 달리하는 사회주의그룹들이 제각기 활동하고 있었다.

1925년 4월 창립된 조선공산당은 이르쿠츠크파와 화요파가 중심이 되고 북풍파와 상해파의 일부세력이 결합되어 조직되었다. 그런데 조선공산당의 창립과정은 국내 대중조직에 상당한 영향력을 가지고 있는 서울파를 배제하면서 이후 활동과정에서 여러 가지 문제점을 남기게 되었다.

이 장은 1920년대에 존재한 다양한 사회주의운동 그룹 가운데 특히 서울파에 주목하면서 그들이 가지고 있었던 운동론 특히 민족통일전선에 대한 인식과 활동 내용 등에 대해 구체적으로 살펴보고자 하는 목적으로 쓰여졌다.

최근 한국 민족해방운동사 특히 사회주의운동사에서 그동안 그다지 주목받지 못했던 사회주의그룹인 서울파에 대한 연구가 상당히 이루어지고 있다.[1] 그 이유는 첫째, 과거 사회주의운동사 연구가 화요파, ML파 중심의 이른바 '정통(orthodox)' 조선공산당의 활동에만 국한되어 이루어졌다는 점에 대한 내재적 비판이 제기되었고 둘째, 1990년대 이후 현존 사회주의의 몰락과 '스탈린주의'에 대한 비판 속에서, 과거 사회주의운동사에 대한 연구가 다양화되면서 '정통'에 대한 본질적인 문제제기가 가능하게 된 현실적, 이론적 지평의 확대라는 측면을 들 수 있다. 셋째, 최근 과거 소련공산당 문서보관소(현 러시아문서보존소)의 코민테른 자료가 공개되면서 일제하 사회주의자들의 활동상을 생생히 파악할 수 있게 되면서 그 가운데 그동안 자료의 부족으로 존재 자체가 의문시되던 서울파에 대해서도 구체적인 활동상을 파악하는게 가능하게 되었다는 점이다.

1920년대 중반 민족통일전선의 구체적인 형태는 1927년 2월 창립된 신간회로 표출되었다.[2] 그러나 신간회가 등장하기 이전 1920년대 초부터 여러 사회주의 분파들은 민족통일전선체 또는 민족혁명당에 대한 진지한 모색을 해왔다.[3] 서울파 사회주의그룹은 1922년 10월 창립될 때부터 민족통일전선을 강조하였고, 신간회 창립을 전후하여 조선민흥회와 조선사회단체중앙협의회를 통해 민족통일전선의 구체적 형태를 모색하였다.[4]

---

1) 임경석, 「서울파 공산주의그룹의 형성」, 『역사와 현실』 28, 1998; 전명혁, 『1920년대 국내사회주의운동연구 – 서울파를 중심으로 – 』(성균관대사학과 박사학위논문, 1998); 이현주, 『국내 임시정부 수립운동과 사회주의세력의 형성 (1919~1923) – 서울파, 상해파를 중심으로 – 』(인하대사학과 박사학위논문, 1999).

2) 이균영, 『신간회연구』(역사비평사, 1993).

3) 이애숙, 「1922~1924년 국내의 민족통일전선운동」, 『역사와 현실』 28, 1998.


3부 민족통일전선론과 서울파·ML파의 논쟁

이 글에서는 신간회 창립 이전부터 사회주의운동과 통일전선운동의 역사 속에서 절대적인 영향을 미쳐왔던 코민테른의 민족통일전선론의 형성과 국내 조선에 당건설과 민족통일전선에 대한 인식의 연원을 해명하고자 한다. 그리고 이 논쟁의 역사 속에서 독자적 분파로 형성된 서울파와 그들의 민족통일전선에 대한 모색, 민족통일전선의 확립을 위한 구체적 활동에 대해 고찰하고자 한다.

## 1. 코민테른의 민족통일전선론과 한국사회주의자들의 인식

### 1) 코민테른의 민족·식민지문제 인식

1920년 코민테른 2회대회의 「민족·식민지문제에 대한 테제」에서 레닌은 민족문제에 접근하는 3가지 주요한 원칙을 제시한다. 첫째, 역사적·구체적인 정세, 특히 경제정세를 정확하게 고려할 것과 둘째, 피억압계급·근로자·피착취자의 이익과, 지배계급의 이익을 의미하는 전국민의 이익이라는 일반적인 개념을 명백하게 구별할 것 그리고 마지막으로 금융자본과 제국주의 시대에 고유한 특질을 은폐하고 있는 부르주아 민주주의의 허위에 대항하기 위하여 권리가 불평등한 피억압·종속민족과 완전한 권리를 가지고 있는 억압·착취민족을 명백하게 구별할 것을 강조한다.

---

4) 이현주, 「'서울파'의 민족통일전선운동과 신간회(1921~1927)」, 『한국근현대사연구』 7집, 1997; 전명혁, 「'서울파'의 민족통일전선론 연구 – 'ML파'와의 논쟁을 중심으로 – 」, 『역사연구』 6호, 1998; 전명혁, 「조선사회단체중앙협의회 성격 연구」, 『한국민족운동사연구』 23, 1999.

또한 레닌은 「민족·식민지문제에 대한 소위원회 보고」에서 후진
국에서 부르주아 민주주의운동 문제를 강조하면서 부르주아 민주주
의운동 대신에 민족혁명운동이라는 표현을 씀으로서 개량주의운동과
의 구별을 하는 동시에 "식민지 국가의 부르주아적 해방운동이 진정
으로 혁명적인 경우에만, 또 우리가 농민 및 광범위한 피착취대중을
혁명적 정신으로 교육·조직하려고 하는 것을 운동의 대표자가 방해
하지 않는 경우에만 부르주아적 해방운동을 지지해야 하며 또 지지할
것"을 밝혔다. 그러나 "코민테른은 식민지나 후진국의 부르주아 민주
주의파와 일시적 협정 또는 동맹도 맺어야 하지만, 그것과 융합해서
는 안되며 비록 맹아적 형태일지라도 프롤레타리아트 운동의 자주성
을 무조건 유지해야"함을 강조한다.5)

　　레닌이 민족해방과 노동자해방의 결합의 과제로서 제출한 이러한
생각은 1922년 11월 코민테른 4차대회에서 "서양제국에서는 제세력
의 조직적 결합과 관련하고 있는 이행기의 제조건 하에서 프롤레타리
아 통일전선의 슬로건이 제기되고 있지만 동양 식민지에서는 반제국
주의 통일전선의 슬로건이 현재 강조되어야 한다"6)는 즉 서구에서의
'노동자 통일전선'과 더불어 식민지·반식민지 동양에서 '반제 민족통
일전선' 슬로건으로 표현되면서, 이후 식민지·반식민지 국가에서 반
제민족통일전선의 이론적 원천이 되었다.

　　코민테른의 이러한 결의는 중국의 혁명운동과정 속에서 국공합작
으로 구체화되었다. 민족주의자 손문이 이끄는 국민당과 아직은 규모
가 작은 중국공산당은 1923년 1월 국공합작을 결정하게 된다.7) 그

---

5) V.I. 레닌, 「민족·식민지문제에 대한 테제」, 1920.7.28[편집부 편, 『코민테른자
　　료선집』 3(동녘, 1989), 230쪽].

6) 「동양문제에 관한 테제」, 1922.11[いいだもも 編譯, 『民族·植民地問題と共産
　　主義』(社會評論社, 1980), 72쪽].


3부　민족통일전선론과 서울파·ML파의 논쟁

러나 국공합작은 프롤레타리아트 운동의 자주성을 무조건 유지해야 한다는 레닌의 원칙이 지켜지지 않았고 중국공산당원들이 개인 자격으로 국민당에 입당한 것에 불과하였다. 레닌이 1923년 3월 10일 그에게 닥친 세번째 뇌일혈로 정치적 삶에 종말을 고하게 되고 1924년 1월 사망하면서 소련과 코민테른에서 스탈린, 지노비예프, 까메네프의 3두체제의 지배는 점차 코민테른을 소련 외교정책의 도구로 전락시키게 되었다. 점차 코민테른은 더 이상 국제노동운동의 가속기가 아니라 브레이크로 작용하게 되었다.[8]

　1924년 손문의 죽음으로 장개석의 지배를 받게 된 국민당의 지도부는 1925년 5·30운동으로 중국공산당이 엄청나게 성장하자 이제는 대중운동을 이용하고 통제하고 파괴하려 했다. 국민당은 공산당이 계속 국민당에 예속되어야 했고 소련의 무기공급과 군사고문 파견을 필요로 했다. 부하린-스탈린 지도부는 이 요구를 충족시켜 주었다. 1926년 3월 장개석이 광주에서 쿠데타를 일으켜 파업위원회 활동가와 공산당 지도자들을 투옥했을때 부하린-스탈린 지도부는 중국공산당에게 항복을 명령했던 것이다. 1927년 4월 12일 장개석의 국민당 군대는 상해에서 일어난 총파업과 노동자권력을 진압하는 순간에도 코민테른은 중국공산당에게 저항하지 말 것을 명령했다.

　중국의 국공합작의 결렬은 이후 코민테른 6회대회에서 민족통일전선을 사실상 부정하는 '초좌익적' 결과를 낳았다. 식민지 조선에서 신간회의 해체도 이러한 무원칙한 통일전선의 해악적 결과였다.

---

7) 벤자민 Ⅰ 슈워츠, 『중국공산주의운동사』(형성사, 1983), 70쪽; 向靑, 임상범 옮김, 『코민테른과 중국혁명관계사』(고려원, 1992), 54쪽.

8) トロツキ, 對馬忠行 譯, 『レーニン死後の第3インタナショナル』(現代思潮社, 1957); 던컨 핼러스, 오현수 역, 『우리가 알아야 할 코민테른의 역사』(책갈피, 1994).

## 2) 코민테른의 '민족혁명당' 계획과
## 국내 사회주의그룹

1922년 10월 러시아의 베르흐네우진스크에서 열린 고려공산당 연합대회가 결렬되자 코민테른은 그해 12월 블라디보스톡에 있는 코민테른집행위원회 원동부 산하에 꼬르뷰로(高麗局)를 설치하고 국내 조선에 전위당을 건설하려는 계획을 수립하였다. 또한 이무렵 상해임정의 '개조'와 '창조'를 둘러싼 논쟁이 1923년 1월 상해 국민대표회의의 소집으로 본격화되었다.[9]

그런데 1923년 2월 꼬르뷰로가 국민대표회의에 참가하는 사회주의자들에게 민족주의단체들과 조선 국내에 민족혁명당 집행위원회를 조직할 것과 상해임정이 민족운동의 지도적 역할을 수행할 수 없음을 지시하였다.[10] 꼬르뷰로의 이러한 지시는 당시 국민대표회에 참가하는 다수의 사회주의자들에게 국내 전위당 창건과 민족통일전선체의 수립 계획에 대한 커다란 혼란을 주었다. 마침내 상해파 고려공산당 출신 윤자영 등은 상해임정의 존재를 부인하는 꼬르뷰로의 방침을 거부하였다. 결국 국내에 민족통일전선체의 수립을 위한 '민족혁명당'의 건설을 위하여 오랜 준비기간과 반년간에 걸친 국민대표회의는 '입장'의 차이만을 드러낸 채 무산되고 말았다.

그러나 국민대표회의에서 나타난 입장의 차이는 국내외 사회주의자들 사이에 당과 민족통일전선의 결성을 둘러싼 견해의 차이로 확산되었다. 원동부 책임자 보이찐스키를 중심으로 한 꼬르뷰로 내 전

---

9) 조철행, 「국민대표회(1921~1923)연구 – 개조파 · 창조파의 민족해방운동론을 중심으로 – 」, 『史叢』 44(고려대사학회, 1995).

10) 조철행, 「1920년대 전반기 국외 사회주의세력의 민족통일전선론」, 『韓國史學報』 제9호, 2000.9, 246~247쪽.

(前) 이르쿠츠크파 고려공산당 세력은 국민대표회의 무산의 책임이 상해파 '윤자영 그룹'에게 있다고 비판하면서 조선에 민족당을 형성할 것을 강조하였다.11) 반면 상해파의 이동휘 등은 '고려혁명의 유일한 중심세력'인 통일적 전위당을 수립하고 이 당이 중심이 되어 '협동전선' 즉 반제통일전선의 슬로건 속에서 '민족혁명당'을 건설하는 계획을 제시하였다.12)

이무렵 국내에는 다양한 사회주의그룹들이 형성되고 있었다. 1921년 1월 창립된 서울청년회 내부에서 서울파 사회주의그룹이 형성되었다. 1921년~1922년 무렵 일본사회주의운동에 영향을 받은 유학생들이 중심이 되어 1924년 북풍파그룹을 형성하였다. 또한 1923년 5월 꼬르뷰로가 조선에 국내부를 설치하면서 신사상연구회(이후 화요회로 개칭)가 만들어지면서 화요파그룹이 형성되었다.13)

이들은 코민테른과 국외의 상해파, 이르쿠츠크파와 직간접적으로 관계를 맺으면서 국외에서 전개되는 당건설과 민족통일전선 수립을 위한 논쟁을 주목하고 있었다. 그리고 계속되는 국외의 논의가 성과 없이 끝나자 국외 사회주의세력에 대한 상당한 불신감을 갖게 되면서 독자적으로 사회주의그룹을 형성하여 전위당건설과 민족통일전선문제에 대한 계획을 갖게 되었다.

이후 코민테른 집행위원회 산하 원동부는 1924년 3월 「조선문제(Korean Question; Koreanische Frage)」란 보고서를 코민테른집

---

11) 보이찐스키, 「조선의 민족적 당창건 및 민족해방운동의 전략」, 1923.8.7(ф.495 о п.135 д.73).

12) 在間島鈴木總領事 松井, 「李東輝一派ノ運動方針變更ニ關スル件」, 大正13年 2月 26日, 김경일 편, 『朝鮮民族運動史 - 未定稿 - 』(高麗書林, 1989), 227~228쪽; 전명혁, 앞의 글, 1998, 59쪽.

13) 전명혁, 앞의 책, 1998, 234쪽.

행위원회로 보낸다.14) 이 보고 내용 중 '조선문제에 대한 결정'에서
는 정치적 조직적으로 독립된 공산당의 창립과 발전을 지시하고 대중
조직, 즉 기업과 공장 등 현장에 기반한 당조직의 강화를 강조하였다.
또한 당의 중앙집행부 구성에 대한 구체적 방침을 제시하고 이러한
방침에 기초하여 조선의 공산당을 결성하기 위해 1924년 4월에 블라
디보스톡에서 코민테른집행위원회 대표의 참석하에서 '당헌제정대회
(inaugural congress)'를 개최할 필요성을 제안했다.15)

또한 이 보고서는 당과 민족주의 단체의 관계에 대해 다음과 같
이 지적하고 있다.

> 공산주의운동은 모든 민족주의 조직과는 독립적이어야 하고 그것은 정치
> 적으로 뿐만 아니라 조직적으로 자주적이어야 한다 … 통일적 당으로 조선
> 국내의 민족주의 그룹들을 통합하는 문제는 간단한 조직적 문제는 아니다.
> 그것은 즉각적으로 정치적으로 준비되어야 한다. 일정한 프롤레타리아와 반
> 프롤레타리아 대중조직 사이에서 그것은 아마 이미 조직적 과제로서, 좌파
> 연합(bloc)의 형성으로서 공식화되었을지도 모른다. 그러나 '天道敎'와 같은
> 순수한 민족주의적 대중조직 속에서 그것의 정치적 준비가 우선 착수되어야
> 한다. 그것은 실제로 적절한 슬로건과 경제적, 법률적, 문화적 성격의 요구를
> 가지고 민족혁명적 해방운동의 통일을 위하여 그리고 또한 그것으로 조직적
> 집회를 만들고 준비하기 위하여, 여러 민족주의 대중조직에서 활동하는 조
> 선공산주의자의 가장 중요한 과제의 하나이다. 이러한 연관 속에서 그들은
> 물론 수년동안 진행되어온 자연적 분리의 과정과 적극적인 운동과 그것의
> 지도의 반동적이고 동요하는 요소에 심사숙고해야 된다. 공산주의자들은 이

---

14) 「Korean Question」(러시아문서보존소 ф.495 оп.135 д.115), 72~81쪽; 「Koreanische
Frage」(러시아문서보존소 ф.495 оп.135 д.115), 82~93쪽. 이 자료는 1924년 3월
코민테른집행위원회 산하 원동부에서 코민테른집행위원회에게 조선공산주의
창립에 대한 결정사항을 제출한 것으로 영어와 독일어 원문을 대조하여 참조
하였다.

15) 「Korean Question」, 76쪽.



3부  민족통일전선론과 서울파·ML파의 논쟁

러한 과정을 효과적으로 조장해야 한다.16)

위의 내용은 노동자계급의 당과 부르주아 민족주의 조직 사이의 민족통일전선의 원칙을 보여주고 있다. 이것은 코민테른 2차대회에서 레닌이 기초한 「민족·식민지문제에 관한테제」에서 언급된 통일전선의 정신을 충실히 지키고 있음을 보여주고 있다.

보고서는 '순수한 민족주의적 또는 종교적 대중조직과의 관계'에 대해 "공개적이거나 친일적 가면을 쓴 부르주아단체에 대한 비타협적인 투쟁이 수행되어야 한다. 그러나 상이한 태도는 조선의 독립을 지지하는 그러한 민족주의적(또는 종교적)단체, 예컨대 커다란 민족단체인 '천도교' 등에 대해 유지되어야 한다"고 지적하며 천도교의 내에서의 민족통일전선을 위한 구체적인 활동을 제시하고 있다.17)

또한 보고서는 "공산주의자는 민족해방투쟁의 역할로부터 민족주의적 지도자들의 모든 일탈을 폭로하는 과업 뿐만 아니라 그들의 사회반동적 경향을 폭로해야 할 과제를 가지고 있다. 그들은 좌익적 경향을 강화해야 한다. 경제적, 법률적, 문화적 그리고 정치적 성격의 단일한 슬로건에 의해, 다양한 민족해방운동 단체들의 좌익은 **민족혁명투쟁의 통일전선**(원문은 대문자 – 인용자)을 달성하기 위하여 프롤레타리아와 반프롤레타리아의 좌익블럭에 관한 만큼이나 상호 긴밀한 관계를 가져야 한다"며 민족통일전선 결성의 긴급성과 필요성을 지적하였다.18)

이상 코민테른집행위 원동부의 보고에서 주목할 내용은 애초의

---

16) 위의 글, 74쪽.

17) 최근 천도교에 대한 논문은 다음을 참조할 수 있다. 이준식, 「최동희의 민족혁명운동과 코민테른」, 『역사와 현실』 32호, 1999.6.

18) 위의 글, 77쪽.

'선당건설 후통일전선론'이 다시 천명되었다는 것이다. 그리고 원동부는 이동휘의 상해파그룹의 입장을 지지하였다. 이는 보이찐스키를 비롯한 꼬르뷰로의 견해 즉 '민족혁명당' 계획에 대한 정치적 비판을 의미하였다.

## 2. 서울파 사회주의그룹의 민족통일전선론

### 1) 서울파의 형성과 민족통일전선론 인식

1921년 1월 창립된 서울청년회에서 유래하는 서울파 사회주의그룹은 김사국의 보고에 따르면, 1921년 10월 도쿄의 미나미센쥬(南千住) 교외에서 조직된 사회혁명당에서 비롯되었다. 그들은 '계급모순의 역사적 필연성을 고려하여 사회주의 승리를 목적'으로 하는 동시에 '민족혁명운동(национально-револэционное движение)을 사회주의혁명의 제1단계로 인식'하고 '전선확립'을 목적으로 하는 강령을 내걸었다.[19]

김사국, 김사민, 임봉순 등이 참가한 사회혁명당[20]은 1921년 10월 창립 때부터 계급모순의 해결과 식민지로부터의 민족해방을 위한 전선통일문제를 주요한 강령으로 내걸고 활동하였다. 1922년 1월 사회혁명당은 제2차 대회를 열고 조선청년회연합회를 주도하고 있던 상해파 국내부[21]를 '문화주의', '기회주의'로 비판하면서 상해파와 노

---

19) Доклад КимСагук во ИККИ No.1, Краткий исторический и возникновения коммуни стической организации в Kopee, 1924.3.17(러시아문서보존소 ф.495 оп.135 д.96 л.47~57)(코민테른집행위원회로의 김사국의 보고 제1호-조선에서 공산주의 단체의 형성과 활동 약사」, 1924.3.17, 47쪽).

20) 김사국 등의 사회혁명당은 러시아어로는 '사회혁명동맹(Союз Социальной Револ юции)'으로 표현되어 있다(김사국, 위의 글, 47쪽).



3부  민족통일전선론과 서울파·ML파의 논쟁

선대립을 벌인다. 1922년 4월 김윤식 사회장사건과 '사기공산당사건'
은 서울파 형성의 계기를 주었다.

이 무렵 국내에서는 사상단체의 간판을 내걸고 그 내부에 비밀리
에 사회주의그룹들이 형성되고 있었다. 1922년 6월 무렵 사회혁명당
(서울파)은 1920년 3월에 만들어졌다가 1921년 5월 재조직되는 조
선공산당(중립당)과 통합을 하였다. 무산자동맹회는 사실상 그들의
표면단체였다.22)

그러나 코민테른과 국외 사회주의, 민족주의세력 사이에 벌어진
당건설과 민족통일전선을 둘러싼 지속적인 논의가 성과없이 끝나자
국내 사회주의자들은 국외 사회주의자들에 대해 상당한 실망과 배신
감을 가졌다. 김사국을 중심으로 하는 사회주의자들은 바로 이러한
이유 때문에 중립당을 탈퇴하고 마침내 국외 사회주의세력에 반기를
들고 독자노선을 천명하게 되었다.

이들은 1922년 10월 11일 서울청년회 내부에서 '비합법적 공산
주의 단체'를 창립하였다. 이들 서울파 사회주의그룹은 「강령」에서
"조선의 모든 혁명세력을 민족해방운동의 통일전선의 슬로건 하에 단
일한 중앙으로 집중"23)시킬 필요성을 강조했다. 이것은 코민테른 4
차대회(1922년 11월 5일~12월 5일)에서 채택된 「동양문제에 관한

---

21) 김사국 등 서울청년회 출신이 조직한 사회혁명당과는 별개로 1916년 창립된
    신아동맹단이 3·1운동을 거친 이후 1920년 6월 김철수, 최팔용, 주종건, 장덕수
    등이 참여한 사회혁명당이 이미 존재하였다. 이들은 1921년 5월 상해에서 고려
    공산당(상해파)이 창립되면서 고려공산당 국내부로 전환되었다(이현주, 『국내
    임시정부 수립운동과 사회주의세력의 형성』, 1999, 141~153쪽).

22) 임경석, 앞의 글, 32~38쪽.

23) КимЕнман·Цойцаник, Исполкому Комунистического Интернационала, 1926.2, 101
    쪽(러시아문서보존소 ф.495 оп.135 д.125)(김영만·최창익, 「코민테른집행위원
    회에게 : 서울청년회 내부에 현존하는 공산주의 조직 '고려공산동맹' 전권 대
    표로부터」, 1926.2).

테제」보다 1개월 이상 앞서 식민지에서 반제민족통일전선을 제기하였다는데 커다란 의의가 있다.

1923년 2월 20일 서울파 사회주의그룹은 대표자회의를 소집하여 고려공산동맹을 창립하였다. 이들은 「강령」에 의거하여 "우리는 일본제국주의와 그들의 조선인 앞잡이들을 파괴하고 박멸할 때까지 단일한 민족혁명운동을 창설하고 강화하고 발달시킬 필요가 있다고 생각한다. 또한 우리는 민족독립을 위한 투쟁을 현시기의 가장 긴급한 정치적 과제로 간주한다"24)고 하여 반제민족통일전선을 가장 주요한 사업으로 상정하였다.

이후 서울파는 1925년 4월 화요파가 주도하여 조선공산당이 창립되었으나 1925년 11월 '신의주사건'으로 화요파가 타격을 입자 화요파의 제안에 따라 1925년 11월 28일~1926년 5월 15일까지 세 차에 걸친 당통합 논의를 벌이지만 입장의 차이로 결국 결렬되었다.25) 이무렵 서울파를 비롯하여 북풍파, 조선노동당은 '서·북·노 3파연합'을 구성하여 통일적 당창건을 모색하게 된다.

1926년 2월 서울파, 북풍파, 조선노동당 등 세그룹은 공동으로 코민테른집행위원회에 보고한 제안에서 "조선의 혁명운동의 필요를 위해 단일한 민족적 혁명전선이 구성되어야 한다. 그렇기 때문에 조직적 지도를 위하여 그리고 운동의 좋은 발달을 위하여 반드시 **민족당의 창립**이 필요하다. … 따라서 모든 공산주의그룹은 한편으로는 유일한 긴밀히 결합된 공산당으로 강화되어야만 하고 좌익소아병을 제거해야 하고, 다른 한편으로는 민족당 창립사업의 전위적 역할을 수행해야 한다"26)고 강조하였다.

---

24) КимЕнман · Цойцаник, 위의 글, 8쪽.

25) 전명혁, 앞의 책, 1998, 163쪽.

26) Синчер · КимЕну/ КимЕнман · Цои－Чаник/ Линамду, 1926.2 В ИСПОЛКОМ КОМИНТЕРНА

그리고 그들은 "유일공산당의 창립 이후에 민족당을 창립하는 것
이 좋다. 즉 모든 공산주의그룹과 공산주의그룹의 영향하에 있는 조
직은 이 사업에 조직적으로 참가할 것이다. 그리고 그것을 자신의 의
무라고 생각하고 있다. 현시기에 공산주의그룹들은 그들의 영향하에
있는 민족혁명적 조직들을 단일한 민족적 연합체로 인입하기 위해서
활동하고 있다"[27]고 언급했다.

이것은 당시 그들이 통일적 당건설 하에서 통일전선 문제를 사고
하는 원칙을 가지고 있었음을 말해 준다. 또한 서울파 역시 통일전선
의 형태로 '민족당'의 창립을 사고하였음을 알 수 있다. 이들이 1926
년 초 당과 통일전선의 관계에 대한 원칙적인 입장을 밝힌 것은 어떠
한 이유였을까? 코민테른이 중국에서 국민당을 민족통일전선체로 평
가하면서 중국공산당을 사실상 국민당에 종속시키는 문제에 대한 우
려가 이들에게 당과 통일전선의 관계에 대한 원칙을 강조하게 한 것
은 아닌가라고 생각하면 지나친 억측일까.


## 2) 서울파의 민족통일전선 활동

### (1) 만주지역 무장단체와의 관계

1923년 2월 조직된 서울파 전위조직인 고려공산동맹은 1924년
12월 12일 민족주의 조직들과의 공동사업을 수행할 목적으로 최창익

---

: Конкретные предложения по корейкому вопросу, 113~120쪽(러시아문서보존소
ф.495 оп.135 д.125)[신철 · 김영우(북풍회내의 까.엔.당 대표), 김영만 · 최창익
(서울청년회내의 고려공산동맹대표), 이남두(노동당내의 스파르타쿠스당 대표),
「코민테른집행위원회에게 : 조선공산당 문제에 관한 구체적 제안」, 1926.2, 117
쪽].

27) 위의 글, 117쪽.


10장 1920년대 코민테른의 민족통일전선과 서울파 사회주의그룹

을 비밀리에 간도와 만주에 파견했다. 그는 거기에서 합법적인 민족주의 조직인 신민부에 들어갔다.[28] 1925년 3월 길림성에서 창립된 신민부의 기관지 『신민보』의 주필이 서울파의 최창익이었음은 이러한 사실을 확인해준다.[29] 서울파는 북만주에 근거지를 둔 신민부에 최창익을 파견함으로써 신민부와 이 지역의 민족주의자들과 연대를 강화하는 활동을 하였다.

1926년 3월 모스크바에 파견된 서울파 고려공산동맹의 이운혁은 코민테른집행위원회에 다음과 같은 보고를 하였다.

> 남북만주에는 1925년 추에 조직된 남선청년총동맹과 북만청년총동맹이 있는데 이것은 각각 공산구루뿌의 지도를 받으면서 있다. 그런데 차 양 총동맹은 기히 조선청년총동맹에 가입하여 보조를 같이 함은 물론이오, 전기한 3개 민족단체(정의부, 참의부, 신민부 – 인용자)와도 우의를 두텁게 하며 전선의 통일을 책하고 있는데 서울청년회의 공산구루뿌에서는 신민부 및 참의부에 20명이 들어가서 민족적 유일전선을 꾸리고 있다.[30]

이에 따르면 서울파 고려공산동맹은 신민부 뿐 아니라 참의부에도 들어가서 활동을 하였음을 알 수 있다. 이운혁은 당시 남만주의 정의부와 참의부에는 약 4백명과 6백명의 무장군인이 존재하고 북만주의 신민부에는 약 450명의 무장군인이 존재하고 있다고 밝히고 있다.[31]

---

28) 김영만과 최창익은 코민테른집행위원회로의 「보고」에서 신민부가 수많은 민족적 혁명적 그룹의 통일(11개의 그룹의 통합)에 의해서 조직되었다고 말하고 있다(КимЕнман · Цойцаник, 위의 글, 108쪽).

29) 이현주 「'서울파'의 민족통일전선운동과 신간회(1921~1927)」, 『한국근현대사연구』 제7집, 1997, 178쪽.

30) 이운혁, 「국제공산당중앙집행위원회 귀중 : 서울청년회내 비밀공산구루뿌 보고의 추가보고」, 1926.3(국문), 71~75쪽(ф.495 оп.135 д.125).

31) 이운혁, 위의 글, 73~74쪽.

## (2) 민족부르주아지와의 관계

1920년대 초반 민족주의 세력은 일제의 자치론에 대해 이를 수용하는 '타협적' 흐름과 이를 배격하는 '비타협적' 흐름으로 커다랗게 양분되었다. 또한 1920년대 초는 민족주의세력의 분화와 동시에 국내 사회주의세력이 형성되는 시기였다. 이러한 사상적 분화기에서 나경석과 같은 '민족적 사회주의자' 또는 '사회주의적 민족주의자'의 출현은 가능하였다.32)

이무렵 민족종교로서 상당한 조직력을 가지고 있던 천도교 역시 일제의 자치론에 타협하는 '신파'와 비타협적 노선을 취한 '구파'로 분화되었고 그 내부에서 1,200명의 회원으로 구성된 천도교청년당을 중심으로 하는 '중앙종리원파(中央宗理院派)'가 형성되었다. 이들은 『開闢』, 『新女性』, 『新人間』, 『農民運動』, 『어린이』 등의 발간을 주도하며 성장하고 있었다.33) 서울파 사회주의그룹인 고려공산동맹은 1923년 5월부터 이들 민족주의 세력과의 연대 활동을 수행하기 위해 천도교청년당 성원으로 들어가기도 하였다.34)

1920년대 초 전개된 물산장려운동은 민족주의세력의 분화와 관련하여 주요한 시사점을 주고 있다. 최근 이러한 점에 주목한 연구는 물산장려운동을 '생산증식'과 '토산장려'라는 두가지 흐름으로 전개되었다고 파악한다. 전자는 동아일보와 이광수 등의 주장으로 일제의

---

32) 유시현, 「나경석의 '생산증식'론과 물산장려운동」, 『역사문제연구』 2, 2000.

33) 崔昌益·李廷允, 「高麗共産同盟(ソウル青年會內部に組織された秘密クルプの)事業報告」, 1926.10.25(러시아문서보존소 Φ.495 Оп.135 д.125), 156쪽. 이들 삼파 가운데 지방자치파 소속('신파') 교도 호수는 4백여호, 교주파('구파')는 천여호, 중앙종리원파는 9만여호를 가지고 있다고 한다.

34) 김영만·최창익, 「코민테른집행위원회에게 : 서울청년회 내부에 현존하는 공산주의 조직 '고려공산동맹' 전권 대표로부터」, 1926.2, 108쪽(Φ.495 оп.135 д.125).

경제정책을 비판하면서도 일제의 보호와 공업에 대한 보조금의 지급을 요구하여, 일제의 독점자본과의 철저한 대결을 지향하기 보다는 구매력의 증대를 통한 조선인 자본의 취약한 경쟁력의 증대를 도모하는 것에 지나지 않는 것이었고 이들을 '문화운동자' 즉 민족개량주의의 논리로 파악한다. 반면 '토산장려'의 논리는 설태희, 안재홍 등으로 대표되는데 이들은 제국주의 상품시장의 논리를 거부하고 외화배척운동을 통해 토산의 장려와 가내공업, 소공업의 생산에 기반을 둔 자급자족을 주장하였다.35) 그리고 후자의 논리가 물산장려회의 주도권을 장악하게 되고 이들이 비타협적 민족주의세력의 흐름을 형성하게 되는 것으로 파악하였다.

일제의 자치론에 대응하기 위해 서울파 사회주의그룹은 1926년 7월 8일 "공산주의자와 혁명적 민족주의와 서로 제휴하여 공동전선을 만드는 것을 절대적 조건으로 한다. … 그리하여 그들 민족단체를 총집중할 통일적 표현기관을 필요"36)로 한다는 「발기취지」를 내걸고 조선민흥회를 발기하였다. 당시 동아일보는 "조선물산장려회관에 모여 각 계급을 망라한 조선민족의 단일전선을 조직하는 동시에 조선민족적 유일기관으로 조선민흥회를 발기"37)하였음을 전하고 있다. 조선민흥회는 서울파 사회주의자그룹이 조선물산장려회 계열의 일부 민족주의자들과 결합하여 반제민족통일전선체를 고민한 식민지시대 최초의 조직체였다.38)

---

35) 윤해동, 「일제하 물산장려운동의 배경과 그 이념」, 『한국사론』 27, 1992.

36) 崔昌益·李廷允, 위의 글, 133~134쪽.

37) 『동아일보』 1926.7.10.

38) 이균영, 앞의 책, 87~88쪽; 전명혁, 앞의 「'서울파'의 민족통일전선론 연구」, 107쪽.

# 민족통일전선론과
# 서울파·ML파의 논쟁

코민테른이 「1926년 3월 결정」을 통해서 화요파 조선공산당을 정식 코민테른의 지부로서 승인하자, 서울파 등 국내 사회주의 분파들은 결국 통일적 당건설에 대한 자신의 견해를 철회할 수밖에 없는 '현실'에 부딪치게 되었다. 그러나 1925년 11월에 일어난 화요파 조선공산당에 대한 대대적인 검거는 화요파와 서울파 사이에 당통합 논의를 가져왔다. 그러나 1925년 11월 말부터 1926년 5월 까지 세 차례에 걸친 통합 논의는 결국 무산되고 말았다. 이후 1926년 6·10 만세투쟁으로 인한 화요파 조선공산당에 대한 또 한차례의 검거는 화요파에 대한 치명적 타격을 주었다. 이것은 서울파(고려공산동맹)가 조선공산당에 가입하는 계기를 부여하였다.[1]

또한 이무렵 동경 일월회 계열의 안광천 등의 국내 활동이 활발

---

1) 전명혁, 『1920년대 국내사회주의운동연구 – 서울파를 중심으로 – 』(성균관대 사학과 박사학위논문, 1998), 162쪽.

해지면서 'ML파'라는 새로운 사회주의 분파가 형성되었다. 또한 서울파의 조선공산당가입 문제는 서울파 내부에 심각한 대립을 일으키고 서울파(고려공산동맹)는 화요파로의 통합을 반대하는 세력과 조선공산당에 가입하는 세력으로 분화되었다. 그러나 조선사회주의운동의 역사는 화요파를 대체하는 세력이 서울파가 아니라 'ML파'로 대체되는 과정으로 전개되었다.

1926년 11월 16일 고려공산동맹의 조선공산당가입과 12월 6일 조선공산당 2차당대회는 사실상 서울파(고려공산동맹)의 해체를 의미하였다. 그러나 이시기 반제민족통일전선의 결성을 둘러싼 대립은 이제 ML파와 서울파의 노선대립으로까지 치닫게 되었다. 1927년 4월 12일 장개석의 쿠데타로 중국에서의 '국공합작'이 분열되었지만 「1927년 4월 결정」을 통해 코민테른은 여전히 '중국국민당식' 통일전선체의 결성을 강조했다.[2]

최근 1920년대 등장한 신간회의 성립을 둘러싼 논쟁에 대한 연구가 활발하게 이루어지고 있다. 연구는 주로 당시 사회주의자들이 신문과 잡지를 통해 표명한 여러 입장을 검토하면서 민족주의와의 '통일전선'이 제기되는 과정과 그 위상을 둘러싼 대립, 민족통일전선의 내용문제를 구체적으로 밝히고 있다.[3] 이들 연구를 통해 이무렵

---

2) 최규진, 「1920년대 말 30년대 초 조선공산주의자들의 신간회정책」, 『大東文化研究』 제32집, 1997, 267쪽.

3) 신간회의 성립과 관련하여 '정우회선언' 그리고 국내 통일전선체의 위상을 둘러싼 연구는 다음과 같다. 金森襄作, 「논쟁을 통해서 본 신간회 - 신간회를 둘러싼 민족주의와 계급주의의 대립」, 스칼라피노·이정식외 『신간회연구』 (동녘, 1983); 장상수, 「일제하 1920년대의 민족문제논쟁」, 『한국의 근대국가 형성과 민족문제』(문학과 지성사, 1986); 이현주, 「신간회에 참여한 사회주의자들의 운동론 - ML당계를 중심으로 - 」, 『한국민족운동사연구』 4, 1989; 윤종일, 「1920년대 민족협동전선을 둘러싼 사회주의자들의 제논쟁 검토」, 『경희사학』 16·17합집, 1990; 김승, 「신간회 위상을 둘러싼 '양당론'·'청산론'

사회주의자들이 가지고 있었던 통일전선에 대한 나름대로의 상은 대체로 밝혀지고 있는 것으로 보인다. 그러나 여전히 '사실'에 대한 평가는 상이하였다.

이 장에서는 서울파의 민족통일전선 활동과 이후 국내 민족통일전선의 결성을 둘러싼 '서울파'의 'ML파'의 노선 대립을 검토해보고 1920년대 당운동의 역사 속에서 그것이 어떠한 의미가 있었는가를 해명하고자 한다.


# 1. 서울파의 민족통일전선 활동

1922년 10월 11일 창립된 서울청년회 내부의 '비합법적 공산주의단체'(서울파 사회주의그룹, 1923년 2월 20일 고려공산동맹이라 칭함)의 강령 가운데에는 다음과 같은 민족통일전선에 대한 내용이 있다.

> 우리 당은 최단 시일내에 최소한의 정치적 과제를 실현하기 위하여 조선의 모든 혁명세력을 민족해방운동의 통일전선의 슬로건하에 단일한 중앙으로 집중시켜야 하는 것을 필수적이라고 생각한다. 이와 동시에 근로대중이 이 운동의 중요한 세력이 되도록 노력하는 것이 요구된다.[4]

논쟁 연구」, 『부대사학』 제17집, 1993; 한상구, 「1926~1928년 신간회의 민족협동전선론」(서울대국사학과 석사논문, 1993); 김형국, 「1920년대 식민지 조선의 사회운동론과 '청산론'」, 『청계사학』 10, 1993; 이균영, 『신간회연구』(역사비평사, 1993). 또한 이애숙은 1920년대 초부터 국내에서 각 '공산주의그룹'들이 민족통일전선을 추구하였음을 연구하였다(이애숙, 「1922~1924년 국내의 민족통일전선운동」, 『역사와 현실』 28, 1998).

4) КимЕнман · Цойцаник, Исполкому Комунистического Интернационала, 1926.2, 101쪽(러시아문서보존소 ф.495 оп.135 д.125)(김영만 · 최창익, 「코민테른집행위원회에게 : 서울청년회 내부에 현존하는 공산주의 조직 '고려공산동맹' 전권 대

또한 이 서울파 사회주의그룹은 강령에 의거하여 "우리는 일본제국주의와 그들의 조선인 앞잡이들을 파괴하고 박멸할때까지 단일한 민족혁명운동을 창설하고 강화하고 발달시킬 필요가 있다고 생각한다. 또한 우리는 민족독립을 위한 투쟁을 현시기의 가장 긴급한 정치적 과제로 간주한다"5)고 하여 반제민족통일전선을 가장 주요한 사업으로 상정하였다.

서울파 전위조직 고려공산동맹은 이러한 목적을 위한 구체적 사업으로 1923년 5월부터 비합법적으로 천도교청년당 성원으로 들어가서 활동을 수행하고 있었다. 또한 1924년 12월 12일 고려공산동맹은 민족주의 조직들과의 공동사업을 수행할 목적으로 최창익을 비합법적으로 간도와 만주에 파견했다. 그는 거기에서 합법적인 민족주의 조직인 신민부에 들어갔다.6)

이와 같이 고려공산동맹은 이미 1923년 5월경부터 천도교 등 종교단체와 신민부 등의 민족주의 무장단체에 자신의 조직원을 파견하여 그들과의 공동의 통일전선을 형성하기 위한 구체적 활동을 벌이기 시작했다.

김영만과 최창익은 코민테른집행위원회에 '운동의 조직문제에 대한 우리의 견해'에 대해 보고하면서 "조선문제에 대한 코민테른의 해당 지시와 강령으로 조선의 모든 공산주의그룹을 통일시키고 이리하여 유일조선공산당"을 만드는 과제와 "КИМ(국제공산청년회 – 인용자)의 강령으로 모든 공산청년그룹을 통일시키고 … 유일공산청년회를

---

표로부터」, 1926.2).

5) КимЕнман · Цойцаник, 위의 글, 8쪽.

6) 김영만과 최창익은 코민테른집행위원회로의 「보고」에서 신민부가 수많은 민족적 혁명적 그룹의 통일(11개의 그룹의 통합)에 의해서 조직되었다고 말하고 있다(КимЕнман · Цойцаник, 위의 글, 108쪽).


3부  민족통일전선론과 서울파 · ML파의 논쟁

창립"하는 과제 그리고 "단일한 조선공산당과 공산청년회는 자신의 세력을 당연히 강화하고 자신의 활동을 진전시키는 동시에 긴밀한 접촉을 가져야 한다. 또한 단일한 혁명전선과 단일한 민족당을 창립하기 위하여 끊임없이 활동을 수행해야 한다. 그리고 각 성원들을 책임 있게 도와주고 그들을 지도해야 한다"[7]는 견해를 제출하였다.

한편 고려공산동맹은 화요파가 "조선에서는 민족운동도 없고 민족운동의 토대도 없으며 결국 민족적 운동을 지지하거나 지도할 필요성도 없다" 또는 "조선에서는 사소한 일부 민족주의자가 존재할는지도 모른다. 그러나 역시 그들에 대한 지지는 필요하지 않을 뿐만 아니라 오히려 그들을 박멸하면서 직접적으로 조선에서 소비에트권력의 창립과 프롤레타리아 혁명의 활동을 수행하여야 한다" 또한 "민족주의자와 연합하는 공산주의자들은 공산주의자가 아니고 기회주의자들이며, 혁명적 대중의 피를 이중으로 흘리기를 바라는 사람들이다"[8]라는 견해를 지녔다고 말하였다. 또한 이러한 구체적인 사례로 1925년 1월 1일 평양에서 성립되었던 민족주의 조직과 공산주의 조직의 대표자 연석회의에서, 화요회와 신흥청년회의 대표자인 박일병과 김찬의 분열책동의 행위로 나타난다고 말하였다. 즉 그들은 민족통일전선을 승인하지 않고 적극적으로 그것을 방해했다는 것이다.[9]

서울파는 화요파의 혁명노선을 조선에서 프롤레타리아 혁명을 수행하고 소비에트권력을 창출하는 것으로 파악하였다. 그리고 화요파가 민족주의세력과 통일전선을 승인하지 않고 민족주의세력과 연대하는 것을 기회주의로 파악하고 오히려 그들을 박멸하려는 극좌적 태도를 가졌다고 말하였다. 그러나 화요파에 대한 서울파의 이러한 인

---

7) КимЕнман · Цойцаник, 앞의 글, 109쪽.

8) КимЕнман · Цойцаник, 위의 글, 109~110쪽.

9) КимЕнман · Цойцаник, 위의 글, 109~110쪽.


11장  민족통일전선론과 서울파 · ML파의 논쟁

식은 과장되었다고 볼 수 있다.

1925년 6월 『開闢』誌의 설문에 대한 답변에서 화요회의 권오설은 사회운동과 민족운동과의 관련에 대하여 "종래의 制令 제7호는 민족운동자를 눌러왔고 금반의 치안유지법은 사회운동자를 막 누르게 될 것인즉, 같은 압박을 받는 처지에 있어서 양 운동자는 접근하게 될 일치점이 많으리라고 생각합니다"라고 답변하였다. 조봉암은 신흥청년동맹을 대표하여 "사회운동과 민족운동과의 관계는 더욱 밀접하여질 것이니 … 양대 운동은 협동전선을 구성할 여러 가지 일치점이 있는 것이다. 하나 민족운동 중에는 타협적 운동을 배척하지 않으면 안 될 것을 말하여 둔다"고 답변하였다. 또한 화요회의 김찬은 "사회운동과 민족운동과의 금후관련은 더욱 밀접하게 되는 동시에 質을 엄중히 선택하리라고 생각합니다"라고 간단히 답변했다.10)

사회운동과 민족운동의 관련에 대한 화요파의 이러한 인식을 볼 때 그들이 민족운동을 박멸하려고 한다는 서울파의 인식은 과장되었다고 할 수 있다. 그러나 서울파의 민족운동에 대한 태도는 화요파보다는 훨씬 구체적이었다.

같은 『개벽』의 설문에 대해 서울파의 리더인 김사국은 사회주의자동맹의 대표자격으로 "민족운동과 사회운동과는 원래 공통의 이해관계가 있습니다. 그런고로 금후라도 그 운동이 '서로 관련'될 것은 重言할 필요가 없습니다. 만약 금후에 신일본주의자가 대두하고 종래의 불철저한 민족운동의 지도자들이 신일본주의에 가담한다 하면 우리는 彼等을 적수로 하는 동시에 민족운동의 부활을 助力할 것입니다"라고 답변하였다. 또한 서울파의 李英도 조선청년총동맹 대표로 "타협적이 아닌 민족운동과는 제휴한다는 것은 우리 청년총동맹에서 이미

---

10) 편집부, 「治安維持法의 實施와 今後의 朝鮮社會運動」, 『開闢』, 1925.6, 10~18쪽.


3부  민족통일전선론과 서울파·ML파의 논쟁

宣明한 바"라고 간명하게 답변하고 있었다. 또한 서울청년회의 이정윤은 "진정한 의미의 조선해방을 위하여 민족주의와 사회주의와는 도저히 양립할 수 없으나, 양 운동이 조직화하여 갈수록 양 운동은 정치적으로는 협동운동을 취지 아니치 못하게 될 경우도 있을 것"이라고 답변하였다.11)

북풍회내의 까엔당 대표인 신철과 김영우, 서울청년회내의 고려공산동맹대표인 김영만과 최창익, 조선노동당내의 스파르타쿠스당 대표 이남두의 통합으로 1926년 2월경 그들은 코민테른집행위원회에게 「조선공산당 문제에 관한 구체적 제안」을 하게 되었다.12) 이 보고 가운데 「민족당 창립에 대하여」에서 그들은 다음과 같이 말하고 있다.

> 조선의 혁명운동의 필요를 위해 단일한 민족적 혁명전선이 구성되어야 한다. 그렇기때문에 조직적 지도를 위하여 그리고 운동의 좋은 발달을 위하여 반드시 민족당의 창립이 필요하다. 그러므로 민족당의 경향과 창립은 이미 조선의 공산주의적 그룹의 분파행동까지도 폭로했다. … 그러나 현시기까지 조선공산주의자들은 민족당 창립 사업에서 창립자와 전위로서의 마땅히 자신의 임무를 수행하지 못했고, 이러한 방향으로 자신의 조직적 활동을 충분하게 나타내지 못했다. 지금 이 임무는 공산주의자 앞에는 첨예하게 놓여 있다. 그러나 공산주의자들 또한 단일공산당과 굳게 결부될 수 없고, 그 때문에 일부 공산주의자들이 민족혁명운동에 적대적 태도를 취하고 있다는 점 때문에 – 그들은 당분간 민족당의 창건임무를 수행할 수 없다. 그렇기 때

---

11) 편집부, 위의 글, 10~18쪽.

12) Синчер · КимЕну/ КимЕнман · Цои – Чаник/ Линамду, "В ИСПОЛКОМ КОМИНТЕРНА : Конкретные предложения по корейкому вопросу", 1926.2, pp.113~120쪽(러시아문서보존소 ф.495 оп.135 д.125)[신철 · 김영우(북풍회내의 까.엔.당 대표)] 김영만 · 최창익(서울청년회내의 고려공산동맹대표), 이남두(노동당내의 스파르타쿠스당 대표), 「코민테른집행위원회에게 : 조선공산당 문제에 관한 구체적 제안」, 1926.2).

문에 공산주의자들은 객관적으로 후자(민족당 - 인용자)의 창립을 방해하고 있다. 따라서 모든 공산주의적 그룹은 한편으로는 유일한 긴밀히 결합된 공산당으로 강화되어야만 하고 좌익소아병을 제거해야 하고, 다른 한편으로는 민족당 창립사업의 전위적 역할을 수행해야 한다.13)(강조는 인용자)

또한 그들은 유일공산당과 통일전선체 건설 시기에 대하여서는 "유일공산당의 창립 이후에 민족당을 창립하는 것이 좋다. 즉 모든 공산주의그룹과 공산주의그룹의 영향하에 있는 조직은 이 사업에 조직적으로 참가할 것이다. 그리고 그것을 자신의 의무라고 생각하고 있다. 현시기에 공산주의그룹들은 그들의 영향하에 있는 민족혁명적 조직들을 단일한 민족적 연합체로 인입하기 위해서 활동하고 있다"14)고 말하고 있다.

이것은 당시 그들이 통일적 당건설 하에서 통일전선 문제를 사고하는 원칙을 가지고 있었음을 말해 준다. 또한 통일전선의 형태를 '민족당'의 형식으로 인식하였음을 알 수 있다. 이것은 당시 코민테른이 중국혁명에서 국공합작의 결과 국민당을 반제통일전선의 구체적 형태로 제기했던 것이 이 시기 조선의 사회주의자들에게 그대로 반영되었음을 의미하는 것이다. 그리고 이러한 인식은 조선공산당의 통일전선에 대한 像과 원칙적으로 하등의 차이가 없었던 것을 말해준다. 즉 통일전선에 대해 조선공산당과 고려공산동맹은 모두 코민테른의 통일전선방침을 따랐음을 의미한다.

「1926년 3월 결정」에서 코민테른이 제기했던 "현존하는 모든 합법적인 민족혁명단체들의 대중속에서 일치와 통일 및 가장 정력적인 활동의 방법으로 통일적인 민족혁명전선 창립을 위한 조직적 활동을

---

13) Синчер · КимЕну/ КимЕнман · Цои - Чаник/ Линамду, 위의 글, 117쪽.

14) Синчер · КимЕну/ КимЕнман · Цои - Чаник/ Линамду, 위의 글, 118쪽.



3부 민족통일전선론과 서울파 · ML파의 논쟁

전개한다"[15]는 방침을 수행하기 위해 화요파와 서울파 등은 당시 천도교를 비롯한 종교단체 및 민족주의단체와 긴밀한 연관을 갖고자 노력하였다.

1926년 10월 25일 '서울파'의 최창익과 이정윤이 모스크바의 코민테른집행위원회에 제출한 「고려공산동맹(서울청년회 내부에 조직된 비밀그룹)의 사업보고」[16]에는 1926년 6·10운동을 전후한 시기의 국내정세에 대해서 상세한 보고를 하고 있다. 이 「사업보고」 가운데 「민족혁명운동에 관한 보고」는 천도교를 비롯하여 기독교, 대종교, 불교, 보천교와 동아일보, 조선일보, 시대일보 등을 민족혁명단체로 파악하고 이들의 조직적 상태에 대해서 분석으로 하고 있다. 이에 따르면 이 시기 천도교가 조직문제로 3파로 분립되어 있음을 다음과 같이 말하고 있다.

> 3파가 분립되어 鼎立의 세를 취하고 있는데 첫째는 지방자치파이고 둘째는 교주파 소위 復舊派, 세번째가 中央宗理院派이다. 이와 같이 3파로 분립되게 된원인은 첫째 조직문제이다. 즉 지방자치파는 지방자유연합제를 주장하고 또한 그것을 조직의 근본원리로 내세우고, 교주파는 중앙에 교주 1인을 두어 그 교주에게 최고권한을 인정하게 하라고 주창하고, 중앙종리원파는 집행위원제를 채용하려고 주창하여 각각의 분리상태로 있는 것이다.[17]

그리고 이들 세 파 가운데 중앙종리원파가 유력한 세력이고 그들은 1,200명의 회원으로 구성된 천도교청년당을 가지고 있었고, 『開

---

15) Резолюция ИККИ по Корейскому вопросу : Принятая Президиумум 31/III с добавлением в профсоюзных вопросаХ, 1926.3.3.1(러시아문서보존소 ф.495 оп.135 д.115, 4~5쪽).

16) 崔昌益·李廷允, 「高麗共産同盟(ソウル青年會內部に組織された秘密クルプの)事業報告」, 1926.10.25(러시아문서보존소 Ф.495 Оп.135 д.125), 125~194쪽.

17) 崔昌益·李廷允, 위의 글, 156쪽.

關』, 『新女性』, 『新人間』, 『農民運動』, 『어린이』 등 언론기관도 이 천
도교청년당원이 경영하고 있었다고 하였다.[18]

마침내 서울파는 1926년 7월 8일 朝鮮民興會를 발기했다. 조선
민흥회는 서울파 사회주의자들과 朝鮮物産獎勵會[19] 계열의 일부 민
족주의자들이 결합한 것으로서 식민지 조선에서 민족통일전선을 고
민한 최초의 조직체였다. 다음의 조선민흥회 「발기취지」는 그들이 통
일전선을 지향하였음을 명백히 보여주고 있다.

> 현재 조선은 식민지로서 특수한 경우에 있다. 이 경우(자본주의가 발달하
> 지 않은 일본의 식민지인 경우)에 있어 조선의 무산계급운동에는 다른 독립
> 국가내에 있어 무산계급운동과는 항상 전략상 혹은 전술상으로 특수한 조건
> 이 부수된다. 즉 일본제국주의세력을 구축하기 위해, 혹 시기상으로는 공산
> 주의자와 혁명적 민족주의와 서로 제휴하여 공동전선을 만드는 것을 절대적
> 조건으로 한다. 그런데도 작년 이래 조선내에 있어서는 민족운동단체가 점
> 점 강력히 대두하여 오고 그리하여 그들 민족단체를 총집중할 통일적 표현
> 기관을 필요로 하게 되었다.
> 물론 민족운동 집단이라고 부를 종교단체 즉 천도교 耶蘇교 불교 대종교
> 등의 교회내에 혁명적 민족운동 비밀결사가 있어 이들 단체가 종교의 가면
> 을 쓰고 각자의 소속단체를 지도하고 있기도 하였지만, 今日까지 이들 해 단
> 체를 총망라하는 민족적 대중의 통일적 기관이 없었다. 그렇기 때문에 이들
> 단체는 상호 대립하여 서로 혁명력을 共殺하는 상태에 있었다. 그러므로 본
> 동맹은 優秀한 혁명적 민족운동자를 일정한 지도정신의 하에 집중하기 위해,
> 각 혁명적 민족단체내의 우수한 분자 및 기타의 중립지대에 있는 혁명적 열

---

18) 崔昌益・李廷允, 위의 글, 157쪽.

19) 조선물산장려회는 1920년 8월 평양에서 曹晩植, 吳胤善, 金東元, 金寶源 등 70명
이 발기한 것으로 일본 상품을 배척하고 국산품을 사용하자는 자급자족주의의
운동을 전개하였다(『동아일보』 1920.8.23). 한편 『신생활』지의 주간인 이성태는
1923년 3월 이 운동을 '중산계급의 이기적 운동'이라고 비판하는 장문의 글을
동아일보에 게재하기도 하였다(李星泰, 「중산계급의 이기적운동」, 『동아일보』
1923.3.20).


3부 민족통일전선론과 서울파・ML파의 논쟁

성분자와 서로 協同한 결과 이 민흥회를 발기하게 되었다. 그리하여 이 민흥회로 하여금 조선사회단체중앙협의회에 가맹시킴으로써 이 중앙협의회로하여금 민족유일전선 표현기관인 것처럼 00하였다. 이상의 이유와 계획을 가지고 금년 6월(7월의 잘못 – 인용자)중 민흥회를 발기하였다.[20]

고려공산동맹의 「사업보고」(1926년 10월 25일)에 언급되어 있는 조선민흥회 「발기취지」(1926년 7월 8일)는 이미 신간회가 창립(1927년 2월 15일)되기 이전에 그리고 「정우회선언」(1926년 11월 15일)이 발표되기 4개월 전에 이미 '민족단체를 총집중할 통일적 표현기관'의 필요성을 언급하고 있다.

1926년 7월 10일자 동아일보에도 조선민흥회의 발기에 대한 기사를 실고 있는데 이를 통해서도 고려공산동맹의 「사업보고」가 과장된 것이 아님을 알 수 있다. 『동아일보』는 "조선민흥회는 정치, 경제, 산업 등으로 조선민족의 공통한 이익을 목적하고, 경향 각계급의 유지 10수인이 再昨 8일에 조선물산장려회관에 모여 각 계급을 망라한 조선민족의 단일전선을 조직하는 동시에 조선민족적 유일기관으로 조선민흥회를 발기하기로 하고, 우선 발기회를 조직하기 위하여 준비위원을 선거하는 동시에 취지와 기타를 다음과 같이 결정하였다"[21]고 보도하였다. 조선민흥회의 취지와 결의내용은 다음과 같다.

> 취지 : 조선민족의 공동이익을 위하여 분투 노력함에는 반드시 전민족적인 각계 급의 역량을 집중한 조직력의 활동으로서야 가능할 것이므로, 조선민족의 중심세력이 될 유일한 조직체로 완성하기 위하여 조선민흥회 발기준비회를 조직함.
> 결의 : ① 실업교육, 노동, 농민, 언론, 종교, 여자, 청년, 형평, 학생, 사상운동

---

20) 崔昌益·李廷允, 위의 글, 133~134쪽.

21) 『동아일보』 1926.7.10.

등 각계를 총망라하여 조선민흥회를 조직하기로 하고, 그 준비위원을
선정하여, 각 계급에 교섭하여— 발기회를 조직하기로 함. ② 발기회
의 일자는 추후 발표함. ③ 조선민흥회의 회명은 회중의 토의에 의하
여 발기회 또는 창립대회에서 변경할 수 있음 ④ 임시사무소는 조선물
산장려회관에 임시로 둠22)

또한 일제 경찰당국의『치안상황』에 나타난 조선민흥회 발기 당
시에 그들이 밝힌 강령은 다음과 같다.

아등은 조선민족의 최대이익을 위해 투쟁할 것을 근본적 사명으로 한다.
오등은 조선민족의 총역량을 결합하여 조직적 활동을 기한다. 오등은 조선
민족의 당면 이익을 위해 현하의 실상에 적당한 정책·수립 및 실행을 도모
한다.23)

이와 같이 서울파는 "조선민족의 단일전선을 조직하는 동시에 조
선민족적 유일기관으로" 조선민흥회를 발기하였고, 이것은 고려공산
동맹의「사업보고」에서 나타난 발기취지와 일맥상통하는 것이었다.
조선민흥회는 7월 25일 준비위원으로 李春, 金泰源, 柳靑 3인을
선임하고 두달후에는 창립준비위원을 선출하기 위한 발기인 심사위
원으로 權泰錫, 明濟世, 金正琪를 선임하였다.24) 이 심사위원회에서
는 29명의 준비위원과 9명의 상무위원을 선출하였다.25) 이균영은

---

22)『동아일보』1926.7.10.

23) 京畿道警察部,『治安狀況』, 1929.5, 朴慶植 編,『朝鮮硏究資料集』6(亞細亞問題硏
究所, 1983), 94쪽.

24)『동아일보』1926.7.10;『동아일보』1926.10.11.

25) 준비위원은 明濟世, 宋乃浩, 徐世忠, 沈相玟, 장인환, 주익, 신현익, 강학동, 명이
항, 명용준, 이경호, 정순영, 이창환, 배헌, 김상규, 김연중, 정춘수, 오화영, 최내
오미, 어윤희, 조철호, 이병욱, 김중협, 김준한, 류청, 김동철, 최익환, 김정기, 권
태석 등 29명이고 상무위원은 권태석, 최익환, 김정기, 김동철, 명제세, 송내호,


3부 민족통일전선론과 서울파·ML파의 논쟁

조선민흥회 준비위원으로 참가한 자들의 경력을 통해 조선민흥회가
서울청년회계와 조선물산장려회가 그 양대 지주이고 그외 다양한 민
족주의자들 예컨대 종교계, 해외에서 귀국한 전투적 민족주의자들,
교육계 인사가 개인적으로 참여하였음을 밝히고 따라서 조선민흥회
는 "극히 제한된 범위이긴 하지만 최초로 실현된 민족협동전선이었던
것은 분명하다"고 밝히고 있다.26)

　　서울파는 조선민흥회를 발기하여 이를 조선사회단체중앙협의
회27)에 가입시켜 조선사회단체중앙협의회를 '민족유일전선의 표현기
관'으로 내세우려는 계획을 하였다.28)　그러나 조선민흥회는 이후
1927년 1월 19일 新幹會가 정식으로 발기되자 1927년 2월 11일 조
선민흥회 대표 김항규, 명제세, 송내호, 권태석, 김홍진과 신간회 대
표 권동진, 홍명희, 신석우와 회합하여 신간회에 합동하기로 결정함
으로써 해소되었다.29)

　　그러면 서울파의 조선민흥회는 왜 그들의 계획을 추진하지 못하
고 신간회로 해소되고 말았는가? 이것은 이 시기 서울파의 내부 분화
와 관련이 깊다. 서울파는 1926년 12월 6일 조선공산당 2차당대회
를 전후하여 커다란 조직적 분화를 겪게 된다. 1926년 11월 16일

---

서세충, 신현익, 류청 등 9명을 선출하였다(『동아일보』 1926.11.3). 이들 29명 가
운데 송내호, 이경호, 최익환, 권태석 등 4인은 서울청년회 출신이다. 조선민흥
회 준비위원의 간단한 약력과 활동상황에 대해서는 이균영, 『신간회연구』(역사
비평사, 1993), 86~87쪽; 윤종일, 『1920년대 민족협동전선연구 - 사회주의자들
의 입장을 중심으로 - 』(경희대학교사학과 박사학위논문, 1991), 79~80쪽 참조.

26) 이균영, 위의 책, 87~88쪽.

27) 조선사회단체중앙협의회는 1926년 2월 서울파 고려공산동맹이 지도하는 합법
단체인 전진회에 의해 발기되었다.

28) 崔昌益·李廷允, 앞의 글, 134쪽.

29) 이균영, 앞의 책, 98~102쪽.

서울파 고려공산동맹의 상당수가 조선공산당에 가입하게 됨으로써[30) 서울파 세력은 위축되고 ML파 조선공산당의 영향 속에서 서울파의 통일전선계획은 동력을 잃어버리게 되었던 것이다.

또한 조선민흥회 대표 가운데 서울파의 권태석은 金俊淵과 함께 이미 1926년 10월 14일 조선공산당에 가입하게 되었다.[31) 이무렵은 1926년 6·10운동으로 조선공산당 책임비서 姜達永을 비롯하여 당원 100여명이 대거 검거된 이후 '상해파' 출신의 金錣洙가 당조직을 복구하기 위해 활동하였던 시기였다.[32)

서울파의 반제민족통일전선 결성을 위한 활동은 이와 같이 새롭게 형성된 사회주의자 그룹, 즉 ML파의 신간회결성으로 해소되어버렸던 것이다. 또한 서울파 일부('서울파 신파')의 조선공산당 가입은 서울파의 내부의 동력을 더욱 약화시켜 나갔다. 따라서 이러한 조건 속에서 '서울파'는 더 이상 민족주의자와의 통일전선을 힘있게 추진할 수 있는 동력을 상실하였고 조선민흥회를 통한 계획도 신간회로 해소될 수밖에 없었다.

이 시기 서울파의 통일전선의 결성을 둘러싼 사업은 그들의 합법적, 비합법적 활동 그리고 새롭게 형성되는 ML파와의 통일적 당건설의 과제와 상호관련 속에서 복잡한 스펙트럼을 띤채 진행되었다. 서울파의 통일전선활동은 이후 1927년 조선사회단체중앙협의회를 통한 활동으로 다시 재개되지만 이 또한 ML파와의 노선투쟁 속에서 실

---

30) 조선공산당 2차당대회 중앙집행위원회 보고에서 김철수는 1926년 11월 16일 서울파 전위조직인 고려공산동맹의 상당수가 조선공산당에 가입하였다는 사실을 보고하고 있다(「朝鮮共産黨 第二回 定期大會 會議錄」, 1926.12.7, 52쪽(러시아문서보존소 ф.495 оп.135 д.123).

31) 京城地方法源 檢事局, 『金錣洙外 20人調書』 2, 414~418쪽(김철수 진술).

32) 김철수는 1926년 9월부터 조선공산당 2차당대회가 열리는 1926년 12월 6일까지 조선공산당 임시 책임비서로 활동하였다.



3부 민족통일전선론과 서울파·ML파의 논쟁

패로 귀결되고 말았다.

이하에서는 서울파와 ML파의 통일전선을 둘러싼 노선투쟁을 살펴 보면서 그들의 통일전선에 대한 사상적·조직적 이론을 고찰하고자 한다.


## 2. ML파의 '정우회선언'과 서울파의
## '전진회검토문' 논쟁


1920년대 식민지 조선사회에서 통일전선의 모색으로 등장한 신간회는 1926년 11월 15일 '정우회선언'으로부터 비롯되었다는데 많은 논자들이 동의하고 있다. 정우회선언의 내용 중 경제투쟁에서 정치투쟁으로의 방향전환의 문제는 그동안 많은 연구자들이 해석을 달리 해왔다.

그런데 '정우회선언'에 대한 가장 전면적인 비판으로 1926년 12월 15일 서울파가 제기한 '前進會檢討文'에 대해서는 그동안 상당히 소략하게 취급되어 왔다. 따라서 필자는 그간의 연구성과에 나타난 '정우회선언'과 '전진회검토문'에 대한 해석을 정리해 보면서, 'ML파'의 '정우회선언'과 서울파의 반박문인 '전진회검토문'을 분석하여 당시 통일전선의 결성과 성격을 둘러싼 두 분파의 노선의 차이를 파악하고자 한다.

1926년 11월 17일자 『조선일보』에 게재된 '정우회선언'은 대체로 다음의 내용으로 이루어졌다.[33]

---

[33] 『조선일보』 1926.11.17.

① 우리 운동을 위선 과거의 분열로부터 구하지 아니하여서는 아니된다. 그리하기 위하여는 운동을 소수의 파쟁적 음모의 농락으로부터 팔아먹는 상품으로부터 해방하여 조선내 대중자체의 자주적 奮鬪로 진전시켜야 할 것이며 종래의 중상 遊說의 代로 공연한 토론을 전개하여야 할 것이며 운동 전체의 이익 앞에서 분파적 또는 단체적 이익을 종속시켜야 할 것이다.

② 운동의 장래는 무엇보다도 대중의 단결 여하 의식 여하에 달린 것이니 우리는 우리의 현상에 照하여 대중의 조직 및 교육에 일층 노력하지 아니할 수 없다. … 그리고 그 우에 교육적 노력을 가하여 대중의 무식과 자연생장성을 퇴치하지 아니하면 아니된다. …

③ 민족주의적 노력의 대두로 인하여 전개되는 정치적 운동의 경향에 대하여는 그것이 한 필연적 과정의 형세인 이상 우리는 泛然히 對岸火視할 수 없다. 아니 그것보다 먼저 우리 운동 자체가 벌써 종래의 국한되어 있던 경제적 투쟁의 형태 그보다 일층 계급적이며 대중적이며 의식적인 정치적 형태로 비약하지 아니하면 아니될 전환기에 달한 것이다. 고로 우리는 우리 자체의 종래의 모든 소아병적 증세를 揚棄하고 우리의 승리로의 구체적 전진을 위하여 현실적 모든 가능의 조건을 충분히 이용하지 아니하면 아니될 것이다. 따라서 민족주의적 세력에 대하여는 그 부르조아 민주주의적 성질을 명백하게 인식하는 동시에 또 그 우리와의 과정적 동맹자적 성질도 충분히 승인하여 그것이 타락한 형태로 출현되지 아니하는 것에 한하여는 적극적으로 제휴하여 대중의 개량적 이익을 위하여서도 종래의 소극적 태도를 버리고 분연히 싸워야 할 것이다.

④ 여사한 각 방면의 현세와 거진 절정에 달한 권세적 위압은 운동을 더욱더욱 대중화하며 현실화하도록 요구하는 바이며 … 타협만에 그치는 타협 개량만에 그치는 개량은 분명히 타락과 굴복을 의미하는 것이니 우리는 운동의 현재를 대표하는 동시에 또 미래를 대표하여야 한다. 타협과 항투를 분리시켜서 아니되며 개량과 ××(혁명 – 인용자)을 대립시켜서는 아니될 것이다. 우리는 그것을 위하여 理論的 鬪爭을 힘있게 전개하여 대중의 진정한 진로를 不絶히 指示하여야 할 것이다. …


정우회선언의 내용에서 가장 쟁점이 되는 것은 3항의 '정치적 운


3부　민족통일전선론과 서울파·ML파의 논쟁

동의 경향'과 '경제적 투쟁의 형태 그보다 일층 계급적이며 대중적이며 의식적인 정치적 형태로 비약하지 아니하면 아니 될 전환기'에 대한 해석의 문제이다.

먼저 이 시기 조선노동당 계열의 경성무산청년회[34]는 「正友會宣言에 對한 京城無産靑年會決議」에서 정우회선언의 3항을 '개량적 타협적 정치운동' 즉 '자치운동'으로 귀결될 것으로 보았다.[35] 그리고 그들은 일본의 보통선거의 실시가 일본 무산계급운동의 정치운동의 결과가 아니라 오히려 부르주아 정당의 정책의 결과라고 한다. 따라서 조선에 자치가 주어진다고 해도 그것은 자치운동자의 운동의 결과가 아니라 그 반대운동, 즉 일본제국주의에 의한 지배정책의 일환이라고 비판하였다.[36]

정우회선언에 대한 가장 근본적이고 구체적인 비판은 '서울파'의 「前進會 검토문」(이하 검토문)이다. 서울파 고려공산동맹의 합법적 사상단체인 전진회[37]는 1926년 12월 15일 정우회선언에 대하여 장문의 비판문을 『조선일보』에 게재하였다.

검토문에서는 우선 '정치투쟁'과 '정치적 운동'을 구별하여, "'정치적 투쟁'이라면 정치적 현실을 부인하여 가면서 정권의 탈취를 목적하는 것임으로 그 성질이 비타협적이며 00(혁명 – 인용자)적이며 파괴적이며 창조적이며 이상적임을 의미하게 되는 것이오 '정치적 운동'이라면 정치적 현실을 어느 정도 혹은 전체까지라도 긍정하여 가면서

---

34) 경성무산청년회는 1925년 4월 27일 서울에서 조선노동당의 비밀그룹인 스파르트쿠스당의 공산청년회 지도하에 조직되었다[박철하, 『1920년대 사회주의사상단체연구』(숭실대사학과 박사학위논문, 2003), 113쪽].

35) 「正友會宣言에 對한 京城無産靑年會決議」 一, 『조선일보』 1926.12.20.

36) 「正友會宣言에 對한 京城無産靑年會決議」 二, 『조선일보』 1926.12.23.

37) 1925년 10월 10일 조직되었다.

정권의 분배 내지 획득을 圖하는 것임으로 그 성질이 타협적이며 개량적이며 건설적이며 진취적이며 실제적임을 의미하게 되는 것이다"38)라고 말한다.

또한 검토문에서는 두번째 정치적운동을 적극적 형태와 소극적 형태로 구별하고 있다. "전자(적극적 형태 – 인용자)는 … 어떠한 정당적 세력을 이루어 가지고 다수한 대의원을 선출하여서 국가의 입법 내지 행정기관까지 이용하여 자기 계급 又는 당의 정견 及 정책 내지 정치적 이상을 실현하려는 것이오, 後者(소극적 형태 – 인용자)는 간접수단을 취하는 것이니 예로 말하면 어떤 정치적 회합 又는 일부 집단적 행동으로써 통치계급에 대하여 정권의 참여 혹은 부분적 승낙을 청원 又는 교섭하여 양해와 타협밑에서 於是呼 이루어지는 것"39)이라고 하였다. 즉 정치운동의 적극적 형태는 부르주아 정당활동을 통해 의회정치에 참여한다는 것이고 소극적 형태는 청원 또는 타협을 통한 방법을 의미하였다.

그런데 검토문은 결국 소극적 정치운동은 '제국주의세력 발전의 방편을 보조하는 운동' 즉 '제국주의 주구적 운동 반동운동 반00(혁명 – 인용자)운동'이 되는 것이요 따라서 "조선의 정치적 현실에 있어서는 만일 공연한 정치적 운동이 있다고 하면 그는 반드시 그러한 소극적 타락적인 정치운동(보선연장 의회특설 내정독립 반자치운동 등) 밖에는 있을 수 없는 것이 명약관화한 사실이다"40)라고 한다.

결국 서울파의 전진회 계열은 정우회의 '정치운동'을 "가면적 민족주의의 굴복적 타협적인 정치적 세력과 적극적으로 제휴하는 것"이고 '부르주아지 타협운동의 단하제물로 공헌하려는 심사'로서 '개량주의

---

38) 「前進會檢討文 正友會宣言에 對하여」 一, 『조선일보』 1926.12.18.
39) 위의 글.
40) 「前進會檢討文 正友會宣言에 對하여」 一, 위의 글.

적 우경론'41)이라고 비판하고 있다.

최근에는 정우회 선언에서의 '정치투쟁'으로의 방향전환이 합법운동에의 방향전환론이고 이것은 일제의 자치제 부여에 의한 자치운동의 출현이라는 주장이 제기되기도 했다.42) 이 연구에서는 「정우회선언」의 3항을 검토하면서 "이는 보다 유연한 또는 보다 우회적인 투쟁전술을 말하고 있는 것으로 보인다"43) 라고 해석하고 있다.

또한 논쟁이 되는 것은 정우회선언의 3항에서 언급되는 경제투쟁에서 정치투쟁으로의 '方向轉換'의 문제이다. 그동안 연구에서는 방향전환의 사상적 배경에 대해서 그것이 福本主義인가 山川均主義인가 또는 코민테른의 통일전선전술인가에 대해서 많은 논란이 있어 왔다.44) 이에 대해 이균영은 정우회선언이 시기적으로 福本主義에 자극되고 고무되었을 뿐 그 사상적 내용은 전혀 다르다고 말하고 있다. 또한 한상구는 정우회의 '방향전환론'이 당시 일본의 무산정당운동의 기본명제로서 현실적 투쟁, 합법투쟁, 의회이용전술을 말하는 것으로 福本和夫가 주장하는 방향전환론과는 다른 일월회계 조선 사회주의자들의 일본의 합법적 정치운동인 무산정당론에 의거한 '합법적 정치운동론'으로 파악하고 있다.45)

또 한 연구는 1920년대 조선의 사회주의자에게 많은 영향을 준 일본 공산당의 야마까와(山川均)주의와 후꾸모도(福本)주의를 검토하면서 정우회선언의 방향전환은 후꾸모도이즘이나 야마까와이즘의 독

---

41) 「前進會檢討文 正友會宣言에 對하여」三, 『조선일보』1926.12.26.

42) 한상구, 앞의 글, 25~27쪽.

43) 한상구, 위의 글, 24쪽.

44) 이에 대한 정리는 이균영, 앞의 책; 윤종일, 앞의 글; 김석근, 「후꾸모토이즘(福本主義)과 식민지하 한국사회주의운동」, 『아세아연구』제38 - 2호, 1995 참조.

45) 한상구, 앞의 글, 26~32쪽.

자적인 이론적 함의를 가진 '방향전환'이 아니라 한국사회주의자들의 독자적, 상대적 자율성을 띤 방향전환론으로 파악하고 있다.46)

　　일본사회주의운동사에서 山川均(야마카와)主義에 대한 비판으로 제기된 福本(후쿠모토)主義 그리고 그들의 방향전환론은 다음과 같이 정리할 수 있다. 즉 福本和夫는 山川均의 방향전환론을 '사회주의와 조합주의의 절충적 방향전환론'이라고 비판하면서 조합주의적 투쟁에서 사회주의적 투쟁으로의 전환을 주장했다. 그러나 당시 일본공산당47)의 주류였던 후쿠모토주의는 야마카와주의와 더불어 코민테른의 이른바 「27년테제」(일본문제에 관한 테제)에서 다음과 같이 비판받았다.

　　"공산당을 노동조합운동의 좌익으로 해소시키는 방침을 취하는 것이 오류이고, 파멸적이라고 한다면 프롤레타리아트의 대중제조직으로부터 고립되는 것도 그것과 마찬가지의 오류이다. 크로키(후쿠모토-인용자) 동지가 제창한 '분리결합이론'은 사실상 이와 같은 정책을 근거짓는 것에 다름아니고, 레닌주의와는 가장 근본적으로 또한 결정적으로 다른 것이다. 크로키(후쿠모토-인용자) 동지는 일본공산당이 당면한 구체적인 제임무와 이들 임무해결을 위해 역사가 부여하고 있는 방법을 분석하려하지 않고 인위적으로 자의적으로 만들어낸 추상으로부터 출발하여 현실의 관계를 이해하려 노력하지 않고 이론적 원칙을 전개하여 적용하는 것에 관계하고 있다"48)

　　즉 코민테른은 '공산당을 노동조합운동의 좌익으로 해소시키는 방침을 취하는 것' 즉 야마카와주의에 대한 '청산주의적 오류'를 지적

---

46) 김석근, 앞의 글, 119쪽.

47) 1922년 7월 창립된 일본공산당은 1924년 3월 해당결의를 하고 해체되었다가 1926년 12월 일본공산당재건 당대회를 통해 재건되었다. 이때 재건된 일본공산당은 전적으로 福本主義에 의존하였다(김석근, 앞의 글, 63쪽).

48) 코민테른집행위원회간부회, 「日本についてのテーゼ」, 1927년 7월 15일 (村田陽一 編譯, 『コミンテルン資料集 』 第4卷, 大月書店, 1981, 232～233쪽).

하면서 '당을 프롤레타리아트 대중으로부터 고립시키는' 후쿠모토의 '좌경적' 오류를 지적하였다. 그런데 코민테른은 「27년테제」에서 주로 후쿠모토주의의 대중적 조직의 역할에 대한 경시, 정당과 노동조합의 차이에 대한 몰이해, 당과 대중과의 전술상의 분리 등에 대해 주로 많은 문제를 제기하였다.49)

정우회선언을 기초한 일월회의 주도적 인물 安光泉은 이후 1926년 12월 6일 조선공산당 2차당 대회에서 책임비서로 선출되어 1927년 9월 그가 '嶺南親睦會事件'50)으로 당책임비서에서 물러날 때까지 조선공산당('ML파')의 지도적 역할을 하였다. 그런데 그는 '조선의

---

49) 小山弘健, 한상구·조경란 역, 『일본 마르크스주의사 개설』, 이론과 실천, 1991, 86~87쪽.

50) '영남친목회'는 재경 영남유지들의 친목단체로서 1927년 9월 4일 발기된 단체이다. 당시 조선공산당('ML파') 책임비서인 안광천이 자신의 출생지가 영남이라는 이유로 창립선언문을 기초한 것이 당내 정치적 제도를 혼란에 빠뜨렸다고 격렬한 비판을 받았다. 또한 1927년 9월 11일 嶺南人士들이 '嶺南親睦會反對聲明'을 발표하여 다음과 같이 친일적, 地方熱 단체인 영남친목회의 결성이 전민족적 통일전선을 방해한다고 비판하면서 영남친목회의 박멸을 주장했다. "그들은 과거 地方熱의 遺墟를 부흥시키어 바야흐로 전민족의 역량을 집중하려는 우리 운동선을 착란시키는 것이다. 이만한 罪過無決코 사소한 죄과가 아니다. 우리는 그 죄과에 대하여 단호한 방침을 取치 아니치 아니면 않될 것이다. 우리는 우리 스스로 영남친목회의 박멸을 기약하며 호남동우회 오성구락부 등 이와 유사한 단체에 대하여도 부절한 주의를 가지고 있다. 동지여! 더욱이 영남동지여! 영남친목회를 박멸하자! 동지여! 우리를 응원하라?!"
또한 당시 신문에 게재된 嶺南親睦會反對者 명단은 다음과 같다. 李源赫, 丁七星, 朴榮泰, 權泰錫, 李熙春, 李春榮, 金復榮, 李承元, 嚴正友, 權鼎甲, 吳成武, 柳時泳, 李春秀, 申亨燮, 李仁和, 李芝鎬, 錢鎭漢, 申昌淳, 李重鉉, 金華榮, 姜又松, 李東鎭, 柳東鵬, 印東哲, 安秉禧, 鄭喜燦, 宋雲, 丁奎植, 卞東祚, 姜相熙, 趙允衍, 趙相衍, 權0, 姜鎔, 李範世, 金聖愛, 全栢, 李淨, 朴東秀, 朴尹錫, 申周極, 吳鶴出, 李銅喆, 兪龍穆, 朴亨南, 許一, 安浚, 李泰兄, 權肅範, 姜昊, 金進休, 尹炳欽, 秋秉桓, 韓一淸, 朴定坤, 權五箕, 黃其律, 安昌遠, 徐叭, 李鈺, 安相吉, 鄭東震, 李重乾, 河鎔植, 李根孝, 崔根煥, 崔命熙, 安孝武, 河弼源, 金南洙, 林有棟, 李永斗, 朴儀陽, 宋暾浩, 姜石者, 安相旭, 金繡準, 韓雲敎(以下 畧)(『조선일보』 1927.9.12).


11장 민족통일전선론과 서울파·ML파의 논쟁

복본화부'라고 불릴 정도로 福本主義에 심취해 있었다.

「정우회선언」과 「전진회검토문」이 신문지상에 게재되면서 1920년대 후반기 신문과 잡지 등에서는 ML파와 서울파의 당과 통일전선의 문제를 둘러싼 격렬한 노선투쟁이 일어났다. 필자는 이를 검토하면서 이 시기 사회주의자들의 운동에 대한 인식을 더욱 구체적으로 파악하고 한다.


# 3. 서울파와 ML파의 노선에서 자생성과 의식성의 문제


이 장에서는 1920년대 후반기 신문과 잡지를 통해 합법적 또는 비합법적으로 진행되었던 서울파와 ML파의 당과 통일전선의 문제를 둘러싼 격렬한 노선투쟁을 의식성과 자생성이라는 개념틀 속에서 다루어보고자 했다. 1920년대 운동의 역사 속에서 의식성과 자생성의 문제, 당과 계급의 관계 등에 대한 당시 사회주의자들의 인식 속에서 보편적 역사인식의 문제를 추출해보고자 한다.

먼저 ML파의 리더 안광천이 기초하여 1926년 11월 15일 발표된 「정우회선언」에서는 '목적의식성'에 대한 강조가 두드러졌다.

「정우회선언」은 서론에서 조선민중운동이 6년의 역사에 불과하지만 커다란 결과를 가져 왔는데 "근대적 산업의 유치 노동계급의 유치 정치적 활동조건의 불리 선구자들의 목적의식성의 결핍 해외 '정치상'분자의 악영향은 우리 자체 단결의 길 앞에 분열이라는 구덩을 파놓게"되었음을 지적한다. 또한 "현재의 모든 형세는 ⋯ 전조선적으로 확대된 파분쟁 경제적 투쟁에만 국한되어 있는 종래의 운동형태 등은 우리 운동의 현재 과정에 있어서 결정적으로 요한 운동이 집중의식화 대중화를 불가능하게 하고 있다"[51]고 말하고 있다.

여기서 과거 운동에서 '목적의식성의 결핍'을 지적하고 종래의 운동이 '경제적 투쟁에만 국한'되어 있다고 말하는 것을 어떻게 파악해야 할 것인가? 서울파의 「전진회검토문」은 ML파의 이러한 주장을 다음과 같이 반박하고 있다.

> … 그 운동의 발달이 어느 계급에 이르기까지 필연의 세로 경제적 투쟁의 형태에 국한되어 진다. 그러나 그 운동의 발전에 따라 새로운 전술을 발견케 되는 무산계급운동은 경제적 투쟁만으로는 완전한 승리를 취득할 수 없음을 알게 됨으로써 이에 정치적 투쟁 혹은 실제적 정치운동으로 나가게 된다. 거기에서 경제투쟁에서 정치투쟁으로 전환하여야 한다는 양단의 전술을 취하게 되는 것이다. … 그런데 조선의 무산계급운동이 불국이나 영국이나 일본 등의 그것과 자연히 그 발달의 형태를 달리하게 되었다. 여기서 정치적 경제적으로 특수한 환경의 지배를 받는 식민지 사회운동의 특질을 말하게 된다. 조선은 정치적으로 자주국이 되지 못한다. … 정치적 피지배의 고통은 소위 무단정책 밑에서 미증유의 가혹을 당하게 되었다. 그리하여 그 정치적 극단 고압의 반발력은 마침내 조선민족운동사상 특필의 한페이지를 차지할 만한 민족적 정치투쟁의 성질인 기미운동을 분출시키고 그 운동의 식지 아니한 정치적 투쟁열은 다시 사회운동으로 전환케 된 것이다. 그러므로 조선의 무산민중운동은 경제적으로가 아니오 정치적으로 발단되었다는 것이다. 따라서 조선무산민중운동은 어느 시기까지 경제적 투쟁보다도 오히려 정치투쟁에 強味를 가지게 되는 동시에 반민족주의적 색채를 가지게 된다고 할 수도 있다.[52]

서울파는 조선의 사회운동이 처음부터 제국주의의 식민지 지배라는 조건 때문에 경제투쟁보다는 오히려 정치투쟁의 성격을 강하게 띠고 있었음을 주장하면서, 과거 조선의 사회운동에서 목적의식성이 결핍되어 주로 경제투쟁에 국한되어 있었다는 ML파의 주장을 반박하고 있

---

51) 『조선일보』 1926.11.17.

52) 「前進會檢討文 - 正友會宣言에 對하여」 三, 『朝鮮日報』 1926.12.26.

다. 1919년 전민족적 혁명적 항일투쟁이었던 3·1운동을 비롯하여 1920년대 전반기 노동자 농민 청년조직의 결성과 그들의 운동이 과연 그러하였는가를 생각해 볼 때 ML파의 주장은 역사적 사실과도 거리가 있는 추상적, 관념적인 견해라고 생각된다.

ML파는 「정우회선언」의 2항에서 "운동의 장래는 무엇보다도 대중의 단결 여하, 의식 여하에 달린 것이니 우리는 우리의 현상에 照하여 대중의 조직 및 교육에 일층 노력하지 아니할 수 없다. 조직된 대중은 질적으로 정리하고 향상시키며 무조건 대중은 더욱 더욱 조직시켜서 양적 영역을 넓히며 學類團體에는 의식적 세포를 植入하여 그 성질을 전환시키지 아니하면 아니 된다. 그리고 그 우에 교육적 노력을 가하여 대중의 무식과 자연생장성을 퇴치하지 아니하면 아니 된다"는 주장을 하였다. ML파의 목적의식성에 대한 강조와 대중의 자연생장성에 대한 경멸은 다음의 안광천의 글에서 더욱 구체적으로 언급되고 있다.

ML파의 安光泉은 「조선사회운동의 의식상의 진통」53)에서 운동의 발전과정에서 정치의식의 필연적 발생을 말하면서 조선무산대중의 정치의식을 성장시킬 필요가 절박하였다고 강조한다. 그는 이에 대한 근거로 레닌의 『무엇을 할 것인가』를 인용한다. 그는 "무산대중은 그 자체의 능력으로서는 다만 조합주의적 의식에 달할 수 있을 뿐이다." 따라서 "이 의식은 오직 외부로부터 주입할 수 있을 뿐이다"54) 라고 한 레닌의 계급의식의 '외부도입테제'를 강조하면서 정우회선언에 반대하는 전진회의 「검토문」을 '우리 자체의 대립적 의식의 現出'로 보고 "조선사회운동 자체의 현재 대립은 결코 좌우익의 대립이 아니라 정치운동 시인의 새 의식과 정치운동 부인의 종래 의식의 대립

---

53) 안광천, 「조선사회운동의 의식상의 전통」 상·하, 『조선일보』 1927.1.4·1.6.
54) 안광천, 위의 글.



3부 민족통일전선론과 서울파·ML파의 논쟁

이다. 진실한 프롤레타리아 교리의 정치의식과 대중의 자연생장적 조합의식의 대립"[55]으로 파악하였다. 안광천은 「朝鮮社會運動 史的 考察」에서도 "1926년은 각 방면으로 보아서 조선사회운동사상 일대전환이었다. 전술한 바와 같은 파쟁이 급격한 형세로써 청산하기 시작한 해도 이 해요, 전운동을 지배하던 자연생장적 의식에 목적의식성적 의식이 주입하기 시작한 해도 이 해였다. 즉 1926년에 이르러 운동은 파쟁을 극복하면서 재래의 조합주의적 경제운동으로부터 사회주의적 정치운동으로 급격히 방향을 전환하게 되었다"[56]고 하여 ML파가 형성되고 「정우회선언」이 발표된 1926년을 조합주의적 경제운동이 사회주의적 정치운동으로 방향전환하는 계기임을 강조했다.

그는 또한 자연생장의 조합주의적 의식은 초기운동과정에 적응한 의식이며 일반적으로 무산계급의 운동과정은 경제적 운동 즉 조합주의 운동의 과정을 거친 후에 비로소 정치적 운동 즉 사회주의운동의 과정으로 진전하는 것이고 무산자의 의식도 그것에 적응하여 조합주의적 의식으로부터 사회주의적 의식으로 전환하는 것이라고 말한다. 그런데 정상적인 자본의 발전을 수행하지 못하고 식민지로서 세계자본주의의 전체적으로 절박하여 가는 末路的 형세와 합류하게 된 조선사회에서 후진적으로 전개된 사회운동은 그 발전의 과정에 있어서 제단계가 위축, 단축, 혼합될 수밖에 없으므로 운동은 그 주체의 발전이 유치함에도 불구하고 필연적으로 방향을 전환해야 된

55) 안광천, 「조선사회운동의 의식상의 전통」 상, 『조선일보』 1927.1.4.
56) 盧正煥(안광천), 「朝鮮社會運動 史的考察」 2, 『現代評論』 6월호, 1927, 21쪽. 안광천은 자신의 정치운동으로의 '방향전환론'이 자치운동으로 오해되는 것을 의식하였던지 정치운동 앞에 '사회주의적'이란 수식어를 붙여 사회주의적 정치운동임을 분명히 밝히고 있다. 이는 1926년 11월 15일 「정우회선언」에서 정치투쟁으로의 방향전환이 자치운동으로의 방향전환이라고 지적한 연구자(한상구 등) 또는 당시 사회주의자들의 견해에 대한 비판의 논거가 될 수 있다.

다고 하였다.57)

안광천은 식민지 조선에서 경제투쟁에서 정치투쟁으로의 필연적 방향전환을 말한다. 후진적 식민지 조선에서는 운동의 발전이 미약하지만 그 발전과정이 압축적으로 전개됨을 지적한다. 조선사회운동이 압축적으로 전개된다는 지적은 올바르다. 그러나 그가 조선의 노조, 농조에서 정치적지도를 진정한 의미에서 정치의식이 아니라 '허무한 정치적 지위로부터 필연적으로 발생한 자연생장적 정치의식에 불과'하다고 파악하는 것은 노동자가 자신의 생존조건의 개선을 통해 자생적으로 획득하게 되는 정치적, 계급적 의식을 간과하는 것이다.

안광천은 레닌의 정치의식의 '외부도입테제'를 강조한다. 그는 종래의 부분적 투쟁을 전조선적 투쟁으로 방향전환하기 위해서는 "자연생장적 의식=비맑스주의적 의식이 지배하는 운동선에 일정 정도의 목적의식=맑스주의적 의식이 외부로부터 주입하지 아니 하면 아니 된다"58)고 말한다. 1926년부터 조선사회운동에서 나타나는 새로 주입되는 사회주의의식과 재래의 조합주의 의식은 '정치운동시인'과 '정치의식부인'의 진영의 형태로써 대립 투쟁하게 되었고 이것의 구체적 예로 1926년 「정우회선언」을 들고 있다. 그리고 이에 반대하는 전진회의 투쟁을 '사회주의대 조합주의의 대립투쟁'으로 파악하였다.59)

즉 안광천은 정우회 대 전진회의 대립을 '정치운동시인' 진영과 '정치운동부인' 진영의 대립으로 파악하고 그것을 다시 자연생장적 의식=비맑스주의적 의식과 목적의식=맑스주의적 의식의 대립으로 파악하였다. 안광천은 이 대립이 종래의 파벌투쟁이 아니라 사회주의대 조합주의의 투쟁으로 바라보면서 자신이 이끄는 'ML파' 조선공

---

57) 안광천, 위의 글, 22쪽.
58) 안광천, 위의 글, 23쪽.
59) 안광천, 위의 글, 23쪽.

산당의 정당성을 말하고 있다. 그는 이러한 예로서 서울파 내부의 투쟁을 지적한다. 그는 자신의 반대파인 서울청년회와 전진회의 대립, 즉 서울파 내에서 ML파 조선공산당과 합류한 세력(서울신파)과 전진회 계열의 조공에 들어가기를 거부한 세력(서울구파)과의 내부투쟁과, 그 결과 서울청년회계열의 상당수가 조선공산당에 입당하게 된 사실을 조선공산당의 올바름을 입증하는 예로 들고 있다.60) 레닌은 '대중운동의 자생성에의 굴종'에 대한 '막대구부리기'로 '계급의식의 외부도입'을 강조했지만 그는 '자생적 요소'란 본질적으로 맹아적 형태의 의식성이라는 점과 원시적 폭동조차도 어느 정도의 의식적 각성을 표출하고 있었음을 지적하였다.61)

한편 서울파의 홍양명62)은 경제투쟁과 정치투쟁을 다음과 같이 파악하고 있다. 그는 "엄정한 과학적인 의미의 경제적 투쟁이란 선진국에 있어서의 근대산업노동자(즉 프롤레타리아)의 당면한 이익만을 위하는 일상투쟁을 중심으로 한 노동조합운동(임은 향상, 시간 축소 노동입법 등)의 투쟁형태"를 의미하는 것이며 "이에 대응하는 지도정신 또는 그 이데올로기를 조합주의(트레이드 유니오니즘)"라고 인식하고 있었다. 따라서 그는 공장에서 지방에서 그 당면의 이익을 위

---

60) 그러나 서울파의 조선공산당 입당은 ML파 조선공산당의 음모적 또는 코민테른의 권위를 빌은 위로부터의 압력에 의해 이루어졌다. 조선공산당에 가입하지 않은 서울파세력을 '조합주의적'세력으로 비판하는 것은 전혀 타당하지 않다.

61) 레닌, 「무엇을 할 것인가」, 홍승기 편역, 『레닌저작선』(거름, 1988), 150쪽.

62) 洪陽明(1906~?) 본명은 洪淳起. 전남 출신으로 와세다 대학을 수학하고 1925년 4월 서울파의 사상단체인 조선사회주의자동맹의 상무위원으로 선전부에서 활동, 1927년 동경에서 제3전선사를 조직하고 조선내에 프롤레타리아 문예운동을 선전했다. 1927년 9월 조선프롤레타리아예술동맹(KAPF)결성에 참여하고 1928년 고려공산청년회 제주 야체이까 책임자로 활동했다[강만길·성대경 편, 『한국사회주의운동인명사전』(창작과 비평사, 1996), 552쪽].

하여 자연발생적으로 결성하여 온 운동을 '자연생장성운동'이라고 말
한다.63)

그러나 조선무산자운동은 주로 '인텔리켄챠(그 계급적 지위는 대
개 소부르주아 또는 농민층)'를 중심으로 하여 일부 자유노동자, 小手
工業的 徒弟, 실업자, 농업노동자, 少數의 職工과의 혼합형적으로 결
성된 특수한 발달을 가진 운동이었고 그 운동의 형태는 노동회, 조합
등의 명칭으로 표현되었지만 그 본질은 '최초부터 최종까지 근본적
정치혁명의 의지' 즉 '실천적인 목적의식'이 뿌리 깊게 삼투되어 있었
다는 것이다.64) 그는 "실천운동의 일보일보는 천 타스의 강령보다도
중요하다"는 맑스의 말을 인용하면서 실천운동이 결코 혁명적 이론의
기능을 배제하는 것을 의미하지 않는다는 사실과 맑스주의는 그 시대
의 실제적 임무와 그 근본적 이론적 기초와의 不絶한 연락을 통해 柔
軟한 전략전술로서 유동하는 현실에 작용함에 있다고 주장한다.65)
이것은 그가 ML파의 안광천 등이 주장한 '이론투쟁'에 대하여 '실천
운동'의 중요성을 강조하면서 동시에 혁명적 이론과의 상호관계의 중
요성을 강조하는 것이다.

서울파의 金萬圭66)는 「全民族的 單一黨의 組織과 그 任務에 對하
여」에서 "조선의 방향전환론은 일본의 福本和夫씨의 방향전환론의 조

---

─────────────

63) 洪陽明, 「조선운동의 특질(五) – 번역주의의 극복과 특수조선의 인식 – 」, 『조선
    일보』 1928.1.15.

64) 洪陽明, 위의 글.

65) 洪陽明, 「조선운동의 특질(十六) – 번역주의의 극복과 특수조선의 인식 – 」, 『조
    선일보』 1928.1.27.

66) 김만규(1893~?) 金圭烈. 전남 구례 출신. 1923년 3월 전조선청년당대회에 참가.
    1923년 9월 모스크바 동방노력자 공산대학에 입학. 1926년 5월 조선공산당 만
    주총국에 입당. 1927년 12월 조선공산당 3차당대회(서울파)에서 이동휘와 코민
    테른 파견대효로 선임됨(강만길·성대경 편, 앞의 책, 48쪽).


3부  민족통일전선론과 서울파·ML파의 논쟁

선에서의 재생산이었다"67)라고 말하고 있다. 이와 같이 서울파의 김만규, 홍양명 등은 ML파의 '방향전환론'을 '기계적 방향전환론'으로 비판하면서 그것의 止揚을 주장하였다.68)

사회운동은 한 방향으로만 즉 경제투쟁에서 정치투쟁으로만 가는 것이 아니라 반대방향으로도 움직인다. 모든 중요한 정치적 대중행동은 그 절정에 다다르고나서는 일련의 경제적 대중파업으로 귀결된다. 이런 법칙은 개개의 대중파업에만 해당되는 것이 아니라 혁명일반에도 해당된다. 정치투쟁이 확산되고 명확해지며 강화됨에 따라 경제투쟁은 퇴조를 보이기는 커녕 오히려 확산됨과 동시에 더욱 조직화되고 강화된다. 이 두가지 투쟁 사이에는 상호작용이 존재하는 것이다. 정치투쟁상의 모든 활발한 공격과 승리는 경제투쟁에도 강력한 영향을 미치는데, 이는 정치투쟁의 공격과 승리가 노동자의 상태개선을 위한 안목을 넓혀 주고 또 그렇게 하겠다는 충동을 강화시켜 준다는 점, 그와 동시에 그들의 투쟁정신을 고취시켜 준다는 점에서 그렇다.69)

이러한 관점에서 볼 때 경제투쟁에서 정치투쟁으로의 단선적 방향전환을 주장하면서 과거의 운동을 목적의식성이 결여된 자연발생적 투쟁으로 바라본 ML파의 입장보다는 일본제국주의의 식민지라는

---

67) 김만규, 「全民族的 單一黨의 組織과 그 任務에 對하여」一, 『조선일보』 1928.1.1. 김만규의 글과 동시에 『조선일보』에 연재된 홍양명의 앞의 글(「조선운동의 특질」)은 김만규의 글과 토씨하나 틀리지 않고 동일하게 이 부분이 언급되어 있다. 또 이 글안에 「제국주의 시대의 민족문제의 특질」이란 부분도 제목과 내용이 동일하게 쓰여져 있다. 이것이 당시 조선일보 편집자의 실수라고 보기에는 어렵다. 조선공산당(서울파)의 민족문제와 민족통일전선을 보는 정치적 입장이 김만규와 홍양명의 글에서 동일하게 표출된 것이라고 보아야 할 것이다. 홍양명은 일본에서 조선공산당(서울파)의 일본부의 기관지인 『조선운동』그룹에 참여하였다.

68) 김만규, 위의 글; 홍양명, 앞의 글.

69) 토니 클리프, 조효래 역, 『로자 룩셈부르크』(책갈피, 1992), 46~47쪽.

조건 속에서 처음부터 조선의 사회운동이 정치적 목적의식적 투쟁이
었다는 서울파의 입장이 상대적으로 올바르다고 생각된다.

　　서울파의 홍양명은 세계혁명운동의 구체적 역사적 과정 속에서
이러한 사실을 입증하려 하였다.

　　예하면 적어도 세계적 규모에서 본다고 하면 로서아 사회민주노동당(볼세
비키의 전신)은 급격한 몰락과정에 들어가지 아니한 오히려 러시아에 있어
서 발달중인 자본주의의 前期(1902, 3년 경)에 있어서도 훌륭히 전무산계급
정치투쟁에 진출하여 지금과 같은 무산자 독재국가를 만들었고 독일사회민
주당(주로 리프크네이트, 베벨파의 활동)또는 불국사회민주당(주로 싼 토레
스 일파의 운동 이것은 물론 순연한 맑스주의적은 아니지마는)등도 그리하
였음에 반하여 대전후 급격히 몰락하는 자본의 공세임에도 불구하고 영국의
무산계급운동은 오히려 조합주의적 운동의 한계에 머물러 있으며 보담 오히
려 퇴보하는 상태(물론 독립노동당을 중심으로 한 소수파운동의 생장이 있
지마는 그것은 아직은 문제가 안되도록 전계급적 지도력이 없다)에 있는 것
을 볼수가 있으며 독일 등에서도 아직은 좌익운동은 정치적 주도세력을 못
쥐고 있는 구체적 사실을 볼때에 무산계급의 정치투쟁이란 반드시 공식적으
로 자본주의의 급격한 몰락이 원인한 사회적 근거에 의하여서만 설명되지
못할 것을 알 수 있다. 영국노동당의 예에서 보면 그것은 실로 객관적 정세
의 문제가 아니라 실로 그 의식적 요소(즉 목적의식성 결합의 결여)의 미발
달인 관계임을 알 수 있다.[70]

　　홍양명은 이와 같이 세계혁명운동의 역사 속에서 세계자본주의의
몰락이 곧 필연적으로 정치투쟁을 초래한다는 도식적 공식을 거부하
며 그것은 '객관적 정세의 문제가 아니라 실로 그 의식적 요소(즉 목
적의식성적 결합의 결여)의 미발달'의 문제라고 말한다. 그런데 홍양
명은 조선사회운동의 특질을 지나치게 특수하게 파악하여 예컨대

---

70) 洪陽明, 「조선운동의 특질(四) - 번역주의의 극복과 특수조선의 인식 - 」, 『조선
　　일보』 1928.1.13.


3부　민족통일전선론과 서울파·ML파의 논쟁

1925년 황해도 북율소작쟁의, 1926년 나주 궁삼면 소작쟁의 등을
농업문제가 아니라 토지문제로서 파악한다.71) 따라서 그는 다음과
같이 조선사회운동의 특성을 일반화하고 있다.

> 그러나 조선내지의 무산계급적 운동의 발전은 주로 민족운동 내부의 지
> 도정신의 분열과 일부××(혁명 – 인용자)적 지식계급의 대두의 결과로써 단초
> 된 것이었고 선진국의 예와 같은 프롤레타리아의 자연발생적 운동은 아니었
> 었다. 그것은 사실이다. 이러한 의미에서 조선무산계급적 운동은 공장으로부
> 터 지방적으로부터 자연발생적으로 생장하는 곧 밑(하부)으로부터 중심을 향
> 하여 결성된 운동은 아니었고 우으로(중앙)부터 밑으로 分〇(내려오는)하는 목
> 적의식적 운동이었다.72)

그는 "정치적 투쟁에 들어서야만 노동조합운동과 결합이 되는 외
국의 농민운동이 조선에 있어서는 최초부터 노농총동맹이란 형태로
결성된 것은 조선무산계급적 운동의 정치적 성질과 그 특수한 경향을
웅변으로 말하는 것이다. 더욱이 과거의 그 선언강령을 보더라도 여
하간 조선무산계급적 운동은 그 형태에 있어 사상단체 조합 무산청년
회 등의 형식으로 조직되고 혹 약간의 소수의 맹파쟁의 등이 있었다
할지라도 객관적으로 보아서는 그것은 정치적 내용 이외로는 존재의
의의도 없었고 또한 있을 수 없었던 것"이라고 말한다. 즉 "그것은 자
본주의 발달에 의한 프롤레타리아 결성의 객관적 조건의 구비로서 온
것은 아니었다"73)라고 말한다.

---

71) 洪陽明, 「조선운동의 특질(十一) – 번역주의의 극복과 특수조선의 인식 – 」, 『조
  선일보』 1928.1.22.
72) 洪陽明, 위의 글.
73) 洪陽明, 위의 글. 그의 이러한 견해가 한 개인의 견해가 아니라 시기적으로 볼
  때 1927년 12월 20일 조선공산당(서울파) '3차당대회'의 정치적 입장이라면 원
  래 서울파 고려공산동맹 그리고 서울파의 '신 – 구파'로의 분화 이후 '구파'의

한편 안광천은 1927년 11월 「신간회와 그에 대한 임무」에서 "신간회는 … 제요소의 현계단에 적응한 00000(협동전선당 : 인용자)이 아니면 아니된다. 고로 그것은 엄정한 의의에 있어서의 0(당 : 인용자)이 아니다. 협동전선이다. 그러나 현재상태에 있어서는 아직 협동전선으로서도 완성되지 못하여 있다. 명백한 지도정신이 0000되지 못하여 있고 따라서 통일된 행동도 전개되지 못하였다. … 고로 신간회에 있어서의 우리의 당면 긴급임무는 헤게모니의 戰取에 있다"[74]라고 하면서 신간회 내에서 프롤레타리아의 헤게모니 쟁취를 주장하였다.

ML파의 리더 안광천의 민족단일당의 매개체로서 신간회 내에서 '프롤레타리아 헤게모니 쟁취' 주장은 당시 조선 국내외 사회운동에 일대 소용돌이를 가져다 주는 일대 사건이었다. 특히 ML파에 의해 '청산론자'라고 알려진 장일성, 홍양명, HS생(함상훈 – 필자), 미성생(신일용 – 필자), 권태석, 허일, 김만규 등[75]은 당시 조선일보 등 지면을 통해 ML파가 민족단일당 즉 민족통일전선의 결성을 파괴시키는 '新派閥鬼'라고 강도높은 비판을 전개한다.[76] 특히 신간회 동경지

---

정치적 입장과도 차이가 있는 것으로 생각된다. 이에 대해서는 추후 연구 검토할 예정이다.

74) 안광천, 「신간회와 그에 대한 임무」, 『朝鮮之光』 73호, 1927.11, 5~7쪽.

75) 光宇 · 鐵岳, 1930, 金重政 譯 「朝鮮前衛黨 當面의 問題」, 左翼書房, 임영태 편, 『식민지시대 한국사회와 운동』(사계절, 1985), 432쪽. 이들은 대체로 1927년 12월 20~22일 열린 조선공산당(서울파) '3차당대회'와 깊은 관련 속에서 활동했던 것으로 생각된다. 그런데 이들을 '청산론자'라고 부르는 데에는 ML파의 잘못된 인식이 반영되어 있다.

76) 尾星生(신일용), 「신간회와 그의 임무에 대한 비판－노정환씨의 이론을 배격함－」 1~5, 1927.11.29~12.2; HS생(함상훈), 「방향전환론의 재음미－신중간파이론의 정체를 폭로함－」 1~3, 『조선일보』 1927.12.13~15; 권태석, 「조선사회운동개관」 1 · 2, 『조선일보』 1928.1.3~4; 장일성(신일용), 「인식착란자의 당면제문제 비판－GH생의 무지를 嘲함－」, 『조선일보』, 1928.1.13; 김만규, 「전민족적 단일당의 조직과 그 임무에 대하여」, 『조선일보』 1928.1.26; 홍양명, 「조선운동


3부 민족통일전선론과 서울파 · ML파의 논쟁

회는 1928년 1월 「全民族的單一戰線 破壞陰謀에 關해 全朝鮮民衆에 呼訴한다」는 제목의 성명서를 통해 다음과 같이 그들을 비판하였다.

> … '프롤레타리아 헤게모니의 획득'이란 과대망상적 발작적 표어를 내걸고 전민족적 총역량의 분산과 조직의 분열을 꾀하는 반동분자가 나타났다(조선지광 11월호 노정환, 「신간회의 임무」). 더불어 이러한 소아병적 극좌익적 표어를 엉겁결에 말하는 일파 – 신파벌귀 – 는 작년 봄 자치운동을 내외 각지에 제창 책동하여 사상단체 일월회를 해산하고 자치권획득동맹을 조직하려고 기도했던 자들이다. 이러한 '자치운동'에서 '프롤레타리아 헤게모니 쟁취'로의 급각도의 전환은 그들의 기회주의적 본질을 여실히 폭로하는 것이다.[77]

서울파 조선공산당의 일본부 기관지 『朝鮮運動』을 발행하며 활동한 홍양명, 오상철, 문달 등과 전진한, 함상훈, 이선근 등 협동조합운동에 참여한 인물[78] 등 143인의 이름으로 나온 이 성명서는 ML파의 이러한 행동을 반제민족통일전선체로서의 신간회의 존립을 파괴하여 제국주의의 이익을 방조하는 반동적 역할을 하는 것으로 규정하였다.

그러나 가장 불리한 정치적 조건하에서 비상한 박해와 투쟁 지금 비로소 결성과정의 초기에 있는 조선민족운동에서 燦光的으로 '헤게모니'를 말하는 것은 신간회 존립의 가장 중요한 의의라고 할 미조직대중 – 주로 아직 해방운동에 등장하지 않은 소부르조아 내지 중농층 이상의 편제 – 을 프롤레타리

---

의 특질 – 번역주의의 극복과 특수조선의 인식」 1~18, 『조선일보』 1928.1.1~ 1.29.

77) 新幹會東京支會, 「聲明書 : 全民族的單一戰線 破壞陰謀에 關해 全朝鮮民衆에 呼訴한다. – 統一戰線을 錯亂시키려는 新派閥鬼의 正體를 暴露하고 新幹會 東京支會 臨時大會의 召集을 要求한다. – 」, 1928.1.

78) 한동민, 「1920년대 후반 서울계 사회주의자들의 운동론 – '신조선공산당'과 「조선운동」 그룹을 중심으로 – 」(중앙대사학과 석사논문, 1996), 50~54쪽.

아 전횡에 대한 공포와 의구 때문에 그 진보를 주저하거나 혹은 이미 참가한 該 인민층으로 하여금 협동전선에서 이탈시키는 것으로 되어 수행할 민족적 총역량을 분산시켜 결국은 제국주의의 이익을 방조하는 반동적 역할 이외의 아무것도 의미하지 않는 것으로 된다. 이러한 이유 하에서 위 헤게모니 획득 운운의 반동이론은 전선적으로 퍼져 그 주창자 安光泉(000 이자는 입으로 좌익 마르크스주의를 부르짖으면서 반동단체 '영남친목회'의 발기문을 기초하여 '지방열반대대회'에서 사회적 매장을 선고받은 자이다)은 사회적으로 매장되었다.[79]

이와 같은 사실은 신간회동경지회가 실질적으로 서울파 조선공산당에 의해 장악된 것으로 파악된다. 그들은 특히 ML파의 리더 안광천에 대해 이름을 거명하며 그가 '영남친목회사건'으로 사회적으로 매장된 자임을 환기시키고 있다.

위에서 살펴본 바와 같이 1926년 말부터 1928년초에 이르기까지 진행된 ML파와 서울파의 일련의 노선투쟁을 통해 그들의 당과 민족통일전선에 대한 관점을 확인할 수 있었다. 그리고 이러한 노선투쟁은 무원칙한 파벌투쟁으로 점철된 것은 아니었고 나름대로의 역사적 인식론적 기반 위에서 전개되었음을 확인할 수 있었다. 필자는 ML파와 서울파의 이러한 대립을 '의식성과 자생성'이라는 틀 속에서 재구성하려 하였다. 결국 의식성과 자생성의 문제는 동전의 앞뒷면처럼 분리될 수 없는 하나의 유기적 결합체라는 것이다. ML파의 목적의식성에 대한 지나친 강조 그리고 서울파의 실천적 건강성에도 불구하고 그들이 조선의 사회운동에 대한 특수성을 너무 강조하는 측면은 초기에 그들이 가졌던 올바른 인식을 허물어뜨리는 결과를 가져오는 것은 아니었던가 생각된다.

이상에서 필자는 서울파의 민족통일전선 활동과 1920년대 중반

---

79) 新幹會東京支會, 앞의 글.


3부  민족통일전선론과 서울파·ML파의 논쟁

이후 반제민족통일전선의 구체적 실현을 둘러싸고 ML파와 벌인 논쟁에 대해 살펴보았다.

서울파 '공산주의그룹'은 창립 당시 「강령」을 채택했는데 그 「강령」 가운데는 '민족해방운동의 통일전선의 슬로건하에 단일한 중앙으로 집중' 시킬 것과 '인민대중의 자주적인 공화국'을 건설하는 것을 주장하였다. 따라서 서울파는 '인민대중의 자주적인 공화국' 수립이라는 최소강령적 요구의 실현을 위한 전술적인 정치적 과제로서 반제민족통일전선을 제기하였다.[80]

서울파는 민족통일전선을 실천하기 위해 천도교 청년당에 들어가서 활동하기도 했고 신민부에 자신의 조직원을 파견하여 민족주의 종교단체, 무장단체들과의 통일전선을 형성하기 위한 활동을 벌였다.

서울파는 기본적으로 통일적 당건설 하에서 통일전선문제를 사고하는 원칙을 가지고 있었다. 또한 통일전선의 형태를 '민족당'의 형식으로 인식하고 있었다. 이것은 코민테른이 중국혁명에서 국공합작의 결과 탄생한 국민당을 반제통일전선의 구체적 형태로 제기했던 것이 당시 조선의 사회주의자에게 그대로 반영되었던 것이었다. 이러한 입장은 조선공산당의 통일전선론과도 차이가 없었다.

1926년 7월 서울파는 조선물산장려회 계열의 일부 민족주의자들과 조선민흥회를 발기하여 '공산주의자와 혁명적 민족주의자의 공동전선'[81]을 도모하였다. 이것은 'ML파' 조선공산당의 신간회를 통한 민족통일전선 계획보다 앞서 이루어진 것이었다.

서울파의 조선민흥회를 발기하고 이를 조선사회단체중앙협의회에 가입시켜 조선사회단체중앙협의회를 '민족유일전선의 표현기관'으

---

80) 전명혁, 앞의 책, 1998, 68~69쪽.

81) 崔昌益·李廷允, 앞의 글, 133~134쪽.

로 내세우려는 계획을 하였던 것이었다. 그러나 이 시기 'ML파' 조선
공산당의 등장과 이로 인한 서울파의 내부 분화, 그리고 신간회의 발
기 등으로 서울파의 계획은 ML파의 신간회로 해소되고 말았다.

그러나 서울파와 ML파의 민족통일전선의 위상을 둘러싼 노선대
립은 1926년 말부터 1928년 초까지 신문, 잡지를 통해 격렬한 논쟁
으로 전개되었다. 그것은 민족통일전선에 대한 위상에서 당조직문제,
정세분석에 대한 인식에 이르기까지 광범하게 전개되었다. ML파의
'정우회선언'에 대한 서울파의 '전진회 검토문'에서 서울파는 ML파의
'정치투쟁'을 '일본제국주의와 부르조아지에 타협'하는 '개량주의적 우
경론'으로 비판하였다.

이 시기 서울파와 ML파의 노선대립을 필자는 '자생성과 의식성'
이라는 틀로서 정리해보았다. 이시기 ML파의 리더인 안광천은 서울
파의 전진회를 '정치운동부인'진영＝자연생장적 의식＝비맑스주의적
의식＝조합주의로 자신의 정우회를 '정치운동시인'진영＝목적의식＝
맑스주의적 의식＝사회주의로 파악하였다. 필자는 ML파의 이러한
이분적 도식은 레닌의 「무엇을 할 것인가」에 대한 기계적 독해에서
비롯되는 것으로 생각한다. 레닌은 '대중운동의 자생성에의 굴종'에
대해 '계급의식의 외부도입'을 강조했지만 자생적 요소는 본질적으로
맹아적 의식성임을 지적하였다.

그런데 ML파의 분석과는 반대로 서울파는 오히려 과거 조선의
사회운동은 일본제국주의의 식민지라는 조건 속에서 처음부터 정치
적 목적의식적 투쟁이었음을 강조하였다. 또한 그들은 ML파의 '이론
투쟁'에 대해 '실천운동'의 중요성 그리고 혁명적 이론과 실천의 상호
관계를 강조하였다. 그러나 서울파는 조선의 사회운동의 특수성을 지
나치게 강조하여 이시기 자본주의발달에 의한 프롤레타리아 출현의
객관적 조건을 간과하였다.

# 12장

# 조선사회단체중앙협의회 성격

조선사회단체중앙협의회가 발의된 1926년 초 무렵은 식민지 조선에서 반제민족통일전선에 대한 논의가 활발하게 일어났던 시기였다.

식민지에서 반제민족통일전선에 대한 제기는 일찍이 1920년 코민테른 2차대회의 「민족·식민지문제에 관한 테제」에서부터 그 기원을 찾을 수 있지만 그것이 구체화된 것은 1923년 1월 손문과 요페의 상해선언의 결과 결성된 國共合作이었다.[1]

이 무렵 국내에서는 서울파, 북풍파, 화요파 등 사회주의 여러 분파들이 형성되는 시기였다. 1922년 10월 11일 창립된 서울청년회 내부의 '비합법적 공산주의 단체'인 서울공산주의그룹은 「강령」에서 "조선의 모든 혁명세력을 민족해방운동의 통일전선의 슬로건 하에 단일한 중앙으로 집중"[2]시킬 필요성을 강조했다. 이것은 "서양제국에서

---

1) 벤자민 Ⅰ 슈워츠,『중국공산주의운동사』(형성사, 1983), 70쪽; 向靑, 임상범 옮김,『코민테른과 중국혁명관계사』(고려원, 1992), 54쪽.

는 제세력의 조직적 결합과 관련하고 있는 이행기의 제조건 하에서 프롤레타리아 통일전선의 슬로던이 제기되고 있지만 동양 식민지에 서는 반제국주의 통일전선의 슬로건이 현재 강조되어야 한다"[3]는 코민테른 4차대회(1922년 11월 5일~12월 5일)에서 채택된 「동양문제에 관한 테제」보다 1개월 이상 앞서 식민지에서 반제민족통일전선을 제기하였다는데 커다란 의의가 있다.[4]

그러나 1920년대 전반기 국내에서는 노동·농민·청년운동 등 대중조직과 조선공산당 창건을 둘러싼 대립에 집중하였기 때문에 민족통일전선에 대한 구체적 형태는 아직 출현하지 않은 상황이었다.

이러한 시기에 서울파의 전위조직인 고려공산동맹과 그것의 합법 사상단체인 전진회 중앙집행위원회는[5] 1926년 2월 "무산계급전운동의 경제적 결합과 정치적 투쟁의 통일기관과 동시에 조선민중의 전혁명력을 집중 통일시켜 일본제국주의에 반대할 민족유일전선의 형성"[6](강조는 인용자)의 절대적 필요를 주장하면서 조선사회단체중앙협의회를 발기한 것이다.

---

2) КимЕнман·Цойцаник, Исполкому Комунистического Интернационала, 1926.2, p.101(러시아문서보존소 ф.495 оп.135 д.125)(김영만·최창익, 「코민테른집행위원회에게 : 서울청년회 내부에 현존하는 공산주의 조직 '고려공산동맹' 전권대표로부터」, 1926.2).

3) 「동양문제에 관한 테제」, 1922.11[いいだもも 編譯, 『民族·植民地問題と共産主義』(社會評論社, 1980), 72쪽.

4) 최근 '서울파'의 민족통일전선 활동에 관한 연구로는 다음을 참조할 수 있다.
   이현주, 「'서울파'의 민족통일전선운동과 신간회(1921~1927)」, 『한국근현대사연구』 7집, 1997; 전명혁, 「'서울파'의 민족통일전선론 연구」, 『역사연구』 6호, 1998.

5) 『동아일보』 1926.2.20.

6) 崔昌益·李廷允, 1926.10.25 「高麗共産同盟(ソウル青年會內部に組織された秘密クルプの)事業報告」(러시아문서보존소 ф.495 оп.135 д.125), 130쪽.

서울파는 1926년 7월 8일에 조선물산장려회 계열의 일부 민족주의자들과 결합하여 "각 계급을 망라한 조선민족의 단일전선을 조직하는 동시에 조선민족적 유일기관으로"7) 조선민흥회를 발기하고 조선민흥회를 조선사회단체중앙협의회에 가입시켜 '이 중앙협의회로 하여금 민족유일전선의 표현기관'8)으로 내세우려는 계획을 하였다.

한편 조선공산당은 1926년 2월 26일 제3차 중앙집행위원회에서 "천도교를 국민당의 기초로하고 최린파와 권동진파를 충분히 조사하여 착수할 것"9)이라고 결의하였다. 또 3월 11일 제7차 중앙집행위원회에서 조선공산당 책임비서 강달영은 "10일 밤 … 권동진의 집에서 … 신석우, 안재홍, 권동진, 유억겸, 박동완, 오상준, 황산(강달영) 등 7인이 모여 비타협적 민족해방운동에 대해 협의한 바, 천도교 가운데 권동진파와 그리고 사회운동자파, 기독교파, 비타협파와 악수하려했지만 그 방침을 표현해야할지 내면으로 해야할지의 문제를 논의했으나 결국 동 문제에 대해 구체안에 이르지 못하고 시기가 오면 서로 회합하여 相談할 것"10)을 보고하고 있다.

이와 같이 1926년 초 무렵 서울파의 고려공산동맹과 '화요파' 조선공산당은 각각 국내에서 민족통일전선에 대한 구체적 형태를 모색하였다. 서울파는 조선민흥회의와 조선사회단체중앙협의회의 결성을 통하여, 화요파 조선공산당은 중국의 국민당 형태의 '민족당'의 결성을 통하여 이를 실현하려 하였다. 그러나 서울파의 '조선민흥회-조선사회단체중앙협의회' 계획은 조선공산당의 '국민당' 계획의 일환으

---

7) 『동아일보』 1926.7.10.

8) 崔昌益·李廷允, 앞의 글, 134쪽.

9) 「조선공산당중앙집행위원회회록」, 1926.2.26, 2쪽(高等法院檢事局思想部 編, 『朝鮮思想運動調査資料』 제1집, 1932).

10) 「조선공산당중앙집행위원회회록」, 1926.2.26, 8쪽.

로서 제기된 1927년 1월 19일 신간회의 발기로 힘을 잃게 되었다.

서울파는 1927년 2월부터 조선사회단체중앙협의회 창립을 재차 준비하면서 1927년 5월 16일 조선사회단체중앙협의회 창립대회를 개최하였다. 창립대회는 중앙협의회의 비상설론으로 결정되고 상설론을 주장하는 서울파 세력은 좌절하고 만다.

신간회가 창립되어 활발히 지회조직을 건설하는 과정에 있는 상황에서 그들은 왜 중앙협의회를 재차 창립하였을까? 중앙협의회를 주창한 서울파는 당시 조선공산당의 비판처럼 '兩黨論'11)의 구도를 가지고 있었는가? 그러나 필자는 서울파의 중앙협의회 계획을 간단히 '양당론'으로 비판하기에 앞서 1920년대 조선사회주의운동이 지니는 복잡함에 대한 이해 속에서 이를 다시 해석해야 한다고 생각한다.

이 연구는 서울파의 민족통일전선의 구체적 조직 형태와 깊은 연관이 있는 조선사회단체중앙협의회의 성립 과정과 상설 – 비상설 논쟁 등의 분석을 통해서 중앙협의회의 조직적 성격을 규명하려 하였다.

# 1. 조선사회단체중앙협의회의 성립

서울파 고려공산동맹의 합법적 사상단체인 前進會는 1926년 2월 17일 중앙집행위원회를 열고 "조선사회운동의 각 부문 운동을 통일하여 전운동의 이론과 정책의 貯藏地가 될 만한 최고 기관으로서

---

11) 신간회와 양당론에 관련된 글로서는 다음을 참조할 수 있다. 이현주, 「신간회에 참여한 사회주의자들의 운동론－ML당계를 중심으로－」, 『한국민족운동사연구』 4, 1989; 김승, 「신간회 위상을 둘러싼 '양당론'·'청산론' 논쟁 연구」, 『부대사학』 제17집, 1993; 김형국, 「1920년대 식민지 조선의 사회운동론과 '청산론'」, 『청계사학』 10, 1993; 이균영, 『신간회연구』(역사비평사, 1993).


3부  민족통일전선론과 서울파·ML파의 논쟁

조선사회단체중앙협의회를 만들기로"[12] 결의하고 강령과 조직규정을 발표했다. 마침내 1926년 4월 전진회 계열이 중심이 되어 조선사회단체중앙협의회를 발의했다.[13]

고려공산동맹이 코민테른에 보내는 「사업보고」(1926년 10월 25일)는 조선사회단체중앙협의회 '발기이유'를 다음과 같이 말하고 있다.

> … 일본제국주의적 정책에 따라 00(성장 - 인용자)해 온 자본주의의 맹렬한 착취 制度는 … 必然的으로 무산계급전운동의 경제적 결합과 정치적 투쟁의 통일기관과 동시에 조선민중의 전혁명력을 집중 통일시켜 일본제국주의에 반대할 민족유일전선의 형성을 절대적으로 필요로 하게 되어 왔다.[14] (강조는 인용자)

즉 고려공산동맹은 무산계급의 경제투쟁과 정치투쟁의 통일기관 그리고 민족통일전선의 형성을 위한 조직체로 1926년 2월 2일 조선사회단체중앙협의회를 발기하였다. 또 고려공산동맹은 조선사회단체중앙협의회의 「기본강령과 대의」를 다음과 같이 밝히고 있다.

> 조선무산계급이 역사적 사명을 달성하기 위해 당면한 제임무중 가장 긴급 적절한 대임무를 수행하는 데에는 우선 조선해방을 목적으로 하는 전혁명력

---

12) 『동아일보』 1926.2.20.

13) 韓海, 辛哲鎬, 任鳳淳, 張彩極, 李相學, 金瓊植, 趙紀勝, 金炳一, 朴衡秉, 車載貞, 金在奎, 李英, 韓愼敎, 金炳旭, 裵龍烈, 金台榮, 權重協, 安浚, 朱南宰, 陳平軒, 崔昌燮, 金鍾健, 張赤宇, 高德煥, 許一, 許弘濟, 朴哲, 南潤九, 孟斗恩, 申畯熙, 金溦煥, 奇老春, 金容煥, 李恒發, 徐光圓, 朴達鉉, 鄭宣植, 車周相, 李龍基, 李奉吉, 林赫根, 李東和, 裵基英, 任允宰, 金碩鉉, 張埈, 李春均, 金大郁, 朴泰善, 金昌冽, 姜齊模, 李仁秀, 鄭雲永, 崔錫煥, 林鍾萬 등 55명이 창립준비위원으로 참가했다(『동아일보』 1926.4.22).

14) 崔昌益·李廷允, 앞의 글, 130쪽.

을 同 전선내에 집중하지 않으면 안된다. 그러므로 본 협의회는 이 목적을 달성하기 위해 이 협의회를 발기함과 동시에 좌와 같이 기본강령을 발표하였다.

① 본 협의회는 조선 각 사회단체의 상호연락과 부조의 원만을 도모함을 목적으로 한다.
② 본 협의회는 조선 각 사회단체의 조직의 충실과 발달의 민활을 도모함을 목적으로 한다.
③ 본 협의회는 조선 각 사회단체운동 전체의 발전에 관한 정책과 전술의 수립을 통일시키는 評議(會; 인용자)적 기능을 도모함을 목적으로 한다.
④ 본 협의회는 조선 각사회운동의 최대이익을 목표로 하여 내외 각 방면에 이르는 운동방침의 연구 및 실행을 도모한다.
⑤ 본 협의회는 조선 각 사회단체운동을 대표하는 총기관임을 도모한다.[15]

여기서 필자는 조선사회단체중앙협의회 「강령」의 세번째 항목에 주목하고자 한다. 당시 『동아일보』에 게재된 「강령」에는 이 세번째 항목이 "본 협의회는 조선사회운동 전체에 관한 이론과 정책의 수립을 통일케 하는 議會的 기능을 圖함"[16]이라고 되어 있고, 고려공산동맹의 「사업보고」에는 조선사회단체중앙협의회가 '評議會的 기능을 도모'한다고 했다. 평의회와 의회는 전혀 다른 의미이다. 의회가 부르주아민주주의의 국회를 의미한다면 평의회란 소비에트를 의미할 수도 있다.

고려공산동맹의 「보고」에 따르면 1926년 7월 현재 조선사회단체중앙협의회에 참가한 단체는 "조선청년총동맹(세포단체수 292), 조선노동총동맹(세포단체수 73), 조선농민총동맹(세포단체수 73), 기타 개체단체수 437"이고 참가단체총수는 1,288로 보고하고 있다. 또한 전국 사회주의자는 1,690명, '본 협의회 가맹단체의 전총단체수에

---

15) 崔昌益·李廷允, 위의 글, 131쪽.
16) 『동아일보』 1926.4.22.

대한 비율(이) 76.8%'로 보고하고 있다.17) 서울파 고려공산동맹의 보고자료이므로 수치가 과장되었을 것으로 추측할 수도 있겠지만, 이 시기 조선사회단체중앙협의회에 대한 조선사회운동단체의 기대가 상당하였다는 것을 충분히 짐작할 수 있다.

1926년 4월 11일 조선사회단체중앙협의회는 서대문 한성강습원에서 창립준비위원회를 열고 박형병, 임봉순, 한신교 3인을 기초위원으로 선정하고 조직규정과 창립규정을 토의 결정하였다. 〈조직규정〉은 다음과 같았다.18)

① 본 협의회는 조선내외지에 재한 조선인으로서 조직된 사상, 청년, 노동, 농민, 여성, 형평 등 사회운동단체로써 조직함.
② 본 협의회는 지역적 單式 연합단체를 단위로 하여 조직하되 특수 직업별 전국적 단식 연합단체도 단위로 함을 得함.
③ 좌의 경우에 해당한 단체는 개체 단체로 본 협의회에 직접 가입함을 得하되, 회원 15인 이상을 有한 단체로 함.
가. 지역적 연합단체에 가입치 아니한 독립적 단일단체.
나. 본 협의회에 가입치 아니하는 지역적 연합단체의 세포단체.
④ 좌의 경우에 해당한 단체는 본 협의회에 직접 가입함을 不得함.
가. 複式 연합단체.
나. 본 협의회에 가입하는 지역적 연합단체의 세포단체.

'조직규정' 2항에서 지역적 단식연합단체를 단위로 한다는 것은 군단위의 노동·농민·청년단체까지를 포괄하겠다는 의미이고, 특수 직업별 전국적 단식연합단체란 지역조직을 가지고 있지 않은 특수직

---

17) 崔昌益·李廷允, 위의 글, 131쪽.
18) 『동아일보』 1926.4.22. 1926년 4월 11일 창립준비위원회에서는 5개부서를 두기로 하고 서무부에 韓海, 朴O萬, 裵基英, 金OO, 李相O, 조사부에 金炳一, 趙紀勝, 辛哲鎬, 심사부에 李英, 김OO, 安浚, 연구부에 韓愼敎, 朴衡秉, 任鳳淳, 선전부에 張彩極, 車載貞 외 29인을 선출하였다(『조선일보』 1926.4.13).

업별 조직체를 의미하는 것이다. 또한 3항의 규정(가, 나)은 일정한 지방에서 청년총동맹이나 노농총동맹 등에 가입하지 않고 독립적 단체를 유지하고 있는 단체 또는 '협의회' 결성에 반대하는 상급단체에 소속되어 있는 개별단체(세포단체)도 회원 15인 이상이면 가입을 허락한다는 것이었다.[19)

1926년 4월 20일 무렵 조선노농총동맹은 상무집행위원회를 열고 조선사회단체중앙협의회 참가를 결의하였다. 조선노농총동맹은 조선사회단체중앙협의회의 강령 및 규약에 반드시 동의하지는 않더라도 협의회에 참가하기로 결의했다. 조선노농총동맹의 결의내용은 다음과 같았다.

> … 운동선 내부 00(사상 – 인용자) 노동 농민 청년 형평 여성 등외 부문운동단체를 망라하여 조선사회운동단체중앙협의회의 창립을 준비한다함에 대하여 그 발표한 바 기본강령 又는 조직규약이 우리의 주장하는 바와 상위되는 점이 있다 하더라도 그 총동맹에서는 좌와 같은 태도를 취하기로 한다.
>
> 一. 본 총동맹가맹단체로 하여금 조선사회운동단체중앙협의회에 참가케 하자. 그리하여 우리의 근본 정책실현에 美果를 收케하자!
> 一. 右 참가의 旨를 내외 友誼단체에 선전하여 조선의 전사회운동자가 한자리에 원만히 집합되도록 노력하자![20)

조선사회단체중앙협의회 창립준비위원회가 조직활동에 노력한 결과 1926년 6월에 이르러 가입원을 제출한 단체는 약 3백에 달하였고 그 가운데 제1차로 자격심사를 끝낸 단체는 개별단체 132개, 총회원수는 1만 9천 7백 32인이었다.[21) 1926년 9월에 가입한 단체

---

19) 裵成龍 인터뷰, 1963.10.27[김준엽 · 김창순, 『한국공산주의운동사』 3(청계연구소, 1986), 17~18쪽].
20) 『시대일보』 1926.4.26.


3부  민족통일전선론과 서울파 · ML파의 논쟁

에 대한 2차 자격심사가 있었는데 이때까지 가입단체는 5백에 달하고 그 중 심사를 끝낸 단체는 282개, 소속회원수는 3만여명에 달하였다.[22]

서울파의 조선사회단체중앙협의회 창립준비위원회는 1926년 9월까지 조직사업에 노력을 기울였지만 이후 1927년 5월 정식으로 창립대회를 열 때까지 특별한 활동 상황은 없었다.

이 무렵 국내에서는 1925년 11월 '신의주사건'으로 '화요파' 조선공산당 조직이 커다란 손상을 입으면서 서울파와 화요파 사이에 1925년 11월말부터 1926년 5월까지 세차례에 걸친 당적 차원의 통합논의가 진행되고 있었다. 그러나 1926년 3월 31일 코민테른이 「조선문제에 대한 결정」에서 1925년 4월 결성된 '화요파' 조선공산당을 코민테른의 정식지부로 승인하고 또 1926년 5월 서울파의 지도자 김사국의 사망으로 당 통합논의는 화요파에 의해 일방적으로 파기되고 말았다.[23]

---

21) 132개단체의 이름은 다음과 같다. 원산노동연합회(13개단체연합) 黃0靑年會, 大谷小作組合, 春陽청년회, 沕溜농민조합, 群山철도노동회, 琴山소작조합(7개단체연합), 海州청년회, 鎭海第四청년동맹, 鎭海노동청년동맹, 0西농민회, 00청년회, 開寧청년회, 개령농민회, 益山衡平分社, 春川청년회, 豊山소작인회, 高靈청년회, 高靈노농동맹, 原州우리俱樂部, 京城청년연합회(15개단체연합), 活勇청년단, 전주청년회, 河東농민연합회(8개단체연합), 하동正進會, 參禮勞友會, 海州노동연맹(5개단체연합), 하동청년연맹(4개단체연합), 大田蟻蜂청년회, 醴泉西部푸로청년동맹, 예천00농민회, 예천정진회, 淸0義友團, 永同七月會, 豊基청년회, 전북민중운동자동맹, 이리청년회, 익산노동연맹(9개단체연합), 豊基일군會, 고려청년회, 潭陽여자청년회, 담양노동청년회, 담양노동조합연맹(5개단체연합), 풍기소작조합, 담양청년회, 인천노동연맹(7개단체연합), 인천청년연맹(9개단체연합), 안동청년연맹(10개단체연합), 開城自由會, 載寧00회(『시대일보』 1926.6.27).

22) 『동아일보』 1926.9.15.

23) 「朝鮮唯一共產黨組織問題に關する報告 : 本同盟と火曜會との交涉顚末」, 1926.10, 148~153쪽(러시아문서보존소 ф.495 оп.135 д.127).

이후 6월 만세 투쟁과 이로 인한 조선공산당의 대대적인 검거는 화요파의 몰락을 가져왔고 8월부터 일월회의 안광천이 국내 활동을 개시하면서 'ML파'가 형성되고, 9월 김철수에 의한 당집행부서가 정비되는 정황 속에서 서울파는 조선공산당과 통합하려는 경향('서울파 신파')과 이에 반대하는 경향('서울파 구파')의 두가지 경향으로 分化하고 있었다.24) 1926년 11월 15일 안광천이 기초한 「정우회선언」이 발표된 다음날인 1926년 11월 16일 고려공산동맹의 상당수 성원이 조선공산당('ML파')에 가입25)하게 됨으로써 서울파는 더 이상 조선사회단체중앙협의회를 추진할 동력을 상실하게 되었던 것이다.


## 2. 조선사회단체중앙협의회 상설론과 비상설론

1927년 2월부터 ML파 조선공산당에 가입하지 않은 서울파 세력('서울파 구파')에서는 조선사회단체중앙협의회 창립을 재차 준비하기 시작했다.26) 1927년 2월에 제3차로 심사를 한 결과 394개단체에 4만여명의 회원이 가입했다.27) 1927년 5월에 4차 자격심사가 행해졌는데, 이로써 총가입단체는 874개, 총회원수는 32만여명에 달하였다. 32만명이라는 수자는 과장된 것으로 보이지만 사실 이 수는

---

24) 전명혁, 「1920년대 공산주의운동의 기원과 조선공산당」, 역사학연구소 편 『한국공산주의운동사연구 - 현황과 전망 - 』(아세아문화사, 1997), 104쪽.

25) 「朝鮮共産黨 第二回 定期大會 會議錄」, 1926.12.6, 52쪽(러시아문서보존소 ф.495 оп.135 д.123). 조선공산당 2차당대회에서는 조선공산당 당원 220인 가운데 140인이 고려공산동맹 출신으로 보고하고 있다.

26) 이무렵 서울파 구파와 상해파와의 결합이 이루어지는 것으로 생각된다.

27) 『동아일보』 1927.2.7.



3부 민족통일전선론과 서울파·ML파의 논쟁

서울파와 ML파 등 각 분파의 사회운동단체를 총망라한 874개 단체에 소속되어 있는 성원들을 모두 포함하는 수라고 생각된다.[28]

　　마침내 1927년 5월 16일~18일 조선사회단체중앙협의회 창립대회가 열렸다. 5월 16일에는 300여명의 대의원 참석하여 이항발의 개회선언, 한신교의 준비 경과보고, 임봉순이 가입단체 출석대표를 點名했다.

　　당시 조선일보는 조선사회단체중앙협의회 창립대회에 대해 다음과 같은 「時評」을 냈다. 이를 통해 조선사회단체중앙협의회 창립 당시의 분위기를 파악할 수 있다.

> 　　조선사회단체중앙협의회를 보았다. 참가단체가 900에 가깝다하고 대표인원도 수삼백에 넘는 대성황이다. 소위 단체의 회원수는 3십여만을 산한다 하니 더욱 장하다고 하겠다. 좁지 아니한 중앙청년회의 대강당에 참석자가 빼곡하게 되었고 방청자는 밀물과 같이 들어 닥친다. 이 종류의 집회로서는 퍽 오랜만의 일일 것인 만치 회중의 낫과 그의 동작에난 침울과 정돈을 깨드리고 광명으로 투쟁으로 박차고 나아가겠다는 기색이 또렷하게 보인다 … 민족단일단체의 소리는 가장 높은 시대의 소리이다. 민족단일단체의 충분한 성장과 및 그 鬪力의 증진을 위하여 현하의 모든 선구자들은 거의 그 견해와 및 노력을 일치하게 하는 바이다. 그리고 사회운동단체로 하여금 일개의 **無産政黨式의 統一 機關**을 집성하여 민족주의단체와 **雙行**하는 것이 可타하는 것도 또 한편의 의견이다. 이 의견도 一理가 없는 바 아니지마는 오늘날의 조선사회의 과정적 상태는 **전민족적 총역량을 집중할 단일 단체의 존립 및 발전**을 위하여 모든 것을 제쳐두기를 요함이 가장 간절하다 아니할 수 없다.[29](강조는 인용자)

　　조선일보는 조선사회단체중앙협의회 창립 당시 대중적 위력에 놀

---

28) 『동아일보』 1927.5.15; 조선총독부경무국, 『치안개황』, 1928.5.

29) 『조선일보』 1927.5.17.

라 협의회의 필요성을 한편으로 높이 평가하면서도 결론적으로 협의
회의 대중적 역량을 신간회를 매개로 한 민족단일당 결성으로 집중시
키려 하였다. 이것은 당시 조선공산당의 방침과도 일맥상통하는 것이
다.30) 결국 이러한 방침은 노동자, 농민을 비롯한 식민지 조선민중
의 대중적 열기를 민족주의 이데올로기에 종속시키는 정치적 효과를
낳았다.

조선사회단체중앙협의회 창립에 대하여 재일본조선노동총동맹에
서는 "현하 조선무산계급의 특수한 당면임무는 무산계급 그 자신의
국부적 정신에 있지 않고 전민족적 전선적 진출에 있는 것임에도 불
구하고 동협의회는 무산계급운동과 약소민족운동과의 차별성을 과중
평가하여 분열적 대립적 형태로서 진출하려는 것"31)이라는 반대성명
서를 제출하고 다음과 같은 슬로건을 제시했다.

> 一. 派閥主義의 殘滓를 根除하자!
> 一. 民族的 單一黨을 促進하자!
> 一. 신간회를 절대로 지지하자!
> 一. 전민족적 견지에서 명칭을 망라한 민족적 共同協議機關을 구성하자!32)

---

30) 1926년 12월 6일 조선공산당(ML파) 2차당대회에서는 "민족주의자의 정당을 형
성시키되 … 가. 모든 정치적 운동을 단일기관으로 결과시킬 일 나. 정당조직
을 개인단위로 하고 지부제를 채용할 일" 등의 방침을 정하였다. 이것은 이미
신간회와 이를 매개로 한 민족당 결성에 대한 기본적 틀이 정해져 있었음을 알
려주고 있다. 또한 2차당대회는 조선사회단체중앙협의회를 "일시적 회합에 그
치게 할 일 … 정치운동 시인의 선언을 발표케 할 일" 등의 방침을 정한 바 있
었다[「조선공산당 제2회정기대회 회의록」, 1926.12.7(러시아문서보존소 ф.495 о
п.135 д.123), 49~72쪽].

31) 『조선일보』 1927.5.17.

32) 『조선일보』 1927.5.17.


3부  민족통일전선론과 서울파·ML파의 논쟁

또한 국내의 조선노동총동맹도 1927년 5월 15일 중앙집행위원 간담회를 열고 "현하 조선 무산계급의 발전과정에 있어서 당면 계단인 전민족적 단일당을 구성하여야 될 이 시기에 동협의회가 병립적 양당론을 주창하는 것은 무산계급의 변증법적 발전을 저해하는 것은 물론이요 또 작년(1926년-인용자) 4월경에 개최된 동협의회의 준비위원은 노동총동맹에 이르러 결코 상설기관으로 하지 않겠다는 이유로 노동총동맹의 세포단체까지 가입케 한 후 지금에 이르러서는 '상설적 무산계급 최고기관'이라는 것을 내어 세움에 대하여 그 조직방침이 유치 조잡하고 아희적인 것을 탄핵하는 동시에 동협의회는 순간적 협의로 할 것"33)이라는 내용의 반대성명을 발표하고 다음과 같은 결의를 하였다.

> 一. 조선사회단체중앙협의회상설에 관한 건.
>     중앙협의회상설은 반대하는 동시에 세포단체에 통지하고 위원을 선정하여 반대 이유서를 작성.
> 一. 전국대의원간담회 개최에 관한 건.
>     본건은 18일 중앙집행위원회에서 토의.34)

한편 1927년 5월 8일 함경북도 대중운동자동맹은 李雲赫35)의 사회하에 정기대회를 개최하였다. 함북대중운동자동맹은 "조선의 사회운동은 이제 종래의 국한되어 있던 경제적투쟁으로부터 일층 계급

---

33) 『조선일보』 1927.5.17.

34) 『조선일보』 1927.5.17.

35) 고려공산동맹 중앙위원이었던 이운혁이 함경북도 대중운동자동맹을 해체하고 신간회를 지지하는 노선을 취했던 것은 그가 이시기 조선공산당(ML파)에 가입하고 있었던 것으로 추정된다. 그는 이후 조선공산당을 탈퇴하고 1927년 12월 20일 '서울파의 3차당대회'에 참여하였다.

적이며 대중적인 정치적 투쟁으로 비약하지 아니하면 아니될 일대전기에 도달하였다. 그러므로 우리는 사상단체의 역할도 종료되었음을 확인하고 함북대중운동자동맹은 해체"할 것을 결의하면서 "우리는 정치적 戰野를 힘있게 전개하며 조선민중의 전체적 이익을 대표할 민족적 단일당을 지지하기 위하여 신간회를 적극적으로 지지하는 동시에 그와 대립의 형태로 나오는 단체는 박멸"한다는 결의를 채택했다.[36] 이운혁의 함북대중운동자동맹 해체 결의와 민족단일당으로서 신간회 지지표명은 이시기 서울파의 일부가 ML파의 정치노선으로 기울어지고 있는 정황을 반영하는 것이다.

1927년 5월 16일 조선사회단체중앙협의회가 개최되었다. 당시 『조선일보』는 중앙협의회 창립대회 첫날의 분위기를 상세히 보도하고 있다.

> 조선사회단체중앙협의회의 첫날은 16일 오후 8시 15분에 동회를 상설기관으로 할 것인가 또는 임시협의기관으로 할 것인가를 결정하고자 우선 이론적 토의를 하기로 하고 휴회한후 다시 동 오후 9시에 계속 개회하게 되었는데 동 중앙협의회의 금번 회합은 전조선 각단체로부터 회집하였고 따라서 현시 조선민중의 환경과 및 운동의 방향을 정하는데 동회를 조선사회운동의 최고기관으로서 상설할까 아니할까함은 극히 중대한 문제인 만큼 일반은 극히 그 결정에 대하여 주목하는 동시에 동회에 참가한 대의원을 비롯하여 입추의 여지가 없이 들이 모여 대회의 진행을 보는 6, 7백명의 방청인들도 극도로 긴장하였었는바 …[37]

5월 16일 오후 9시 15분경 중앙협의회는 의장 조용관이 계속 개

---

36) 그들은 "대중에게 완전한 의식을 주입할 계몽운동의 임무만을 맡아할 기관의 필요"속에서 '대중교육자동맹'을 조직하고 孟斗恩, 朴老英, 李雲赫, 南潤九, 金昌一 등 5인을 집행위원으로 선출했다(『조선일보』 1927.5.17).

37) 『조선일보』 1927.5.18.


3부 민족통일전선론과 서울파·ML파의 논쟁

회를 선언하자 서울파와 ML파 활동가들이 번갈아 연단에 올라 자신의 견해를 피력했다.

먼저 주최자측이고 상설기관으로 하자는 전진회의 李恒發38)이 등단하여 간단하게 사회부문운동의 통일을 위하여는 중앙협의회를 상설기관으로 두자고 주장했다. 다음으로 간도노동청년회 대의원 金午山39)이 등단하여 상설기관의 필요가 없다고 주장하여 맑스의 학설을 끄집어내고 다소간 말이 과격하게 되자 입장하였던 경관은 김오산에게 중지를 명하였다.40)

이어 전진회의 韓愼敎가 등단하여 상설기관으로 하여야만 한다고 주장하니 때는 벌써 11시 50분이나 되었다. 의장은 시간이 벌써 오래되었다는 것을 일반에게 주의케 했다. 이어 동경무산청년동맹의 崔益翰이 등단하여 상설기관으로 할 수 없다는 이유를 두가지 조목을 들어 말했다. "첫째는 그 조직에 있어서 중앙협의회의 존재를 느끼지 않는다. 즉 본시 黨이라는 것은 조선으로 말하면 이천만 민중이 전부 당원이 되어야 한다는 것이오 그 구성분자가 기십명이라도 조선민중의 정위분자(전위분자 - 인용자)가 되어 이천만 민중을 지도할 만한 역량이 있다하면 그것이 즉 '당'이 되는 것인데, 중앙협의회는 조선

---

38) 李恒發(1891~1957) 李時雨. 전남 나주 출신으로 1916년 3월 연희전문을 중퇴했다. 1922년 서울청년회 가입하고 1922년 10월 자유노동조합 결성에 참여하여 상무위원이 되었다. 1927년 4월부터 1928년 4월까지 서울에서 잡지사『노동운동』의 상무이사로 일했다. 1927년 9월 신간회 나주지회에 참여했다[강만길 · 성대경 편,『한국사회주의운동인명사전』(창작과비평사, 1996), 386~387쪽].

39) 金午山(1904~?) 본명은 金鳳翼. 경남 남해 출신으로 일본 동경에서 유학. 1924년 11월 龍井에서 노동동맹을 결성하고 노동학원 설립에 참가. 간도 북풍회 공산주의그룹 결성을 주도. 1926년 1월 재동만 조선청년총동맹 창립대회에서 강령기초위원. 1927년 8월 조선공산당 만주총국에 입당(강만길 · 성대경, 위의 책, 77쪽).

40)『조선일보』1927.5.18.

각부문운동을 막연하게 연결하고 이로써 조선민중을 지도하여야 하니 이로보아 조선민족의 당면 정치문제로 보아 조선사회운동자는 그 처지가 일본의 사회운동자와도 다름으로 우선 민족적 정치운동을 전개하여야 할 터임으로 그 민족적 단일정당으로서도 사회운동자만을 규합한 중앙협의회를 둘 필요가 없다"41)하여 중앙협의회를 임시협의기관으로 하자고 주장하였다.

다음으로 경성여자청년동맹 집행위원인 朴元熙42)가 등단하여 적극적으로 상설기관으로하여야 된다고 주장하여 일반 청중에게 커다란 흥미를 주었다. 박원희의 견해는 서울파 리더인 김사국의 처이면서 동지라는 점에서 김사국이 사망했지만 서울파 중앙지도부의 중앙협의회에 대한 정치적 입장을 확인할 수 있다는 점에서 매우 중요한 의미를 지니고 있다. 그런데 당시 조선일보에는 박원희의 견해는 소개되지 않았다. 그러나 박원희는 중앙협의회 상설론이 부결되고 임시협의기관으로 통과된 이후 조선일보에 「帝國主義時代의 民族運動과 社會運動」이라는 장문의 글을 통해서 자신의 견해를 밝히고 있다.

이 글에서 그는 먼저 제국주의시대의 식민지·반식민지에서 반제 민족해방운동이 일반적·보편적 의의를 차지하게 된다는 점을 다음과 같이 밝히고 있다.

> 자본주의가 발달되는 초기에 있어서 신흥자본계급과 무산계급의 이해가 공동한 점이 있는 것은 선진각국의 사회사에서 발견되는 바이어니와 더욱이 제국주의시대에 있어서는 그 자본제국을 대항함에 당하여 신흥자본계급과 무

---

41) 『조선일보』 1927.5.18.

42) 朴元熙 (1899~1928) 경성여자보통학교를 졸업했다. 김사국과 결혼했다. 고려공산동맹원이 1923년 3월 전조선청년당대회에 참가했다. 1924년 4월 조선여성동우회 결성에 참여하고 1927년 5월 근우회 창립대회에서 중앙집행위원으로 활동했다.


3부 민족통일전선론과 서울파·ML파의 논쟁

산계급의 이해가 일치한 점이 있는 것은 즉 다시 말하면 식민지와 반식민지에
있어서의 신흥자본계급의 이해가 일치한 점이 있는 것은 일반적 현실이오 결
코 특수사정이 아니다. 그러므로 식민지와 반식민지에 있어서 제국주의에 대
항하는 세력이 무산계급과 신흥자본계급의 공통한 이해로부터 생긴 것임은
특히 설명할 것이 없고 어떤 경우에는 봉건세력까지 제국주의에 대항하는 것
을 보는 바이다. 그러함에 불구하고 식민지와 반식민지에 있어서 신흥자본계
급과 무산계급의 공통한 이해가 있음으로 제국주의에 대항함에 일치한 행동
을 취할 수 있다함을 그 식민지 또는 반식민지의 특수사정이라함은 이론의 원
칙에서 관념적으로 관찰하는 현실무시의 견해에 불과하다.[43]


즉 그는 개별 국가의 자본주의 초기에서 신흥부르주아와 노동자
계급이 제국주의에 대항하는 공동의 전선을 형성하는 일반론이 식민
지·반식민지에서도 동일하게 관철된다는 것이고, 이는 결코 식민
지·반식민지의 특수의 문제가 아니라는 사실을 지적하고 있다.

그러나 그는 식민지·반식민지의 특수의 문제를 간과하는 것은
아니었다. 그는 이러한 특수성의 문제가 "구세력의 대소와 무산계급
의 발달된 정도 여하에 의하여 또는 제국주의의 침략 정도 여하에 의
하여 결정된다. 그러므로 민족운동(봉건주의로나 자본주의로나를 불
구하고)도 제국주의를 대항하는 한에 있어서는 국제적 의의를 가지게
되며 그가 국제적 의의를 가지게 됨으로 무산계급운동과 협동하게 된
다"[44]고 지적하고 있다. 즉 그는 식민지·반식민지의 특수성 속에서
나타나는 반제 민족운동이 자본일반에 대한 모순관계에서 출현하는
무산자계급운동과의 연대를 통하여 국제적 의의를 띠게 됨을 지적하
고 있는 것이다.

이러한 정세인식에 기초하여 그는 당과 사상단체의 차이를 언급한

---

43) 朴元熙, 「帝國主義時代의 民族運動과 社會運動」 一, 『조선일보』 1927.5.20.
44) 朴元熙, 위의 글.

다. 그는 "당은 무엇인가? 동일한 주의, 사상을 가진 자가 동일한 목적의식으로 동일한 정강정책을 실행하기 위하여 조직된 어느 형태이다. 다시 말하면 정강 정책이라는 행동이 없으면 당이 아니다"45)라고 말한다. 즉 당이 사상단체와 다른 것은 행동의 여부 즉 실천에 있다는 것이다. 따라서 조선에서는 당이 있다 해도 진정한 전위당은 아니오 사상단체로 존재하고 있다고 말하는 것이다.46)

또한 그는 단일당의 의의에 대해서 그것의 객관적 존재에 대해 인정하지만 "표면에 나타나는 당은 思惟의 당이 아니요 現實의 당이다. 그리하여 현실은 사유를 결정하게 되고 그 사유는 현실과 합한 때에만 완전한 실재"가 된다는 점을 지적하면서 "객관적 현실이 기분적의 순수당과 이론적의 이상당은 존재할 수 없는 것을 반증하는 것이다"라고 한다. 따라서 이시기 '개량당의 출현'47)이 필연적 현상임을 말한다.48)

결론적으로 그는 '민족문제와 계급문제'에 대해서 언급하면서 조선사회단체중앙협의회 결성의 필요성에 대해서 다음과 같이 지적한다.

조선의 대중집단은 어느 부문에 속한 것임을 막론하고 다분히 '써클'의 성질을 가지고 있고 또 노동조합이나 농민조합도 선진국가의 그들과는 많은 차이가 있지 아니한가? 그리고 당의 발달과 진화의 과정은 어떠한가. 여러 '써클'에 의하지 아니하면 발달할 수 없는 것과 또 여러 '써클'을 통일, 통합하는 일과정이 있는 것을 생각하는가? 또 이제 우리가 처하고 있는 과정이 무엇인지 생각하는가? 정히 대중집단으로 통일하고 결합할 시기가 아닌가. 무엇이 비맑스적이며 무엇이 조합주의이냐? 조선의 현실에서 그 주식회사의 정의로써 성립되는 순수당 이상당이 아니면 비맑스주의적인가. 더욱

---

45) 朴元熙, 「帝國主義時代의 民族運動과 社會運動」 四, 『조선일보』 1927.5.24.

46) 朴元熙, 위의 글.

47) 여기서 개량당이란 신간회를 매개로 출현할 민족단일당을 의미한다.

48) 朴元熙, 「帝國主義時代의 民族運動과 社會運動」 五, 『조선일보』 1927.5.25.



3부  민족통일전선론과 서울파·ML파의 논쟁

이 "조선의 농민운동은 계급운동이 아니다" 그러나 일반적으로는 "비민족적인 한에는 비계급적이라"고 생각하여 보라. 민족운동이 계급적 성질을 가지는 이유가 무엇인가를 막연히 국제운동의 일부분으로 하여서 계급성이 있다하면 해답이 되는가? 제국주의의 금융자본주의와 일반적으로 후진민족 또는 국가의 다대수인 농민의 이해가 背馳하기 때문이 아닌가.

그러므로 그와 같이 대다수의 농민운동이 계급운동이 되는 한에 있어서 민족운동이 계급성을 가지는 것이요 그렇지 아니한 경우에 계급성을 가지게 되는 것은 일반적의 대국으로 본 간접관계밖에 되지 아니하는 것이다. 다시 말하면 각민족 또는 국가의 개별적 입지에 있어서 민족운동이 계급성을 가지게 되는 것은 그 민족 또는 국가의 다대수인 농민의 이익을 보호하게 됨에 있는 것이요 일반적으로 그들을 보호하게 되는 국제 금융자본주의에 대항하는 관계는 어느 민족 또는 국가의 개별적 입지로 보면 간접관계가 되는 것이다.

따라서 농민운동이 계급적이 되지 못하면 어느 민족의 민족운동은 계급적이 되지 못하지 아니하는가 그리고 후진민족 또는 국가에 있어서는 특히 말할 것이 없고 선진국가의 자본당이거나 혹은 무산당에 이론과 같은 순수당이 있던가? 또 지금 정치운동의 단일당으로 오는 新幹會는 순수당인가? 그러나 우리의 진영에 대하여서만 爛熟한 자본국가의 일부 경향을 경계하든 조합주의를 책에서 본대로 비난하고 순수이상당을 강요하는 無理는 조선의 무산자로 하여금 미국의 강철대왕을 만들어준다하는 誠意로 보아서 감사하다.49)

요컨대 박원희는 조선이 처해 있는 당면한 실천적 과제는 민족문제의 계급적 성격이라는 인식에 기초하여 이에 조응하는 黨의 필요성, 즉 민족당과 계급당의 결합으로써 조선사회단체중앙협의회라는 조직을 통하여 당면한 실천적 과제를 실현할 수 있음을 주장하고 있는 것이다.

박원희의 주장을 끝으로 토론은 끝나고 중앙협의회를 임시협의기

---

49) 朴元熙, 위의 글.

관으로 하자는 動議와 그 再請이 있고 동의의 가부를 채택한 결과 만장일치로 가결되었다. 조선사회단체중앙협의회는 결국 협의체에 그치기로 하고 정당조직이나 상설기관론을 물리침으로써 최익한의 임시협의기관론을 취하게 되었다. ML파 조선공산당의 조직적 승리였다.

중앙협의회는 대회 의안을 새로 작성하기 위해 이우적, 최익한, 이평권, 이병의, 박치호, 김영식 등 7명을 의안작성위원으로 선출하였다. 그 중 이우적, 최익한, 이평권은 ML파 조선공산당의 당원이었다. 또한 김영식은 일월회 멤버로서 안광천과 함께 정우회의 상무집행위원회의 일원이었다. 중앙협의회 창립대회는 제2일의 회의 중 집회금지령에 의하여 해산된 뒤 주최자쪽에서 대책을 강구하기 위하여 張埈, 李汝漢, 李平權, 金基完, 姜云 등을 교섭위원으로 선정하여 일제당국과 교섭하게 하였으나 끝내 금지해제를 보지 못했다.50) 이렇게하여 조선사회단체중앙협의회는 사실상 좌절되었다. 이로써 서울파의 조선사회단체중앙협의회 상설계획은 실패로 끝나고 말았다.

조선사회단체중앙협의회의 위상을 둘러싼 서울파(구파)와 ML파 조선공산당의 견해는 이후 계속하여 당시 신문과 잡지를 통해 소개되면서 격렬한 논쟁을 벌이게 되었다. 이하에서는 중앙협의회의 위상을 둘러싼 서울파와 ML파의 대립을 좀더 부연 설명하면서 당시 그들이 전위당과 통일전선의 관계를 어떻게 인식하고 있었는지를 검토하고자 한다.

ML파의 최익한은 우선 당면시기가 민족적 단일정당을 필요로 하는 방향전환의 시기이고 중앙협의회 상설론은 이미 낡은 주장이므로 폐기되어야 함을 주장했다. 또한 조선은 세계자본주의의 일부분인 일본자본주의의 지배를 받고 있으므로 조선의 민족운동은 반자본주의

---

50) 『동아일보』 1927.5.19.


3부  민족통일전선론과 서울파·ML파의 논쟁

운동인 사회주의운동의 일부분으로 볼 수 있다고 주장한다. 그는 이러한 식민지 조선의 현실 때문에 오직 '민족단결전선' 즉 민족통일전선을 결성하여 그 속에서 모든 것을 전취하며 '이론투쟁'을 전개하여야 한다고 하면서 민족당으로 집중해야 함을 강조하고 있다.[51]

그러나 그가 세계자본주의의 일부분으로서 일본자본주의를 인식하는 것은 올바르나 일본자본의 직접적 지배하에 있는 식민지 조선의 자본주의 하에서 사회주의운동을 조선 현실의 특수성만을 강조하여 오로지 민족통일전선으로만 집중시키려는 경향은 민족을 구성하고 있는 노동자, 농민을 비롯한 다양한 계급구성에 대한 인식을 결여했다고 볼 수 있다. 따라서 그가 스스로 언급하는 반자본주의운동으로서 사회주의운동을 민족당 결성으로만 한정하는 것은 그의 자본주의에 대한 스스로의 인식의 모순과 부정을 드러내고 있는 것이다.

반면 서울파의 한신교, 박원희, 이항발 등은 다음과 같이 중앙협의회 상설론을 주장했다.

> 조선은 특수사정이 있어서 자본주의가 발달되지 못한다 하지만 사실에 있어서 무산계급과 자본계급이 분립하는 것은 필연적 일이다. 그러므로 우리는 무산계급의 단일정당을 필요로 한다. 그러므로 위선 무산정당이 되지 못하면 그 준비기관이라도 만들어 민족적 단일정당과 협동 혹은 대립할 필요가 있는 것이다. 즉 개개인이 산병전을 할 것이 아니라 유력한 정당으로서 행동하여야 될 것이다.[52]

서울파는 식민지 조선의 자본주의 발달의 미숙성에도 불구하고 무산계급과 자본계급의 분화는 필연적이므로 무산계급의 독자적인 정당의 필요성을 주장하고 있다. 그러나 그들은 민족적 단일정당의

---

51) 『동아일보』 1927.5.18.
52) 『동아일보』 1927.5.18.

설립을 부정하는 것이 아니고 무산정당 또는 최소한 무산정당준비기
관을 먼저 건설하여 민족당과 협동하자는 조직방침을 가지고 있었다.

1928년 2월 27일~28일에 조선공산당('ML파')은 3차당대회를
열고, 3월에 중앙집행위원회에서 안광천이 기초한 「민족해방운동에
관한 테제」를 채택하는데 거기에서 'ML파' 조선공산당은 당시 조선
공산주의자들 사이에 유포되어 있는 두가지 경향을 '양당론'과 '청산
론'으로 비판하고 있다. 그들은 이항발, 박원희, 한신교 등의 서울파
(구파)의 견해를 양당론으로 즉 "프롤레타리아운동의 독립성을 기계
적으로 고집하고 당면의 민족적 통일전선조직에 반대하고 무산정당
의 별립을 주장한다"[53]고 비판하고 있다. 그러나 서울파(구파)는 결
코 민족통일전선을 반대하지 않았고 민족당과 동시에 무산정당의 필
요성을 역설하였다.


# 3. 조선사회단체중앙협의회의 성격

1927년 6월 솔뫼[54]는 『朝鮮之光』에 조선사회단체중앙협의회의

---

53) 京城地方法院檢事局思想部, 「秘密結社朝鮮共產黨並高麗共產靑年會事件檢擧ノ
件」, 129~138쪽.

54) 솔뫼(松山)는 金明植(1892~1943)이다. 그는 제주도 출신으로 와세다 대학에서
수학하였으며 1922년 신생활사 창립에 참가했다. 1922년 3월 조선청년회연합
회 제3차정기대회에서 '사기공산당 사건' 관련자로 퇴진을 요구받고 1922년 6
월 서울청년회에서 제명당했다(강만길·성대경 편, 앞의 책, 68쪽). 김명식은
원래 상해파 국내지부의 일원으로서 1927년 신간회 제주지회장을 역임하는 등
신간회 활동에 열중했다. 김명식이 『조선지광』에 글을 기고한 1927년 6~7월
무렵은 ML파 조선공산당에 대항하여 서울파(구파)와 상해파와의 연대가 이루
어지는 시기 즉 '서상파'가 형성되는 시기로 생각된다. 따라서 김명식의 조선
사회단체중앙협의회에 대한 입장은 '서상파'의 공식적인 입장으로 생각된다.

조직형태와 본질을 다음과 같이 언급하고 있다.

> 그러면 중앙협의회는 어떠한 것인가? 사상단체도 아니오 당도 아니다. 그러나 0000(대중집단-인용자)연합체인 형식과 내용은-사회적 현실과 사정이 그러니 만치 불완비와 불충실이 없지 아니하지만은-가지고 있다. 그러므로 0000(대중집단-인용자)연합체의 임무를 행할 수 있는 것은 물론이오 사상단체와 당의 임무를 대행할 수 있는 것이다. 그리고 중앙협의회 그것이 0000(사상단체-인용자)와 당의 母가 될 것은 특히 설명할 필요가 없고 또 母가 되지 않으면 아니된다.[55](강조-인용자)

즉 그는 조선사회단체중앙협의회를 '사상단체와 당의 임무를 대행'하는 기관으로서 즉, 당의 萌芽로 파악하고 있다. 이러한 그의 생각은 다음 글에서 더욱 구체화되고 있다.

> … 우리의 기본조직은 당과 평의회와 노동조합의 3종이 있는데 그들은 불란서주의의 삼권분립사상의 표현이 아님으로 어느 것은 입법, 어느 것은 행정, 어느 것은 사법의 각각 독립한 기관이 아닌 것이다. 그럼으로 어느 기관임을 막론하고 이상의 삼권분립 행사를 일조직 자체가 당하게 되며 그와 동시에 그 조직체의 구성분자는 그에 복종치 않으면 안된다. … 그리고 종단적 총기관의 연합체가 성립되면 그 각 종선은 노동, 청년, 사상, 농민 등이 될 것이요 따라서 그들을 총괄한 기관 000000(중앙협의회가-인용자) 전계급의 통제기관이 되지 않을 수 없고 또 되지 않으면 안된다.[56]

이와 같이 솔뫼는 노동·농민·청년·사상운동 단체의 종적 총연

---

1927년 12월 20~22일 열리는 서울파 3차당대회는 서울파와 상해파의 당적 통일이 이루어짐을 의미하는 것이다.

55) 솔뫼, 「중앙협의회를 파괴한 이유가 어데잇는가」, 『조선지광』 68호, 1927.6, 8쪽.

56) 솔뫼, 「중앙협의회상설론의 재음미」, 『조선지광』 69호, 1927년 7월호, 15쪽.

합체이며 '전계급의 통제기관'으로서 조선사회단체중앙협의회의 위상을 상정하고 있다. 또한 그는 무산계급의 평의회의 본질과 기능에 대해서도 다음과 같이 지적하고 있다.

> 그 본질은 그 조직자체의 구성분자간의 계급적 또는 차별적 경향과 의식을 철저히 驅除하여 완전한 민주주의의 실현과 실행에 있는 것이오 그 기능은 노동조합을 통하여서만은 000000(불가능하고 당 – 인용자)과 대중과의 연락이 불충분함으로 그를 보충함에 있다. 그리하여 우리의 삼개주요 조직(당, 노조, 평의회 – 인용자)은 완전히 유기적 기능을 발휘하게 된다.[57]

즉 그는 조선사회단체중앙협의회가 평의회(소비에트, 독일의 레떼)적 기능을 수행하는 기관으로서의 의미를 부여하고 당, 노조, 평의회의 3조직의 유기적 결합을 통한 운동의 조직, 지도를 상정하였다. 1926년 2월 조선사회단체중앙협의회를 발기할 때 고려공산동맹이 밝힌 「강령」의 3항에서 '평의회적 기능'이 1927년 6월에 이론적으로 발전하는 것으로 보인다.

또한 솔뫼는 중앙협의회의 의의에 대해서 다음과 같이 언급하고 있다.

> 우리는 사상단체도 당도 대중집단의 연합체도 필요치 아니한가? … 대중집단의 연합체는 사상단체가 없으면 그것의 임무를 대행하고 당이 없으면 당의 임무를 대행한다. 뿐만 아니라 당 그것은 그러한 연합체가 없으면 존재의 의의가 없는 것이다 …[58]

그는 이어서 중국의 국민당 공산당 총공회(노동조합)의 세가지

---

57) 솔뫼, 위의 글, 16~17쪽.
58) 솔뫼, 「중앙협의회를 파괴한 이유가 어데 잇는가」, 『조선지광』 68호, 1927.6, 7쪽.


3부  민족통일전선론과 서울파 · ML파의 논쟁

역할을 빗대어 "지도적 임무를 가진 기관이 불충실하던지 혹은 민족
당이 관념적 존재에 불과할 때는 총공회 그것이 당의 임무를 대행할
수 있다"[59]고 주장하였다. 즉 김명식은 노동 청년 사상 농민 등 대중
단체를 총괄한 기관으로서 중앙협의회를 설치하여 이를 전계급의 통
제기관으로 위치지우려고 하였다. 요컨대 김명식은 ML파 조선공산
당의 전위당으로서의 역할을 사실상 부정하고 또한 ML파에서 결성
한 민족단일당의 매개체로서 신간회의 역할도 관념적 존재에 불과하
므로 중앙협의회가 이를 대행하는 기관이 되어야 한다는 것이다.[60]
다음에서 그는 협의회의 조직경로에 대해 언급하고 있다.

> 그(중앙협의회 : 인용자)는 대중각부문집단의 종적연합체가 아니오 지역
> 적의 횡적연맹의 연합체이다. 이것은 0000(대중집단 : 인용자)의 연합체와 다
> 르지 아니하다. 자못 지역적으로 횡적 연맹이 성립되지 아니한 곳에 한하여
> 종적 연맹 혹은 개체단체의 가입을 허하였으니 이것은 사회적 현실이 일반
> 적 全線적으로 지역적의 횡적연맹을 성취할 수 없었기 때문이오 그러나 장
> 래에 있어서는 그도 가능성이 있었던 것은 사실이다. 그리고 각부문단체중
> 에는 계급적 성질을 가지고 있지 아니한 것도 없지아니하였지만은 그들도
> 00000 00000 00000적 집단인 것은 물론이오 또 그리될 가능성이 있는 것은
> 의심없는 사실이었으니 그로써 중앙협의회의 의의를 몰각할 조건이 되지 못
> 한다.[61]

> 그리고 조선의 현실을 보면 각부문단체의 종단적 조직이 형성된 뒤에 그
> 들의 연합체를 조직한다함은 이상으로해서는 아름다운 의견이지만은 우리
> 는 조직은 자연성장적으로 아래서가 아니라 목적의식적으로 우에서 인것과
> 그 우에 교통기관이 불비하고 경제사정이 不贍한 것과 또 어느 부문단체에

---

59) 솔뫼, 「중앙협의회 상설론의 재음미」, 『조선지광』 69호, 1927.7, 8쪽.

60) 그러나 김명식(솔뫼) 또는 서울파(구파)가 당과 민족당의 존재를 부정하는 것은
아니었다.

61) 솔뫼, 「중앙협의회를 파괴한 이유가 어데있는가」, 앞의 글, 10~11쪽.

도 참가치 못하게 되는 절대다수의 실업자를 포괄할 수 없는 것과 각 세포단
체가 너무 미약하여 그들이 각각 지방적으로 독립하게 되면 그의 기능이란
볼만한 것이 없으니 그럼으로 종래와 여한 도연맹도 더욱 지역을 축소하여
각부문집단의 지역적 횡적군연맹으로 개조함이 좋은 것을 일반이 다 느끼는
바이다.[62] (강조는 인용자)

이와 같이 김명식은 당시 조선의 현실 속에서 등장한 각 부문단
체의 조직현황을 고려하여 현실적 힘을 가질 수 있는 조직적 대안은
부문별 대중조직체를 각지역별로 횡적으로 연결하는 '지역적 횡적연
맹의 연합체'이고 이것을 중앙협의회의 조직방법으로 상정하였던 것
이다.

한편 ML파 조선공산당은 서울파의 '지역적 횡적연맹의 연합체'론
에 대해 비판하면서 다음과 같은 조직방식을 제출하였다.

즉 노농 청년 사상 여성 형평할 것없이 금반 모임에 참가한 단체들을 각각
다 지방의 세포단체이었으니까 그 세포단체를 곧 혼합결성한다고 하면 각 부
문의 종단적 조직으로된 총기관(노총 청총등)은 그 본연의 기능이 멸살될 것
이고 따라서 각 운동의 원만 민활한 운전과 발전을 기하기 도저히 어려울터이
니까 협의기관을 만들 필요가 있다고 하면 각부문의 종단적 총기관의 조직을
해가지고 그 각 총기관을 결성하는 것이 원칙인 동시에 실제에 있어서도 반듯
이 그러한 순서를 밟지 않아서는 안될 것일세.[63](강조는 인용자)

즉 ML파는 각 부문의 대중조직을 망라하는 종적 전국조직을 건
설한 후 이를 연합하는 조직방식을 제기하고 있는 것이다. 이에 대해
ML파의 최익한은 "물론 각 단체의 세포는 일체히 산입치 말 것이오

---

62) 솔뫼, 「중앙협의회상설론의 재음미」, 앞의 글, 16쪽.
63) 李城溪, 「反常設論 – 중앙협의회의 시비에 대하여 –」, 『조선지광』 제68호, 1927
    년 6월호, 4~5쪽.

각 전국적 총기관 예하면 노총 청총 형평사 근우회 기타 종교단체까지를 00(망라-인용자)하여야 할 것이다. 그러므로 전국적 단체협의회는 민족적 협동전선당의 보조기관인 이상에 협의의 사회단체만의 횡적조직은 절대 불필요한 것"64)으로 파악하고 있다.

또한 안광천은 서울파의 중앙협의회 상설론이 "사상단체도 되고 정당도 되고 00000(협동전선도-인용자)되는 조직을 가지자는 것은 모든 과정을 한 순간에 비벼 놓자는 말"65)이라고 냉소적으로 비판하고 있다.

이와 같이 ML파는 서울파의 중앙협의회 계획에 대하여 조직방식과 그 위상에 대해서도 처음부터 전혀 다른 경로를 가지고 있었다. ML파의 안광천은 「조선사회단체중앙협의회 발기정신의 비판」에서 각 대중운동단체를 총망라한 통일기관의 위상을 가지고 발기된 중앙협의회에 대하여 그것은 '카우츠키류의 궤변'이고 '기성단체의 단순한 종합으로써 전계급을 계급적으로 조직하겠다는 것'은 몽상이라고 했다.

안광천은 이러한 비판의 근거로서 '무산계급의 결합의 최고형태는 무산자의 혁명정당'이라는 맑스의 당 개념과 노동조합은 특정단체의 이익과 노동운동발전의 한 단계를 대표하지만 러시아 사회민주노동당(RSDLP)은 노동자계급 전체의 이익을 대표한다는 레닌의 전위당 개념을 인용하고 있다.66) 그는 결국 서울파의 중앙협의회는 당적 전망을 가지지 못한 조합주의적 한계에 갇혀있다는 비판을 하

---


64) 崔益翰, 「1927년 조선사회운동의 빛」 6, 『조선일보』 1928.2.3.

65) 盧正煥, 「中央協議會常設 主張의 理由는 어데 있는가-솔뫼씨논문에 대하여-」, 『조선지광』 제69호, 1927년 7월호.

66) 燕京學人, 「轉換期에 臨한 朝鮮社會運動槪觀-過去 一年間의 回顧」 一, 『조선일보』 1927.1.2.

고 있는 것이다.

이와 같이 1926년 4월 발기된 조선사회단체중앙협의회는 서울파 고려공산동맹의 합법적 사상단체인 전진회가 제기한 것으로 무산계급의 경제투쟁과 정치투쟁의 통일기관 그리고 민족통일전선의 형성을 위한 조직체로서의 위상을 가지고 등장하였다.

조선사회단체중앙협의회는 조직활동에 노력을 기울인 결과 1926년 9월까지 282개 단체가 가입여부 심사를 마쳤고, 소속회원수는 3만여명에 이르렀다. 그러나 조선사회단체중앙협의회는 1926년 6월 6·10만세투쟁으로 인한 조선공산당에 대한 검거와 'ML파'의 형성, 그리고 서울파의 신·구파로의 분화로 조선사회단체중앙협의회를 추진할 서울파의 동력이 상실되면서 활동이 원활하게 이루어지지 않았다.

1927년 2월 서울파 구파의 한신교, 이항발, 박원희, 임봉순 등을 중심으로 조선사회단체중앙협의회 창립대회가 재차 준비되면서 5월에 창립대회가 열리게 되었다. 그러나 이무렵 'ML파' 조선공산당이 중심이 되는 신간회가 창립되면서 민족단일당으로서 신간회를 지지하는 움직임이 차츰 일어나게 되었다. 결국 창립대회에서 조선사회단체중앙협의회는 임시협의기관으로 하자는 ML파의 의견이 관철되면서 서울파 구파의 조선사회단체중앙협의회 창립계획은 무산되고 말았다. 이후 서울파와 ML파는『조선일보』,『동아일보』,『조선지광』등 신문, 잡지를 통하여 민족단일당과 전위당에 대한 자신의 정치적 견해를 밝히면서 격렬한 논쟁을 펼쳤다.

서울파는 제국주의시대에 민족문제의 보편적 의의를 제기하면서 식민지·반식민지의 특수성 속에서 반제민족해방운동과 자본일반에 대한 모순관계에서 출현하는 무산자계급운동과의 연대를 통하여 국제적 의의를 가지게 됨을 지적하였다. 따라서 이러한 조건 속에서 조선사회단체중앙협의회는 민족당과 계급당(전위당)의 결합이라는 조직적 성격을 갖는 것으로 자리매김하였다. 또 서울파는 무산계급과 자본계급의 필연적 분화로 무산계급의 독자적인 정당의 필요성을 주장하였다. 그러나 민족적 단일정당의 설립을 부정하는 것이 아니고 무산정당 또는 그 준비기관을 건설한 후에 민족당과 협동하자는 조직방침을 가지고 있었다.

반면 ML파는 서울파의 견해를 프롤레타리아운동의 독립성을 기계적으로 고집하고 민족적 통일전선조직에 반대하여 무산정당의 독자적 건설을 주장하는 양당론으로 비판하였다. ML파는 전위당으로서 조선공산당이 존재하는 상황에서 신간회를 민족당으로 상정하고 있었기 때문에, 이를 부정한 서울파의 조선사회단체중앙협의회의 창립을 전위정당, 민족당을 무원칙적으로 혼합한 것으로 카우츠키주의적 오류, 조합주의적 한계에 갇혀있다고 비판하였다.

1920년대 중반 서울파에서 제기한 조선사회단체중앙협의회 계획은 비록 ML파의 반대로 실패했지만 '조선공산당―민족당(신간회) 노선'에 대한 하나의 대안으로서 '무산정당―민족당'의 결합의 새로운 운동지도의 형태라는 측면에서 이 시기 사회주의운동사에서 커다란 비중을 가지고 있었다.

1920년대 중반 이후 코민테른과 '정통' 조선공산당이 대세를 형성한 상황 속에서 서울파 사회주의운동은 이에 대한 하나의 비판세력으로서 의미를 지니고 있다. 일제하 사회주의운동사 연구에서 조선공산당을 중심으로 한 '정통노선'에 대한 '서울파'의 운동노선은 전위의 목적 의식성과 대중의 자생성이 편향적으로 강조되는 운동사의 흐름 속에서 후자의 측면에 보다 강조점을 두었다. 앞으로 전위당을 비롯한 대중운동조직체, 민족당 등에 대한 견해에서 조선의 특수한 조건을 고려하면서 새로운 운동노선을 창출하려 했던 그들의 고투는 좀더 연구되고 평가되어야 할 것이다.

　　이상에서 필자는 1920년대 국내 사회주의운동의 복잡한 과정 속에서 하나의 사회주의 분파로서 출현하여 자기의 운동을 전개해 간 서울파의 형성과정과 활동을 밝혀 보았다. 이하에서는 이 글 전체에 대한 개요, 의의, 구성상의 문제점과 한계 등을 지적하면서 결론을 대신하고자 한다.

　　3·1운동 직후 국내에서 본격적으로 전개되기 시작하는 사회주의운동은 무엇보다도 민족해방운동의 한 과정으로서 진행되었다. 그러나 그 운동은 식민지 피억압민족의 해방과 동시에 계급적 해방을 열망하는 내용을 담고 있었다. 1917년 10월 러시아혁명의 물결은 중국과 일본 그리고 식민지 조선에서도 거센 파도처럼 밀려들어와 식민지 지식인들에게 민족해방운동의 한 이념적 무기로서 자리잡게 되었다.

　　이 책에서 필자는 1919년 일본제국주의에 항거하는 전민족적·혁명적 항일봉기였던 3·1운동이 일어난 이후, 국내에서 본격적으로 형성되기 시작했던 사회주의 각 분파들의 형성과 활동에 먼저 주목하였다. 그것은 직접적으로 당건설을 목적으로 하는 비합법적 조직체의 건설로 시작되었으며, 처음에는 여러 지역, 학맥, 친분 등의 관계를 통하여 형성되었다. 그러나 그 조직이 아무런 사상적 기초도 없이 그러한 친소관계로 지속되었던 것은 결코 아니었다. 각 사회주의 조직들은 강령 속에서 맑스주의적 당을 지향하는 성격을 분명히 밝혔고 조선에서 유일한 공산주의 정당을 조직하기 위해 노력하였다. 그들은 민족해방과 계급해방을 위해 합법 또는 비합법의 다양한 운동단체들을 조직해가면서 때로는 대립하고 때로는 연합하면서, 국내에서 전체 사회운동을 포괄하고 지도하는 전위정당을 조직하기 위한 투쟁을 벌여나갔다.

이러한 움직임은 바로 '사상단체'라는 합법적인 표면적 조직체로서 나타나기 시작하였다. 그러나 그 내부에는 비밀공산주의그룹들이 먼저 존재하면서 각각 사상단체와 같은 합법적인 표면단체를 조직하고 지도하였다. 서울청년회, 북풍회, 조선노동당, 화요회 등은 제각기 그 이면에 비합법적 공산주의그룹들을 가지고 있으면서 이후 합법적인 표면단체인 사상단체라는 이름을 내걸었다. 서울청년회 내부의 비합법적 조직은 고려공산동맹이, 북풍회 내부에는 까엔당이, 그리고 조선노동당 내부에는 스파르타쿠스당이 있었다. 화요회는 코민테른과 직접적으로 조직적 관계를 맺으면서 주로 러시아에 있는 이르쿠츠크파 계열의 사회주의자들과 긴밀한 연관을 가지면서 활동하였다. 이들은 1924년 초부터 조선노농총동맹과 조선청년총동맹 등 전국적인 대중운동체를 조직한 이후 국내에서 본격적으로 전위당을 결성하려 했다. 3·1운동을 거치면서 민족주의자 가운데 일부는 이제 자신의 이론적·실천적 무기력함을 고백할 수밖에 없었고 자연스럽게 사회주의사상을 수용하게 되었다. 그들은 지역적 관계나 학맥, 친소 관계로 맺어져 동지적 관계를 형성하였고 대중적 실천을 경험하면서 성장해갔다.

사상단체라고 하는 맑스주의 써클들이 이 시기 우후죽순처럼 조직되었던 것은 결코 우연한 일이 아니었다. 이들이 사회주의 조직을 만들게 되는 것은 한편으로는 국외에서 전위당이 이미 형성되었던 경험을 가지고 있었기 때문에 가능하였다. 우리나라 사회주의 전위 정당의 역사는 일찍이 러시아에서 1918년 4월에 창립되었던 한인사회당과 1921년 5월 고려공산당의 창립으로부터 첫발을 내딛기 시작했다. "노동자의 해방은 노동계급 자신의 행동이어야 한다"는 견해와 "전세계 노동자여, 단결하라!"는 요구를 들고 나왔던 국제노동자운동의 역사는 식민지 조선에서 "민족적 해방이 사회혁명의 전제"요 "이 역시 곧 세계혁명의 달성"을 위한 것으로 표출되었다. 한인사회당과 고려공산당은 코민테른과 긴밀한 연관 속에서 국내에 전위당을 건설하려는 노력을 끊임없이 기울였다. 코민테른의 자금을 둘러싼 문제와 전위당 건설에 대한 견해의 차이는 이들 사이에 최초의 대립을 초래하였다. 그리고 그것은 국내의 사회주의자들에게 신뢰를 상실케 했다. 이무렵 국내에서는 합법적인 모습으로 수많은 운동단체들이 조직되기 시작하였다. 또한 조선청년회연합회기성회와 조선노동공제회 등이 전국의 노동·농민·청년단체를 망라하는 위상을 가지고 조직되었다. 이들 내부에는 민족주의자, 무정부주의자, 사회주의자 등 다양한 사상적 스펙트럼을 가진 사람들이 혼재하고 있었다.

1921년 1월에 조직된 서울청년회는 '김윤식 사회장사건', '사기공산당사건'을 겪으면서 그들 내부에 존재했던 이론적 경향들이 대립을 보이게 되었다. 그리고 이들 가운데 사회주의세력이 주도적 세력을 형성하게 되었다. 이후 김사국·이영을 비롯한 서울청년회 인물들은 1922년 10월 '공산주의그룹'을 조직하게 되었다. 그들은 독자적인 강령과 조직체계를 갖춘 전위당을 지향하는 그룹이었다. 사회주의 분파로서 서울파가 형성되었던 것이다. 그들은 1922년 10월 자유노동자대회를 개최하는 등 대중운동에 본격적으로 자신의 모습을 드러내기 시작하면서 공업지역과 항만지역 등 산업 중심지에 조직적 기반을 확대하기 위해 노력하였다.

마침내 1923년 2월 '공산주의그룹'은 고려공산동맹이라는 이름을 가지게 되었다. 그들은 김사국을 블라디보스톡에 있는 코민테른집행위원회 원동부에 파견하여 코민테른으로부터 조선공산당으로 승인받기를 원했으나, 그들의 희망은 좌절되었다. 고려공산동맹은 1923년 3월 전조선청년당대회를 열었다. 94개 단체의 대표 154인과 50명 남짓한 개인이 참가하여 1주일 동안 진행된 이 대회는 고려공산동맹의 대중적 위세를 유감없이 발휘하였다. 서울파가 1924년 4월에 결성된 조선청년총동맹에서 절대적인 영향력을 가지게 되는 것은 이와 같은 대중적 토대가 있었기 때문이다.

서울파가 사회주의 분파로서 자기의 모습을 드러내는 때에 김약수 등을 중심으로 하는 북성회 그룹도 까엔당(К.Н.Дан)이라는 비합법 전위조직을 창립하여 활발한 대중사업을 전개하기 시작했다. 그들은 1924년 11월에 북풍회라는 표면적 사상단체를 통하여 자신들을 드러내기 시작했다. 또한 1923년 12월에 러시아 등지에서 건너온 몇몇 사회주의자들은 스파르타쿠스당을 조직하였다. 그들 또한 1924년 8월에 조선노동당이라는 표면단체를 만들어 활발히 움직이기 시작했다. 같은 시기에 일찍이 러시아지역에서 활동하던 이르쿠츠크파 고려공산당과 밀접한 연관 속에서 성립된 화요파가 있었다. 이들은 1923년 5월 꼬르뷰로의 국내부에 참가하면서 1923년 7월 신사상연구회라는 사상단체를 조직하고 이를 통하여 사회주의 선전활동 등을 하였다. 그들은 1924년 11월 이름을 화요회로 바꾸면서 화요파라고 불리게 되었다.

이무렵 조선노농총동맹 건설을 둘러싸고 국내의 각 분파는 서로 대중적 토대를 확보하기 위해 경쟁하였다. 서울파는 조선노농대회준비회를, 북풍파는 남선노농동맹을, 화요파는 조선노동연맹회를 통하여 전국적 노동·농민운동체를 건설하려는 전망을 가지고 있었다. 이 과정에서 각 분파는 대립을 보이기도 했지만, 마침내 1924년 4월 조선노농총동맹을 건설하였다. 조선노농총동맹 중앙위원 50인 가운데 24인이 서울파, 18인이 북풍파, 7인이 화요파로 배정되었던 것은 이 시기 서울파가 조선청년총동맹뿐만 아니라 조선노농총동맹에서도 가장 광범위한 대중적 토대를 장악하고 있었음을 입증하는 것이었다.

1924년 5월 서울파를 비롯하여 국내외의 각 분파 사회주의자들은 '13인회'라는 조직국을 창립하여 통일적 조선공산당 창립을 결의했다. 여기에는 서울파와 화요파, 상해파, 북풍파, 조선노동당 등이 참가하였다. 그러나 화요파가 같은 시기에 조직된 블라디보스톡의 오르그뷰로와 연결되면서 국내의 조직국인 '13인회'는 결렬되고 말았다. 화요파는 오르그뷰로의 당창건 방침에 따라 조선민중운동자대회를 계획하면서 조선공산당 창건 준비사업을 벌이기 시작했다. 그러나 민중운동자대회는 서울파의 커다란 반대에 부딪히게 되었다. 서울파는 민중운동자반대단체 전국연합위원회를 조직하였다. 여기에는 총 451개 단체가 참가하였다.

결국 화요파는 조선공산당대회를 비밀리에 마치고 조선공산당을 창건하였다. 그런데 화요파는 조선공산당을 창립하기 직전에 북풍파 조선노동당과 '3단체합동'을 계획하였다. 여기에서도 서울파를 전혀 고려하지 않았다. 그러나 '3단체합동'은 조선공산당이 만들어진 다음 날인 1925년 4월 18일 이루어졌다. 조선공산당 창립대회에는 북풍파 3인이 참가했지만 조선노동당은 참석하지 않았다. 이후 조선공산당은 코민테른으로 보낸 보고에서 '3단체합동'에 기초하여 당을 창건 하였다고 했다. 그러나 사실 화요파는 '3단체합동'에서 아무런 사전 협의도 없이 당을 결성하고 코민테른에 '3단체합동'에 기초하여 당을 건설하였다고 보고한 것이다. 통일적 당건설에 대한 열망을 저버리 는 이와같은 화요파의 행위에 대하여 북풍파와 조선노동당은 분노하 였고 마침내 '3단체합동'은 그해 10월에 결렬되었다. 한편 코민테른 은 「1925년 9월 결정」을 통해 공식적인 당기관을 조속히 창립할 필 요성을 강조했고 서울파에 대해 다른 혁명적 세력과의 행동통일을 촉구하였다. 이때까지고 코민테른은 조선공산당을 정식 코민테른의 지부로 승인하지 않았다.

화요파, 북풍파, 조선노동당의 '3단체합동'이 결렬된 이후 서울 파, 북풍파, 조선노동당은 코민테른 강령의 기초 위에서 화요파를 포함하는 조선의 공산주의그룹과 해외의 사회주의 세력을 망라하는 통일적 당건설을 계획하였고 코민테른에 그들의 계획을 보고하였다. 코민테른은 조선의 분파문제를 고심하면서 「1926년 3월 결정」을 통 해 조선공산당을 정식으로 승인함과 아울러 서울파를 비롯한 북풍파 조선노동당을 동조적인 공산주의그룹으로 인정하였다.

한편 1925년 11월 '신의주사건'으로 많은 화요파 조선공산당원 이 검거되자 화요파와 서울파는 세차례에 걸친 당통합 논의를 하였 다. 그러나 1926년 6·10만세투쟁 때문에 화요파 조선공산당은 또 한차례의 검거를 받고 치명적인 입었다. 이무렵 일본에서 활동하던 안광천 등 일월회 그룹 등이 국내로 들어와 서울파 신파와 연합하여 조선공산당 2차 당대회를 개최하였다. 이것이 ML파 조선공산당의 탄생이었다. 박원희, 한신교, 이항발 등 핵심적 인물을 제외하고는 서울파 전위조직인 고려공산동맹의 대다수가 조선공산당에 가입하 면서 고려공산동맹은 사실상 해체되고 말았다.

1926~1927년는 반제민족통일전선의 결성을 둘러싸고 국내외에서 치열한 논쟁이 벌어졌던 때였다. 중국혁명을 둘러싸고 스탈린과 트로츠키는 격렬한 대립을 벌였다. 1925년 공산당과 국민당이 동맹을 맺었을 때 "트로츠키는 공산당이 국민당에 들어가는 것에 반대했다. 그는 공산당은 독립을 유지해야 하며 당조직으로 이루어진 하나의 당이어야 한다고 했다. … 트로츠키에 의하면 국민당은 부르조아 정당이었다. 반면 스탈린은 국민당은 하나의 계급으로 이루어진 정당이 아니라, 모든 혁명계급의 통일체이며, 진정한 당이 아닌 집합체, 즉 인민의 전위"라고 말했다.

1927년 장개석이 일으킨 4·12 쿠데타로 중국의 국공합작은 파괴되었다. 그러나 여전히 코민테른은 국민당 좌파인 무한정부에 기대를 걸었다. 그러나 무한정부마저 장개석의 남경정부에 투항하고 말았다. 이러한 시기 국내에서 ML파와 서울파 구파는 통일전선문제를 둘러싸고 치열한 논쟁을 벌였다. ML파는 레닌의 계급의식의 '외부주입테제'를 강조하면서 서울파를 대중의 자연생장적 조합주의적 의식으로 간주하였다. 서울파는 조선의 운동은 최초부터 근본적 정치적 의식을 가지고 전개되어온 실천적, 목적의식의 산물임을 강조하였다. ML파가 목적의식성을 지나치게 강조하 것은 대중운동 내부에서 자생적으로 획득되는 계급의식성을 간과했고 서울파가 조선 사회운동을 강조한 것은 그들의 실천적 건강성에도 불구하고 그들이 초기에 가졌던 올바른 인식을 허물어뜨리는 결과를 가져 왔다. 자생성과 의식성의 문제는 결코 분리될 수 없는 하나의 유기적 결합체이다. 현실에서 순수한 자생성이란 존재하지 않는다. 모든 자생적 운동은 의식적인 지도와 훈련의 맹아적인 요소를 포함하고 있다. 가장 원시적인 폭동에서도 맹아적인 지도는 존재하기 마련인 것이다.

코민테른은 1927년 「4월 결정」을 통해 조선에서 반제통일전선의 문제와 공산주의운동의 통일성의 문제를 강조했다. 무엇보다도 「4월 결정」은 조선민족혁명운동에서 '파벌투쟁'을 근본적으로 근절하는 것이 가장 긴급한 정치적, 조직적 과제라고 했다. 또한 「4월 결정」은 서울파가 조선공산당에 가입한 것을 코민테른의 결정을 실현하는데 '일보전진'이라고 평가했다.

이 시기 국내에서 ML파의 당책임비서인 안광천이 '영남친목회사건'으로 책임비서직에서 물러났고 코민테른의 「4월 결정」이 국내에 전달되면서 서울파의 이영 등은 조선공산당에서 탈퇴하여 상해파 일부와 연대하여 조선공산당 '3차당대회'를 개최하였다. 그러나 코민테른은 3차 당대회를 승인하지 않았다. 이후 조선공산당은 1928년 12월 코민테른의 「12월테제」에 따라 해체되는 비극을 겪어야만 했다.

필자는 1920년대 국내 사회주의운동의 역사를 총체적으로 조망하기 위해서 조선공산당만의 역사가 아니라 이 시기 존재했던 주요한 사회주의 분파들의 활동, 그 가운데 특히 서울파를 주목하였다. 조선공산당이라는 한 축의 역사만을 가지고 이 시기 풍부했던 운동의 경험을 주조하는 것 보다도 이 시기 살아 있던 사람들에 의하여 주조되고 비틀려지면서 구체적인 현실 속에서 작용하고 다양한 동기에 의하여 활성화되어 왔던 인간들의 역사를 재구성하려고 하였다. "인간은 역사를 만들어 간다. 그렇지만 그들은 자신들이 원하는 대로 만들어가는 것은 아니다. 그들은 자신들이 선택한 상황 속에서 역사를 만드는 것이 아니며, 과거로부터 주어지고 전승된 상황에 직접적으로 당면하면서 만들어 나가는 것이다."

그동안 한국사회주의운동사연구는 주로 일제 관헌측 자료에 의거하여, 의도적으로 축소되고 왜곡되었던 사실에 대한 엄밀한 분석없이 이를 그대로 받아들여 왔다. 그러나 최근에는 이러한 자료의 한계를 극복하고 사회주의운동사를 복원해내려는 열정을 가진 연구들이 나오고 있다. 러시아문서보존소의 자료는 일제 관헌측 자료의 한계를 보완해 줄 수 있는 매우 중요한 문헌들을 포함하고 있다. 물론 이들 보고들도 자신의 조직을 과장하고 상대편을 비방하는 내용을 포함하고 있다. 그러나 그러한 사실조차 이 시기 정세의 반영이라고 생각한다면, 이러한 보고들 속에서 오히려 그들의 인식의 차이를 더 잘 독해할 수 있다. 그동안 연구에서 결여되었던 사회주의 운동 주체들의 생각과 의식을 추출할 수 있다. 이 글은 이들 자료 가운데 극히 일부분을 토대로 1920년대 국내사회주의운동을 재구성해 보았다. 이 글은 러시아측 자료와 새로운 문제의식에 기초하여 1920년대 사회주의운동사연구에서 몇가지 중요한 문제를 새롭게 밝히고자 하였다.

첫째, 1920년대 국내사회주의운동에서 각 분파형성의 기원과 분파투쟁의 의미를 해명하였다. 서울청년회 내부에 존재하는 고려공산동맹과 북풍회 내부의 까엔당, 조선노동당 내부의 스파르타쿠스당의 실체를 처음으로 밝혔다. 합법적 사상단체 이면에 존재하는 비합법적 '공산주의그룹'을 통해 각 분파는 대중 운동과 당운동, 민족통일전선운동에 끊임없이 개입하려 했음을 확인할 수 있었다. 또한 분파투쟁이 조선사회주의운동에서 무원칙한 '파벌투쟁'의 폐해만을 일삼았던 부정적 의미로서가 아니라 각 분파 사이의 활동과 투쟁이 일정한 자신의 정치 노선과 현실의 문제를 해결하려는 전술적, 조직적 차이에서 비롯된 것으로 인식하고자 했다. 분파투쟁의 활발함, 이것은 오히려 1920년대 사회주의운동의 역동성을 반영하는 것이었다.

둘째, 이 글은 이 시기 통일적 당건설의 과제를 둘러싸고 화요파와 서울파, 북풍파, 조선노동당 사이에 격렬한 대립이 있었음과 이러한 당건설의 원칙에 대한 입장 차이는 통일적 당건설의 문제를 구체화시키지 못했음을 밝혔다. 또한 '화요파' 조선공산당이 창립되는 과정을 통해 화요파가 코민테른에 보고한 사실과는 달리 조선공산당은

'3단체 합동'에 기초한 것이 아니라 사실상 화요파 하나의 분파로 창립되었음을 해명하였다.

셋째, 서울파의 전위조직인 고려공산동맹의 활동을 당건설투쟁과 민족통일전선투쟁이라는 측면에서 고찰하면서, 서울파가 사회주의 분파 가운데 국내에서 가장 먼저 민족통일전선의 문제를 제기하고 이를 실천으로 옮겼던 조직이었음을 밝혔다. 특히 1927~1928년 시기 당건설과 민족통일전선 문제를 둘러싸고 ML파와 서울파 사이에 전개되었던 논쟁을 통하여 그들의 사회운동에 대한 인식과 조직문제, 정치노선 등의 차이를 규명하였다. 필자는 ML파와 서울파의 인식의 차이를 1920년대 후반 조선사회운동에서 나타난 '의식성과 자생성'이라는 개념으로 정리해 보았다. 또한 서울파는 레닌주의적 원칙을 고수하였지만 민족통일전선에서는 가장 유연한 입장을 가지고 있었음을 입증하였다. 그러나 이들의 민족통일전선운동은 코민테른과 ML파가 신간회를 성립하면서 좌절되었다. 필자는 민족통일전선에서 서울파의 조선민흥회와 조선사회단체중앙협의회 계획은 비록 실패했지만 식민지 조선의 현실에 바탕하여 이를 해결하려는 고뇌의 산물이라는 의의가 있음을 지적하였다.

넷째, 이 글에서는 국내사회주의운동이 코민테른과 긴밀한 관련 속에서 활동하였음을 밝혔다. 국내에서 통일적 당건설에 대한 문제와 조선공산당 창립에 대한 문제, 각 분파의 격렬한 대립이 존재할 때 그리고 민족통일전선 문제 등 주요한 사안에 대하여 코민테른 국내 각 분파들로부터 보고를 받고 조선의 혁명운동에 대한 주요한 결정들을 채택하였다. 「1925년 9월 15일 결정」, 「1926년 3월 결정」, 「1927년 4월 결정」 등은 1920년대 국내사회주의운동의 방향을 가늠하는 코민테른의 결정적인 지침이었다. 그동안 연구들은 1920년대 중·후반기에 코민테른의 이러한 주요한 결정을 주목하지 못했


1920년대 한국사회주의운동연구

고, 그 의미를 파악하지 못했다. 필자는 1920년대 국내사회주의운동에서 3차례에 걸친 코민테른집행위원회의 주요 결정사항을 분석하여 국내운동이 코민테른과의 긴밀한 관련 속에서 진행되어왔음을 확인하였다.

다음에는 이 글을 구성하면서 부딪쳤던 난점과 한계, 사회주의운동사 연구 방향과 관련된 몇 가지 과제 등을 언급하고자 한다.

첫째, 필자는 1920년대 사회주의운동사에서 서울파의 활동을 부각시키는 가운데 반공이데올로기적 우익적 관점을 비판해야 했으며 이른바 '정통'노선으로 알려진 조선공산당을 비판해야 하는 이중의 과제를 수행했다. '정통'에 대한 비판은 자칫하면 우익적 해석으로 오해받을 수 있다. 그러나 필자는 서론에서도 밝혔듯이 '현존사회주의'의 몰락이라는 현실이 오늘날 우리에게 주는 역사적 교훈은 과거 사회주의운동의 역사가 근본적으로 재검토되어야 한다는 것이었다. 따라서 필자는 맑스주의와 레닌주의라는 이름으로 국제노동운동을 가로막았던, 그리하여 1920년대 중반 이후 소련의 대외정책의 수단으로 전락된 코민테른과 그 지도부의 잘못된 사상 그리고 그것이 식민지 조선에 미쳤던 영향을 올바로검증하여 당시 운동에서 '산 것과 죽은 것'이 무엇이었는가를 밝히려 하였다. 이를 위해서는 각국의 운동사를 규정해 온 코민테른의 전체 역사와 코민테른에서 토의, 결정된 각종 자료를 연구해야 할 것이다. 본 논문에서는 코민테른을 본격적으로 연구하지 못했다. 코민테른 노선이나 정책에 관련된 부분은 앞으로 더욱 구체화해야 할 과제이다. 코민테른집행위원회가 식민지 조선문제를 어떻게 인식했고 그들의 정치적 입장은 어떠했는가 하는 문제는 세계혁명운동사, 특히 중국과 일본문제에 대한 코민테른 테제를 비교연구함으로서 더욱 명확히 해명할 수 있을 것이다.

둘째, 필자는 1920년대 사회주의운동에서 여러 분파가 발생하는 원인과 분파투쟁의 문제를 해명하려 했다. 1920년대 사회주의운동에서 분파 사이의 대립은 1930년대에 어느 정도 극복되어 가는 모습을 보이기도 하지만, 1945년 해방후 재연되었다. 필자는 그 원인 가운데 하나는 코민테른 정책이 일관되지 못한 것에 있다는 것을 지적하였다. 그러나 코민테른과 각 분파 사이에 결정된 사항과 보고내용 등은 각 시기 코민테른 노선의 변화과정과 관련하여 엄밀한 연구가 필요하다. 이 글은 이러한 문제를 깊이 다루지 못했다. 분파투쟁은 코민테른과 사회주의 분파 사이의 관계가 복잡한데에서 비롯되었을 뿐 아니라 각 분파 자신의 행위때문이기도 했다. 이 시기 존재했던 사회주의 각 분파들의 노선은 궁극적으로 코민테른의 총노선에 의해서 결정되었다. 이들 사이의 대립은 혁명노선의 차이에서라기보다는 조직문제에서 발생하였다. 그러나 정치적 입장의 차이 또한 분명히 존재하였다. 그러나 이러한 분파들의 정치노선 등이 명확하게 밝혀지지는 않았다. 앞으로 분파 사이에 존재했던 다양한 의식의 스펙트럼에 대해서도 구체적으로 밝혀져야 할 것이다.

셋째, 필자는 서울파와 ML파의 논쟁 속에서 당과 대중운동, 통일전선의 문제를 고찰해 보고자 하였다. 그러나 노동·농민·청년운동 등 대중운동과 당운동 사이의 긴밀하고 풍부한 관련성이 구체화되지 못했다. 조선공산당과 서울파 전위당과 밀접한 연관이 있었던 노동·농민운동의 활동 내용, 조직적 관련성, 대중투쟁에서 당의 개입문제 등의 구체적 사실을 더욱 풍부하게 연구해야 할 것이다. 1920년대 조선 사회주의운동과 노동자운동의 전체 역사 속에서 당과 계급, 의식성과 자생성의 결합을 통해 운동사를 바라보아야 할 것이다.

# 解光 김사국의 삶과 민족해방운동

## 1. 출생과 성장

필자가 김사국(1892~1926)에게 관심을 갖게 된 것은 필자의 박사학위논문[1]의 주제인 서울파에 대해 연구하면서부터였다. 서울파는 1920년대 국내 사회주의운동에서 화요파, 북풍파와 더불어 사회운동을 양분하였던 사회주의 세력이었다. 19세기 말에 태어나서 1926년 일제 식민지 하에서 폐결핵으로 35세의 짧은 삶을 마감할 때까지 김사국의 파란만장한 삶은 곧 서울파의 역사였다.

1926년 5월 10일자 『동아일보』 2면에는 다음과 같은 김사국의 죽음에 대한 기사가 실렸다.

조선사회운동의 제일인자로 상당한 공헌이 있은 김사국씨는 수년 전부터

---

1) 전명혁, 『1920년대 국내사회주의운동연구 – 서울파를 중심으로』(성균관대사학과 박사학위논문, 1998).

폐병에 걸려 이래 신음하여 오다가 지난 팔일 오후 다섯시에 시내 가회동 177번지 북악청년회관 안에서 마침내 34세의 파란중첩한 일생을 일기로 세상을 떠나갔다는데 씨는 충남 출생으로 열 살에 엄부를 여의고 편모 슬하에서 아래로 어린 동생을 데리고 빈한한 중에서 자라나며 고단한 생활을 계속하다가 최후의 숨을 넘길 때까지도 그를 귀애하여 주던 어머니는 멀리 금강산에 있고 그의 아우는 병으로 석왕사에 각각 나뉘어 있어서 만나보지도 못하고 다감다한한 최후의 길을 떠났다고 한다.[2]

이에 따르면 김사국은 갑오농민전쟁이 발생하기 2년 전인 1892년 11월 9일 충남 連山의 빈농의 집에서 태어나서 그가 10세 되던 해 부친이 사망하여 그는 동생 金思民과 모친을 따라 금강산 유점사에 들어가서 한학을 수학한다.[3] 그런데 1933년 5월 4일자『조선일보』기사에 따르면 김사국은 "본향이 강원도로서 전자에 수백 석 도지의 지주이었으나 험악한 세상이라 가지가지의 풍파 끝에 억울하게도 남의 소유로 넘어가 6년간의 긴 송사도 효과가 없었음에 아직도 미련을 가지고 있다"[4]고 밝히고 있어 그의 출생배경에 대한 새로운 사실을 말해주고 있다. 그렇다면 김사국의 가계는 원래 강원도의 지주 출신이었던 것이다.

최근 필자는 김사국의 家系와 출생에 대한 몇가지 의문을 그의 호적부의 발굴을 통해 풀 수 있었다.[5] 이로써 그의 출생과 가계에 대한 사실이 약간은 밝혀지게 되었다. 이에 따르면 그의 호적상 출생일은 1895년 11월 9일이었다. 통상 알려진 그의 출생연도인 1892년보다 3년이 늦었다. 그러나 이것은 호적 기재의 착오 또는 출생신고를 늦

---

2)『동아일보』 1926.5.10.

3)『동아일보』 1926.5.10.

4)『조선일보』 1933.5.4.

5)「金思國戶籍簿」.

게 한 것으로 생각된다.

그의 부친 金慶秀는 延安 김씨로 고려 명종 때 四門博士를 지낸 金暹漢의 22세손이었다. 그의 모친 安國堂은 順興 안씨 安大成의 장녀로 1868년 태어났다. 그러니까 모친 안씨가 25세 때 김사국을 낳은 것이다. 그의 동생 김사민은 김사국보다 여섯 살 아래였다.[6]

김사국과 그의 동생 김사민의 출생과 이름부터가 심상치 않아 그동안 논란이 있었다. 그런데 연안 김씨 세보의 항렬에 따르면 淵-秀-思-基 또는 爕으로 되어 있는 것으로 보아 전형적인 항렬에 따른 이름으로 여겨진다.[7]

김사국의 호적부에 따르면 그가 호주가 된 해가 광무8년(1904) 7월 19일인 것으로 보아 그의 부친 김경수가 사망한 해가 이 무렵인 것으로 생각된다. 김사국이 13살 때의 일이었다. 1899년 그의 호적은 "大正6년(1917) 6월 21일 就籍申告로 인하여 등록"한 것이었다. 따라서 3·1운동이 일어나기 2년 전인 1917년 6월 그가 종로구 통의동 28번지로 본적을 새로 만든 것으로 밝혀졌다.

그런데 그가 통의동으로 就籍한 것은 그의 숙부 金晦秀의 본적지가 그곳이기 때문이었다.[8] '국민대회사건' 당시 그가 1919년 4월 19일 김회수의 집에서 安商悳·金裕寅·玄錫七 등과 회합했던 사실을 시인하고 있음은 이러한 사실을 확인해준다.[9]

---

6) 김사민은 1898년 출생했다. 1920년 4월 조직된 조선노동대회의 간사로 활동했던 그가 1920년 8월 20일 미국의원단이 입국할 때를 기회로 '독립운동'을 계획하려다 구금되어 1920년 9월 1일 인천 적덕도(積德島)로 거주제한 조치를 당했다는 신문보도에 그의 나이가 23세로 표기되어 있었다(『동아일보』 1920.9.2).

7) 金龍秀, 『延安金氏族譜』(延安金氏譜所, 1913).

8) 「金晦秀戶籍簿」.

9) 경성지방법원, 「三·一獨立示威關聯者公判始末書」 5, 1919.11.26, 국사편찬위원회, 『韓民族獨立運動史資料集 19 : 三一運動 4』, 1994, 32쪽.

1919년 3·1운동 직후 김사국이 관련된 '국민대회사건' 관련 공판 조서에는 그의 출생지를 전라북도 익산군 함열면10)으로 기록하고 있다. 당시 신문은 그의 출생지를 충남 연산으로 보도하고 있는데 아마도 충남 논산군 연산과 함열이 충남과 전북의 도 경계인 인접 지역인 것으로 보아 1914년 일제의 행정구역 개편에 따라 원래 충남이었던 지역이 전북으로 바뀐 지역에서 출생한 것으로 추정된다.

김사국은 1904년 6월 13세 때 부친을 여의고 어머니 안씨와 동생 김사민과 금강산의 4대 사찰 가운데 하나인 楡岾寺에 들어가서 불교와 한학을 수학했던 사실은 그와 불교의 관계가 남다르다는 점을 알려준다. 한편, 김사국은 『아리랑』의 주인공인 김산(본명은 張志樂 : 1905～1938)에게 맑스주의의 영향을 준 金星淑(1898～1969)11)에게 사상적 영향을 미쳤다. 김성숙은 봉선사 승려 출신으로 3·1운동에 참여하다가 투옥되었는데 이때 감옥에서 김사국과 같이 있으면서 상당한 감화를 받았다. 그는 출옥 후 1921년 승려의 신분으로 조선무산자동맹회, 조선노동공제회에 가담하였다.12)

김성숙이 사망하기 3년 전인 1966년 9월 이정식 교수와의 대담에서 그는 김사국에 대하여 다음과 같은 기억을 생생히 전하고 있다.

> 이 사람은 공산주의자라기보다는 민족주의자이지요. 나하고 감옥 안에서도 같이 있었고 나와서도 같이 있었는데 아주 똑똑하지요. 공부도 제대로 못 했는데, 한문은 많이 알아요. 서울 사람이고 어머니는 중이지요. 아들 둘을

---

10) 경성지방법원, 「三・一獨立示威關聯者公判始末書」 4, 1919.11.22, 국사편찬위원회, 『韓民族獨立運動史資料集 19 : 三一運動 4』, 1994, 3쪽.

11) 님 웨일즈, 『아리랑』(동녘, 1991), 99쪽.

12) 서동석, 「한국불교 사회운동의 갈무리와 새로운 터닦기」, 『한국불교현대사』(시공사, 1993); 水野直樹, 「民族運動史上の人物－金星淑」, 『朝鮮民族運動史研究』 4, 1987, 121쪽.

낳고 중노릇을 했는데 김사국, 김사민 – 김사국 동생이 思民인데, 그 사람은 일본 놈 감옥에서 하도 고생을 해서 미쳤어요. 그래서 미친 사람으로 돌아다 니다 죽어버렸지요.[13)]

김사국은 17세 때인 1908년 일본에 건너가 피혁회사 등을 다니 며 고학을 하다가 1909년 1월 동경유학생들의 연합단체인 大韓興學 會에 가입하고 대한흥학회 기관지인 『대한흥학보』 출판부원으로 활동 한다.[14)] 대한흥학회는 1909년 1월 동경에 있는 조선인 유학생 단체 를 통합하여 국민교육계몽 등을 표방하며 창립된 단체로 당시 조소앙 이 『대한흥학보』의 주필로 활동하였다.

그런데 "楡岾寺에서 한학을 배우다가 其後 경성에 올라와 보성학 교에서 수학하다가 중도에 퇴학 … 1910년 일한병합이 됨에 불평을 품고 만주와 西伯利亞로 漂浪하며 동지의 결속에 노력하였다"[15)]는 『동아일보』 기사에 따르면 김사국은 일본에서 '한일합방'의 소식을 접 하고 곧바로 만주 등지로 떠나 그곳에서 독립과 민족해방을 위한 운 동을 모색하기 시작하게 된다는 것이다.

그러나 김사국이 3·1운동 직후 관련된 '국민대회사건' 공판 내용 은 3·1운동이 일어나기 5~6년 전인 1913~1914년 무렵에 한성중 학을 졸업하고 교사생활을 한 것으로 진술하고 있다.[16)] 이러한 사실

---

13) 이정식 대담, 「김성숙 회고록 – 한국현대사, 중도좌파의 비극적 종말」, 『신동아』 1988년 8월호, 353쪽. 최근 필자가 김사국의 딸 김사건여사와의 인터뷰에 의하 면 김사민은 한국전쟁 당시 까지 생존해 있다고 행방불명 되었다고 한다. (「김 사건 면담」, 2005.3)

14) 『大韓興學報』 제1호, 1909.3, 80쪽; 『大韓興學報』 제3호, 1909.5, 53쪽(李賢周, 「서 울靑年會의 초기조직과 활동(1920~1922)」, 『國史館論叢』 70, 1996, 3쪽).

15) 『동아일보』 1926.5.10.

16) 경성지방법원, 「三·一獨立示威關聯者公判始末書」 5, 1919.11.26, 국사편찬위원 회, 『韓民族獨立運動史資料集 19 : 三一運動』 4, 1994, 29쪽.

을 종합해볼 때 김사국은 보성학교[17]가 설립된 이후인 1907~1908년경 그의 나이 16, 17세에 서울로 와서 보성학교에 다니다가 일본에 건너가서 대한흥학회 활동을 하다가 1910, 11년 무렵 한성중학에 입학하여 1913, 14년 한성중학을 졸업한 것으로 추정된다.

## 2. '국민대회사건'과 서울청년회의 창립

김사국이란 인물이 세상에 알려진 것은 국민대회사건에서 비롯되었다. 국민대회사건은 1919년 3·1운동 이후 국내외에서 임시정부를 수립하려는 운동이 벌어질 때 13도의 국민대표로서 조직된 국민대회를 통해 임시정부를 수립하려 했던 것이고, 이를 통해 '한성정부'가 수립된 것으로 알려져 있다.[18]

> 4월 23일에 국민대회를 열고 노동자 3천 명을 보신각 앞에 모아 놓고 지휘자는 國民大會 또는 共和萬歲라고 쓴 기를 흔들고, 정오를 기하여 노동자를 지휘하여 독립만세를 부르고, 각 학생을 자동차에 태워 마찬가지 기를 달고 불온문서(유인물-인용자)를 시내에 배포하고 보신각 앞에 모여서 독립만세를 부르는 동시에 봉춘관에서는 13도의 유지가 회합하여 국민대회를 열고, 그 봉춘관 앞에 국민대회의 간판을 달고 임시정부를 세우도록 되어 있었다.[19]

---

17) 보성학교는 1905년, 보성중학교는 1906년 李容翊이 설립했다. 보성중학교는 신입생 240명을 모집하고 9월 22일 서울 중부 礴洞(현 수송동)에서 개교하였다(손인수, 「각급교육기관」, 국사편찬위원회 편, 『한국사』 20, 1981, 160~162쪽). 김사국이 수학한 보성학교는 전자인 것으로 추정된다.

18) 이현주, 「국내임시정부 수립운동과 사회주의세력의 형성(1919~1923)-서울파, 상해파를 중심으로」(인하대사학과 박사학위논문, 1999), 21쪽.

19) 경성지방법원, 「三·一獨立示威關聯者公判始末書」 5, 국사편찬위원회, 『韓民族獨立運動史資料集 19 : 三一運動 4』, 39쪽.

이와 같이 13도 대표의 참여하에 국민대회라는 대중 집회를 열고 이를 통해 '임시정부'의 수립을 선포하려는 계획은 1919년 4월 2일 인천 만국공원에서 첫 회합을 가짐으로써 시작되었다. 13도의 대표 전원이 참석하지는 못했지만 기독교, 천도교, 불교, 유림의 대표, 일부지역 대표 약 20여 명이 이 모임에 참여하였다.[20]

이후 이 회합은 4월 23일 국민대회로 이어지면서 이른바 '한성정부' 수립에 명분을 부여하였다. 최근 국민대회의 성격을 둘러싸고 이견이 존재하지만[21] 필자는 이 부분은 논외로 하고 바로 이 '국민대회사건'을 주도한 일로 투옥되었던 김사국에 대해 주목하고자 한다.

김사국은 국민대회사건 공판에서 1918년 6월 집안 사정으로 鐵嶺으로 건너가서 關東都督府[22] 육영학교에 들어가 중국어를 배우는 한편, 開原농장에서 농업견습을 하였다고 진술한 바 있다.[23] 한성중학을 졸업하고 교사생활을 하다가 3·1운동 직전인 1918년 6월 갑자기 그가 남만철도로 이어지는 철령, 개원으로 간 것은 무슨 이유에서일까? 그리고 그가 8개월 후인 1919년 2월 26일 서울에 들어와서 4월 23일 '국민대회사건'을 주도한 것과는 어떤 연관이 있는 것일까?

이규갑의 회고에 따르면 김사국은 국민대회를 주도했던 韓南洙, 洪冕熹, 李奎甲, 李敏台, 閔橿 등과 함께 '비밀독립운동단본부'의 한 일

---

20) 이규갑, 「漢城臨時政府 樹立의 顚末」, 『신동아』 1969년 4월호, 181쪽.

21) 고정휴, 「세칭 한성정부의 조직주체와 선포경위에 대한 검토」, 『한국사연구』 97, 1997; 이현주, 「3·1운동 직후 '국민대회'와 임시정부 수립운동」, 『한국근현대사연구』 6, 1997; 윤대원, 「대한민국임시정부의 조직·운영과 독립방략의 분화(1919~1930)」(서울대국사학과 박사학위논문, 1999) 참조.

22) 러일전쟁 직후인 1906년 일본제국주의는 중국 북방에 있는 최대의 항구도시인 大連시의 6구 가운데 하나인 旅順에 관동도독부를 설치하였다.

23) 「三·一獨立示威關聯者公判始末書」 5, 국사편찬위원회, 『韓民族獨立運動史資料集 19 : 三—運動 4』, 29쪽.

원이었다.24) 이들은 이후 대부분 朝鮮民族大同團에서 활동하는 인물들이었다.25)

그러나 이규갑, 홍면희 등이 상해로 떠난 이후 국민대회의 실행은 김사국이 실질적으로 주도하였다. 김사국은 1919년 3월 중순 경성법률전수학교 출신인 朱翼의 소개로 명치대에 재학중인 김유인을 만나면서 張彩極, 金鴻植, 全玉玦, 李鐵, 崔上德 등을 끌어들였다.26)

한성정부, 노령정부, 상해정부의 명분을 떠나 김사국은 오직 조선민족해방을 위한 염원으로 그가 맡은 바 임무를 수행했다. 그런데 김사국은 대동단이 지향하는 '復辟主義'보다는 공화주의를 신봉한 것으로 여겨진다.

국민대회사건 공판 과정에서 천도교 대표 안상덕에 대한 조선총독부 검사 山澤佐一郎의 訊問 가운데 "김사국이 말하기를 드디어 국민대회를 열고 임시정부를 조직한다. 그리고 선포문은 4월 22일에 발표하는데는 지방으로 사람을 보내고, 또 봉화를 올리지 않으면 안된다. 그리고 노동자 수 천명을 모아서 독립만세를 부르도록 하지 않으면 안되고, 자동차 10대쯤을 세내어 성대하게 독립운동을 하지 않으면 안되니"27)라는 내용을 통해 김사국이 국민대회를 바라보는 관점을 엿볼 수 있다.

물론 재판 심리과정이기 때문에 검사가 사건을 과장하는 것이 일반적이겠지만 안상덕이 검사의 이 질문에 대해 "틀림없다"28)라고 답

---

24) 이규갑, 「漢城臨時政府 樹立의 顚末」, 176쪽.

25) 이현주, 「국내임시정부 수립운동과 사회주의세력의 형성(1919~1923) - 서울파, 상해파를 중심으로」, 83~84쪽.

26) 이현주, 「3·1운동 직후 '국민대회'와 임시정부 수립운동」, 117쪽.

27) 「三·一獨立示威關聯者公判始末書」 5, 국사편찬위원회, 『韓民族獨立運動史資料集 19 : 三一運動 4』, 34~35쪽.

28) 「三·一獨立示威關聯者公判始末書」 5, 국사편찬위원회, 『韓民族獨立運動史資料


1920년대 한국사회주의운동연구

변한 것을 보면 어느 정도는 사실인 것으로 생각된다. 김사국은 3·1 운동 직후 고양된 분위기 속에서 다시 국민대회를 개최하여 대대적인 독립시위운동을 벌이려고 계획하였던 것이다.

김사국이 국민대회에 참여하게 되는 동기는 이후 대동단을 결성하는 인물들과의 관련 속에서였지만 그는 국민대회의 시기와 방향 등에서 지도부와 견해 차이를 보인다. 결국 국민대회는 김사국과 장채극, 김유인, 최상덕 등 소장파에 의해 실행되었다. 이후 이들은 김사국을 지도자로 하는 서울청년회와 고려공산동맹에서 김사국의 평생 동지로서 활동하게 된다.

김사국이 1924년 3월 17일 코민테른집행위원회로 보내는 보고서의 첫머리에 실린 다음의 내용은 김사국이 3·1운동을 전후한 무렵 '조선독립단'의 일원으로 활동하고 있었음을 시사하고 있다.

해방운동을 주도하는 조선의 중요한 혁명단체 가운데 하나는 **조선독립단**(강조는 인용자)이다. 이는 조선 각지에 걸쳐 대량 체포가 행해진 결과 1919년 4월말 돌연 자취를 감추었다. 이 단체의 회원 200명 이상과 전위원회가 체포되어 6개월에서 3년까지의 선고를 받았다. 단체의 붕괴와 함께 사실상 이 단체의 모든 활동은 멎었다.1921년경 모든 선고를 받은 독립단 회원들은 형벌을 마치고 자유가 되었지만 이들은 3개의 이념적 사조, 즉 대중문화활동가와 테러리스트 및 마르크스-공산주의자로 분리되었다.29)

조선독립단의 실체는 분명치 않지만 「신한민국정부선언서」와 「경제적공약」이 '조선독립단'의 명의로 뿌려진 것으로 보아 한인사회당의

---

集 19 : 三一運動 4』, 35쪽.

29) Доклад КимСагук во ИККИ No.1, Краткий исторический и возникновения коммунистической организации в Кореe, 1924.3.17, 47쪽(코민테른집행위원회로의 김사국의 보고 제1호, 「조선에서 공산주의 단체의 형성과 활동 약사」(ф.495 оп.135 д.96 л.47~57).


보론 - 解光 김사국의 삶과 민족해방운동

이동휘를 집정관으로 한 신한민국정부와 깊은 관련이 있는 것으로 추정된다. 당시 신한민국정부와 서울에서 임시정부 수립운동을 전개하다가 상해로 건너가 상해 임시의정원의 부의장으로 선출된 李春塾이 "경성사립 보성전문학교 법과 졸업 후 동경에 유학하여 1918년 6월 중앙대학을 졸업하고 동년 7월 귀선한 후 友人 洪震義(洪濤)와 같이 만주 서비리아지방을 시찰 도중 '니코리스크'에서 문창범·윤해의 무리와 회견하고 독립운동의 필요를 설명 교사받고 깊이 감동하여 일본 유학생과 연락하여 운동을 개시하려고 결의하고 1919년 2월 경성에 들어와" 활동했던 사실은30) 이 무렵 김사국의 행보의 비밀을 푸는 실마리를 제공해준다.

김사국은 '1919년 4월 말' 바로 '국민대회사건'으로 체포되기 전 그는 1918년 6월 남만주 철령, 개원에서 노령 등지를 다니며 문창범, 윤해 등 대한국민의회 세력과 이동휘, 홍도 등 초기 사회주의 세력과 긴밀한 관계를 가지고 있었던 것이 아닌가 추정된다.

김사국은 1919년 4월 23일 국민대회사건으로 투옥되어 1년 6개월의 형을 살고 1920년 9월 6일 오전 전옥결, 이철 등과 만기출옥을 하였다.31) 김사국이 출옥 후 처음 공식적으로 활동한 단체는 조선노동대회였다. 노동대회는 1920년 5월 문탁 등이 조직한 노동단체로 그의 實弟인 김사민이 관여했던 단체였다. 이 무렵 김사민은 1920년 5월 조직된 조선노동대회의 간사로 활동하다가 1920년 8월 20일 미국의원단이 입국할 때를 기회로 '독립운동'을 계획하려다 구금되어 1920년 9월 1일 인천 德積島로 거주제한 조치를 당했다.32)

---

30) 高警 제41197호, 「臨時政府의 前軍務次長 李春塾檢擧의 件」, 1921.1.19(『韓國民族運動史料－三一運動篇』其一, 279쪽(이현주, 「3·1운동 직후 '국민대회'와 임시정부 수립운동」, 138쪽).

31) 『동아일보』 1920.9.6.


1920년대 한국사회주의운동연구

이 무렵 식민지 조선은 세계정세의 변화와 3·1운동을 겪으면서 급격한 변화의 와중에 있었다. 근대적 사회사상으로 민족주의, 무정부주의, 사회주의사상이 물밀듯이 들어왔다. 이미 노령지역 한인들은 러시아혁명의 영향 속에서 대부분 사회주의 조직에 관여하고 있었다.

1920년 3월 국내에는 소규모 비밀결사에 뿌리를 둔 '조선공산당'이라는 공산주의그룹이 형성되었다. 또한 1920년 6월에는 사회혁명당이 조직되었다. 김철수, 장덕수 등이 여기에 관여했으며 이들은 1921년 5월 상해에서 열린 '상해파' 고려공산당 창립대회에 참석하여 '상해파' 고려공산당의 국내지부로 결성된다.[33]

1920년 9월 국민대회사건으로 1년 6개월의 형을 살고 나온 김사국이 감옥으로부터 나온 지 불과 4개월 남짓인 1921년 1월 서울청년회가 창립되었다. 김사국이 30세 되던 해였다. 창립 당시의 임원진은 이사장 李得秊, 이사 吳祥根, 金明植, 金思國, 張德秀, 尹滋英, 韓愼敎 등이었다.[34]

그러나 서울청년회의 창립을 둘러싼 대립은 이미 1920년 6월 중순 무렵 조선청년회연합회 창립과정 속에서 발생하였다. 서울파의 핵심인물인 이영은 청년연합회의 발기 당시 두가지 조직방안의 대립을 지적하고 있다.[35] 첫째는 각 지방의 청년단체를 연합하여 발기하는 것이요, 둘째는 서울청년회를 조직한 이후 서울청년회가 중심이 되어 연합회를 발기하는 것이었다. 이 대립은 '상해파' 국내부와 '서울파' 사회주의 세력의 대립의 단초가 이미 배태되고 있음을 의미하였다.

---

32) 『동아일보』 1920.9.2.

33) 임경석, 「고려공산당연구」(성균관대사학과 박사학위논문, 1993), 33쪽.

34) 京畿道警察府, 『치안개황』, 1925[한홍구·이재화 편, 『한국민족해방운동사자료총서』 2(경원문화사, 1988), 369쪽].

35) 李英, 「旣成會의 胚胎된 內容」, 『我聲』 제2호, 1921.5.15, 85쪽.

# 3. 민족주의자에서 사회주의자로

1921년 1월 서울청년회에 몸을 담고 민족해방을 위한 새로운 모색을 준비하는 김사국의 심신은 무거웠다. 그는 이 무렵 解光[36]이라는 이름으로 조선청년회연합회 기관지 『我聲』에 글을 기고하는 등 맹렬한 활동을 시작한다.

1921년 3월 15일 발행된 『我聲』 창간호에는 김사국과 解光이라는 이름으로 '사회생활을 대상으로 한 신도덕의 수립'과 '我人生觀'이라는 두 개의 글이 게재되었다. 여기서 그는 유럽의 자유민권사상에 기반한 개인주의의 발달은 개인권리의 확보라는 가져왔지만 동시에 이는 극단의 자유경쟁을 초래함을 지적한다. 그러나 이 자유경쟁의 결과는 교통기관의 발달, 산업조직의 진보, 문화생활의 확장, 국제경제의 결합 등에 의해 결국 社會進化의 기운을 촉진한다고 말한다. 이러한 시대에서 그는 '개인과 사회의 관계, 개인주의의 사회화하는 경향, 실질적 사회본위생활의 필요'를 깨닫고 '사회생활을 대상으로 한 新道德'의 수립을 주장하였다.[37] 이 글을 통해 볼 때 김사국은 이 무렵 전통적인 유학적·불교적 세계관의 극복과 동시에 근대 자유민권 사상과 근대성의 모순까지 지적하며 사회화된 개인으로서의 삶의 철학을 말하고 있다.

한편 김사국은 1921년 4월 30일 조선불교청년회의 초청으로 인사동 회관에서 '我佛敎改善觀'이라는 주제로 강연을 하였다. 이 무렵 식민지시대 조선 불교는 1919년 3·1운동 직후 사찰령에 따른 일제

---

36) 解光이라는 이름은 김사국이 어머니 안국당을 따라 금강산 유점사에 있을 때 받은 법명으로 추정된다.

37) 解光, 「사회생활을 대상으로 한 신도덕의 수립」, 『我聲』 제1호, 1921.3.15, 12~14쪽.

의 불교탄압에 대한 비판의 소리가 높아지면서 이에 대한 폐지운동과
함께 불교계의 혁신운동이 싹트기 시작하였다. 이러한 움직임은
1920년대에 들어서면서 한용운 등을 중심으로 政敎分離와 사찰령폐
지를 목적으로 하는 불교청년회 운동을 일으켰다. 조선불교청년회는
1920년 6월 20일 서울 수송동의 覺皇寺[38]에서 한용운의 지도로 金
尙昊·都鎭浩 등이 조직한 것인데[39] 이로부터 본격적인 불교혁신운
동이 항일민족운동의 차원에서 전개되었다.[40]

이 무렵 불교청년회의 초청으로 김사국은 '아불교개선관', 도진호
는 '無我의 愛'라는 주제로 강연을 하였다.[41] 김사국의 강연 내용은
알 수 없지만 그가 금강산 유점사에서 소년시절을 보냈고, 이 무렵
새로운 사회사상을 모색하고 있었던 것을 볼 때 민족해방과 사회운동
참여 등을 통한 불교계의 혁신을 내용으로 한 강연이었던 것으로 생
각된다. 김사국의 불교계와의 남다른 관계는 이후 전조선청년당대회
때 조선불교청년회, 조선불교여자청년회 등의 참여로 이어진다.

김사국은 이와 같이 강연과 『我聲』 등 잡지에 '예술이란 무엇인
가', '근대철학과 템쓰', '최근 중국의 국정', '출판언론권의 주장' 등 시
사적인 글을 발표하는 등 왕성한 활동을 전개하는 한편, 1921년 7월
그의 평생의 동지인 朴元熙와 결혼한다(〈표 1〉 참조).

---

38) 1910년 세워진 각황사는 1937년 견지동으로 옮겨졌고 1955년 조계사로 이름을
바꾸었다.

39) 『동아일보』 1920.6.22.

40) 金昌洙, 「일제하 불교계의 항일민족운동」, 『역사와 민족』(도서출판 삼문, 1996).

41) 『동아일보』 1921.4.30, 「모임란」.

| 표 1 | 김사국의 조선청년연합회 순회강연 일지[42]

| 일시 | 강연 장소 | 강연 제목 |
| --- | --- | --- |
| 1921.5.20 | 경의선 홍수역전 신흥청년회관 | 建設 |
| 1921.5.21 | 황해사리원, 장로교회 예배당 | 조선청년회연합회의 사명 |
| 1921.5.25 | 황해 안악 반도청년회 천도교청년회 교구실 강연회 | 조선청년회연합회의 사명 |
| 1921.5.26 | 예수교회당 | 생의 운동과 교육, 부인의 해방 |
| 1921.5.27 | 동창포 동창 청년회 예수교회당 | 조선민족의 위기 (조선민족의 산업 교육의 위기), 농촌계발과 신문화 |
| 1921.5.30 | 황해 송화 대성청년회 | 조선청년회연합회의 사명 |
| 1921.5.31 | 송화군 송화청년회 송화예배당내 강연회 | 세계개조와 부인의 사명, 세계의 동요와 오인의 사명 (동아일보 송화지국 주최강연) |
| 1921.6.2 | 황해 송화군 장연읍 장연청년회 | 조선청년회연합회의 사명 |
| 1921.6.3 | 해주예배당 | 지방청년회의 발전에 대해, 조선청년회연합회의 사명(벽성청년회 창립 제1주년기념식) |
| 1921.6.8 | 개성여자청년회 신축회관 | 조선청년회연합회의 사명 |

　　1921년 9월 21일 김사국은 천도교회관에서 열린 조선노동대회 주최 강연회 참석하여 「民族的團結과 階級的團結」이란 주제로 강연을 하고, 1921년 10월 동경에 건너가서 『5·1신보』 발기에 참가한다. 10월 그는 일본 동경 미나미센주(南千住) 교외에서 그의 아우이며 동지인 김사민과 박상훈, 임봉순, 정남태, 정용식 등과 '사회혁명당'을 조직한다. '사회혁명당'은 "계급모순의 역사적 필연성을 고려하여, 사회혁명당은 사람에 의한 사람의 착취 말살과 사회주의 승리의 근접을 목적으로 한다", "민족혁명운동을 사회주의혁명의 제1단계로 인식하

---

42) 『동아일보』 1921.6; 안건호, 「1920년대 전반기 조선청년회연합회에 관한 연구」 (숭실대 사학과 석사논문, 1993) 참조.

여 사회혁명당은 이들과 함께 전선 확립을 목적으로 한다"는 강령을
통과시켰다.43)

　　1921년 11월 29일에는 무정부주의 단체 黑濤會 결성에 참가하
고44) 1922년 1월 19일에는 윤덕병, 김한, 신백우, 원우관, 李逢榮,
박일병, 이영, 이혁로, 백광흠, 진병기, 김달현, 김봉환 등 19명이 발
기한 무산자동지회에 참가한다.45) 이 무렵 그는 서울로 와서 1922
년 1월 말 사회혁명당 2차 회의를 개최한다. 이때 사회혁명당의 주요
결의 내용은 '김윤식 사회장'을 추진하는 조선청년연합회와 동아일보
에 대한 비판과 이르쿠츠크파 국내부에 대한 비판, 서울청년회의 강
화를 통한 조선청년연합회의 재조직 등이었다. 그리고 이러한 결의는
그대로 실행되어갔다.46)

　　같은 해 2월 4일 김사국은 『조선일보』에 동경조선고학생동우회
의 명의로 「전국노동자 제군에 격함」(일명 '동우회선언')이라는 선언
문을 金若水, 鄭泰信(또는 정우영), 鄭泰成(鄭南局) 등 12인과 발표한
다.47) 이 무렵 김사국은 범신론, 사회진화론, 민족주의, 무정부주의

----

43) 김사국의 보고 제1호, 「조선에서 공산주의 단체의 형성과 활동 약사」(ф.495 о
　　п.135 д.96 л.47~57).

44) 坪江汕二, 『朝鮮民族獨立運動秘史』(巖南堂書店, 1959), 285쪽.

45) 1922년 일제 경무국의 기록은 김사국, 김약수, 鄭泰信(鄭又影) 등을 '재동경 요
　　주의인물'로 파악하고 있다(朝鮮總督府警務局, 『大正11년 朝鮮治安狀況－其ノ
　　一(鮮內)』, 1922, 159쪽).

46) 김사국의 보고 제1호, 「조선에서 공산주의 단체의 형성과 활동 약사」(ф.495 о
　　п.135 д.96 л.47~57).

47) 「동우회선언문」은 "우리 동우회는 일본의 주요 사상단체 및 노동단체와 제휴
　　하여 노동대학의 설립, 잡지 『同友』의 발행 등으로 노동운동을 전개할 것이며,
　　이제는 고학생 및 노동자의 구제기관임을 버리고 계급투쟁의 직접적 행동기관
　　임을 선언함"이라는 내용이었다(조선총독부경무국, 『조선치안상황』, 1922, 17
　　쪽; 경기도경찰부, 『치안개황』, 1925, 6쪽).

등 다양한 사상의 섭렵에서 벗어나 사회주의를 본격적으로 수용하게 되는 시기였다.

서울청년회 '좌파'인 김사국의 사회혁명당 그룹은 '김윤식 사회장'에 대한 조직적 반대를 통해 서울청년회 내 '상해파' 국내세력을 동아일보계와 동일한 문화주의로 비판하면서 점차 자신의 영향력을 확대해갔다. 또한 이 시기 상해파 국내세력의 약화에 결정적 계기를 준 사건이 발생했다. '사기공산당사건'이었다. 상해파 고려공산당 국내부의 간부이며 조선노동공제회와 청년회연합회의 간부인 최팔용·오상근·장덕수 등 9인이 사업수행의 비용을 빙자하여 코민테른 자금을 사적으로 남용했다는 사실이 드러나면서 서울청년회의 김사국·김한 등이 이들을 '문화운동자' 또는 '仮裝社會運動者'라고 비판하면서 당시 사회운동에 일대 풍파를 일으켰던 사건이었다.48)

김사국 등 서울청년회 내 사회혁명당 그룹은 마침내 1922년 4월 조선청년회연합회 제3회 정기총회에서 이들에 대한 불신임안을 제출하고 간부 재선출을 요구하고 서울청년회 外 18개 단체49)와 조선청년연합회의 탈퇴를 단행하였다. 이후 1922년 6월 13일 서울청년회는 임시총회를 소집하여 장덕수, 김명식, 오상근, 최팔용, 이봉수 등 5인을 제명, 처분한다.50) 이들은 상해파 고려공산당 국내부의 당원이었다.

---

48) 裵成龍, 『조선일보』 1929.1.5, 「朝鮮社會運動小史」 3.

49) 서울청년회를 비롯하여 연합회를 탈퇴한 18개 단체의 명단을 알 수 없지만, 1923년 1월 '서울파'가 주도하는 '전조선청년당대회주최단체'(서울청년회, 천도교유신청년회, 楊州청년회, 조선불교청년회, 連浦청년회, 鳳山청년회, 尙州청년회, 高靈청년회, 南面청년회, 眞海청년회, 蔚山청년회, 進永청년회, 共濟會, 배달청년회, 鷲城청년회, 義城청년회, 檜川청년회, 寶城청년회, 浦項청년회, 大倧敎중앙청년회, 조선불교여자청년회) 20여 단체와 일치한다고 볼 수 있을 것이다(李江, 「朝鮮靑年運動의 史的考察」 中, 『현대평론』 1927.10, 16쪽).

50) 李江, 「朝鮮靑年運動의 史的考察」 中, 22~23쪽.

1922년 무렵 민족주의 내부는 타협적·개량적 요소와 비타협·
혁명적 요소로 분화되는 과정에 있었고, 비타협적 혁명적 민족주의자
들이 점차 사회주의적 경향을 가지게 되는 시기였다. 서울청년회의
내부 분화는 민족주의 진영과 사회주의 진영의 다양한 스펙트럼과 굴
곡을 보여주고 있다. "사기공산당사건 관계자의 제명을 역설한 서울
청년회는 그 존재가 세상에 드러나는 동시에 그 자체가 아주 무산청
년운동의 색채를 띠게"51)되었다고 한 화요회 출신 배성룡의 말은 서
울청년회 내 '좌파'인 김사국의 사회혁명당그룹이 점차 사회주의적 경
향을 띠게 되었음을 지적하는 것이고 이는 곧 '서울파'의 형성을 의미
하였다.

1921년 1월 서울청년회의 창립부터 1922년 4월 무렵까지 김사
국의 활동은 민족에 대한 뜨거운 애정을 지닌 한 개인이 급속히 사회
주의자로 변모하게 되는 과정을 응축적으로 보여주고 있다. 이것은
아마 식민지 조선의 민족적·계급적 해방을 동시에 열망했던 대다수
사회주의자들이 형성되는 과정이었을 것이다.52)


## 4. 고려공산동맹의 결성과 전선통일을 위하여

1922년 6월 김사국의 사회혁명당은 서울에서 대회를 개최하고
본격적인 '단일 공산당'을 조직하기 위해 사회혁명당의 해산을 결정하
고 '통일조선공산당 창립대회 소집준비위원회', 즉 조선공산당('중립
당')을 결성한다. 이때 조선공산당은 상해파 이르쿠츠크파의 두 파에

---

51) 裵成龍, 「朝鮮社會運動小史」 3.
52) 전명혁, 「서울청년회의 분화와 서울파의 형성」, 『外大史學』 9, 1999, 144~145쪽.


보론 – 解光 김사국의 삶과 민족해방운동

모두 혐오감을 가지고 있어 이러한 태도 때문에 조선공산당은 '중립당'이라는 별칭을 갖게 되었다. 여기에는 김사국을 비롯하여 이영, 김한, 원우관, 정재달, 申伯雨, 尹德炳 등이 참가하였다.53) 1922년 3월에 결성된 무산자동맹회는 사실상 조선공산당('중립당')의 합법적인 단체였다.

한편 1921년 5월 이르쿠츠크에서 성립된 고려공산당은 8월에 북경에서 李适·金鎬盤·朴憲永, 당 대표로서 南萬春, 국제공산청년회(КИМ) 대표로서 趙勳 등 5인으로 구성된 고려공산청년회 중앙총국을 결성한다. 이들은 1922년 8월 국제공청(킴 : КИМ)의 지도하에 3차 중앙총국을 서울에서 구성하였다. 이때 김사국은 조선공산당('중립당') 대표로 김사민, 안병진, 전우(정재달), 조훈과 중앙총국에 참가한다.54)

그런데 '중립당'의 김사국과 김사민이 중앙총국에 참여한지 1개월만인 1922년 9월에 각각 중앙총국을 탈퇴하였다.55) 김사국과 김사민이 탈퇴한 이유는 무엇이었을까? 이 무렵 코민테른은 상해와 러시아에 각각 존재하는 '상해파'와 '이르쿠츠크파' 고려공산당을 통일하여 단일한 당을 창립하기 위해 1922년 10월 베르흐네우진스크에서 고려공산당연합대회를 개최하려고 하였는데, 이에 대한 입장의 차이가 발생하였던 것이다. 국내의 당('중립당') 대표인 김사국으로서는 국내에 아무런 기반을 갖지 못한 '상해파'와 '이르쿠츠크파'가 당 통합을 주도하는 것은 올바른 방식이 아니라고 생각하였던 것이었다.

이 무렵부터 김사국 등은 '서울파'로서 독자적인 행보를 시작하였다. 그들은 조선의 노동자·농민·청년운동 등 대중운동조직에 자신

---

53) 임경석, 「서울파 공산주의그룹의 형성」, 『역사와 현실』 28, 1998, 38쪽.
54) 「高麗共靑一般進行情況」, 3쪽.
55) 「高麗共靑一般進行情況」, 11~12쪽.

의 세력을 확장하는 노력을 기울이면서, 1922년 10월 11일 서울청년회의 내부 공산주의 단체를 조직하였다. 김사국을 비롯하여 이영, 김영만, 임봉순, 이중각, 장채극, 김유인 등 15명이 참여하였다.[56] 이때부터 국내 사회주의 분파로서 '서울파'의 역사는 사실상 시작되는 것이다. 그들은 조선의 모든 혁명세력을 민족통일전선으로 집중시키는 것을 주요한 '강령'으로 내걸었다.

> 우리 당은 최단 시일 내에 최소한의 정치적 과제를 실현하기 위하여 조선의 모든 혁명세력을 민족해방운동의 통일전선의 슬로건하에 단일한 중앙으로 집중시켜야 하는 것을 필수적이라고 생각한다. 이와 동시에 근로대중이 이 운동의 중요한 세력이 되도록 노력하는 것이 요구된다.[57]

서울파의 리더인 김사국은 1922년 10월 29일 자유노동조합의 창립 등 노동운동에 상당한 힘을 기울이는 한편 '조선 초유의 사회주의 재판'[58]을 야기한 '신생활사 필화사건'이 발생하자 1922년 11월 말 간도와 만주에 건너간다.[59] 이후 그는 이곳에서 동양학원, 대동학원을 설립하는 등 사회주의를 보급하는 교육선전활동을 하였다.

서울파 '공산주의그룹'은 마침내 1923년 2월 20일 高麗共産同盟 창립을 위한 대표자 회의를 소집하였다. 김사국, 김영만, 이영,

---

56) КимЕнман · Цойцаник, Исполкому Комунистического Интернационала, 1926.2(러시아문서보존소 ф.495 оп.135 д.125)(김영만 · 최창익, 「코민테른집행위원회에게 : 서울청년회 내부에 현존하는 공산주의 조직 '고려공산동맹' 전권 대표로부터」, 1926.2), 101~112쪽.

57) 김영만 · 최창익, 「코민테른집행위원회에게 : 서울청년회 내부에 현존하는 공산주의 조직 '고려공산동맹' 전권 대표로부터」, 1926.2.

58) 『동아일보』 1922.12.27.

59) 김영만 · 최창익, 「코민테른집행위원회에게 : 서울청년회 내부에 현존하는 공산주의 조직 '고려공산동맹' 전권 대표로부터」, 102쪽.

임봉순, 장채극, 김유인, 姜宅鎭 등을 비롯한 17명의 중앙위원이 선출되었다.

고려공산동맹 창립대회는 코민테른과의 상설적인 연락기관의 설치와 코민테른으로부터 조선공산당의 승인을 받는 일을 만장일치로 결정했다. 대회는 이 결의를 실행하기 위하여 김사국을 대표로 블라디보스톡의 코민테른집행위원회(ИККИ) 원동부에 파견했다. 김사국은 이에 따라 블라디보스톡에 가서 코민테른의 승인을 받기 위해 노력했으나 아무런 성과를 얻지 못했다.[60]

김사국은 블라디보스톡에 파견되었다가 1923년 3월에 간도 龍井에 가서 方漢民, 金正琪, 李明熙 등과 협력하여 대성중학교의 부설학교로 東洋學院을 창설한다.[61] 동양학원은 간도의 조선인 혁명가를 양성하기 위한 정치사상훈련소로서의 의미를 지니고 있었다. 일제는 그해 8월에 '작탄매설사건'을 조작하여 그것을 구실로 50여명의 학생들을 체포함으로써 끝내 동양학원을 폐교시켜버렸다. '동양학원사건'으로 김사국은 다시 블라디보스톡으로 건너가게 되었다. 그곳에서 김사국은 계속해서 국내와 연락을 취하면서 코민테른과 고려공산동맹의 관계를 회복하기 위해 노력하였다.

그후 그는 寧古塔에 가서 동양학원의 후신으로 大同學院을 설립하고 역시 운동자 양성에 노력 중 중국관헌에게 해산을 당하고 또 다시 노령으로 가서 조선사회운동의 통일을 위하여 노력하였다.[62] 이와

---

60) 김영만·최창익, 「코민테른집행위원회에게 : 서울청년회 내부에 현존하는 공산주의 조직 '고려공산동맹' 전권 대표로부터」, 103쪽. 김사국이 블라디보스톡에 갔을 때 코민테른집행위원회 산하 원동부의 책임자는 보이찐스키였다.

61) 한생철, 「혁명적 열의로 들끓던 배움터 – 대성중학교」, 『연변문사자료』 6, 1988, 32~33쪽.

62) 『동아일보』 1926.5.10; 이석태 편, 『사회과학대사전』, 문우인서관, 1948, 96쪽. 또한 1924년 3월 31일 김사국이 코민테른에 보낸 보고에 따르면 김사국은

같이 김사국은 1923~1924년 무렵 만주지역과 블라디보스톡 등지에서 한인사회주의 조직을 건설하기 위해 헌신적인 노력을 다했다.

## 5. 후일담

1924년 5월 폐병을 지닌 채 귀국한 그는 통일적 당 건설을 위해 국내외 모든 사회주의세력을 망라한 '13인회'를 주도하면서 국내에서 당 건설을 위해 혼신의 힘을 다하지만 결국 화요파가 주도하는 조선공산당 결성과정에서 배제되는 비운을 겪게되었다. 하지만 서울파의 지도자 김사국은 평생을 끊임없이 일제하 식민지조선의 민족해방과 계급해방을 위해 투쟁하면서 1920년대 민족해방운동사에서 커다란 흐름을 형성하였다.

이미 그의 폐는 급격히 쇠약해지고 있었다. 1926년 5월 8일 그는 평생의 동지요, 부인인 박원희의 극진한 간호에도 불구하고 숨을 거두고 말았다. 그에게는 이제 막 돌이 지난 딸이 하나 있었다. 金史建이었다.

---

1924년 1월 中東線(К.В.Ж.Д.)의 지역담당 청년총국에서 활동하였음이 밝혀지고 있다. 김사국의 정보 보고에 따르면 1924년 1월 24일 중동선 지역담당 청년총국대회가 열렸는데 이때 14개 단체 1,000여 명이 참가하여 "인간 사회의 발전에 따라서, 우리는 조속하게 새로운 사회의 형태 즉 사회주의적인 사회의 형태가 성립할 수 있도록 전력을 다할 것" 등의 「강령」과 "대회는 일본 제국주의와의 투쟁을 위해 모든 혁명 단체들의 통일전선을 창설하기 위해 백방으로 노력하고 협조할 것" 등의 「결정」을 채택하였다[「Овьединеное Бюро Молодежи По Полосе К.В.Ж.Д./ Информация Ким – Са – Кгк」, 1924.3.31, 67쪽(Ф. 495 ОП. 135 Д.98) (「К.В.Ж.Д 지역 담당 청년총국 – 김사국의 정보」)].

병이 좀 더할 때에는 낙심이 곳되다가도 조금 낳으면 다시 완인이 되려니 하고 희망이 생깁니다. 남이 보면 분명히 다시 살아나지 못할 것이였마는 내 생각에는 그래도 다시 살아날 것만 같에서 '설마' 돌아갈까 하고 날을 보냈습니다. 그러다가 돌아가기 바로 사흘 전에 입원을 해보려고 총독부병원에를 갔더니 별써 병의 때가 지냈다고 아니 받고 다른 사립병원에 가도 역시 아니 받는 것을 볼 때에 비로소 이제는 마지막이구나 하는 절망이 되던걸요. 그래도 혹시 살아날 가하고 좋다는 한약을 없는 돈을 변통하고 이십칠원어치를 사다가 데렸습니다. 그러나 그 약도 다 먹지 못하고 고만 돌아갔어요.[63]

1926년 5월 12일 오전 9시에 가회동 북악청년회에서 吊樂으로 발인식을 마치고 10시 훈련원 광장에서 김사국의 영결식이 거행되었다. 정우회, 전진회, 조선노동당, 청년총동맹, 형평본사 외 40여 단체가 연합하여 사회운동단체의 연합장으로 치러졌다. 장지는 高陽郡 漢芝面 水鐵里[64] 공동묘지였다. 1,000여 명의 군중이 그의 마지막 모습을 보기 위해 집결하였다.

종로경찰서로부터 吉野 경부보 이하 경관 일동이 달려와서 위원들의 가슴에 붙인 붉은 표장과 영구차의 붉은 줄이 불온하다 하여 표장은 띠어버리고 영구차의 줄은 흰 것으로 바꾸고 노상에서 조악하는 것도 물론 금지하였으며 이리하여 애통에 깊이 잠긴 동지들의 어깨에 끌리는 영구차는 북악청년회를 떠나 안국동 네거리를 지나서 종로네거리에서 동편으로 구부러져서 동대문을 뒤에 두고 동 10시경에 훈련원 광장에 이르렀는데 동 광장에는 미리부터 모여 기다리던 동지와 참관자가 오륙백 명에 달하고 영구차의 뒤에 따른 사람까지 합하면 천여 명 가까운 군중이 모였었으며 미리부터 준비를 하고 있던 매우 긴장된 기분이 보였다.[65]

---

63) 『동아일보』 1926.5.28, 「박원희와의 대담」.

64) 현재 서울시 성동구 금호동 일대.

65) 『동아일보』 1926.5.13.

민족주의자에서 사회주의자로 사회주의정당의 건설과 민족해방
운동의 전선통일을 위해 자신의 몸을 돌보지 않고 투쟁하였던 김사국
은 이렇게 떠났다. 이제 막 돌이 지난 딸 史建과 노모를 남긴 채. 그
가 죽은 지 1년 6개월 뒤인 1928년 1월 5일 그의 처이며 동지인 박
원희도 눈을 감고 말았다.

> 일찍이 조선사회운동의 선구자로 살과 뼈를 깎는 듯한 그야말로 문자 그
> 대로의 惡戰苦鬪를 계속하여 가면서 사회운동을 하다가 삼 년 전에 부군 김
> 사국 씨를 사별한 뒤 네 살 되는 遺孤를 데리고 쓸쓸한 가정생활을 하면서
> 더욱 꾸준히 여성운동과 일반노동운동 등에 분투하던 박원희 씨는 약 이주
> 일 전에 감기로 앓다가 의외로 악화하여 지난 오일밤 열시 삼십 오분경에 끝
> 내 사랑하는 동지를 남겨두고 한 많은 이 세상을 떠나 계동 125번지의 자택
> 에서 永眠하고 말았는데 …66)

서울파의 리더 김사국 死後 박원희의 활동은 사실상 그의 遺志를
실현시키기 위한 활동이었다. 박원희 등 서울파 세력은 김사국 생전
인 1926년 2월 결의된 조선사회단체중앙협의회의 창립대회를 1년이
훨씬 지난 1927년 5월 16일~18일 열고 조선사회단체중앙협의회의
상설론을 주장한다. 박원희는 조선사회단체중앙협의회를 통해 제국주
의시대에 민족문제와 계급문제를 동시에 해결하려 하였다.67) 이는
당시 사회운동에 대한 김사국의 사후 투쟁이었다. 그러나 이 문제제
기는 결국 당시 사회운동에서 수용되지 못했다.

이제 세상을 떠난 김사국의 주변에는 그의 동지이며 동생인 김사
민과 금강산 유점사 여승인 그의 노모 안국당과 그의 유일한 혈육인
딸 사건만이 있었다. 1933년 5월 4일 당시 조선일보는 김사국의 7

---

66) 『조선일보』 1928.1.7.

67) 朴元熙, 『조선일보』 1927.5.20~25, 「帝國主義時代의 民族運動과 社會運動」 1~5.

주기를 앞두고 그의 노모 안국당과 그의 동생 김사민 그리고 딸 사건에 대한 기사를 싣고 있다.

양친을 여읜 김사국의 딸 김사건은 계동 125번지 외조모의 손에 양육을 받아 재동보통학교 2학년에 다니고 있었다. 김사민은 모친과 견지동 청년총동맹 사무실 한쪽 구석에 다다미 석 장을 깐 방에서 살고 있었다. 일제의 고문과 굶주린 창자에 구걸로 정신이상이 생긴 김사민은 그 와중에서도 그날그날의 각종 신문 수십관을 방 한모퉁이에 정연히 쌓아두고 있었다. 당시 64세인 김사국의 모친 안국당은 다음과 같이 斷腸의 歎息을 토하였다.68)

우리 사국이는 금년이 마흔 둘인데 설흔 다섯에 죽었답니다. 오늘이 음력으로 삼월 스무나흗날이지요? 내일 모레가 우리 사국이 제삿날인데 구걸해다 먹고사니 제사를 지낼 수가 있어야지요. 작년도 재작년도 제사를 못 지냈어요. 제사 한 번 지냈으면 …69)

---

68) 『조선일보』 1933.5.4.
69) 『조선일보』 1933.5.4.

1892년 11월 9일 충남 연산(또는 전라북도 익산군 함열면)에서 부친 延安
　　　　　　김씨 金慶秀와 모친 순흥 안씨 安國堂의 장남으로 태어남.
1904년(13세) 부친 김경수 사망, 동생 김사민과 모친 안국당을 따라 금강
　　　　　　산 유점사에 들어감. 한학 수학.
1907년(16세) 경성에 올라와 보성학교에서 수학.
1908년(17세) 일본에 건너가 피혁회사 등을 다니며 고학.
1909년(18세) 1월 동경유학생들의 연합단체인 대한흥학회에 가입하여 활
　　　　　　동. 대한흥학보 출판부원.
1911년(20세) 한성중학 입학.
1913년(22세) 한성중학을 졸업하고 교사생활.
1918년(27세) 6월 만주 鐵嶺으로 건너가서 關東都督府 육영학교에 입학.
　　　　　　開原 농장에서 농업견습.
1919년(28세) 3·1운동 직전인 2월 26일 서울에 들어옴. 한성정부 수립을
　　　　　　위한 '조선국민대회'를 준비하다가 4월 23일 '국민대회사건'
　　　　　　으로 투옥.
1920년(29세) 9월 6일 1년6개월 형을 살고 만기석방. 조선노동대회 간부.
1921년(30세) 1월 27일 서울청년회 결성.
　　　　　　3월 조선청년회연합회 기관지 『아성』에 기고.
　　　　　　4월 조선청년회연합회 집행위원으로 선출되었다. 조선교육
　　　　　　개선회 위원이 되었다.
　　　　　　4월 30일 조선불교청년회의 초청으로 '我佛敎改善觀' 강연.
　　　　　　5월 조선청년회연합회 기관지 『아성』에 기고.
　　　　　　5월 20일~6월 8일 조선청년회연합회 주최 순회강연 참가.
　　　　　　7월 朴元熙와 결혼.
　　　　　　10월 1일 『我聲』 제3호에 「출판언론권의 주장」 발표.
　　　　　　10월 동경에 건너감. 『五一新報』 발기에 참여, '사회혁명당'
　　　　　　조직.

11월 29일 흑도회(黑濤會) 결성에 참여.

12월 『개벽』에 「현대적 경제조직의 결함」 발표.

1922년(31세) 1월 19일 무산자동지회에 참여.

2월 4일 '동우회선언'에 서명.

4월 서울청년회 등 19개 단체 조선청년회연합회 탈퇴.

6월 서울청년회 임시총회에서 장덕수, 오상근 등 5인 제명.

8월 이르쿠츠크파 고려공산당 산하 고려공산청년회 중앙총
국에 참가.

9월 21일 조선노동대회 주최 강연회에서 '民族的團結과 階
級的團結'이란 주제로 강연.

10월 11일 서울청년회의 내부 '공산주의단체' 조직 창립.

10월 29일 자유노동조합 발기총회 개최.

11월 22일 신생활사 필화사건 발생. 서울청년회 내 '공산주
의단체'에서 김사국 간도와 만주에 파견. 그의 아우 김
사민 투옥.

1923년(32세) 2월 20일 고려공산동맹 창립. 김사국은 블라디보스톡의 코
민테른집행위원회(ИККИ) 원동부에 파견.

3월에 대성중학교 부설로 동양학원 설립.

3월 24일 94개 단체 대표 154명, 개인참가 50여 명의 출
석으로 전조선청년당대회가 개최.

8월 '동양학원사건' 이후 寧古塔에서 大同學院을 설립.

1924년(33세) 5월 '조직국'('13인회') 창립 – 김사국, 이영 등 참여.

6월에 폐병이 걸린 몸을 끌고 귀국.

12월 사회주의자동맹 창립.

1925년(34세) 3월 8일 재경조선해방운동자단체 연합간친회 개최.

4월 6일 전조선노농대회 준비위원으로 선출.

4월 7일 조선사회운동자동맹 상무위원으로 선출.

4월 16일 고려공산동맹 대회 개최. 김사국, 이영, 정백 등
중앙위원으로 선출.

4월 29일 딸 史建 태어남.

1926년(35세) 5월 8일 폐결핵으로 사망. 사회단체 연합장으로 영결식.

1928년 1월 김사국의 동지이며 부인인 朴元熙 사망.


## 김사국 저작

1921년 3월 15일, 解光(金思國), 「사회생활을 대상으로 한 신도덕의 수
립」, 『我聲』 제1호.

1921년 3월 15일, 金思國, 「我人生觀」, 『我聲』 제1호.

1921년 5월 15일, 解光, 「예술이란 무엇인가」, 『我聲』 제2호

1921년 7월 15일, 김사국, 「근대철학과 템쓰」, 『我聲』 제3호, 김해광·윤
자영, 「최근 중국의 국정」, 같은 글.

1921년 10월 1일, 김사국, 「출판언론권의 주장」, 『我聲』 제3호. 1921년
12월호, 김사국, 「현대적 경제조직의 결함」, 『開闢』 18호.

1923년 8월 1일, Краткий ИнформационныйДоклад(간략한 정보보고)(ф.495
оп.135 д.67 л.17)

1924년 3월 17일, Доклад КимСагук во ИККИ No.1, Краткий исторический
и возникновения коммунистической организации в Корее(코
민테른집행위원회로의 김사국의 보고 제1호, 「조선에서 공
산주의 단체의 형성과 활동 약사」, ф.495 оп.135 д.96
л.47~57)

1924년 3월 31일, Овьединеное Бюро Молодежи По Полосе К.В.Ж.Д./ Информа
ция Ким－Са－Кгк(Ф. 495 оп. 135 д.98. 「К.В.Ж.Д 지역 담
당 청년총국－김사국의 정보」)



보론 － 解光 김사국의 삶과 민족해방운동

# 참 고 문 헌


## 1. 1次 資料

### 1) 資料集

金正明 編, 『朝鮮獨立運動』Ⅳ·Ⅴ(原書房, 1967)

Dae-Sook Suh, Documents of Korean Communism 1918~1948, Princeton University, 1970.

梶村秀樹·姜德相 編, 『現代史資料』29(みすず書房, 1972)

金根洙 編, 『韓國雜誌槪觀 및 號別目次集』(韓國學資料叢書 제1집, 1973)

金俊燁·金昌順 編, 『韓國共產主義運動史』資料篇 Ⅰ·Ⅱ(高麗大 亞細亞問題研究所, 1979)

朴慶植 編, 『朝鮮研究資料集』5卷~7卷(アジア問題研究所, 1982~1983)

李在華·韓洪九 編, 『韓國民族解放運動史資料叢書』 1~5(京沅文化社, 1988)

『朝鮮民族運動史-未定稿-』(高麗書林, 1989)

金奉雨 編, 『日帝下社會運動史資料集』1~12(한울아카데미, 1989)

신주백 편, 『日帝下新聞社說連載資料集』5~9권(영진, 1991)

김경일 編, 『韓國民族解放運動史資料集』제3권(영진문화사, 1993)

________, 『朝鮮共產黨關係雜件』1~3(高麗書林, 1990)

韓國歷史研究會編, 『日帝下社會運動史資料叢書』第4卷(高麗書林, 1992)

독립운동사편찬위원회 편, 『독립운동사자료집-3·1운동 재판기록-』제5집(高麗書林)

國史編纂委員會 편, 『韓民族獨立運動史資料集-三 一 運動 Ⅸ』19, 1995.

2) 러시아국립사회정치사문서보관소 소장 자료

Войтинский, В Корейское Бюро(ф.495 оп.135 д.73) (보이찐스키, 「조선의
　　　민족적 당창건 및 민족해방운동의 전략」, 1923.8.7)

「Овьединеное Бюро Молодежи По Полосе К.В.Ж.Д./ Информация Ким－Са－Кг
　　　к」, 1924.3.31, 67쪽(Ф. 495 оп. 135 д.98) (「К.В.Ж.Д 지역 담
　　　당 청년총국－김사국의 정보－」)

「高麗共靑 一般 進行 情況 」, 1925.4.18(ф.533 оп.10 д.1908)

「高麗共產靑年會 第一次創立代表會」, 1925.4.18(ф.533 оп.10 д.1891)

「高麗共產黨創立代表會準備委員會　會錄　No.1～No.12」(ф.495　оп.135
　　　д.91)

T.H.Cho, Report : Delegate of KCP, Aug.8, 1925(ф.495 оп.135
　　　д.110)

Чо－Донго член ЦК и официальный делегат при Коминтерне, Работа со врем
　　　ени 1－й конференции 17 апреля 1925 г., 1925.8.22(ф.495 о
　　　п.135 д.110)

「Особое мнение и возражения : По проекту Восточного Отдела ИККИ "О бли
　　　жайшиХ организационныХ задачаХ КорейскиХ коммунистическиХ ор
　　　ганизациХ"」(1925.9) Ф.495 оп.135 д.110(「"조선공산주의단체
　　　들의 당면시기 조직적 과제에 대한' 코민테른 집행위원회 동양부
　　　초안에 관한 이견 및 반대의견」)

Выписка из протокола заседания колл. Востотдела, 1926.2.7(ф.495 о
　　　п.135 д.115)

「朝鮮共產黨 第二回 定期大會 會議錄」, 1926.12.7(ф.495 оп.135 д.123)

КимЕнман・Цойцаник, Исполкому Комунистического Интернационала,
　　　1926.2(ф.495 оп.135 д.125) (김영만・최창익, 「코민테른집행
　　　위원회에게 : 서울청년회 내부에 현존하는 공산주의 조직 '고려공
　　　산동맹' 전권 대표로부터」, 1926.2)

Синчер・КимЕну/ КимЕнман・Цои－Чаник/ Линамду, В ИСПОЛКОМ КОМИНТЕРНА


1920년대 한국사회주의운동연구

: Конкретные предложения по корейкому вопросу, 1926.2(ф.495 оп.135 д.125) (신철·김영우, 김영만·최창익, 이남두, 「코민테른 집행위원회에게 : 조선공산당 문제에 대한 구체적 제안」, 1926.2)

СИНЧЕР и КИМЕНУ, ИСПОЛКОМУ КОМИНТЕРНА, 1926.2.11(ф.495 оп.135 д.125 л.81~100) 〔신철·김영우, 「코민테른집행위원회에게 : 까.엔.당(북풍회 내부의 비합법적 그루빠)대표의 보고」, 1926. 2.11, 81~100쪽〕

Линамду, Исполкому КИМ : Доклад, 1926.2.16(ф.495 оп.135 д.125) (이남두, 「국제공산청년회 집행위원회에게 : 노동당 내에 현존하는 비합법적인 공산주의 조직 '스파르타쿠스당'의 대표자의 보고」, 1926.2.16)

李南斗(朝鮮勞動黨 裏面にある秘密共産團體 '朝鮮スパルタカス黨'代表), 「國際共産黨執行委員會 貴中」, 1926.2.3(ф.495 оп.135 д.127, pp.16~23)

Батраков(안상훈), 「國際共産黨中央執行部 貴中」, 1926.2.3(ф.495 оп.135 д.127)

Резолюция ИККИ по Корейскому вопросу : Принятая Президиумум 31/III с добавлением в профсоюзных вопросах, 1926.3.3.1(ф.495 оп.135 д.115) (코민테른집행위 상임위원회, 「조선문제에 대한 코민테른집행위원회 결정 – 노동조합문제에 관한 첨부 문서와 함께 – 」, 1926.3.31)

崔昌益·李廷允, 「高麗共産同盟(ソウル靑年會內部に組織された秘密クルプの)事業報告」, 1926.10.25(Ф.495 Оп.135 д.125, pp.125~190)

Ким Енман, Заявление – В Политсекретариат ИККИ – , 1928.3.6(Ф.495 оп.19 д.579) (김영만, 「코민테른집행위원회 정치서기국에게 보내는 신고서」, 1928.3.6)

Ли Донхи и Ким Гюер, В Политсекретариат ИККИ(Ф.495 оп.19 д.579) (이
　　　동휘 · 김규열, 「코민테른집행위원회　정치서기국에게」, 1928.
　　　9.7)
Искрин, Зарождение и развитие коммунистической движения в Корее,
　　　1929.5.6(Ф.495 оп.135 д.168а)


3) 新聞 및 雜誌 게재 논문 및 연재물

『東亞日報』
『朝鮮日報』
『時代日報』
Pak Chin-Sun, "The Socialist Movement in Korea", *Communist
　　　International*, NO.7~8, 1919.
Pak Chin-Sun, "The Revolutionary East and the Next Task of
　　　the Comintern", Communist International, No.11~12,
　　　1920.6~7.
解光(金思國), 「사회생활을 대상으로 한 신도덕의 수립」, 『我聲』 제1호,
　　　1921.3.15.
金思國, 「我人生觀」, 『我聲』 제1호, 1921.3.15.
李　英, 「旣成會의　胚胎된　內容」, 『我聲』 제2호, 1921.5.15.
김사국, 「현대적 경제조직의 결함」, 『開闢』 18호, 1921년 12월호.
정　백, 「민중정신의 일고찰」, 『신생활』 제1호, 1922.3.11.
金鐘範, 「朝鮮に於ける無産階級運動의發興」, 『前衛』 第3卷 2號, 1922.3.2.
鄭　栢, 「조선청년운동의　금차-과거　1년을　회고하야-」, 『조선일보』
　　　1925.1.1.
배성룡, 「조선사회운동의 사적 고찰」 『開闢』 67, 1926.3.
ＴＹ生, 「사회운동단체의 현황」 『開闢』 67, 1926.3.
李　江, 「朝鮮靑年運動의 史的考察」 中, 『現代評論』 1927.10.

金泳植, 「전환기에 직면한 조선신흥운동」 2, 『동아일보』 1927.2.16.

솔　뫼, 「중앙협의회를 파괴한 이유가 어데 잇는가」, 『朝鮮之光』 68호, 1927.6.

______, 「중앙협의회 상설론의 재음미」, 『朝鮮之光』 69호, 1927.7.

裵成龍, 「朝鮮社會運動小史」 1~15, 『조선일보』 1929.1.2~1929.2.11.

李鐵岳, 「조선혁명의 특질과 노동계급 전위의 당면임무」, 『階級鬪爭』 창간호, 1929.5.

솔　뫼, 「중앙협의회를 파괴한 이유가 어데 잇는가」, 『조선지광』 68호, 1927.6.

______, 「중앙협의회 상설론의 재음미」, 『조선지광』 69, 1927.7.

신일용, 「제국주의시대의 민족운동의 진화」, 『조선일보』 1927.3.11.

張日星(신일용), 「당면의 제문제」, 『동아일보』 1927.11.7~27.

尾星生(신일용), 「신간회와 그의 임무에 대한 비판-노정환씨의 이론을 배격함-」 1~5, 『조선일보』 1927.11.29~12.2.

장일성, 「민족문제」 6·7, 『동아일보』 1927.12.17~18.

장일성, 「인식착란자의 당면 제문제 비판-GH생의 무지를 嘲함-」, 『조선일보』 1928.1.13.

洪陽明, 「조선운동의 특질-번역주의의 극복과 특수조선의 인식」, 『조선일보』 1928.1.27.

홍양명, 「조선운동의 특질-번역주의의 극복과 특수조선의 인식」 15, 『조선일보』 1928.1.28.

權泰錫, 「조선사회운동개관」 1·2, 『조선일보』 1928.1.3~4.

朴元熙, 「제국주의 시대의 민족운동과 사회운동」, 『조선일보』 1927.5.20~25.

朴衡秉, 「반맑스주의적 CH씨류의 인식비판, 규정론을 반박함」, 『동아일보』 1927.12.25.

金萬圭, 「타협과 비타협」, 『조선지광』 64, 1927.2.

김만규, 「조선의 신흥운동의 조직문제에 관한 일고찰」, 『조선지광』 65,

1927.3.

_____, 「비약인가? 정돈인가? – 운동의 국척상과 대중의 진로미몽에 대한 일고찰 –」, 『조선지광』 67, 1927.5.

_____, 「전민족적 단일당의 조직과 그 임무에 대하여」, 『조선일보』 1928.1.26.

崔益煥, 「조선전체운동의 중요원리 및 각문제」, 『조선일보』 1928.2.3, 2.16.

金泳植, 「전환기에 직면한 조선신흥운동」 2, 『동아일보』 1927.2.16.

舜　昴(安光泉), 「단체적으로부터 계급적으로 단결의 과정」, 『조선지광』 59호, 1926.9.

乎于生(안광천), 「병인1년간 조선사회운동개관」 3, 『동아일보』 1927.1.3.

安光泉, 「조선사회운동의 의식상의 진통」, 『조선일보』 1927.1.4.

盧正煥(안광천), 「조선사회운동에 대한 사적고찰」, 『현대평론』 1927.7.

노정환(안광천), 「신간회와 그에 대한 임무」, 『조선지광』 73, 1927.11.

CH생(안광천), 「'계급표지철거자'로서의 당면의 제문제 – 동경 장일성을 구축한다 –」, 『동아일보』 1927.11.27~12.3.

三角山人, 「조선사회운동개관」, 『동아일보』 1928.1.1.

삼각산인, 「조선사회운동 개관」 其二, 『동아일보』 1928.1.2.

崔益翰, 「사상단체해체론」, 『이론투쟁』 1권 2호, 1927.4.

최익한, 「조선사회운동의 빗」 1, 『조선일보』 1928.1.26.

獨孤獨, 「사상단체의 해체시비」, 『조선지광』 65호, 1927.3.

韓　林, 「단일민족당결성에 대하여」, 『이론투쟁』 1권 2호, 1927.4.

李城溪, 「反상설론 – 중앙협의회의 시비에 대하여 –」, 『조선지광』 68호, 1927.6.

李鐵岳, 「조선에 있어서 프롤레타리아트 운동의 방향전환기의 이론적 실천적 과오와 그 비판」, 『계급투쟁』 제3호, 1930.1.6.

金榮斗(高景欽), 「『조선운동』발간선언의 비판」, 『현단계』 창간호, 1928.8.



1920년대 한국사회주의운동연구

金民友(고경흠), 「조선에 있어서 반제국주의 협동전선의 제문제」, 『조선문
　　　제』, 戰旗社, 1930.7.8.
朴文秉, 「절충주의 비판 - 속학적 방향전환론의 청산」, 『조선지광』 75·76
　　　호, 1928.
燕京學人, 「전환기에 임한 조선사회운동 개관 - 과거 1년간의 회고 - 」, 『조
　　　선일보』 1927.1.2.
洪命憙, 「신간회의 사명」, 『현대평론』 1～1, 1927.1.


4) 팸플릿, 테제 및 문건

「第三國際共産黨 檢査委員會 決定書」, 1921.11.15.
코민테른 집행위원회, 「조선문제에 대한 코민테른집행위원회의 결정서」,
　　　1922.4.22.
코민테른 중앙집행위 제7차 프레남, 「중국문제에 대해」, 1926.12.16.
코민테른 집행위원회 제8차 확대 총회, 「중국문제에 관한결의」, 1927.5.
「조선사회운동약사코스」, 『思想月報』 2권 8호, 1932.11.15.
李載裕, 「조선에서의 공산주의운동의 특수성과 그 발전의 능부」, 『思想彙
　　　報』 11호, 1937.6.
「조선공산당선언」, 『불꽃』 제7호, 1926.9.1.
李忠模, 「趙素昂 先生이 下問한 問題 答案(1916～1928)」, 『共産系統에 關
　　　한 文獻類』(No.4373 素昂文類)
李雲赫, 「당재건의 조직적 방침에 관한 테제」, (朝鮮總督府 警務局, 朝保秘
　　　제300호, 「조선공산당재건설정리위원회 사건 검거의 건」, 1931.
　　　4.18)
具然欽, 「朝鮮共産黨과 高麗共産靑年會大獄記」, 在上海重光總領事, 『공산당
　　　간부 구연흠의 취조에 관한 보고』, 1930.10.4.
高景欽, 「동경에서 조선공산주의자의 운동은 어떻게 발전했는가」, 『사상월
　　　보』 제8호, 1931.1.

新幹會東京支會會員,「聲明書 ： 全民族的單一戰線破壞陰謀に關し全朝鮮民衆
　　　　に訴ふ－統一戰線を錯亂せんとする新派閥鬼の正體を暴露し新幹會
　　　　東京支會の臨時大會の召集を要求す－」, 1928.1(法政大學校　大原
　　　　社會問題研究所　所藏)


5) 일제 관헌자료(調書, 判決文, 治安狀況)

경성지방법원,「金思國 等 豫審終結決定」, 1919.8.30.
＿＿＿＿＿＿,「김사국 등 공판시말서」5, 1919.11.26.
＿＿＿＿＿＿,「김사국 등 상소권포기선청서」, 1920.3.5.
京高秘 12731号,「北星會巡廻講演會ニ關スル件」, 大正12.8.1.
京高秘 12731号,「北星會講演ニ關スル件」, 大正12.8.4.
京高秘 第5699號,「全鮮靑年黨大會集會禁止ノ件」, 大正12.3.31.
京畿道警察部(京高秘 제4147호),「全鮮靑年黨大會ニ關スル件」, 1923.3.9.
京畿道　警察部(京高秘 제7907호),「評論雜誌靑年黨發行計劃ノ件」, 1923.
　　　　4.24.
京畿道警察部(京高秘 第7907號),「全鮮靑年黨員ノ行動ニ關スル件」, 1923.
　　　　5.9.
京城鐘路警察署(京鍾警高秘　第10695號),「社會共產主義者　內訌ニ關スル
　　　　件」, 1923.9.11.
京城地方法院 檢事局,「鄭在達・李載馥調書」, 1924.9.
朝鮮總督府警務局,『勞農運動槪況』, 大正13.6.
京畿道警察部(京高秘　第489號),「全朝鮮勞動敎育者大會開催計劃ニ關スル
　　　　件」, 1925.2.3.
京畿道警察部(京高秘 제1184호),「在京京城解放團體聯合懇親會開催ニ關ス
　　　　ル件」, 1925.3.13.
新義州地方法院,「朴憲永外十人調書」, 1925.12.22.
＿＿＿＿＿＿,「金科全外六人調書」, 1925.12.21.

___________,「金在鳳外十九人調書」Ⅰ・Ⅱ, 1926.4.24・1926.7.12.

京城地方法院,「金在鳳外19人調書」Ⅲ, 1927.3.7.

___________,「金俊淵 外 27人調書」3「金洛俊調書」, 1931.

京城地方法院檢事局,「第三次朝鮮共產黨及・高麗共產靑年會事件檢擧ノ件」, 1928.3.

京高秘 第1682號,「秘密結社 朝鮮共產黨及高麗共產靑年會事件 第三次檢擧 狀況」, 1928.3.26.

朝鮮憲兵隊司令部(朝第1279號),「輓近ニ於ケル鮮內勞動農民運動ノ政勢」, 昭和3.5.15.

朝鮮總督府 警務局,「火曜派朝鮮共產黨再組織事件檢擧ニ關スル件」(朝保秘 第1025號, 1930.7.25)

在間島鈴木總領事 松井,「李東輝一派ノ運動方針變更ニ關スル件」, 大正13. 2.26.

朝鮮總督部警務局,「朝鮮共產黨事件ノ檢擧顚末」, 1926.8.

京畿道警察部「第三次朝共黨高共靑事件檢擧ノ件」, 京鍾高秘 第2530号의 1, 1928.3.17.

平壤地方法院刑事部,「李英等共產黨事件判決」, 1929.6.4.

內務省警報局,「朝鮮共產主義運動 槪況」, 1930.6.

京城地方法院 檢事局,「李雲赫外11人豫審終結及判決文」, 1932.

京城地方法院檢事局,「思想事件起訴狀決定判決寫綴」, 1932.

___________,「金燦豫審終結決定書全文」2・3,『조선일보』1932. 5.11~5.12.


6) 일제 총독부, 관헌당국 편찬자료

朝鮮總督府警務局,『大正11年 朝鮮治安狀況』, 1922(高麗書林, 1989)

朝鮮總督府警務局,「大正12年 治安狀況」, 1923.

京畿道警察部,『治安槪況』, 1925.5.

朝鮮總督府 警務局, 『治安槪況』, 1928.5.

京畿道警察部, 『治安槪況』, 1929.

朝鮮總督府警務局, 『國外容疑朝鮮人名簿』, 1934.7.

朝鮮總督府 警務局 編, 『最近に於ける朝鮮治安狀況』, 1938.

明石博隆・松浦總三 編, 『昭和特高彈壓史 - 朝鮮人에 대한 탄압』 上(太平出
　　　　版社, 1985)

朝鮮總督府 高等法院檢事局 思想部 編, 『思想月報』, 1931.4~1934.9.

朝鮮總督府 高等法院檢事局 思想部 編, 『思想彙報』

朝鮮總督府 法務局, 『朝鮮獨立思想運動の變遷』, 1931.

慶尙北道 警察部, 『高等警察要史』, 1934.

慶尙南道 警察部, 『高等警察關係摘錄(1919~1935)』, 1936.

朝鮮總督府 警務局, 『高等警察關係年表』, 1930.

朝鮮總督府 警務局 保安課, 『高等警察報』 제1호~6호, 1933~1936.

朝鮮總督府 警務局 編, 『光州抗日學生事件資料 - 朝鮮總督府 警務局 極秘文
　　　　書』(風媒社, 1979)


## 2. 傳記, 回顧文

秋汀任鳳淳先生傳記編纂委員會 編, 『秋汀任鳳淳先生小傳』, 1969.

畊夫 申伯雨先生紀念事業會 編, 『畊夫 申伯雨』(서울신문사, 1973)

平洲 李昇馥先生 望九頌壽紀念會 編, 『三千百日紅』(人物硏究所, 1974)

李駿烈, 『松崗小史』 1・2, 필사본, 1974.

金錣洙, 「본대로 드른대로 생각난 대로, 지어만든대로(김철수친필유고)」,
　　　　『역사비평』 1989년 봄호.

## 3. 單行本


金俊淵, 『勞農露西亞의 眞相』(中央書林, 1925)

金鐘範・金東雲, 『해방전후의 조선진상』(조선정경연구사, 1945.12)(돌베개, 1983)

李錫台 編, 『社會科學大辭典』(文友印書館, 1948)(한울림, 1987)

張福成, 『조선공산당파쟁사』(대륙출판사, 1949)(돌베개, 1983)

과학원역사연구소 편, 『조선근대혁명운동사』, 1961.

Suh Dae Sook, *The Korean Communist Movement, 1918~1948*, Princeton University Press, 1967〔서대숙, 『한국공산주의운동사』(화다, 1985)〕

方仁厚, 『北韓 ‘朝鮮勞動黨’의 形成과 發展』(高麗大 亞細亞問題研究所, 1967)

최 준, 『한국신문사』(일조각, 1967)

김준엽・김창순, 『한국공산주의운동사』 1~5(고대아세아문제연구소, 1967~1976)(청계연구소, 1986년 복간)

Robert A. Scalapino & Chong-Sik Lee, *Communism in Korea- Part I : The Movement*, University of California Press, 1972〔스칼라피노・이정식, 한홍구 역, 『한국공산주의운동사』 1(돌베개, 1986)〕

최민지, 『일제하민족언론사론』(일월서각, 1978)

이기하 편, 『해방전 정당・사회단체연구 참고자료』, 1980.

竝木眞人 외, 『1930년대 민족해방운동』(거름, 1984)

임영태 편, 『식민지시대 한국사회와 운동』(사계절, 1985)

한대희 편, 『식민지시대사회운동』(한울림, 1986)

배성찬 편, 『식민지시대사회운동론연구』(돌베개, 1987)

이재화, 『한국근현민족해방운동사 – 항일무장투쟁사 편 –』(백산서당, 1988)

한국역사연구회 편, 『일제하 사회주의 운동사』(한길사, 1991)

서중석, 『한국근현대민족운동연구』(역사비평사, 1992)

박찬승, 『한국근대정치사상사연구』(역사비평사, 1992)

방기중, 『한국근현대사상사연구 – 1930 · 1940년대 백남운의 학문과 정치
　　　　경제사상 – 』(역사비평사, 1992)

임경석, 『고려공산당연구』(성대사학과 박사학위논문, 1993)

역사문제연구소, 『한국 근현대 지역운동사』 Ⅰ · Ⅱ (여강, 1993)

이균영, 『신간회연구』(역사비평사, 1993)

김기승, 『한국근현대사회사상사연구 – 배성룡의 진보적 민족주의론』(신서
　　　　원, 1994)

한국역사연구회 편, 『한국근현대청년운동사』(풀빛, 1995)

김인덕, 『재일조선인 민족해방운동연구 – 1925~1931년 시기 사회주의운
　　　　동을 중심으로 – 』(성대사학과 박사논문, 1995) 〔『식민지시대 재
　　　　일조선인운동 연구』(국학자료원, 1996)〕

최규진, 『코민테른6차대회와 조선공산주의자들의 정치사상연구』(성대사학
　　　　과 박사논문, 1996)

강만길 · 성대경 편, 『한국사회주의운동인명사전』(창작과 비평사, 1996)

李昌柱　編, 『朝鮮共産黨史(秘錄)』(명지대　북한연구센터　자료　제1집,
　　　　1996)

샤브시나, 김명호 역, 『식민지조선에서』(한울, 1996)

이현주, 『국내 임시정부 수립운동과 사회주의세력의 형성(1919~1923)』
　　　　(인하대사학과 박사학위논문, 1999)

성대경 엮음, 『한국현대사와 사회주의』(역사비평사, 2000)

임경석, 『한국사회주의의 기원』(역사비평사, 2003)

박철하, 『1920년대　사회주의사상단체　연구』(숭실대사학과　박사논문,
　　　　2003)

전상숙, 『일제시기 한국 사회주의 지식인 연구』(지식산업사, 2004)

역사학연구소 편, 『역사속의 미래 사회주의』(현장에서 미래를, 2004)

坪江汕二, 『朝鮮民族獨立運動秘史』(嚴南堂書店, 1959)
金森襄作, 『1920年代 朝鮮の社會主義運動史』(未來社, 1985)
佐佐木春隆, 『朝鮮戰爭前史として 韓國獨立運動の研究』(國書刊行會, 1985)
鹽田庄兵衛 外編, 『日本社會運動人名辭典』(靑木書店, 1986)
Шабшина Ф. И., *ИСТОРИЯ КОРЕЙКОГО КОММУНИСТИЧЕСКОГО ДВИЖЕНИЯ (1918~ 1945 ГГ)*, АКАДЕМИЯ НАУК СССР, МОСКВА, 1988.


## 4. 연구 논문

김명구, 「코민테른의 대한정책과 신간회」, 『신간회연구』(동녘, 1983)
水野直樹, 「コミンテルンンと朝鮮」, 『朝鮮民族運動史研究』No.1, 1984.6
   〔임영태 편, 『식민지시대 한국사회와 운동』(사계절, 1985 소
   수)〕
김창순, 「코민테른과 한인공산주의운동」, 『동아연구』제7집, 1986.
水野直樹, 「코민테른의 민족통일전선론과 신간회운동」, 『역사비평』1988
   년 봄호.
권희영, 「코민테른의 민족·식민지논쟁과 한국의 민족해방운동」, 『역사비
   평』1988년 겨울.
이균영, 「김철수연구－초기 공산주의운동사은 다시 써야 한다－」, 『역사비
   평』1988년 겨울.
한생철, 「혁명적 열의로 들끓던 배움터－대성중학교」, 『연변문사자료』제
   6집, 1988.12.
이현주, 「신간회에 참여한 사회주의자들의 운동론－ML당계를 중심으로」,
   『한국민족운동사연구』4, 1989.
정용욱, 「1920년대 공산주의운동 연구」, 『남북한 역사인식 비교강의』근
   현대편(일송정, 1989)
윤석수, 「조선공산당과 6·10항일시위운동」, 『역사비평』1989년 봄.

도진순, 「북한의 종파문제와 1920년대 민족해방투쟁에 대한 인식」, 『역사비평』 1989년 가을.

유승렬, 「1920년대 조선공산당의 조직위상에 대한 비판」, 『역사비평』 1989년 겨울.

이달호, 「1920년대 '서울파' 사회주의운동의 조직활동과 노선」(한양대사학과 석사논문, 1990.6)

반병률, 「초기 한인 공산주의운동의 올바른 이해를 위하여」, M.T. 김, 『일제하 극동시베리아의 한인 사회주의자들』(역사비평사, 1990.8)

권희영, 「한인사회당연구(1918~1921)」, 『한국사학』 11, 1990.11.

윤종일, 「1920년대 민족협동전선을 둘러싼 사회주의자들의 제논쟁 검토」, 『경희사학』 16 · 17집, 1990.12.

윤석수, 「조선공산당 2차 재건과정에 대한 비판적 검토 - '통일조공당'결성과 1950년대 말 북한학계 '논의'를 중심으로 - 」, 『벽사 이우성교수정년기념논총』(창비사, 1990)

김경일, 「1920 · 1930년대 인쇄출판업에서 노동조합 조직의 발전」, 『경제와 사회』 4집, 1990.

김인덕, 「조선공산당의 투쟁과 해산」, 한국역사연구회 편, 『일제하 사회주의 운동사』(한길사, 1991)

김기승, 「1920년대 안광천의 방향전환론과 민족해방운동론」, 『역사와 현실』 6호, 1991.

박종수, 「노동해방운동의 전진을 가로막는 북한의 '혁명전통론'비판」, 『우리사상』 창간호, 1991.

안준범, 「한걸음 앞으로 두걸음 뒤로」, 『역사와 현실』 6호, 1991

우동수, 「1920년대말~1930년대 한국사회주의자들의 신국가건설론」, 『한국사연구』 72, 1991.3.

반병률, 「노령지역 한인정당의 결성과 변천 : 한인사회당과 상해 이르쿠츠크파 고려공산당을 중심으로」, 『독립운동의 이념과 정당』(제5회 독립운동사 학술심포지움 자료집, 1991)

신춘식, 「조직주체를 중심으로 본 조선공산당 창건과정」, 『성대사림』 제8
　　　집, 1992.
서중석, 「해방후 주요 정치세력의 국가건설방안」, 『大東文化硏究』 제27집,
　　　1992.
임경석, 「일제하 공산주의자들의 국가건설론」, 『大東文化硏究』 제27집,
　　　1992.
박종수, 「일제하 당건설투쟁의 오류와 한계」, 『우리사상』 제2호, 1992.1.
이균영, 「코민테른 제6회대회와 식민지 조선의 민족문제」, 『역사와 현실』
　　　7호, 1992.
박종린, 「1920년대 '통일'조선공산당의 결성과정에 관한 연구」(연대사학
　　　과 석사논문, 1993)
박찬승, 「일제하 나주지역의 민족운동과 사회운동」, 역사문제연구소 편,
　　　『한국근현대 지역운동사』Ⅱ 호남편(여강, 1993)
권희영, 「고려공산당연구(1921~1922)」, 『한국사학』 13, 1993.
신주백, 「1925~1928년 시기 전남지방 사회운동 연구」, 『한국근현대지역
　　　운동사』Ⅱ(여강, 1993)
권희영, 「조선공산당 성립과 코민테른」, 『한국사학』 13, 1993.
김경태, 「1925년의 소·日協約과 소련의 조선정책」, 『韓國史學』 13,
　　　1993.
박철하, 「1920년대 전반기 사회주의 청년운동과 고려공산청년회」, 『역사
　　　와 현실』 9호, 1993.
安建鎬, 「1920年代 前半期 朝鮮靑年會聯合會에 關한 硏究」, 崇實大 史學科
　　　碩士論文, 1993.6(「조선청년연합회의 조직과 활동」, 『한국사연
　　　구』 88, 1995)
김　승, 「신간회 위상을 둘러싼 '양당론'·'청산론' 논쟁연구」, 『釜大史學』
　　　제17집, 1993.6.
박철규, 「1920년대 조선공산당의 조직적 전개와 활동－제3차 조선공산당
　　　을 중심으로－」, 『釜大史學』 제17집, 1993.6.

한상구, 「1926~1928년 신간회의 민족협동전선론」(서울대국사학과 석사
　　　논문, 1993.8)
김형국, 「1920년대 식민지 조선의 사회운동론과 '청산론'」, 『淸溪史學』
　　　10, 1993.12.
박철하, 「1920년대 전반기 조선공산당 창립과정 – 꼬르뷰로국내부를 중심
　　　으로 – 」, 『崇實史學』 제8집, 1994.2.
최규진, 「코민테른의 스탈린주의와 우리나라 사회주의운동의 '좌·우 편
　　　향'」, 『역사연구』 제3호, 1994.
최규진, 「통일전선의 개념과 운용방식」, 『埠村申延澈敎授停年退任紀念史學
　　　論叢』(일월서각, 1995)
박철하, 「고려공산청년회의 조직과 활동(1920~1928)」, 한국역사연구회
　　　편, 『한국근현대청년운동사』(풀빛, 1995)
안건호, 「1920년대 전반기 청년운동의 전개」, 한국역사연구회 편, 『한국
　　　근현대청년운동사』(풀빛, 1995)
안건호·박혜란, 「1920년대 중후반 청년운동과 조선청년총동맹」, 『한국
　　　근현대청년운동사』(풀빛, 1995)
반병률, 「이동휘와 1910년대 해외민족운동 – 만주·노령연해주 지역에서
　　　의 활동(1913~1918) – 」, 『韓國史論』 33, 1995.6.
趙澈行, 「국민대표회(1921~1923)연구 – 개조파·창조파의 민족해방운동
　　　론을 중심으로 – 」(고려대사학과 석사논문, 1995.7)
박윤재, 「1920년대초 민족통일전선운동과 국민대표회의」(연대사학과 석
　　　사논문, 1995.8)
김석근, 「후꾸모토이즘(福本主義)과 식민지하 한국사회주의운동」, 『아세아
　　　연구』 제38-2호, 1995.
한동민, 「1920년대 후반 서울계 사회주의자들의 운동론 – '신조선공산당'
　　　과 「조선운동」그룹을 중심으로 – 」(중앙대사학과 석사논문, 19
　　　96.5)
李賢周, 「서울靑年會의 초기조직과 활동(1920~1922)」, 『國史館論叢』 第

70輯, 1996.

이현주, 「'서울파'의 민족통일전선운동과 신간회(1921~1927)」, 『한국근
　　현대사연구』 7집, 1997.

이애숙, 「1922~1924년 국내의 민족통일전선운동」, 『역사와현실』 28,
　　1998.

이준식, 「최동희의 민족혁명운동과 코민테른」, 『역사와현실』 32호,
　　1999.6.

임경석, 「서울파 공산주의그룹의 형성」, 『역사와현실』 28, 1998.

조철행, 「1920년대 전반기 국외 사회주의세력의 민족통일전선론」, 『한국
　　사학보』 제9호, 2000.9.

전명혁, 「일월회의 성립과 활동」, 『殉國』, 1996.7.

______, 「1920년대 공산주의운동의 기원과 조선공산당」, 『한국공산주의
　　운동사연구─현황과 전망─』(아세아문화사, 1997)

______, 「1920년대 전반기 까엔당과 북풍회의 성립과 활동」, 『成大史林』
　　제12·13 合輯, 1997.

______, 「'서울파'의 민족통일전선론연구─ML파와의 논쟁을 중심으로─」,
　　『역사연구』 6호(풀빛, 1998.12)

______, 「서울청년회의 분화와 서울파의 형성」, 『外大史學』 제9집,
　　1999.4.

______, 「조선사회단체중앙협의회 성격 연구」, 한국민족운동사연구』 23,
　　1999.12.

______, 「조선공산당 제1차당대회연구」, 성대경 편, 『한국현대사와 사회주
　　의』(역사비평사, 2000.11)

______, 「식민지시대 민족해방운동의 근대적 성격과 민주주의」, 조희연
　　편, 『한국민주주의와 사회운동의 동학』(나눔의 집, 2001.8)

______, 「1920년대 코민테른의 민족통일전선과 서울파 사회주의그룹」,
　　『韓國史學報』 제11호, 2001.9.

______, 「조선공산당의 창립과 활동」, 국사편찬위원회 편, 『한국사』,

　　　　2001.12.

＿＿＿，「일월회와 ML파의 성립과 활동」,『홍경만교수정년기념 한국사학
　　　　논총』(홍경만교수정년기념 한국사학논총간행위원회, 2002.2)

＿＿＿，「1920년대 한국사회주의운동사」, 권영길·홍세화 외,『사회운동
　　　　가들과 함께 세상읽기』(책벌레, 2002)

全明赫,「解光 金思國의 삶과 민족해방운동」,『한국근현대사연구』제23집,
　　　　2002년 겨울호.

전명혁,「한국노동자계급 형성연구」,『역사연구』11호, 2002.12.


## 5. 사회주의운동관련 저작, 연구논문

균터 놀라우, 夫玩赫 譯,『國際共產主義와 世界革命』上(思想界出版部,
　　　　1963)

立花隆, 박충석 역,『일본공산당사』(고려원, 1985)

藤井一行, 이상철 역,『볼셰비키당조직론』(두리, 1986)

존 K. 페어뱅크, 편집부 역,『중국혁명운동문헌사』(풀빛, 1986)

B. 슈어츠, 권영빈 역,『중국공산주의운동사』(형성사, 1983)

M. 리브만, 안택원 역,『레닌주의연구』(미래사, 1985)

김운영 편,『노동조합과 전위당의 임무』(아침, 1988)

맑스·엥겔스, 남상일 역,『공산당선언』(백산서당, 1989)

V.I. 레닌, 이채욱·이용재 역,『민주주의 혁명에서의 사회민주주의의 두
　　　　가지 전술』(돌베개, 1989)

레온 트로츠키, 정성진 역,『영구혁명 –및 평가와 전망–』(신평론, 1989)

편집부 엮음,『코민테른 자료선집』1~3(동녘, 1989)

小山弘健, 한상구·조경란 역,『일본 마르크스주의사 개설』(이론과 실천,
　　　　1991)

권형기,「공산당 조직원리의 변화과정에 대한 역사적 고찰」(서울대정치학

과 석사논문, 1991.8)

정성진, 「다시 '10월'로」, 『창작과 비평』, 1992년 봄.

이병천, 「민주주의론의 새로운 발전을 위하여 – 프롤레타리아 독재론을 비판한다 – 」, 『창작과 비평』, 1992년 봄.

윤소영, 「알뛰세르를 다시 읽으며 '마르크스주의의 위기'를 생각한다」, 『이론』 1, 1992년 여름.

루이 알뛰세르, 이진경 엮음, 『당내에 더 이상 지속되어선 안될 것』(새길, 1992)

존 몰리뉴, 이진한 옮김, 『마르크스주의와 당 – 마르크스에서 그람시까지』(책갈피, 1993)

레닌, 홍수천 역, 『일보전진 이보후퇴』(풀무질, 1995)

던컨 헬러스, 오현수 역, 『우리가 알아야 할 코민테른의 역사』(책갈피, 1994)

로자 룩셈부르크, 최규진 역, 『대중파업론』(풀무질, 1995)

토니 클리프, 이태섭 옮김, 『레닌1 – 당건설을 향하여』(책갈피, 1996)

北條一雄, 『理論鬪爭』(白揚社, 1926)

北條一雄, 『方向轉換』(白揚社, 1927)

トロツキ, 山西英一譯, 『中國革命論』(現代思潮社, 1961)

トロツキ, 對馬忠行 譯, 『レーニン死後の 第3インタナショナル』(現代思潮社, 1957)

藤井一行, 『共産黨組織の ペレストロイカ』(窓社, 1989)

松元幸子, 「初期 コミンテルにおける民族解放理論の形成 – コミンテル第2回大會における レーニン – ロイの論爭を中心に – 」, 『歷史學研究』 제355호, 1969.12.

松元幸子, 「コミンテル第四回大會における反帝國主義統一前線の提起 – 『東方問題にかんするテゼ』および M・N ロイの報告をめぐって – 」, 『歷史評論』 248號, 1971, 3~4月號.

Fernando Claudin, *The Communist Movement – From Comintern*

to Cominform I · II, Monthiy Review Press, New York, 1975.

Paolo Spriano, *Stalin and The European Communists*, Verso, 1985.

A. M. Prokhorov ed., *Great Soviet Encyclopedia Vol.1~20*, Macmilan, New York, 1975~1979.

Brian Pearce & Michael Woodhouse, *A History of Communism in Britain*, Bookmarks, 1995.

Alex Callinicos, *Party and class*, Bookmarks, 1996.

1920년대 한국사회주의운동연구

1920년대 한국사회주의운동연구

1920년대 한국사회주의운동연구

1920년대 한국사회주의운동연구

1920년대 한국사회주의운동연구

이낙영  63, 66, 67, 259, 263, 265, 316,
       330, 331, 332
이남두(李南斗)  185, 186, 187, 193,
       194, 276, 277, 278, 279, 280,
       290
이대영(李大英)  259
이덕성  265
이동녕  28
이동익(李東益)  187
이동진(李東鎭)  375
이동철(李銅喆)  375
이동화(李東和)  395
이동휘(李東輝)  27, 28, 29, 30, 33, 38,
       105, 201, 203, 205, 331, 345,
       442
이득년(李得秊)  120, 443
이르쿠츠크파 고려공산당  26, 32, 33,
       34, 35, 36, 38, 40, 41, 43, 45,
       82, 90, 106, 107, 111, 130,
       132, 152, 160, 200, 208, 274,
       292, 300
이리노농청년회(裡里勞農靑年會)  268
이리노동조합(裡里自成組合)  244, 246,
       268
이리自成노동조합  249
이리청년회  399
이말순(李末順)  262
이명욱  267
이명희(李明熙)  144
이문한(李汶漢)  410
이민용(李敏用)  214
이민태(李敏台)  439
이민한  212

이민행  314
이발조합  238
이방  267
이백초  206, 207
이범세(李範世)  375
이병  332
이병관(李炳觀)  172, 248, 249
이병립  212, 314
이병영  267
이병욱  366
이병의(李丙儀)  63, 67, 138, 146, 147,
       151, 172, 246, 248, 249, 259,
       265, 266, 286, 331, 410
이봉길(李奉吉)  185, 395
이봉수(李鳳洙)  42, 51, 114, 115, 127,
       129, 162, 169, 204, 206, 207,
       216, 237, 254, 255, 304, 314,
       448
이빠시야  205
이상학(李相學)  395
이상훈  314
이선근  387
이성(李成, 이재복)  204, 205, 207, 208,
       257
이성(李成, 이재복)  32, 115, 239, 256,
       263, 265
이성태(李星泰)  142, 239
이수영(李遂榮)  237, 447
이승명  173
이승엽  314
이승원(李承元)  375
이시완(李時琓)  124, 151, 239, 246
27년테제  68, 332, 374

1920년대 한국사회주의운동연구

1920년대 한국사회주의운동연구